중소기업
80대 수출유망품목
해외인증제도

제6권 : 생활소비재

kotra

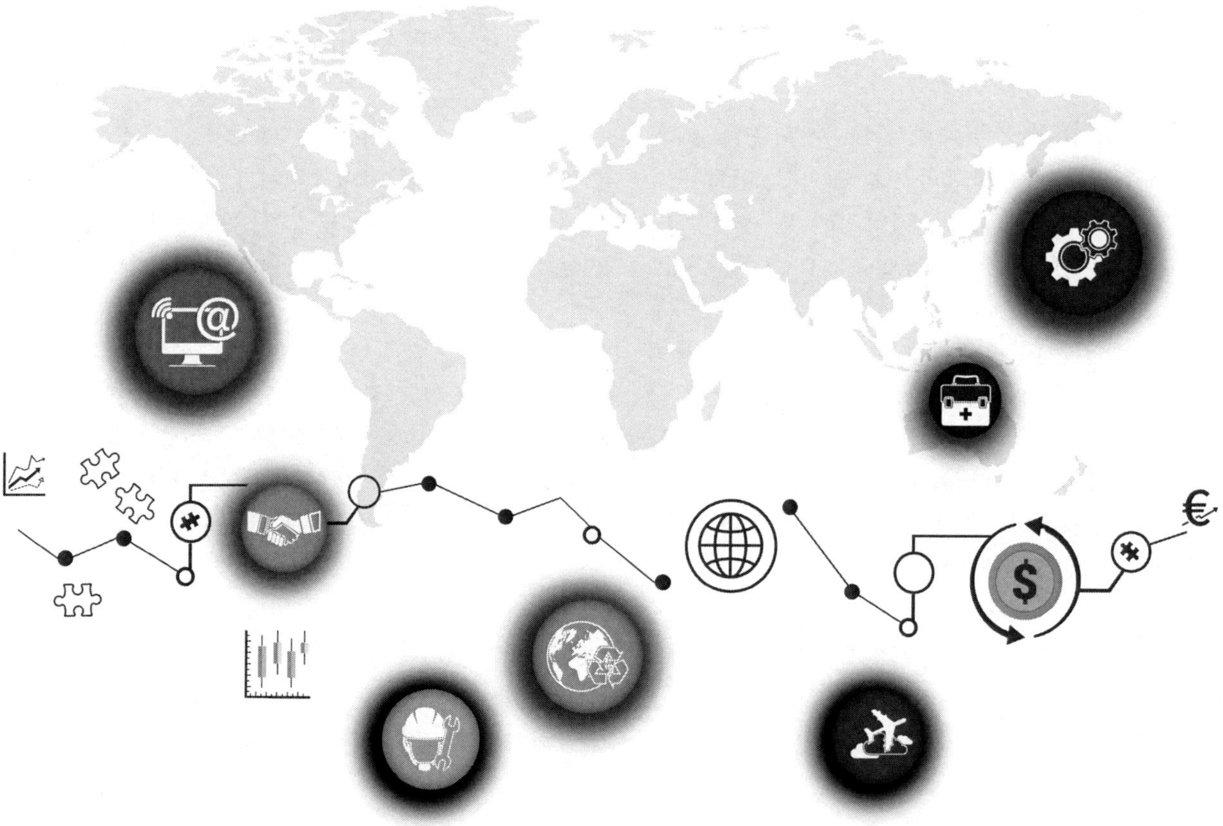

Jinhan M&B

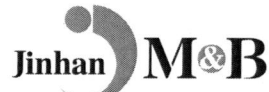

머리말

    지난 10월 TPP(환태평양 경제동반자협정)가 타결되는 등 최근의 세계 통상환경은 양자간 협상에서 메가 FTA로 진화되고 있으며, 세계 각국이 적극적으로 FTA 네트워크 구축에 앞장서고 있습니다. 우리나라도 2015년 12월말 현재 미국, EU, ASEAN, 중국, 베트남 등 세계 53개국과 FTA를 타결 및 발효시켰으며, 한.중.일 FTA, RCEP(역내 포괄적 경제동반자협정), 한.중미 FTA 협상 등을 진행 중입니다.

    이처럼 FTA 경제영토가 확장되면서 우리 수출상품에 대한 관세는 계속 낮아지고 있는 반면, 세계 각국이 자국민의 건강과 안전, 환경보호 등을 이유로 도입하는 기술규정이나 표준, 인증 등과 같은 비관세 장벽은 오히려 점점 더 높아지고 있습니다. 2014년에 WTO에 통보된 TBT(무역기술장벽) 통보문 건수가 2,239건으로 WTO 출범 이후 최고치를 기록했다는 사실이 바로 대표적인 예입니다.

    '해당제품이 일정한 표준 또는 기술규정 등에 적합한지 여부를 평가하여 안정성 및 신뢰성을 인정해 주는 절차'인 인증제도의 경우, 과거에는 미국이나 EU, 일본 등 선진국의 전유물이었으나 최근에는 중국, 브라질 등 신흥국들도 앞 다투어 도입함에 따라 우리 중소기업의 해외시장 진출에 커다란 걸림돌이 되고 있습니다. 중소기업청의 설문조사에 따르면, 우리 중소기업이 해외인증 획득 시 소요되는 평균 비용은 1,072만원, 평균 소요기간은 5.26개월이라고 합니다. 중소기업으로서는 적지 않은 비용과 시간입니다.

    이러한 중소기업의 애로를 해소하는데 도움이 되고자 KOTRA는 지난 2013년 「중소기업 10대 수출유망품목 해외인증제도」를 시작으로 2014년에는 50대 품목에 대한 자료를 발간하였고, 올해에는 한류와 FTA 효과로 수출이 유망한 품목들을 추가하여 80대 품목에 대한 해외인증제도 정보를 수록하였습니다.

이 책자에 실린 중소기업 수출유망품목은 KOTRA와 산업연구원이 공동으로 조사한 〈중소기업 수출유망 125대 품목〉을 토대로 해외인증정보 수요와 현지시장 수요 등을 고려하여 선정했습니다. 각 품목별로 수출 상위 15개국을 대상으로 조사를 진행한 결과, 인증불요 품목을 제외하고 총 66개 국가, 827개의 인증정보가 포함되었습니다. 이처럼 방대한 정보는 책자뿐만 아니라 KOTRA 해외비즈니스정보포털인 글로벌윈도우(http://www.globalwindow.org)를 통해서도 서비스하여 더 많은 고객들이 이용할 수 있도록 하겠습니다.

모쪼록 이번 자료가 우리 중소기업의 해외시장 진출 초석이 되기를 바라며, 나아가 해외인증제도가 더 이상 우리 기업들에게 넘을 수 없는 장벽이 아닌, 새로운 시장을 창출하는 경쟁력 확보 수단으로 활용될 수 있기를 기대해 봅니다.

KOTRA는 앞으로도 계속 우리 기업들이 해외시장에서 직면하는 각종 비관세장벽과 애로사항을 해소하는 데에 도움이 되는 정보를 제공해 드리도록 노력하겠습니다.

2015년 12월
KOTRA 정보통상지원본부장 윤 원 석

중소기업 80대 수출유망품목

해외인증제도 제1권 - 전기전자제품 -

▐ 조사개요

▐ 중소기업 80대 수출유망품목 해외인증제도

중소기업 80대 수출유망품목

해외인증제도 제2권 - 전기전자제품 -

중소기업 80대 수출유망품목

해외인증제도 제3권 - 기계류 및 금속제품 -

중소기업 80대 수출유망품목

해외인증제도 제4권 - 기계류 및 금속제품 -

중소기업 80대 수출유망품목

해외인증제도 제5권 - 의료기기 -

중소기업 80대 수출유망품목

해외인증제도 제6권 – 생활소비재 –

중소기업 80대 수출유망품목

해외인증제도 제7권 - 식품, 화장품 -

II

중소기업 80대
수출유망품목 해외인증제도

◆ 인증절차 유형

품목별 인증제도 요약표에서 인증취득 절차의 이해를 돕고자
아래와 같이 인증취득 절차를 3가지로 분류해 설명함.

유형	절차 및 설명
TYPE A (선진국형)	**국내에서 제품시험(시험기관) ⇒ 국내에서 인증획득(인증기관)이 가능한 경우**
	해외인증기관이 국내에 진출하고 있어 제품 테스트(Test Report)와 인증서(Certification) 발급이 국내에서 가능한 경우 * 예) CE(유럽), UL(북미) ⇐ CCTV, 위성방송수신기 등
TYPE B (혼합형)	**국내에서 제품시험(시험기관) ⇒ 해외에서 인증획득(인증기관)이 가능한 경우**
	국내 시험소 발행 성적서를 해외인증기관이 인정하여 해외에서 해당 제품시험없이 해외인증기관을 통해 인증서 발급이 가능한 경우 * 예) FCC(미국) ⇐ RF카드 겸용 디지털도어락 등
TYPE C (신흥국형)	**해외에서 제품시험(시험기관) ⇒ 해외에서 인증획득(인증기관)을 해야 하는 경우**
	해외인증기관이 국내에 별도 진출해 있지 않고 우리나라의 시험성적서도 인정되지 않아 해당국의 시험소와 인증기관을 통해 인증을 획득해야 하는 경우 * 예) NOM(멕시코) ⇐ 안전모 등

◆ 비용 · 소요기간

참고용, 제품에 따라 견적 및 실비용, 기간은 상이할 수 있음

안경렌즈

EU(네덜란드)	CE	$\mathsf{C}\mathsf{E}$
러시아	CU	EAC
미국	FDA	FDA
브라질	인증불요	–
싱가포르	인증불요	–
인도	인증불요	–
일본	MHLW 외국제조업자 인증	–
중국	안경상품검사	OGE
캐나다	Health Canada 사전허가	–

조사 요약표

품목명	안경렌즈 (HS CODE: 900150)	국가명	EU(네덜란드)	
인증마크	CE	제도명 (영문)	CE (Communauté Européenne)	
인증구분	■ 강제　□ 임의	인증유형	■ 현행　□ 신규출현	
도입시기	1998.6월			
근거규정	의료기기지침(Directive 93/42/EEC for medical devices)			
제도내용	의료기기의 유럽시장 판매를 위해 유럽 의료기기지침을 준수하는지 적합성 평가 후 CE 마크 부착			
품목정의	1) 용도: 시력보정 2) 기능: 착용자의 시력에 맞게 코팅되거나 절단되어 시력을 보완, 굴절이상을 보완, 강한 광선을 약하게 함, 눈에 해로운 자외선을 흡수. 눈시력 보정 (볼록렌즈, 오목렌즈, 다초점렌즈 등)			
적용대상품목	안경렌즈(Class I)			
확대적용품목	치료·진단 목적의 의료기기[1](의료기기의 약 80%가 동 의료기기지침에 포괄됨.) 의료기기는 위험도에 따라 Class I, Class IIa, Class IIb, Class III 로 구분하며 대부분의 안경렌즈는 Class I에 해당			
인증절차	자기적합성선언 (현지 주무관청에 등록)			
시험기관	■ 제조자 자체검사 ■ 국내 KOLAS 등재 시험기관(ISO 17025) http://www.kolas.go.kr/usr/inf/srh/InfoTestInsttSearchList.do ■ 국내진출 유럽인증기관(Notified Body) 지정시험기관			
인증기관	–			

안
경
렌
즈

유의사항	■ CE 마크 미획득시 유럽 판매 불가능 ■ 외국제조원일 경우 반드시 유럽대리인(법인)이 있어야함. ■ 네덜란드 의료보건검사국(Inspectie voor de Gezondheidszorg)은 샘플 검사 결과, 제품이 소비자의 안전과 건강 또는 환경을 위협하는 위험요인을 갖고 있다고 판단할 때, 제품을 시장에서 철수시키지 않아도 위험요인을 제거할 수 있을 경우에는 이를 제거토록 하고 최악의 경우에는 판매금지 및 철수 명령을 내릴 수 있음. ■ 또한 지침의 필수요건 상 하자가 없는 제품의 경우라도 회원국 당국이 안전 면에서 불충분하다고 판단할 경우 이를 집행위와 여타 회원국당국에 통고 할 수 있음. 단, 이 경우 제조자가 아니라 하자가 있음을 주장하는 회원국 당국이 제품의 하자를 입증해야 함. ■ 한편, 허위로 CE마킹을 했거나 CE마킹과 혼동을 일으킬 수 있는 표시를 한 제품에 대해서는 회원국마다 상이한 벌칙과 벌금이 부과됨.[2]

주 1) 체외진단의료기기지침(98/79/EC), 능동이식의료기기지침(90/385/EEC)이 포괄하지 않는 모든 의료기기를 대상으로 함.

   2) 최근 불법 공업용 실리콘 젤을 사용해 가슴성형보형물을 제조한 프랑스 기업의 경우, 회장에게 징역 4년 벌금 75,000 유로, 임원들에게 징역 1년 6개월~3년형이 부과되었으며, 품질검사를 담당하고 CE마크를 허가한 인증기관은 피해여성 1인당 3,000유로의 배상책임이 부과됨.

Kotra

▰ 인증 획득 절차

◎ 기관정보

국내 진출 유럽인증기관(Notified Body)-CE/MDD		
인증기관	연락처	Homepage
Bureau Veritas	02)555-8922	www.bureauveritas.co.kr
CERMET	02)3397-0104	www.cermet.co.kr
DNV	02)723-7593	www.dnv.com
NEMKO	031)322-2333	www.nemkokorea
SGS	02)7094-652	www.sgsgrup.com
SZU	010)3477-7750	www.szukorea.com
TUV-NORD	02)6000-4223	www.tuv-nord.co.kr
TUV-Rheinland	02)860-9951	www.kor.tuv.com
TUV-SUD	02)3215-9251	www.tuv-sud.co.kr
UL DEMKO	02)2009-9000	www.ul.com/korea

○ 주무관청: Class I 의료기기의 경우 자기적합성 확인 후 주무관청에 등록 필요
 - 네덜란드 주무관청(등록): CIBG
  · CIBG는 네덜란드 건강부 산하의 등록관청으로 EU 회원국 내 등록이 되어 있지 않은 Class I 또는 체외진단 의료기기는 시장 출시 90일 내에 EU 회원국의 등록관청 또는 CIBG 중 한곳에 반드시 등록해야 함.
  · CIBG 홈페이지에서 온라인 계정을 신규 개설해서 등록 가능
  · CIBG 연락처
   * 전화번호: +31 70 340 5487
   * 우편주소: PO box 16114, 2500 BC, Den Haag
   * 방문주소: Wijnhaven 16, 2511 GA, Den Haag
   * 이메일: Medische_hulpmiddelen@minvws.nl
 - 유럽 각국의 주무관청은 EU 집행위 사이트에서 확인 가능
  (http://ec.europa.eu/health/medical-devices/links/contact_points_en.htm)

안 경 렌 즈

◎ 인증 절차도

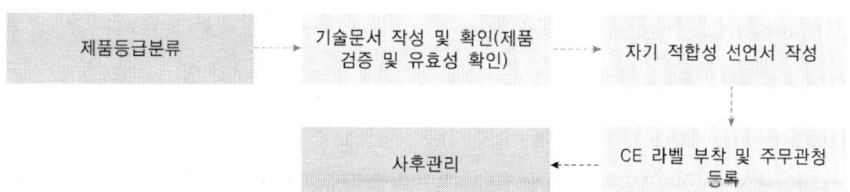

제품등급분류 → 기술문서 작성 및 확인(제품 검증 및 유효성 확인) → 자기 적합성 선언서 작성

사후관리 ← CE 라벨 부착 및 주무관청 등록

1단계) EU 의료기기지침에 따른 등급 분류

- 의료기기는 다음 세가지의 EU 지침 중 하나에 해당됨.
  - Medical Device Directive, MDD (93/42/EEC)-유럽연합 의료기기 지침
  - Active Implantable Medical Device Directive, AIMDD (90/385/EEC)-능동형 이식의료기기 지침
  - In Vitro Diagnostic Medical Device Directive, IVDMDD (98/79/EC)-체외기관용 의료기기 지침
- 약 80%의 의료기기가 MDD 지침에 해당되고, 15%의 의료기기가 IVDMDD 지침에, 약 5%의 의료기기가 AIMDD 지침에 해당
- MDD에 해당되는 의료기기는 위험도에 따라 Class I, Class IIa, Class IIb, Class III, 총 4단계로 구분
- 안경렌즈는 비삽입 의료기기로 Class I에 해당

  ※ 정확한 의료기기의 분류는 제품의 특성과 사용목적에 따라 달라지기 때문에 유사한 품목군이라고 해도 정확한 분류를 위해서는 인증기관 및 컨설팅 기관에 문의해볼 필요가 있음.

- 다음을 제외한 인체 비삽입 의료기기는 Class I으로 분류되며 동일한 절차를 확대 적용할 수 있음.
  - 체내에 주입, 주사할 목적으로 혈액, 체액, 조직, 액체, 가스의 통로가 되거나 저장하는 인체 비삽입 의료기기 (Class IIa)
  - 체내주입을 목적으로 혈액, 체액, 기타 다른 액체를 생물학적, 화학적으로 변형시키는 인체 비삽입 의료기기 (Class IIb)
  - 여과, 원심분리, 가스 또는 열 교환방식을 사용하는 경우 (Class IIa)
  - 손상된 피부에 접촉하는 인체 비삽입 의료기기
    ▶ 기계적 보호막으로서 압박, 분비물 흡수에 사용하는 경우 (Class I)
    ▶ 진피가 파열된 창상을 이차적의도로 치료하는 사용하는 경우 (Class IIb)
    ▶ 창상의 미생물환경관리에 사용하는 것을 포함한 모든 경우 (Class IIa)

kotra

2단계) 기술문서 작성

- 기술문서에 포함되는 사항은 GHTF(Global Harmonisation Task Force)에서 작성한, STED(Summary Technical Documentation, 의료기기 국제표준화기술문서)를 따름.

- 기술문서 작성을 위해서 대부분의 의료기기들이 준수해야 하는 규격을 수평적 규격 (Horizontal Standard)로 분류하며, ISO 14971, ISO 15223, ISO 14155, EN556 등이 수평적 규격에 해당됨. 특정 의료기기에 한하여 준수해야 하는 규격을 수직적 규격(Vertical Standard)로 분류함. 안경렌즈의 수직적 규격은 ISO 14889 등이 있음.

- 기술문서에는 다음과 같은 사항이 포함

항목	구성요소
기기설명 및 제품사양 (Device Description and Production Specification, Including Variants and Accessories)	■ 기기설명(Device Description): 사용목적, 원재료 등 요약 ■ 제품사양(Production Specification): 제품특성, 모양 및 구조 기재 ■ 유사기기 및 기 허가된 제품에 대한 자료 (Reference to similar and previous generations of the device)
표시기재 (Labelling)	■ 용기 및 외부포장 표시 기재사항 (Labels on the device and its packaging) ■ 첨부문서(안) 또는 사용설명서(안) (Instruction for use) ■ 카달로그(안) (Promotional material) * ISO 15223 규격을 준수
설계와 제조정보 (Design and Manufacturing Information)	■ 기기설계 개요 (Device Design) ■ 제조공정 요약 (Manufacturing Processes) ■ 설계 및 제조시설 정보 (Design and Manufacturing Site)
필수원칙 체크리스트 (Essential Principles(EP) Checklist)	■ 필수원칙(Essnetial Principles), 해당기기 적용여부 (적용되지 않는다면 해당 사유)(Applicable to the DevicE), 적합성 입증방법(Method Used to Demonstrate Conformity), 해당 법규 및 규격(Method Reference), 해당 첨부자료 또는 문서번호(Reference to Supporting Controlled Documents) ■ 의료기기 안전성 및 성능을 입증하기 위한 검토 항목의 전체 요약표
위험분석과 관리요약 (Risk Analysis and Control Summary)	■ 위험분석보고서 * 의료기기 전체 라이프사이클에서의 위험요소를 파악하여 발생 가능한 위해를 최소화 및 차단하기 위한 위험 관리 활동을 기록한 보고서 * ISO 14971 규격을 준수

안
경
렌
즈

항목	구성요소
제품 검증 및 유효성 확인 요약 (Production Verification and Validation)	■ 안전성 및 성능 등 시험자료 요약하며, 필수원칙 체크리스트에 부합하는 기술시험 (Engineering Tests), 실험실검정 (Laboratory Tests), 사용시뮬레이션 실험 (Simulated use testing), 유사기기 및 기허가된 기기에 대한 실험자료 (Any published literature regarding the device or substantially similar devices) 제출 ■ 안전성 및 성능 입증을 위해 해당될 경우 다음의 시험성적서 자료 제출 · 생물학적적합성 실험(Biological compatibility): 생체 접촉시 무해한지 여부를 확인. ISO 10993((의료기기 위험관리) 규격을 따름. · 생물학적 안전성 (Biological Safety): 의료기기에 사용된 모든 생물(동물/인간)적 요소를 나열. 물질들의 출처, 공급원, 조직, 세포 및 물질의 채취, 가공, 보존, 검사, 취급에 대한 상세한 내용 기재. ISO 10993 규격을 준수 · 임상시험(Clinical Evidence): 제품이 기존의 제품과 차별되는 의학적 특성 및 사용목적을 가지고 있지 않을 경우 기존 임상실험 결과를 이용할 수 있음. 그러나 기존의 제품과 차별되는 의학적 특성을 가지고 있다고 주장하기 위해서는 임상실험이 필요 · 멸균(Sterilisation): 멸균상태로 제공되는 의료기기일 경우, 최초 멸균의 밸리데이션, 바이오버든실험(Bio burden Test), 파이로젠 검사(Pyrogen Test), 멸균제잔류물 검사(test for sterilant residues), 포장밸리데이션 시험 결과 포함. EN556 규격 준수 · 동물시험(Animal Studies): 필수원칙 적합성 증빙으로 동물실험이 수행된 경우 이에 대한 시험기관, 책임자, 시험제목, 시험목적, 시험기간, 사용동물 정보, 시험방법, 측정항목, 시험결과 및 결론을 기재 · 약물 실험 (Medicinal Substances): 의료기기가 약물을 포함할 경우 약물의 성질과 안전성 확인 · 이외에도 필수원칙 체크리스트에 부합하는 시험 성적서 제출

* 출처: 식품의약품안전처, 의료기기 국제표준화기술문서(STED) 작성해설서('13.12) 및 GHTF, 'Summary Technical Documentation for Demonstrating Conformity to the Essential Principles of Safety and Performance of Medical Devices

3단계) 자기 적합성 선언서(Declaration of Conformity) 작성

- Class I 제품은 자체 인증절차를 따르도록 규정되어 있어, 기술문서 작성을 완료한 후 자기 적합성 선언서 작성

- 자기 적합성 선언서 포함사항
  - 제품명 및 모델번호 (Device trade name and model number)
  - 제품 분류(Device classification)
  - 기업명 및 주소 (company name and address)
  - 품질관리주체명 (Name of quality management representative)
  - CE 마크 최초 적용일(Date CE Marking was first applied)
  - 유럽 대리인 연락처 (Authorized Representative contact information)
  - 적합성 선언 방식 (Route to compliance (example: Annex 2, 5, 7))
  - 적용 규격(선택) (Standards applied)
  - 회사 대표(경영진)의 성명 및 서명 (Name and signature of company officer)

4단계) CE 라벨 부착 및 주무관청 등록

- CE마크는 제품의 패키지에 지워지지 않고, 명확하게 부착되어야 함.

- 유럽 지역 내에 대리인을 지정하여 주무관청에 등록해야 함. 네덜란드의 경우 CIBG에서 Class I 의료기기 등록을 담당하고 있음. (기관정보 참고)

5단계) 사후관리

- 제조업체 혹은 유럽 대리인은 사후감시 보고체계를 보유하고 있어야 하며, 제품의 안전에 문제가 생긴 경우 의료기기 지침 부속서 VII, 단락 4에 따라 관계 당국에 공지할 의무가 있음. 공지 후 제조업체는 시장 조사 보고서 작성하여 관계 당국에 송부해야 하며 추후 절차를 논의해야 함.

- 제조업체는 제품의 실제 사용 경험을 검토하는 절차를 마련하고 제품의 특성 및 위험에 대한 필요한 교정방안을 수립해야 함. 기술문서에 포함되는 임상 실험 결과는 이러한 PMS(Post market surveillance) 결과를 바탕으로 업데이트 되어야 함.

◎ 비용, 소요 기간 등

시험	시험규격 혹은 시험항목	시험비용	소요기간
	안경렌즈 관련 시험규격	약 1,000만원~6,000만원*	2개월~6개월*
인증유효기간	3 년		
사후관리비용	요구사항 없음.		

* 통상 의료기기 시험시 소요 비용 및 소요기간

◎ 유의사항

• 유럽 대리인(Authorised Representative; AR)의 지정

  - 유럽 내 사업체가 없는 경우에는 대리인(Authorised Representative; AR)을 의무적으로 지정해야함. 만약 유럽 내 의료기기 관련 사고가 발생할 경우 대리인은 이를 관계당국에 보고할 의무를 가지고 있음.

  - 유럽 내 법적 주체가 없는 경우 네덜란드 유통사(Distributor)가 법적 대리인 AR이 되는 경우(Case 1)와 법적 대리업무만을 전담하는 기업이 AR을 맡는 경우(Case 2)가 있음.

  - Case 1의 경우 네덜란드 법인이 법적인 제조사가 되며, 사후관리 및 법적 책임(벌금 등)이 모두 1차적으로 네덜란드 법인에 귀속됨. Case 2의 경우 법적인 제조사는 한국 기업으로, 에이전트는 단지 관리당국과의 연락 역할을 담당. 대부분의 경우 한국 제조사가 제조물배상 책임보험(Product Liability Insurance)을 가입하도록 요구해 법적 책임을 제한함.

  - 두 경우 모두 한국 제조업체는 초기 공장심사와 사후관리의 대상이 됨.

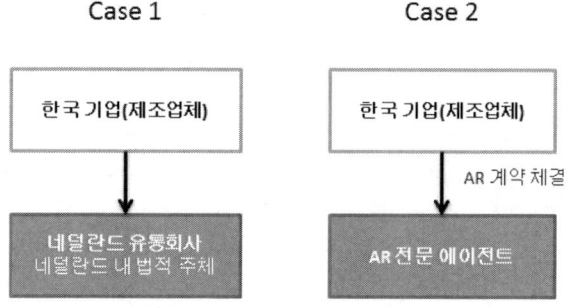

  - AR 기능을 전문으로 활동하는 기업 리스트는 유럽 의료기기 대리인 협회(European Association of Authorised Representatives, www.eaarmed.org) 참조. 단, 동 협회에 속하지 않고도 대리인 역할을 하는 기업이 많음.

- AR은 한 제품에 대해 한 기업만을 지정해서 운영할 수 있음. 한국제조사가 유럽의 유통업체를 AR로 지정할 경우, 유럽의 유통업체의 다른 사업부문에서 문제가 발생해도 AR을 다른 기업으로 바꾸기 어렵다는 단점이 있음. 반면 AR 기능을 전문으로 하는 회사의 경우 다른 사업부문에서 문제가 발생할 위험이 상대적으로 적은 대신 연간 대행 수수료가 발생함.

조사 요약표

품목명	안경렌즈 (HS CODE: 900150)	국가명	러시아
인증마크	**EAC**	제도명 (영문)	CU인증 (Customs Union)
인증구분	■ 강제　□ 임의	인증유형	■ 현행　□ 신규출현
도입시기	2013년 3월 23일		
근거규정	러시아 연방 정부 규정 N982 "적합성 선언의 형태를 필수 인증 및 제품의 통합 목록, 규정 준수의 의무 확인 대상 제품의 통합 목록의 승인"		
제도내용	규정번호 N 184-FZ "기술에 대한 규정"을 정의한 러시아 연방 법률에 따라 마련된 관세동맹 통합인증제도로 공인기관에서 발급한 확인서로 증명		
품목정의	1) 용도: 시력보정 2) 기능: 착용자의 시력에 맞게 코팅되거나 절단되어 시력을 보완, 굴절이상을 보완, 강한 광선을 약하게 함, 눈에 해로운 자외선을 흡수. 눈시력 보정 (볼록렌즈, 오목렌즈, 다초점 렌즈 등)		
적용대상품목	안경렌즈(플라스틱 재질)		
확대적용품목	시정 교정 목적의 콘텍트 렌즈(모든 재질)		
인증절차	TYPE C : 해외에서 제품시험(시험기관) ⇒ 해외에서 인증획득(인증기관)		
시험기관	Certification centre "Ros-Test"		
인증기관	Eurasian Economic Commission (EEC)		
유의사항	■ 해당 제품이 인증이 없는 경우 러시아를 포함한 관세동맹 회원국 내 통관이 불가하고 미인증 상태로 판매될 경우, 처벌 대상 ■ 해외 제조사의 3국 내 지정 대리인, 판매자가 기술규정의 요건에 맞지 않는 제품을 생산, 설치, 사용, 보관, 운송, 판매하는 경우 일반인 1,000-2,000루블, 공무원 10,000~20,000루블, 법인 등록없이 사업 활동을 한 사업가에게는 100,000~300,000루블의 벌금이 부과		

■ 인증 획득 절차

◎ 기관정보

		시험기관	인증기관
기 관 명		Certification centre "Ros-Test"	Eurasian Economic Commission
홈페이지		www.ros-test.ru	www.eurasiancommission.org
연락처	담당부서	–	Department of Technical Regulating and Accreditation
	전화번호	+7-495-662-0280	+7-495-669-2400(ext: 4133)
	팩스번호	+7-495-660-3066	+7-495-669-2415
	이 메 일	otdel@ros-test.ru	–
기타		■ 시험기관은 이 외에도 현지에 여러 기관 및 기업이 있으며, 이들 중 일부는 해외에 지사를 운영하고 있는 경우도 있음.	

◎ 인증 절차도 (TYPE C)

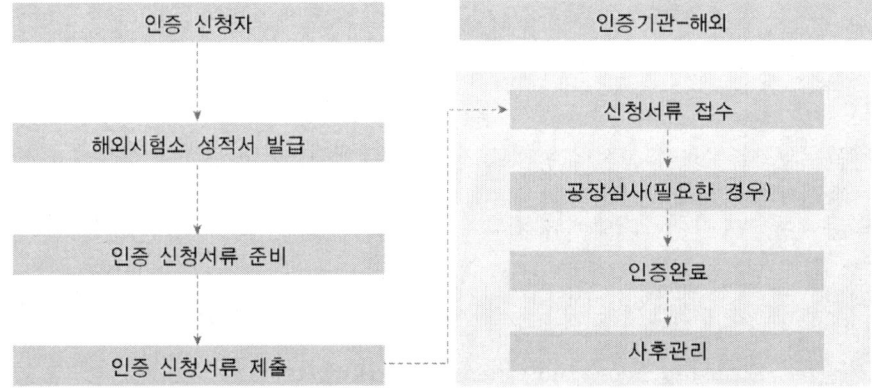

◎ 비용, 소요 기간 등

(단위: 루블)

시험	시험규격 혹은 시험항목	시험비용	소요기간
	관련 규격	9,000 루블/회	4~8 주
인증	초기공장심사(IFA : Initial Factory Audit or Inspection) 비용	인증비용	소요기간
	-	8,000 루블	2주
인증유효기간	▪ 제품 등록의 경우, 러시아 연방보건부에서 담당하며, 등록비용은 최소 35,000 루블, 소요기간은 2~12개월임. ▪ 인증 및 등록증명서의 유효 기간은 러시아 연방 보건부에서 결정; 의료 기기, 도구, 장치, 세트, 의료 시스템 소프트웨어, 의료 액세서리 등		
사후관리비용	▪ 등록 유효기간은 원칙적으로 10년이나, 연방 보건부의 요청에 의해 갱신 또는 재등록 요구가 있을 수 있음.		

(자료원 : «Intersolution» Ltd)

◎ 유의사항

• CU인증마크 취득을 위한 필요서류
  - 신청서(CU양식)
  - 공장심사 성적서(CIG023양식, 신청 공장별)
  - 제품시험 성적서(안전)
  - 대리위임장(CU양식)
  - 제품사진
  - 제품설명서(러시아어)

• 2013년 2월부터 기존 GOST-R에서 CU인증으로 변경됨에 따라 러시아 내에서도 까다로운 인증절차와 비용으로 어려움이 대두되고 있으나, 시간이 지나면서 점차 약화될 것으로 전망

• 판매 등록을 위해서는 인증 이외에 러시아 연방 보건부를 통한 별도 등록 절차가 필요함.

kotra

📊 조사 요약표

품목명	안경렌즈 (HS CODE: 900150)	국가명	미국
인증마크	**FDA**	제도명 (영문)	**FDA** 제조자등록(Establishment Registration) 수입업자등록(Initial Importer Registration) 제품등록(Device Listing) 품질시스템 요구사항 준수(Quality System)
인증구분	■ 강제　□ 임의	인증유형	■ 현행　□ 신규출현
도입시기	1938년 3월 5일 FD&C Act (Federal Food, Drug and Cosmetic Act :연방 식품, 의약품, 화장품법)		
근거규정	▪ FD and C Act (Federal Food, Drug and Cosmetic Act: 연방 식품, 의약품, 화장품법) ▪ 21 CFR 801, 820, 886		
제도내용	▪ 제품의 안전성과 효율적인 생산, 유통, 판매 등을 관리하여 공중위생을 보호하며 소비자들이 제품을 사용하는데 있어 안전성을 지속적으로 관리/감독하기 위한 목적		
품목정의	▪ 용도: 시력보정 ▪ 기능: 착용자의 시력에 맞게 코팅되거나 절단되어 시력을 보완, 굴절이상을 보완, 강한 광선을 약하게 함, 눈에 해로운 자외선을 흡수. 눈시력보정 (볼록렌즈, 오목렌즈, 다촛점 렌즈 등)		
적용대상품목	안경렌즈(Class I)		

확대적용품목	▪ 규제 대상 의료기기는 의료기기 위험도에 따른 미국 의료기기분류기준 (Medical device classification procedures)에 의해 Class I(저위험군) 의료기기로 분류됨. ▪ 대부분의 의료기기는 21 CFR 862~892조에 분류되어 있으며, 16개 분야 1700종으로 분류되어 있으며 약 30%가 1등급, 60%가 2등급, 나머지 10% 정도가 3등급으로 분류됨. – Class I: 인체에 건강과 안전에 심각한 위험을 주지 않는 비교적 단순한 기능의 용구로서 최소한의 규제를 받는 제품(예: 고무붕대, 반창고, 희석용기구 등) – Class II: 의료기기의 안전성 및 유효성을 보증하기에는 충분치 않지만 기준을 만드는데 충분한 정보가 있는 의료기기로 [특별규제] 추가되어 안전성과 효능을 확인하기에 혹은 현재로서 그런 확인을 제공하기에 일반규제만으로 불충분한 경우(예: 파워 휠체어, 주입펌프, 심전계 등) – Class III: 인체의 건강과 안전에 심각한 영향을 끼칠 수 있는 의료용구로 의료기기의 가장 엄격한 규제 범위임. 3등급 기기는 일반규제 또는 특별규제만으로는 그 안전성과 효능을 확인하기에 불충분한 정보들이 존재하는 경우들이며, 대개 인간의 생명을 유지시키는 기구들로서, 인간 건강의 손상을 예방할 때 실제적으로 중요하고, 혹은 질병이나 부상의 잠재적, 알 수 없는 위험을 제공할 수 있음. (예: 자궁 내 경구, 심폐장치 등)
인증절차	TYPE B : 국내에서 제품시험(시험기관) ⇒ 해외에서 인증획득(인증기관)
시험기관	▪ 국내 KOLAS 등재 시험기관(ISO 17025) http://www.kolas.go.kr/usr/inf/srh/InfoTestInsttSearchList.do ▪ 최초로 FDA 등록시에는 컨설팅사의 도움을 받을 수 있음. (Onbix(온빅스), E.K. Science Research International, Co, 한국경영연구소, ㈜해외인증경영센터 등)
인증기관	Food and Drug Administration(FDA)
유의사항	▪ FDA는 이해관계 상충을 피하기 위해 민간 시험소의 기능은 수행하지 않고 있으며 견본 분석을 위한 민간 시험소를 추천하지 않음. ▪ FDA 인허가를 득하지 않은 의료기기는 미국 내 유통 및 판매가 불가하며 판매 중 제품이라도 의료기기 규정에 만족되지 않는 제품은 FDA 사후 관리에 의해 시정조치, 리콜, 제품 압류나 폐기 처분, 형사처분 소송 등이 이루어 질 수 있음. ▪ 미국 연방 식품, 의약품, 화장품법에 따라 미국에서 의료기기는 기계, 기구, 도구, 장치, 삽입물, 체외 시약 또는 기타 유사하거나 관련된 물품으로 경우에 따라 부속품 또는 액세서리도 의료기기로 포함하며, 위험수준에 따라 Class I, II, III로 분류되며 Class에 따라 시설등록, 시판 전 신고, 허가 및 등록 등의 요구사항이 다르게 적용됨.

▨ 인증 획득 절차

◎ 기관정보

		인증기관
기 관 명		U.S. Food and Drug Administration(FDA)
홈페이지		http://www.fda.gov/
연 락 처	담당부서	Division of Industry and Consumer Education (DICE)
	전화번호	1(800) 638-2041 or (301) 796-7100
	팩스번호	–
	이 메 일	DICE@fda.hhs.gov
기타		■ 한국 내 다수의 컨설팅 기관이 존재하며 수수료 등 비용은 업체에 따라 상이함.

◎ 인증 절차도

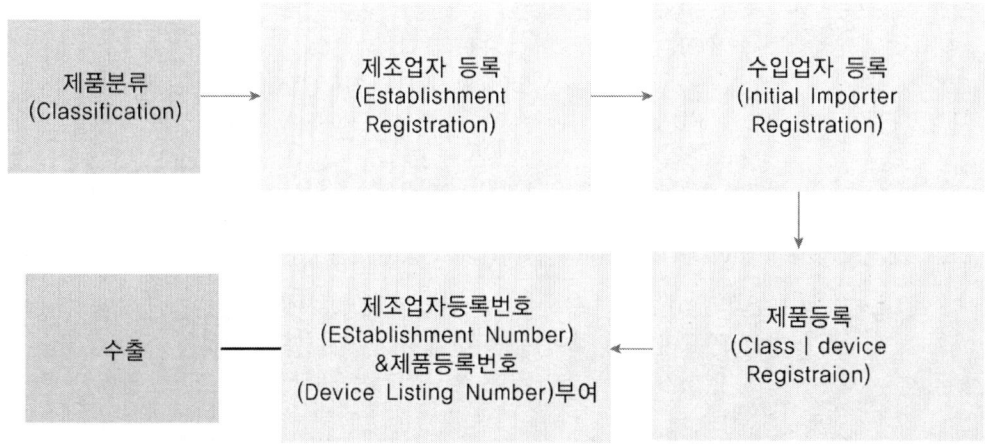

(자료원 : WithUS Consulting)

◎ 비용, 소요 기간 등

(단위: 원)

시험	시험규격 혹은 시험항목	시험비용	소요기간
	▪ Quality System : Impact Resistant Lense 요구조건 Drop Ball Test 후 인증서 작성	350만원 (테스트를 포함한 모든 인증절차 대행업무 비용)	1-2개월
	초기공장심사	인증비용	소요기간
인증	-	▪ 제조업자 등록 비용 : $3,313 (FY2014) - 2015년 $3,750, 2016년 $3,872으로 매년 인상	1개월
인증유효기간	1년		
사후관리비용	연간업체등록갱신비용(FDA)+80만원(대행업체)		

자료원 : ㈜해외인증경영센터(www.icmcert.com/ 02-2028-3111/ icmcert@naver.com)

◎ 유의사항

• 필요서류

- FDA 양식 2891 제출: 제조업자, 배급업자, 포장업자, 회사시설등록 관련 정보

- FDA 양식 2892 제출: FDA에 출시될 의료기기 리스트

- Certification Statement of Impact Resistance
  (http://www.fda.gov/MedicalDevices/DeviceRegulationandGuidance/GuidanceDocu
  ments/ucm150002.htm)

■ 조사 요약표

품목명	안경렌즈 (HS CODE: 900150)	국가명	일본
인증마크	–	제도명 (영문)	MHLW 외국제조업자 인증 (Ministry of Health, Labour and Welfare: 일본후생노동성)
인증구분	■ 강제　□ 임의	인증유형	■ 현행　□ 신규출현
도입시기	2005년 개정		
근거규정	약사법 제13조 3		
제도내용	시력보정용 안경 및 렌즈의 경우, 일반의료기기(클래스1)에 속하는 것으로 간주하여 외국의 제품제조업자도 일본 약사법에 따른 제조업자 인증을 받아야만 해당 제품의 일본 내 제조판매 승인이 가능함.		
품목정의	1) 용도: 시력보정 2) 기능: 착용자의 시력에 맞게 코팅되거나 절단되어 시력을 보완, 굴절이상을 보완, 강한 광선을 약하게 함, 눈에 해로운 자외선을 흡수. 눈시력 보정 (볼록렌즈, 오목렌즈, 다초점 렌즈 등)		
적용대상품목	시력보정용 안경 및 렌즈		
확대적용품목	–		
인증절차	TYPE C : 해외에서 제품시험(시험기관)⇒해외에서 인증획득(인증기관)		
시험기관	독립행정법인 의약품 의료기기 총합기구 (PMDA: Pharmaceuticals and Medical Devices Agency)		
인증기관	후생노동성		
유의사항	■ 시력보정용이 아닌 안경/렌즈/선글라스는 의료기기로 간주하지 않음.		

■ 인증 획득 절차

◎ 기관정보

		시험기관	인증기관
기 관 명		PMDA	후생노동성
홈페이지		http://www.pmda.go.jp/index.html	http://www.mhlw.go.jp/
연락처	담당부서	심사업무부 제2과	–
	전화번호	81-3-3506-9509	–
	팩스번호	81-3-3506-9442	–
	이 메 일	–	–
기타		인증 취득과 관련된 모든 업무는 PMDA를 경유하는 형태로 후생노동성에서 진행됨.	

◎ 비용, 소요 기간 등

(단위: 원)

	시험규격 혹은 시험항목	시험비용	소요기간
시험	신규인증 현지조사 신규인증 서면조사	1,400,000원 (+여비) 600,000원	약 22주 (5개월)
인증	초기공장심사(IFA : Initial Factory Audit or Inspection) 비용	인증비용	소요기간
		(시험 항목에 합산)	(시험 항목에 합산)
인증유효기간	5년		
사후관리비용	인증갱신 및 내용변경 시 (서면조사: 400,000원 / 현지조사: 670,000(+여비))		

(자료원 : 독립행정법인 의약품 의료기기 총합기구 = PMDA)

◎ 인증 절차도 (TYPE C)

1. 외국제조업자 및 제조소의 업자코드 취득
   외국제조업자 코드 취득은 대행자 신청도 가능. 외국제조업자의 성명/주소, 제조소의 명칭
   소재지 등을 '업자 코드 등록표'에 기재하여 PMDA에 FAX

2. 인증신청서 및 인증조사 신청서 제출
   후생노동성에 제출할 인증신청서 2부(정/부)와 PMDA에 제출할 인증조사 신청서를 심사업무부
   제1과에 제출함.
   신청은 해당제품의 일본내 제조판매업자 등이 대행 가능

3. 인증신청서 수리
   인증기관은 인정신청서 기재내용 및 첨부서류에 부족한 점이 없는지 확인한 다음 이를 수리

4. 서면조사
   PMDA는 인증조사 신청서 기재내용 및 첨부서류에 근거하여 인증상의 기술적 기준에
   부합되는지 서류심사를 진행

5. 현지조사
   인증기관으로부터 현지조사를 통지. 일정 조정 후 실사 진행
   단, 인증과 관련된 외국 제조소의 구조설비 확인/조사만을 위해서 현지조사를 시행하지는 않음

6. 판정
   PMDA가 조사 결과를 후생노동성에 전달하고, 이에 근거하여 후생노동성이 인증 여부를 판정.
   PMDA를 통해 판정 결과 전달

7. 인증 갱신
   인증의 유효기간은 5년으로, 인증을 갱신하고자 할 경우에는 유효기간 만료 5개월 전까지 갱신
   신청이 필요

◎ 유의사항

• 필요 첨부서류
  - 신청자(법인일 경우에는 해당 업무 담당 임원)의 정신 및 마약 관련 의사 진단서(영문 이외의 경우에는 번역 첨부)
  - 제조소 책임자 이력을 기재한 서류
  - 제조 품목 목록(수출 예정 품목만 기재되어도 무방) 및 제조공정 관련 서류
  - 제조소 구조설비 관련 서류(후생부 약무국장 통지 '의약품 제조관리 및 품질관리 규칙과 약국 등의 구조설비 규칙의 일부를 개정하는 명령 등의 시행에 관하여'에 기초하는 의약품 및 의약부외품 제조업 허가 신청에 준하는 자료를 제출해야 함)
  - 해당 제조업자 및 제조소가 위치하는 국가의 의약품 등 제조판매업 허가, 제조업 허가, 제조판매 승인/인증 등의 사본

▮ 조사 요약표

품목명	안경렌즈 (HS CODE: 900150)	국가명	중국
인증마크	OGE	제도명 (영문)	안경상품검사 眼镜产品工业生产许可证 China National Inspection & Testing Centre Ophthaimic Optic Glass and Enamel Products
인증구분	▮ 강제　☐ 임의	인증유형	▮ 현행　☐ 신규출현
도입시기	1996년 6월		
근거규정	공업제품생산허가관리조례(工业产品生产许可证管理条例) GB 10810.1-2006 안경렌즈(眼鏡鏡片) GB 10810.3-2006 안경렌즈(眼鏡鏡片) GB 10810.4-2006 안경렌즈(眼鏡鏡片) GB 10810.5-2006 안경렌즈(眼鏡鏡片) GB 2506-2001 광학렌즈(光學樹脂片)		
제도내용	중국에서 유통, 판매되는 제품의 안전성을 확보하는 인증제도		
품목정의	1) 용도: 시력보정 2) 기능: 착용자의 시력에 맞게 코팅되거나 절단되어 시력을 보완, 굴절이 　상을 보완, 강한 광선을 약하게 함, 눈에 해로운 자외선을 흡수. 눈시 　력 보정 (볼록렌즈, 오목렌즈, 다초점 렌즈 등)		
적용대상품목	안경렌즈		
확대적용품목	선글라스 렌즈		
인증절차	TYPE C : 해외에서 제품시험(시험기관) ⇒ 해외에서 인증획득(인증기관)		
시험기관	중국안경, 유리, 도자기제품 질량감독검험센터(國家眼鏡玻璃搪瓷製品質量監督檢驗中心)		
인증기관	중국안경, 유리, 도자기제품 질량감독검험센터(國家眼鏡玻璃搪瓷製品質量監督檢驗中心)		

유의사항	■ 인체와 직접 접촉하지 않는 안경렌즈는 중국 대외무역법 및 화물수출입 관리조례에 의거해 통관절차를 진행함. ■ 인체와 직접 접촉하는 렌즈, 예하면 콘택트렌즈는 중국에서 의료기기로 취급되고 중국 의료기기 감독관리 조례 (醫療器械監督管理條例)에 의거 하여 수입신청절차를 거쳐야 함. ■ 인체와 직접 접촉하는 렌즈는 중국 의료기기 감독관리 조례에 의거하여 수입의료기기등록증서(淮口醫療器械注冊證)가 있어야만 중국 시장에서 유통 판매할 수 있음.

■ 인증 획득 절차

◎ 기관정보

		시험기관	인증기관
기 관 명		중국안경, 유리, 도자기제품 질량감독검험센터 (國家眼鏡玻璃搪瓷製品質量監督檢驗中心) (China National Inspection & Testing Center for Ophthalmic Optics Glass and Enamel Products)	중국안경, 유리, 도자기제품 질량감독검험센터 (國家眼鏡玻璃搪瓷製品質量監督檢驗中心) (China National Inspection & Testing Center for Ophthalmic Optics Glass and Enamel Products)
홈페이지		http://www.oge.com.cn/	http://www.oge.com.cn/
연 락 처	담당부서	검사부(檢驗部)	검사부(檢驗部)
	전화번호	+86-21-67792921	+86-21-67792921
	팩스번호	+86-21-67792925	+86-21-67792925
	이 메 일	–	–
기타		중국은 해외에 관련 기구를 설치하지 않았으므로 중국 시험기관에 서 시험하고 인증을 받아야 함.	

◎ 인증 절차도 (TYPE C)

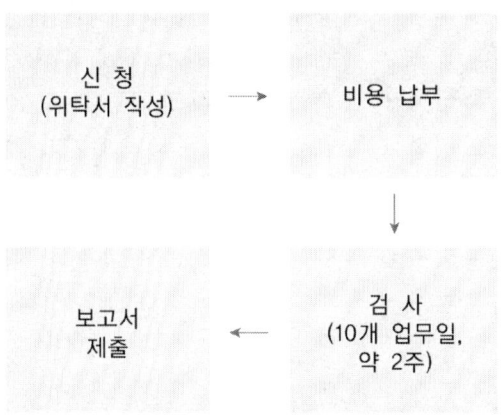

◎ 비용, 소요 기간 등

(단위: 위안, 일, 년)

시험·인증 항목		인증비용	소요기간
시험·인증	시력 보정 기능 시험 및 허가증 발급 자외선 흡수 기능 시험 및 허가증 발급 변색안경 시험 및 허가증 발급	2,800 위안 500 위안 5,300 위안	10개 업무일 약 2주
인증유효기간	–		
사후관리비용	–		

(자료원 : 중국안경, 유리, 도자기제품 질량감독검험센터 (國家眼鏡玻璃搪瓷製品質量監督檢驗中心))

◎ 유의사항

• 필요서류

  – 합격증서(원산지의 합격증서, 중국어 번역본)

  – 상품설명서(중국어), 상품설명서에는 제품에 대한 상세한 내역이 기재되어야 함.

• 유의사항

  – 변색안경렌즈는 검사시 13개 샘플이 필요하는데 그중 코팅한 렌즈 2장, 코팅하지 않은 렌즈 2장과 비교적 두터운 렌즈 2장은 반드시 있어야 함.

  – 자외선 흡수 렌즈는 4장 필요함.

■ 조사 요약표

품목명	안경렌즈 (HS CODE: 900150)	국가명		캐나다
인증마크	–	제도명 (영문)		HEALTH Canada 사전허가 (MDEL, Medical Device Establishment Licence)
인증구분	■ 강제(수입허가) ☐ 임의	인증유형		■ 현행 ☐ 신규출현
도입시기	1998			
근거규정	식품 및 의약품 규정내 의료기기 규제 조항중 44~51항			
제도내용	의료기기 설립 허가(MDEL) 캐나다에서 인체에 사용하기 위한 의료기기에 대한 수입 및 판매에 대해 캐나다 보건부에서 발급하는 허가서(라이선스)			
품목정의	1) 용도: 시력보정 2) 기능: 착용자의 시력에 맞게 코팅되거나 절단되어 시력을 보완, 굴절이상을 보완, 강한 광선을 약하게 함, 눈에 해로운 자외선을 흡수. 눈시력 보정 (볼록렌즈, 오목렌즈, 다초점 렌즈 등)			
적용대상품목	안경렌즈			
확대적용품목	Class I (인체에 유입되지 않는 의약품. 하기 의료기기 분류 차트 참고)			
인증절차	'인증'이 아닌 '허가'로서 실제 제품시험은 이루어지지 않으나, 제조사 자체의 의료기기설립허가 신청서류 접수 후, 캐나다 보건국의 설립 허가 본부에서 제출자료를 검토 한 뒤, 허가증을 발급 하며, 120일경 소요			
시험기관	–			
인증기관	Establishment Licensing Unit – Health Products and Food Branch Inspectorate (캐나다 보건당국 의료기기 설립 관할 부서)			
유의사항	■ 본 제도는 '수입인증'이 아닌 '수입(유통)허가'로서, 해당 제품을 캐나다 내에서 수입 및 유통시키기 위해서는 반드시 정부 당국(캐나다 보건부, Health Canada)로부터 관련 허가를 사전에 취득해야 함. ■ 본 의료기기 설립 라이선스는 매년 갱신해야 함. ■ 라이선스 신청이 기각/ 취소되더라도 신청금은 돌려받을 수 없음.			

▨ 인증 획득 절차

◎ 기관정보

		시험기관	인증기관
기 관 명		Health Canada	Health Canada
홈페이지		www.hc-sc.gc.ca	www.hc-sc.gc.ca
연 락 처	담당부서	Establishment Licensing, Billing and Invoicing Unit Health Products and Food Branch Inspectorate 250 Lanark Avenue Graham Spry Building - 2nd Floor Address Locator 2002D Ottawa, Ontario K1A 0K9	Establishment Licensing, Billing and Invoicing Unit Health Products and Food Branch Inspectorate 250 Lanark Avenue Graham Spry Building - 2nd Floor Address Locator 2002D Ottawa, Ontario K1A 0K9
	전화번호	-	-
	팩스번호	613-957-6711	613-957-6711
	이 메 일	mdel_questions_lepim@hc-sc.gc.ca	mdel_questions_lepim@hc-sc.gc.ca
기타		캐나다에서 이메일/팩스/문서 서류로만 접수를 받음. 따로 시험기관은 존재하지 않으며, 라이선스 발급 기능만 하는 허가기관 (캐나다 보건국 의료기기 설립 라이선스 부서) 만이 존재	

◎ 비용, 소요 기간 등

(단위: 원)

	초기공장심사	인증비용	소요기간
인증	캐나다 보건당국에 의해 Class I 의료기기로 분류되는 품목과 같은 경우, 공장 심사는 없고, 서류 심사만 요구됨.	2014년 기준, $7,641.00	120일
인증유효기간	1년		
사후관리비용	2014년 기준, $7,641.00 이고, 매년 2%씩 증가함. 매년 1회, 4월 1일까지 납부해야 함.		

(자료원 : 캐나다 보건부)

◎ 유의사항

• 의료기기의 유형별 분류

분류	개념 설명	품목 예시
Class I	신체 접촉이 없거나 또는 위험성이 가장 낮은 의료기기 (단, 외과 및 치의과 수술 도구는 모두 Class I)	밴드, 의료용 침대
Class II	신체의 피부 또는 안구와의 접촉이 필요한 의료기기	콘돔, 콘택트렌즈
Class III	외과 수술 목적으로 신체에 30일 이상 남아 있는 기기	임플란트, 혈당모니터
Class IV	심장혈관계통, 중추신경계, 자궁 내 태아를 진단, 관찰, 제어 및 치료하기 위한 의료기기 일체	심박조율기, 초음파탐지기

• 의료기기 수입 및 유통 관련 허가서 종류 및 개념

 – MDL : 의료기기 자체에 대한 라이선스로 제조업체가 보건부로부터 취득 필요

 – MDEL : 의료기기 수입 및 유통에 대한 라이선스로, 수입/유통업체가 보건부로부터 취득 필요

분류	MDL	MDEL	MDL		MDEL	
			(해외) 제조사	수입/유통	(해외) 제조	수입/유통
Class I	불요	불요	불요	불요	불요	불요
Class II	필요	필요	필요	불요	불요	필요
Class III	필요	필요	필요	불요	불요	필요
Class IV	필요	필요	필요	불요	불요	필요

- 허가 신청 업체의 유형별 분류 : 유통업체 또는 제조업체

  1) 유통업체 : 캐나다에서 제품을 판매 또는 유통하는 업체로서, 해당 제품을 직접 제조하지 않은 경우 ⇒ 보건부 홈페이지에서 "유통업체(영문)"를 선택하여 관련 사항 기재 및 제출

  2) 제조업체 : 캐나다에서 제품을 판매 또는 유통하는 업체로서, 해당 제품을 직접 제조한 경우 ⇒ 보건부 홈페이지에서 "제조업체(영문)"를 선택하여 관련 사항 기재 및 제출

- (특이 케이스) 제조업체인 경우, 유형별 세부 분류

  1) Class I 의료기기만 취급하는 경우 :

     1-1) 제품에 자사의 회사 명칭이 표기된 경우 : "제조업체(영문)"만 선택하여 신청 진행

     1-2) 의료기기 제품을 캐나다에 판매 및 유통 중(혹은 예정)인 기업으로서, 일부 Class I 제품에 자사의 명칭이 표기되어 있을 시, "제조업체"와 "유통업체"를 모두 선택하여 신청 절차를 진행함.

  2) Class II, III, IV 의료기기를 유통하는 업체로서, 제품도 직접 제조한 경우 : 의료기기 허가 (MDL) 필요, 의료기기 설립 허가(MDEL) 불요

- 신청서 작성 : 하기 링크를 방문, 의료기기설립허가 신청서를 작성 및 제출

  - 신청서 명칭 : '의료기기설립허가신청서' Medical Device Establishment Licence Application: Form and Instructions (FRM-0292)

- 신청서 작성 : 하기 링크를 방문, 의료기기설립허가 신청서를 작성 및 제출

  - 신청서 명칭 : '의료기기설립허가신청서' Medical Device Establishment Licence Application: Form and Instructions (FRM-0292)

  - 신청서 작성 링크 :

  http://hc-sc.gc.ca/dhp-mps/compli-conform/licences/form/frm-0292-eng.php

안경테

EU(벨기에)	CE	CE
러시아	CU	EAC
말레이시아	SIRIM	MS SIRIM
멕시코	NOM	NOM ANCE MR
미국	FDA	FDA
사우디아라비아	SASO	–
일본	SIAA	SIAA for KOHKIN
칠레	인증불요	–
캐나다	CSA	CSA
터키	CE	CE

■ 조사 요약표

품목명	안경테 (HS CODE: 900319)	국가명	EU(벨기에)
인증마크	$C\epsilon$	제도명 (영문)	CE (Communauté Européenne)
인증구분	■ 강제　□ 임의	인증유형	■ 현행　□ 신규출현
도입시기	■ 도입시기: 1993년 6월 14일 ■ 관보 공표일: 1993년 7월 12일 ■ 적용시점: 1995년 1월 1일		
근거규정	■ CE 기본 규정: 유럽연합 이사회 결의(93/465/EEC) ■ MDD 지침: Medical devices Directive 93/42/EEC		
제도내용	유럽연합(EU) 시장이 단일화되면서 역내 기술 장벽을 제거하기 위해 만들어진 인증제도		
품목정의	1) 용도 : 시력교정용·보호용 또는 기타용의 안경·고글과 이와 유사한 물품의 테 2) 기능 : 렌즈를 지지하고 눈앞에 고정 3) 기타 특별사항 : 플라스틱제(900311) 및 안과의가 눈의 검사에 사용하는 특수한 안경의 테 등 제 9004호에 해당하지 않는 물품의 테는 제외		
적용대상품목	안경테		
확대적용품목	–		
인증절차	TYPE A : 국내에서 제품시험만으로 자기적합성선언(DOC, Declaration of Conformity) ⇒ CE마킹 가능		
시험기관	■ 국내 한국인정기구(KOLAS) 등재 시험기관(ISO 17025) http://www.kolas.go.kr/usr/inf/srh/InfoTestInsttSearchList.do ■ 국내진출 유럽인증기관(Notified Body) 지정시험기관		
인증기관	■ 국내진출 유럽인증기관(Notified Body)		
유의사항	■ 안경테는 의료기기 1등급으로 자기적합성선언(DOC, Declaration of Conformity)으로 CE 마킹 가능. 다만 DOC 선언을 하기 위해서는 제품에 대한 굴절시험 및 생물학적 시험을 하여 그 성적서를 보유하고 있어야 함. ■ 이때 ISO 13485 시스템 심사는 없지만 일부 국가에서는 수입 시 이 시스템에 대한 인증서를 요구 하는 곳 존재. 따라서 ISO 13485 시스템 인증을 획득하는 것을 권고		

■ 인증 획득 절차

◎ 기관정보

기 관 명		시험기관		
기 관 명		KTL 한국산업기술 시험원	KTR 한국화학융합 시험연구원	KTC 한국기계전기 전자시험연구원
홈페이지		www.ktl.re.kr	www.ktr.or.kr	www.ktc.re.kr
연락처	담당부서	–	–	–
	전화번호	02-860-1290	02-2164-0011	031-785-1200
	팩스번호	02-860-1291	02-2634-0016	031-785-1219
	이 메 일	–	–	–
기타		■ 유럽인증기관(Notified Body) 승인 없이 DOC 선언으로 CE 마킹가능		

국내 진출 유럽인증기관(Notified Body)—CE/MDD		
인증기관	연락처	Homepage
Bureau Veritas	02)555-8922	www.bureauveritas.co.kr
CERMET	02)3397-0104	www.cermet.co.kr
DNV	02)723-7593	www.dnv.com
NEMKO	031)322-2333	www.nemkokorea
SGS	02)7094-652	www.sgsgrup.com
SZU	010)3477-7750	www.szukorea.com
TUV-NORD	02)6000-4223	www.tuv-nord.co.kr
TUV-Rheinland	02)860-9951	www.kor.tuv.com
TUV-SUD	02)3215-9251	www.tuv-sud.co.kr
UL DEMKO	02)2009-9000	www.ul.com/korea

◎ 인증 절차도 (TYPE A)

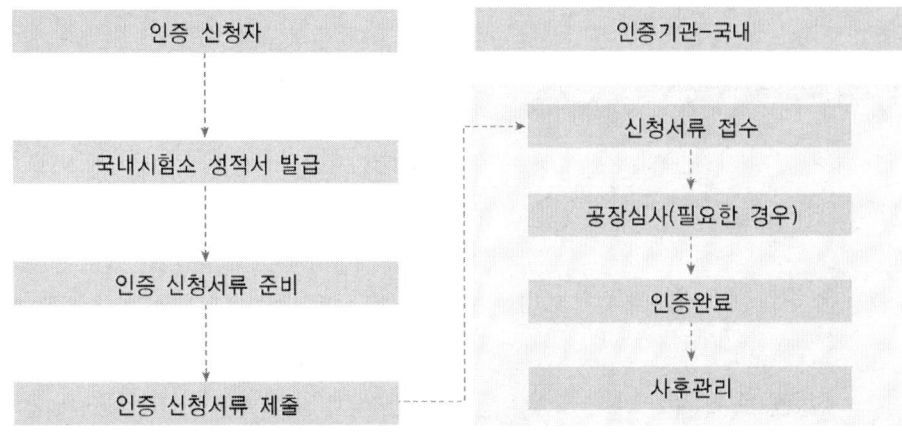

◎ 비용, 소요 기간 등

(단위: 원)

	시험규격 혹은 시험항목	시험비용	소요기간
시험	① 굴절시험 ② 생물학적 시험	200만원	5주
인증	ISO 13485 SYSTEM 심사 비용	인증비용	소요기간
	250만원 ~ 350만원	–	주
인증유효기간	–		
사후관리비용	200만원~300만원		

◎ 유의사항

• CE마크가 없는 제품은 유럽시장에서 반입 및 판매를 할 수 없도록 되어 있으며 기준에 적합하지 않은 제품을 수입, 판매할 경우 개선명령, 표시금지명령, 제품회수 명령을 내릴 수 있도록 규제

• CE마킹은 해당 제품에 대해 특정 지침을 요구하는 장소를 제외하고 판매와 서비스를 수행하는 제품에는 반드시 시장 출하 전에 부착되어야 함.

조사 요약표

품목명	안경테 (HS CODE: 900319)	국가명	러시아
인증마크	**EAC**	제도명 (영문)	CU 인증 (Customs Union)
인증구분	☐ 강제　■ 임의	인증유형	■ 현행　☐ 신규출현
도입시기	2013년 2월 15일		
근거규정	Technical Regulation of the Customs Union		
제도내용	CU 인증이란 러시아, 카자흐스탄, 벨라루스 3국 관세동맹의 공통인증제도로 CU 인증서를 발급 받으면 3개국 내에서 공통으로 사용 가능한 인증으로 공통 제품 적합성 평가를 위한 기술규정 개발, 시험인증기관을 상호 인정하며 관세동맹 기술규정 발효일부터 CU마크(EAC)를 부착하지 않은 제품은 3개국으로 진입 불가		
품목정의	1) 용도 : 시력교정용·보호용 또는 기타용의 안경·고글과 이와 유사한 물품의 테 2) 기능 : 렌즈를 지지하고 눈앞에 고정 3) 기타 특별사항 : 플라스틱제(900311) 및 안과의가 눈의 검사에 사용하는 특수한 안경의 테 등 제 9004호에 해당하지 않는 물품의 테는 제외		
적용대상품목	안경테		
확대적용품목	–		
인증절차	TYPE C : 해외에서 제품시험(시험기관) ⇒ 해외에서 인증획득(인증기관)		
시험기관	ANO "Center of Medical Optics Certification"		
인증기관	Russian Agency for Technical Regulating and Metrology (RUSSTANDARD)		
유의사항	■ 해당 제품의 국내제조업체, 수입업체에 인증 마크 취득 및 부착 요구 ■ 기준에 접합하지 않은 제품을 수입, 판매할 경우 개선명령, 표시금지명령, 제품회수 명령을 내릴 수 있도록 규제 ■ 2013년 2월 15일 이전에 신청되어 인증이 완료된 제품의 경우 기존 GOST-R(러시아), GOST-K,(카자흐스탄), STB(벨라루스) 인증서는 2015년 3월 15일까지 유효함.		

▨ 인증 획득 절차

◎ 기관정보

		시험기관	인증기관
기 관 명		ANO "Center of Medical Optics Certification"	Russian Agency for Technical Regulating and Metrology (RUSSTANDARD)
홈페이지		www.opticatest.ru	www.gost.ru
연 락 처	담당부서	Department of Medical Items Registration	Department of Technical Regulating and Standardization
	전화번호	7-495-797-94-35	7-495-236-6176
	팩스번호	7-495-797-94-35	7-495-236-6231
	이 메 일	info@opticatest.ru	stand@gost.ru
기타		■ 인증기관의 해외진출은 없으나 공인된 여러 인증대행 발급기관을 두어 시험 및 인증발급을 일임하고 있음. ■ 인증대행 기관 중 Sercons, CTR, GSR등 몇몇 대행기관은 한국에 지사를 운영중 ■ 그 외, Megreiontest (+7-495-646-8371/ info@megregiontest.ru), Ecert (+7-495-215-0708/+7-926-896-4046/ kn@ecert.ru) 등 은 영어가능 직원 보유	

◎ 인증 절차도 (TYPE C)

신청서류 일체 제출

↓

러시아 인증 / 시험기관 검토

↓

신청서류 일체 DRAFT
발행 및 확인

↓

인증서 발행

◎ 비용, 소요 기간 등

(단위: Euro)

시험	시험규격 혹은 시험항목	시험비용	소요기간
	품목별로 상이	인증비용에 포함	인증취득 소요기간에 포함
인증	초기공장심사비용	인증비용	소요기간
		20,000Euro (유효기간 3년 기준)	9~10주
인증유효기간	1/3/5년 단위로 유효기간 선택 가능		
사후관리비용	–		

(자료원 : World Wide GOST)

◎ 유의사항

• 인증 취득 시 1/3/5년 단위로 유효기간 선택 가능

• 2013년 2월부터 기존 GOST-R에서 CU마크로 변경됨에 따라 러시아 내에서도 까다로운 인증절차와 비용으로 어려움이 대두되고 있으나, 시간이 지나면서 점차 약화될 것으로 예상됨.

▨ 조사 요약표

품목명	안경테 (HS CODE : 900319)	국가명	말레이시아	
인증마크	**MS** SIRIM	제도명 (영문)	SIRIM (Standards and Industrial Research Institute of Malaysia)	
인증구분	☐ 강제 ■ 임의	인증유형	■ 현행	☐ 신규출현
도입시기	–			
근거규정	〈MS ISO 7998:2008〉 OPHTHALMIC OPTICS – SPECTACLE FRAMES			
제도내용	말레이시아에서 판매되는 제품에 대한 제품 표준 및 품질 인증제도			
품목정의	1) 용도 : 시력교정용·보호용 또는 기타용의 안경·고글과 이와 유사한 물품의 테 2) 기능 : 렌즈를 지지하고 눈앞에 고정 3) 기타 특별사항 : 플라스틱제(900311) 및 안과의가 눈의 검사에 사용하는 특수한 안경의 테 등 제 9004호에 해당하지 않는 물품의 테는 제외			
적용대상품목	안경테			
확대적용품목	–			
인증절차	TYPE C : 해외에서 제품시험(시험기관) ⇒ 해외에서 인증 획득(인증기관)			
시험기관	SIRIM QAS International Sdn. Bhd.			
인증기관	SIRIM QAS International Sdn. Bhd.			
유의사항	■ 임의인증으로 현지시장 진출을 위해 강제되지 않음. ■ 말레이시아에서 제품인증은 강제(Mandatory)가 아님. 단 에너지 위원회(Energy Commission), 화재 및 구조청(Fire and Rescue Department Malaysia), 통신 및 멀티미디어 위원회(Malaysian Communication and Multimedia Commission), 국가 물서비스 위원회(National Water Services Commission), 도로교통청(Road Transport Department) 등 국가기관에서 강제 인증을 법제화한 경우만 강제인증을 받아야 함. ■ 표준(Standard)이 있는 제품에 대해서만 제품 인증이 가능함. 국가기관에서 강제하는 인증의 경우는 신청자가 해당 표준을 따라하지만 그 외의 경우는 신청자가 인증받기를 희망하는 규정을 제시해야 함. 표준에 대한 정보는 www.msonline.gov.my에서 볼 수 있음.			

▨ 인증 획득 절차

◎ 기관정보

		시험기관	인증기관
기 관 명		SIRIM QAS International Bhd	SIRIM QAS International Bhd
홈페이지		www.sirim-qas.com.my	www.sirim-qas.com.my
연 락 처	담당부서	Sales, Marketing and Business Development Section	Sales, Marketing and Business Development Section
	전화번호	+603-5544-6402	+603-5544-6402
	팩스번호	+603-5544 6787	+603-5544 6787
	이 메 일	qas_marketing@sirim.my	qas_marketing@sirim.my
	기타	–	

◎ 비용, 소요 기간 등

(단위 : RM(링깃))

시험	시험규격 혹은 시험항목	시험비용	소요기간
	⟨MS ISO 7998:2008⟩	견적에 따라 상이	2달 이상
인증	**초기공장심사**	**인증비용**	**소요기간**
인증	■ 공장실사/현장실사: – RM 1,000 for 1 man-day – RM 125 per additional hour	■ 신청비: RM 500 per application ■ 문서/제품평가 보고서준비: – RM 1000 for 1 man-day – RM 125 per additional hour	2달 이상
인증유효기간	1년		
사후관리비용	■ 공장실사/현장실사: – RM 1,000 for 1 man-day – RM 125 per additional hour ■ 갱신비용(Annual Renewal Fee) : RM 500 ■ 추가 및 변경비용: RM100 + 제품평가비용 @ RM125 per hour		

(자료원 : SIRIM QAS International Bhd)

안경테

◎ 인증 절차도 (TYPE C)

단계	세부내용
질의 (Enquiry)	① 신청자가 SIRIM QAS International Bhd에 질의서(Questionnaire) 양식을 작성하여 제출 ② SIRIM QAS International Bhd는 실제로 인증업무를 진행할 수 있는지 타당성을 테스트하고 인증 업무가 진행 가능하다고 판단되면 견적서를 신청자에 송부 ※ 질의서는 PCS/FOR/01-1 양식을 사용해야 함. 또한 SIRIM 인증은 말레이시아 정부에서 강제하는 인증이 아닌 이상 신청자가 표준(Standard)을 특정(Identify)해야함.
신청 (Application)	① 신청자는 견적서를 수취한 후 신청서(Application Form)을 작성하여 제출 ② 신청자는 인증 관련 비용을 납부 ※ 신청서는 양식 PCS/FOR/01-2를 사용해야함. 필요시 SIRIM QAS International Bhd에서 요청하는 부대서류를 같이 제출
서류평가 (Document Evaluation)	① 인증 표준에 맞추어 제출 서류를 평가
공장실사 (Factory Audit)	① 품질관리 계획(Quality Control Plan)의 적정성, 시험 장비(Test Equipment)의 적정성, 측정표준(Calibration) 및 기록시스템(Record-keeping System)의 적정성을 점검
샘플테스트 (Sample Test)	② 공장 실사 중 시험관이 샘플을 선정하여 테스트를 실시 ※ 테스트는 SIRIM QAS International Bhd나 SIRIM QAS International Bhd가 인증하는 시험기관에서 실시
인증서발급 (Approval Process)	① 공장실사와 샘플 테스트에 문제가 없으면 인증 보고서(Certification Report)를 작성하고 인증 발급을 결정 ② 미납 비용을 모두 납부하면 인증서를 발급
감시 (Surveillance)	① 인증 품목이 표준을 준수하는지 확인하기 위해 사전계획에 의한 점검이나 불시 재검사를 실시 할 수도 있음. ※ 보통은 제품에 대한 고발이 있을 시 시장에서 샘플을 수거하여 검사를 실시
갱신 (Renewal)	① 인증 유효기간이 1년인 바 매년 인증 갱신이 필요

조사 요약표

품목명	안경테 (HS CODE : 900319)	국가명	멕시코
인증마크	NOM ANCE MR	제도명 (영문)	NOM (Normas Oficiales Mexicanas) NOM-050-SCFI-2004
인증구분	■ 강제　□ 임의	인증유형	■ 현행　□ 신규출현
도입시기	1993년		
근거규정	멕시코 계측과 표준에 관한 연방법 39조		
제도내용	멕시코 공식표준규격(NOM/ Normas Oficiales Mexicanas) 제도란 제품의 품질 및 안전성 면에서의 하자로 환경, 공중보건 및 소비자의 신체상 안전성이 침해되지 않게 하려고 안전을 해할 수 있는 제품들을 대상으로 갖춰야 일정 규격요건, 안전요건, 라벨링 요건 및 품질 테스트 방법, 포장방법 등을 규정한 제도		
품목정의	1) 용도 : 시력교정용·보호용 또는 기타용의 안경·고글과 이와 유사한 물품의 테 2) 기능 : 렌즈를 지지하고 눈앞에 고정 3) 기타 특별사항 : 플라스틱제(900311) 및 안과의가 눈의 검사에 사용하는 특수한 안경의 테 등 제 9004호에 해당하지 않는 물품의 테는 제외		
적용대상품목	안경테		
확대적용품목	NOM-050 해당제품		
인증절차	라벨링		
시험기관	–		
인증기관	ANCE, NYCE		
유의사항	■ 멕시코 수입업자 등이 대행으로 신청할 수 있음.		

■ 인증 획득 절차

◎ 기관정보

		인증기관
기 관 명		ANCE
홈페이지		www.ance.org.mx
연락처	담당부서	라벨링 인증
	전화번호	52-55-5947-4550 ext 4662
	팩스번호	52-55-5947-4560
	이 메 일	berenice.mata@ance.org.mx
기타		NOM-050,NOM-024과 같은 라벨링 인증의 경우, ANCE, NYCE, NORMEX등 기관에서 모두 발급함.

		인증기관
기 관 명		NYCE
홈페이지		www.nyce.org.mx
연락처	담당부서	라벨링 인증
	전화번호	52-55-5395-0777 Ext. 296, 234
	팩스번호	52-55-5395-0777
	이 메 일	davila@nyce.org.mx
기타		NOM-050, NOM-024과 같은 라벨링 인증의 경우, ANCE, NYCE, NORMEX등 기관에서 모두 발급함.

◎ 인증 절차도 (TYPE C)

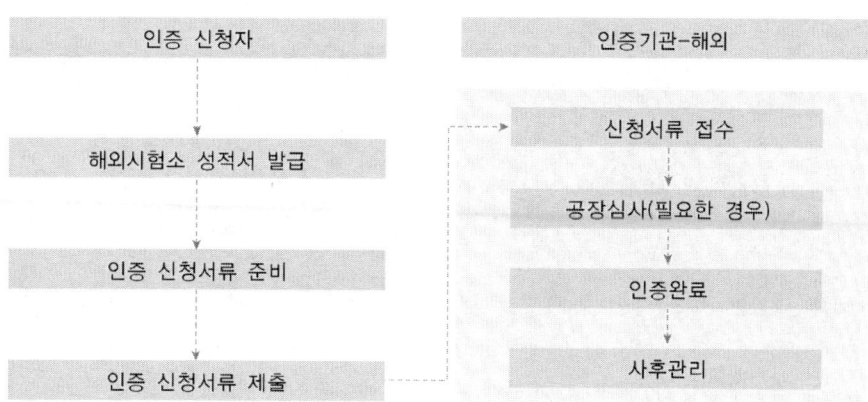

◎ 비용, 소요 기간 등

(단위: 달러)

인증	초기공장심사비용	인증비용	소요기간
	–	약 40달러+부가세(16%)	근무일 기준 7일 이내 발급 완료
인증유효기간*	없음. 라벨링 인증이기 때문에, 제품, 설명서, 보증서 등의 설명이 바뀌지 않는 이상 유효기간은 별도로 없음. 상기 내용에 변동이 있을 경우, 재신청 해야 함.		
사후관리비용	별도의 사후 검사 없음.		

(자료원 : ANCE)

◎ 유의사항

• 인증서의 소유주가 멕시코의 현지회사(현지대리인)가 되어야 가능하기 때문에, 인증 신청 시 수입회사의 정보를 함께 준비해야함.

• NOM 인증 대상품목이 인증을 받지 않는 경우, 수입 금지 및 세관 통과불가, 기타 일급여 20,000배의 벌금 혹은 구속 등 행정상 제재

■ 조사 요약표

품목명	안경테 (HS CODE: 900319)	국가명	미국
인증마크	**FDA** 제도명 (영문)		FDA (미 식품의약청; Food and Drug Administration)
인증구분	■ 강제　□ 임의	인증유형	■ 현행　□ 신규출현
도입시기	1938년 법률 첫 도입. 2007년 개정		
근거규정	■ Federal Food, Drug & Cosmetic Act (연방 식품, 의약품, 화장품법) ■ Code of Federal Regulation: (연방규정집: CFR) Title 21, Volume 8 ■ CFR Title 21, Part 807 (기기 등록 규정)		
제도내용	미 식약청(FDA)은 미국 내 사용을 위해 제조 및 유통된 의료기기에 대한 연례 등록을 시행		
품목정의	1) 용도 : 시력교정용·보호용 또는 기타용의 안경·고글과 이와 유사한 물품의 테 2) 기능 : 렌즈를 지지하고 눈앞에 고정 3) 기타 특별사항 : 플라스틱제(900311) 및 안과의가 눈의 검사에 사용하는 특수한 안경의 테 등 제 9004호에 해당하지 않는 물품의 테는 제외		
적용대상품목	안경테(Spectacle frame)		
확대적용품목	FDA가 1등급(일반규제)으로 분류한 테 全 품목		
인증절차	■ TYPE B : 국내에서 제품시험(시험기관) ⇒ 해외에서 인증획득 (인증기관) ■ 일반규제(General Control) : Class 1에 해당하는 의료기기 ① 시설 (Establishment) 및 대상기기 명단(Listing) 접수 ② 승인 ③ 시판		
시험기관	한국산업기술시험원(KTL), 한국화학융합시험연구원(KTR)		
인증기관	FDA(Food and Drug Administration)		

유의사항	■ 미국 의료기기분류기준(Medical device classification procedures)에 의해 의료기기의 위험도에 따라 세 가지 Class I(저위험), II, III(고위험)로 기기를 분류
	■ 대상 품목은 1등급(Class I)에 속한 일반 규제 품목으로서 미국 내 유통을 위한 Establishment Registration 및 Device Listing을 필히 제출해야함.
	  – 연간등록비 매년 납부 필수
	  – FDA 등록을 위한 현지 에이전트 마련 필수
	■ FDA 등록의무 미 이행 시 제품 압류, 통관 거부, 추후 재등록 거부, 형사처분 소송과 같은 불이익 발생 가능

■ 인증 획득 절차

◎ 기관정보

		시험기관	인증기관
기 관 명		KTL 한국산업기술시험원	KTR 한국화학융합시험연구원
홈페이지		http://www.ktl.re.kr/	http://www.ktr.or.kr/
연 락 처	담당부서	인증심사센터	해외인증팀
	전화번호	02-860-1114	02-21640-0086
	팩스번호	02-860-1285	02-2634-1008
	이 메 일	kjy8539@ktl.re.kr	hongseok@ktr.or.kr

기타		■ FDA 등록시 현지 에이전트 (U.S. Agent) 등록 필수
		  – 현지 대리인의 성명, 주소, 전화번호, 팩스번호 제공
		  – 복수의 현지 에이전트 등록 불가
		  – 미국에 거주하거나 미국 내에 등록된 사업체를 유지한 인원만이 에이전트로 활동 가능
		  – FDA 근무 시간 동안 유선 문의 응답을 위한 상시 대기 요망
		■ 매년 10.1~12.31 사이 FDA 등록 갱신 필수
		■ 면제를 받은 업체를 제외한 모든 업체는 온라인(FURLS 시스템)을 통해서만 품목 등록 가능
		  – FDA 등록 사이트:
		    https://www.access.fda.gov/oaa/logonFlow.htm?execution=e2s1
		  – 온라인 등록 및 ID 생성 필요	

◎ 인증 절차도

• 의료기기 FDA 승인절차

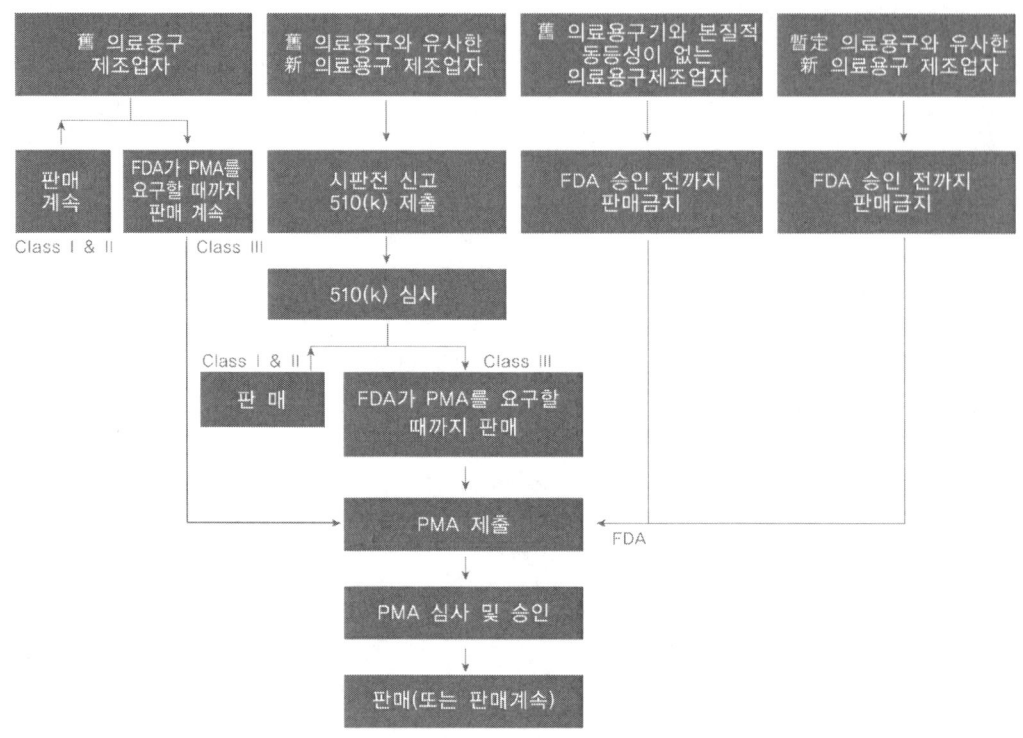

* PMA (Premarket Approval): Class III 대상 시판전 허가
(자료원 : 한국화학융합시험연구원)

◎ 비용, 소요 기간 등

(단위: 원화, USD)

시험	시험규격 혹은 시험항목	시험비용	소요기간
	굴절시험 및 생물학적 시험	약 200만원	5주
인증	초기공장심사비용	인증비용	소요기간
	–	$3,646*	15일 (주말 제외)
인증유효기간	허가의 유효기간은 없으나 매년 등록비 재납부		
사후관리비용	■ 대리인 고용 시 수수료 발생 (약 120만원) ■ 연간 등록비 ($3,872 예정)		

* 2015회계연도부터 $3,872로 인상 예정
(자료원 : FDA)

◎ 유의사항

- FDA 등록시 품목 관련업체 정보 (Establishment) 및 제품 정보 (Device Listing) 제공
  - 제조사, 수입 및 배급업체, 재포장 및 재라벨링 업체, 사양 개발업체, 현지 에이전트 명시를 요구

- 1등급 기기 대부분은 GMP (Good Manufacturing Practices) 품질 준수 검사, 시판전 신고 (510(k)), 시판전 허가(PMA)가 면제되고 있으나 일부 품목의 경우 적용되고 있거나 사후 적용될 가능성이 있으니 주의 요망

- FDA는 외부 기관을 통해 등록 안내를 진행하거나 요금을 청구하지 않으며, 온라인 등록과정에서 외부인을 통한 등록을 요구하지 않음.

▧ 조사 요약표

품목명	안경테 (HS CODE: 900319)	국가명		사우디아라비아	
인증마크	–	제도명 (영문)		SASO (Saudi Arabia Standards Organization) Certificate of Conformity(COC)	
인증구분	■ 강제　☐ 임의	인증유형		■ 현행　☐ 신규출현	
도입시기	2006년 5월				
근거규정	Decision of the Minister of Commerce & Industry No. 6386 dated in 21/6/1425H				
제도내용	사우디아라비아 안전규격, 강제 규격으로 모든 수입제품에 대해 수출국 정부가 공식적으로 인정한 기관에서 발행하는 적합성인증서(COC)				
품목정의	1) 용도 : 시력교정용·보호용 또는 기타용의 안경·고글과 이와 유사한 물품의 테 2) 기능 : 렌즈를 지지하고 눈앞에 교정 3) 기타 특별사항 : 플라스틱제(900311) 및 안과의가 눈의 검사에 사용하는 특수한 안경의 테 등 제 9004호에 해당하지 않는 물품의 테는 제외				
적용대상품목	안경테				
확대적용품목	–				
인증절차	TYPE A : 국내에서 제품시험(시험기관) ⇒ 국내에서 인증획득(인증기관)				
시험기관	국내 한국인정기구(KOLAS) 등재 시험기관(ISO 17025) http://www.kolas.go.kr/usr/inf/srh/InfoTestInsttSearchList.do				
인증기관	국가기술표준원이 지정한 SASO COC 직접발행 인증기관				
유의사항	■ 사우디에 수출 하고자 하는 국가에서 지정한 기관이 인증발급 및 시험을 담당 ■ 인증서(COC)는 동일 제품의 경우에도, 매 선적 시마다 발행 받아야 하며, 제품의 수와 관계없이 한 선적 분량에 대해 1건의 인증서 발행				

📱 인증 획득 절차

◎ 기관정보

- 한국에서 사우디로 수출되는 제품의 경우, 2008년 국가기술표준원(KATS)와 사우디표준청(SASO)간의 상호인정협정에 근거하여 KATS가 지정한 인증기관에서 인증서를 발행함.

- A list of the signed bodies with SASO on the recognition program http://www.saso.gov.sa/en/conformity/Mutual_Recognition/Pages/Agents_Names.aspx

기관명	연락처				
	홈페이지	담당부서	전화번호	팩스번호	이메일
한국산업기술시험원 (KTL)	www.ktl.re.kr	글로벌 비즈니스센터	02-860-1330	02-860-1306	jskim @ktl.re.kr
화학융합시험연구원 (KTR)	www.ktr.or.kr	해외인증팀	02-2164-0135	02-2634-0067	hs @ktr.or.kr
한국기계전기전자 시험연구원(KTC)	www.ktc.re.kr	해외인증센터	031-428-7591	-	klatu @ktc.re.kr
한국건설생활환경 시험연구원(KCL)	www.kcl.re.kr	해외사업팀	02-3415-8782	02-3415-8796	holdaq @empal.com
한국뷰로베리타스 Bureau Veritas Korea	www.bureauveritas.com	Government Services & International Trade	02-555-8751	02-553-4083	jaehwan.shim@ kr.bureauveritas.com
한국에스지에스(주) SGS Korea	www.sgs.com	GIS부서	031-460-8078	031-460-8086	jongrok.park @sgs.com
인터넥이티엘셈코(주) Intertek ETL SEMKO Korea	www.intertek.com	GTS	02-775-5255	02-775-5266	info.seoul.gs @intertek.com
TUV-Sud Korea	www.tuvsud.com	ITA팀	02-3215-1190	02-3215-1111	jung-a.ryu @tuvsud.kr
Nemko Korea	www.nemkokorea.co.kr	IA그룹	031-330-1707	031-322-3971	cheonho.kim @nemko.com
TUV-Rheinland Korea	www.kor.tuv.com	영업팀	02-860-9949	02-860-9862	uiro.kim @kor.tuv.com

◎ 인증 절차도 (TYPE A)

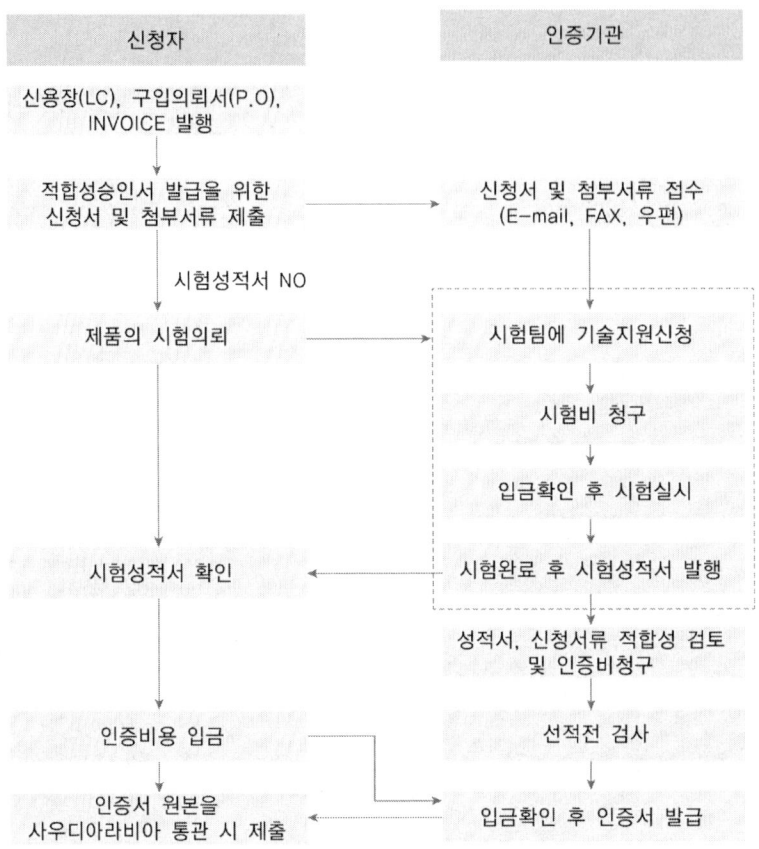

◎ 비용, 소요 기간 등

(단위: 원)

시험	시험규격 혹은 시험항목	시험비용	소요기간
	관련시험	시험기관 의뢰	50일
인증	초기공장심사	인증비용	소요기간
	강제사항은 아님	인증서 발행 적합 여부 검토 30만원	7일~10일
인증유효기간	3년		
사후관리비용	–		

(자료원 : KTR)

◎ 유의사항

• 제출서류
  - COC 신청서
  - 시험성적서(시험성적서가 없는 경우, 제품시험 신청)
  - 제품매뉴얼(완제품에 한함.)
  - Commercial Invoice
  - Packing List
  - Letter of Credit(해당 경우에 한함.)
  - Purchase Order(P/O)
  - 사업자 등록증

• 인증요건
  - 사우디 내로 수출을 하고자 하는 제조업자, 수입업자, 유통업자가 신청 가능
  - 인증서 상의 제품이 항구에 선적되어 들어온 제품과 동일해야 함.(선적 전 검사로 확인)
  - 선적되는 제품이 사우디아라비아 규격요구사항에 적합함이 증명되지 않는 경우 수입이 허가되지 않음.

▨ 조사 요약표

품목명	안경테 (HS CODE: 900319)	국가명	일본
인증마크	**SIAA for KOHKIN**	제도명 (영문)	SIAA 일본 항균제품 기술협의회 자체등록에 관한 안전성 시험 (SIAA : Society of Industrial Technology for Antimicrobial Articles)
인증구분	☐ 강제 ■ 임의	인증유형	■ 현행 ☐ 신규출현
도입시기	1998년		
근거규정	항균제품기술협의회의		
제도내용	안전성과 항균성능 등의 가이드라인		
품목정의	1) 용도 : 시력교정용·보호용 또는 기타용의 안경·고글과 이와 유사한 물품의 테 2) 기능 : 렌즈를 지지하고 눈앞에 고정 3) 기타 특별사항 : 플라스틱제(900311) 및 안과의가 눈의 검사에 사용하는 특수한 안경의 테 등 제 9004호에 해당하지 않는 물품의 테는 제외		
적용대상품목	안경프레임		
확대적용품목	식기류		
인증절차	TYPE C :해외에서 제품시험(시험기관) ⇒ 해외에서 인증획득(인증기관)		
시험기관	JNLA시험사업자 12곳		
인증기관	일본 항균제품 기술협의회		
유의사항	■ 항균 제품 기술 협의회가 정하는 항균성이란, 항균 처리한 제품의 표면에서 세균의 증식을 억제하는 것이며, 구체적으로는 균이 제품 표면에 부착 후 24시간 경과했을 때의 생균수가 무가공제품에 비해 1%이하인 것 ■ 수입 제품을 일본에서 판매하는 일본 법인격의 수입업자나 판매업자가 이 협의회에 가입할 필요가 있음.		

■ 인증 획득 절차

◎ 기관정보

		시험기관	인증기관
기 관 명		일반재단법인보켄(BOKEN)품질 평가기구	일본 항균제품 기술협의회(SIAA)
홈페이지		http://www.boken.or.jp/	http://www.kohkin.net/
연 락 처	담당부서	오사카사무소 혼초(本町)시험센터 미생물실험실	사무국
	전화번호	06-4707-0030	03-5365-2650
	팩스번호	06-4707-0040	03-5365-2651
	이 메 일	http://www.boken.or.jp/cgi-bin/toiawase_form.cgi?send_to=0107	fujimoto@kohkin.net
기타		–	

◎ 인증 절차도 (TYPE C)

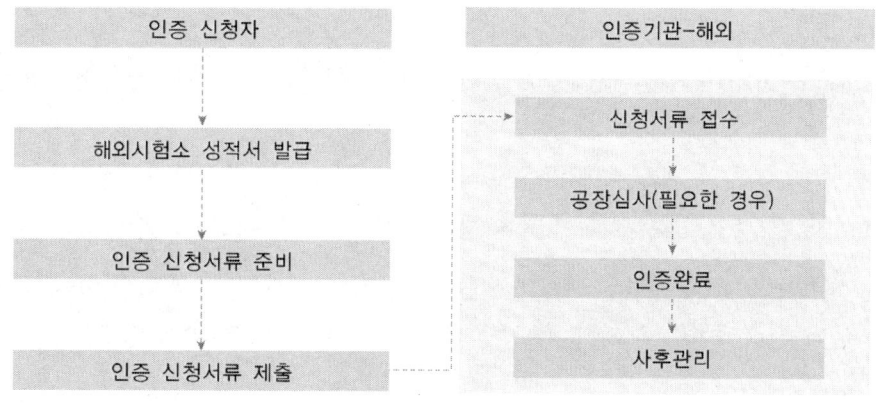

◎ 비용, 소요 기간 등

(단위 : 엔)

시험	시험규격 혹은 시험항목*	시험비용	소요기간
	내광성 시험 등	100,000엔 내외 (제품마다 상이)	4~10일
인증	초기공장심사비용	인증비용	소요기간
	–	–	10일
인증유효기간	없음		
사후관리비용	10일입회금 97,000엔, 연회비 194,100엔		

(자료원 : 일본 항균제품 기술협의회(SIAA))

* 시험항목 자세사항

  ○ 내광성 시험. 용도에 따라서 내수시험. 이후, 항균가공 실험자료 및 무가공(항균가공을 하지 않은 상태) 실험 자료에 대하여 항균력 시험 실시

  ○ 시험은 「JIS Z 2801항균가공제품–항균성시험 방법/항균효과」에 근거하여 실시

◎ 유의사항

- 필요서류

  - 입회신청서

  - 입회/자주등록데이터시트1 또는 2에, 마크표시를 희망하는 상품에 관한 필요사항을 기입한 서류

  - 데이터시트1 제출시, 항균제 MSDS, 마크인쇄 당해상품 판플랫 또는 교정쇄 첨부

  - 데이터시트2 제출시, JNLA로고가 붙은 시험설명서의 사본, 마크인쇄 당해상품 판플랫 첨부

- 등록 시 내용에 위반하는 경우, 경고와 동시에 개선 권고하고, 그래도 받아들여지지 않는 경우는 인터넷 홈페이지 상에서 정보 공개, 최악의 경우는 제명 처분

조사 요약표

품목명	안경테 (HS CODE : 900319)	국가명	캐나다
인증마크	(CSA 마크)	제도명 (영문)	CSA (Canadian Standard Association)
인증구분	☐ 강제　■ 임의	인증유형	■ 현행　☐ 신규출현
도입시기	1919년		
근거규정	■ 캐나다 기술규격협회(Canadian Engineering Standards Association: CESA) ■ 1944년 CSA로 변경		
제도내용	캐나다 안전규격		
품목정의	1) 용도 : 시력교정용·보호용 또는 기타용의 안경·고글과 이와 유사한 물품의 테 2) 기능 : 렌즈를 지지하고 눈앞에 고정 3) 기타 특별사항 : 플라스틱제(900311) 및 안과의가 눈의 검사에 사용하는 특수한 안경의 테 등 제 9004호에 해당하지 않는 물품의 테는 제외		
적용대상품목	CSA Z94.3-07 Eye and Face Protectors		
확대적용품목	–		
인증절차	TYPE A : 국내에서 제품시험 (시험기관) ⇒ 국내에서 인증 획득(인증기관)		
시험기관	CSA Korea		
인증기관	CSA Korea		
유의사항	■ 비영리 민간단체에서 관장, 인증 자체가 강제력을 가지지는 않으나, 특정 제품들의 경우에는 CSA 인증 취득이 법적(캐나다 연방 및 각 주, 각 지자체 단위)으로 강제되기도 함 ■ 일반 안경테의 경우, CSA 인증을 취득한 제품 없음 ■ 단, '산업용으로 사용되는 시력교정 보안경의 "테"일 경우, 강제인증으로, 반드시 CSA 인증을 취득해야 함. ■ CSA가 캐나다에서 통용되기는 하나, 다른 인증으로 대체할 수 있는 바, 취득 절차 진행 이전에 현지 바이어 등과 협의를 거치는 것이 바람직함.		

▧ 인증 획득 절차

◎ 기관정보

		시험기관	인증기관
기 관 명		CSA Korea	CSA Korea
홈페이지		www.csagroup.org	www.csagroup.org
연락처	담당부서	CSA Korea	CSA Korea
	전화번호	02-527-1717	02-527-1717
	팩스번호	02-527-1678	02-527-1678
	이 메 일	csakorea@csagroup.org	csakorea@csagroup.org
기타		–	

(자료원 : CSA KOREA)

◎ 인증 절차도 (TYPE A)

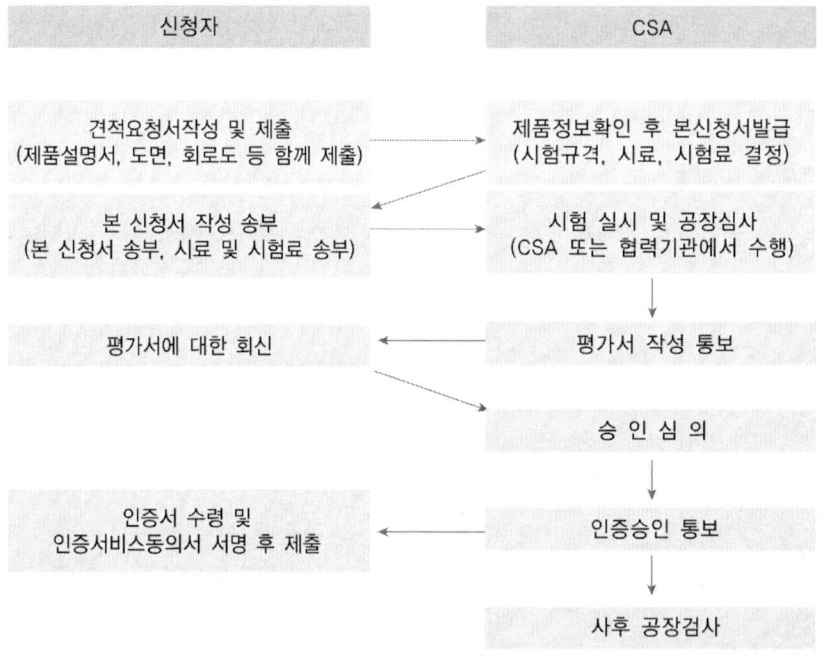

1. CSA 인증기관에서 정한양식에 따라 작성된 신청서 및 제품에 관한 상세서류(매뉴얼, 회로도, 부품리스트, 부품승인서, 재질명세서 등)를 CSA로 송부함.

2. CSA는 모든 서류를 검토하여 인증비, 필요시료수, 필요서류, 인증기간을 결정하여 신청자에게 안내하고 인증비를 청구함.

3. 신청자는 인증비를 지불하고 요청된 시료 및 서류를 CSA 시험소로 송부.

4. CSA 시험소 또는 CSA가 인정하는 시험소(MOU 기관 등)에서 제품시험 실시.

   * 시료가 송부 불가능한 경우, 제조자가 지정한 시설에서 시험을 실시하되 반드시 사전에 CSA와 관련내용을 협의하고, CSA 담당자가 입회하여 시험 과정을 확인하여야 함.(CSA 입회로 인한 출장비 및 체류비는 모두 신청자가 부담함.)

5. 시험중 부적합이 발생되면, 'Findings Letter(부적합통보)'가 발행되며, 신청자는 부적합지적사항을 시정하여 CSA로 시정내용을 보내어 확인을 받아야 함(시료가 수정되는 경우, 수정된 부분의 추가시험 또는 전체 재시험이 시행됨)

6. CSA 공장심사원은 제조공장을 방문하여 공장심사를 수행하며, 공장이 해외에 위치한 경우, 해외의 협력기관에 공장심사를 의뢰함.

7. 제품 시험 및 공장심사 결과, 입금여부를 CSA 인증기관 책임자가 최종 검토하여 인증서를 발행함.

8. CSA는 신청자에게 인증서비스동의서(Product Service Agreement)를 송부하며, 신청자는 동의서에 서명하여 인증기관으로 송부함.

9. 인증이 완료되면 CSA는 홈페이지의 인증제품리스트에 제품을 등재하며 하기 사이트에서 확인이 가능함.
   http://www.csagroup.org/ca/en/services/testing-and-certification/certified-product-listing

(자료원 : www.certinfo.or.kr)

◎ 비용, 소요 기간 등

(단위: 원)

시험	시험규격 혹은 시험항목	시험비용	소요기간
	관련규격항목	제품별상이	제품별상이
인증	초기공장심사비용	인증비용	소요기간
	–	300-450만원	2개월~1년
인증유효기간			
사후관리비용	70~80만원		

(자료원 : CSA KOREA, KTL)

주) 정기심사비: 한공장당 1회 심사 시 약 70-80만원(분기별, 연 4회 실시하고 KTL의 심사원이 수행)
연회비: 신청자가 가지고 있는 등록공장 수 및 제품군, 모델수에 따라 총 합계된 연간비용을 일괄 정산하며 연회비를 신청자에게 청구함. 단, 연간 재시험비용은 별도 시험시마다 정산하여 청구

◎ 유의사항

• c-CSA-us, NRTL
  - CSA는 1993년에 미국의 OSHA(미국 직업 안전 위생관리국)에 의해 미국 국가인정시험소 (NRTL)로서 공식으로 인정받았고 2003년에는 미국의 인증기관인 UL과 보다 확장된 범위의 MOU를 체결하여 CSA가 미국규격에 따라 인증한 경우 "NRTL/C"나 "NRTL"을 사용할 수 있으며, 이것은 미국의 UL내에서 "C-UL"마크를 인증하는 경우와 같이 CSA 및 UL인증을 동시에 받는 효과를 볼 수 있음.

• 인증취득 방법
  - 모델인증: CSA가 가장 많이 관여하는 인증방법으로서 샘플을 CSA의 시험소 또는 지정협정기 관에 보내 평가와 시험을 행하고 인증서를 발행함.
  - 입회시험: 신청자가 지정한 장소의 시험설비를 사용하며, CSA 기술담당자가 시험현장을 입회하여 CSA에서 시험 데이터를 바탕으로 성적서를 발급하고 승인하는 인증방법임.
  - 분담인증: 입회시험과 유사하지만, 신청자가 시험을 시행하고 인증레포트를 작성한 후에 수정본이 CSA에 송부되는 점이 다름. 이 인증방법을 이용하기 위해서는 신청자의 설비와 인증방법이 CSA검사원에 의해 평가되어야 하며, CSA공장검사원은 정기적으로 신청자의 공장을 방문하여 설비를 검사하게 됨.
  - 카테고리 인증: 다른 인증에 비해 신속하게 인증을 획득할 수 있으나 별도로 신청자의 CSA규격

에 대한 충분한 이해, 규격에 맞는 제품설계, 제조입증, 적합한 설비이용 및 시험수행 등의 요구조건을 만족해야 하며 비용이 상대적으로 높음.

- 일반적 모델인증의 절차
  1) 신청의뢰 후 견적신청서를 송부 받아 작성하고 제품정보와 함께 CSA에 송부
  2) CSA에서 견적신청서 및 제품정보를 확인하고 견적이 확정된 본신청서를 신청자에게 송부
  3) 신청자는 본신청서에 서명하고 시료 및 인증비용을 CSA로 보냄.
  4) CSA시험소 또는 협력기관(한국산업기술시험원)에서 시험 및 초기공장심사를 수행
  5) 시험 및 공장심사 결과 적합시, CSA는 인증서 및 인증동의서를 업체로 송부
  6) 신청자는 인증동의서에 서명하여 CSA로 송부
  7) 연 4회 사후심사를 받고 연회비 지불하여 인증유지

- 신청시 요구서류
  - 영문 브로셔와 제품에 관한 데이터(제품의 종류, 목적 등)
  - 제품의 사진
  - 제조자명, 주소, 담당자명, 연락처 등 신청자의 정보
  - 모델명, 제조자, 인증여부가 표시된 부품리스트
  - 이미 인증 받았거나 승인의 과정중인 다른 해외인증이 있는 경우, 시험데이터
  - 제품 제작에 사용될 수 있는 여타의 대체 가능한 재료나 부품
  - 전기 전자제품의 경우 회로도, (또는)배선도
  - 인증에 의해 표시될 모델 또는 카탈로그 번호와 모델 간 유사점과 차이점
  - 제품이 제조될 모든 공장의 이름과 주소, 그리고 각 공장의 연락처

- 표시사항
  - 일반 CSA인증마크 이외에, CSA가 미국 규격에 근거하여 인증을 발행한 인증품에 대해서는, CSA마크에 "US"의 표시를 붙여서 식별하게 됨. 만약 CSA가 미국과 캐나다의 양방 규격에 대한 인증을 한 제품인 경우, CSA마크의 옆에 "US C"의 표시를 붙여서 식별하게 됨.
  - CSA marking : CSA인증 절차에 따라 적합성이 인정되면, CSA요구사항에 맞게 마킹을 해야 함. 어떤 상황에서도 CSA 승인이 나기 전에 마킹을 해서는 안됨.
    1) CSA에서 허락하는 위치에 마킹함.
    2) CSA인증을 득한 업체를 나타내는 부분에 CSA마크를 추가함.
    3) 크기는 최소 직경 0.25inch보다 적지 않도록 한다. 만약 부득이한 상황으로 더 작은 크기로 마킹해야 한다면 미리 CSA의 승인을 받아야 함.

　　　4) 크키 7사이즈라도 잘 보이도록 한다는 의미에서 마킹할 수 있음.
　- Identifying the holder of certification
　　　1) CSA마크는 인증소유자/ CSA file No.를 포함해야 함.
　　　2) CSA마크는 보통 제품의 라벨에 함께 포함하여 표시하며 만약 따로 제작될 경우, 별도의 라벨을 제작하여 부착함.
　　　3) 정격, 규격번호를 함께 표시함.
　- Catalogue And/Or Advertising Literature : 인증이 완료된 이후, 카달로그 등에 CSA인증여 부나 마크를 기재할 수 있음.

- 인증요건
　- 신청자 : 신청은 제조자, 수입사업자, 위임받은 대리인 등. 단, 대리인은 반드시 CSA위임장에 서명하여 CSA로 송부해야 함.
　- 본신청서 서명 : 예치금이 명시된 본신청서에 서명하여 CSA로 송부하지 않을 시, 인증업무가 시작될 수 없음.
　- 서비스동의서 서명 : 신청이 완료되면 인증서와 함께 서비스 동의서(Product Service Agreement)가 CSA로부터 신청자에게 송부되어짐. 이 제품업무 협정서에는 인증의 조건, 마크의 사용조건, 연간비용의 지불 업무 등 지켜야 할 조항이 기재되어 있으며, 이 제품업무 협정서에 담당책임자 및 입회보증인의 서명을 붙여서 원본을 CSA에 반송하지 않으면 인증 미완료로 구분되므로 반드시 해당 협정서에 서명 후 원본을 반송해야 함.
- 초기공장심사
　- 인증조건의 한 요소로서, CSA마크를 부착할 제품을 제조하고자 하는 공장의 담당자와 책임자 에게 CSA마크의 사용에 관한 필요한 지식 및 규칙을 설명하고 제품제조에 지장이 없도록 하는데 목적이 있음. 한국에서는 한국산업기술시험원(KTL)이 CSA와의 업무협정으로 초기 및 사후 공장심사를 수행하고 있음. CSA등록 공장이라도 다른 카테고리의 제품을 제조하려고 하는 경우에는 대상이 되며, 초기공장검사는 인증의 조건이 되기 때문에 인증 전의 적당한 시기에 실시됨.
- 사후공장심사
　- CSA의 인증품에 대하여 CSA의 검사원(한국에서는 한국산업기술시험원)이 연 4회의 범위에서

공장을 방문하여 심사함. 사후 공장검사 중에 문제가 발견될 경우 심사원은 관리방식에 대한 조언, 부적합 제품의 제조 및 출하를 방지할 수 있는 조치 등에 대한 조언을 하거나, 개선 또는 개정된 규격과 관련된 조언을 할 수 있음.

* 공장심사 확인사항 : 신청자와 공장의 이름과 주소, 생산 기록 등에 근거한 제조상황의 확인, 적용규격의 확인, 표시사항이나 방법의 확인, 제품 공정, 제품을 시험한 시험기기(일상점검이나 보수주기 등), 부품의 관리상태, CSA라벨의 관리상황과 재고, 전회검사 시 지적사항에 대한 개선여부, 필요시 CSA에서 재시험할 샘플을 발췌하여 CSA에 송부토록 지시

• 별도의 유효기간이 없으며, 정기공장심사와 연회비로 유지됨.

• 변경사항에 대해 CSA에 서면으로 통지하여야 하며, 필요한 경우 재시험이 이루어짐.

조사 요약표

품목명	안경테 (HS CODE: 900319)		국가명	터키
인증마크	(E	제도명 (영문)	\multicolumn{2}{|c|}{CE (Communauté Européenne)}
인증구분	■ 강제 ☐ 임의		인증유형	■ 현행 ☐ 신규출현

도입시기	■ 도입시기: 1993년 6월 14일 ■ 관보 공표일: 1993년 7월 12일 ■ 적용시점: 1995년 1월 1일
근거규정	■ CE 기본 규정: 유럽연합 이사회 결의(93/465/EEC) ■ MDD 지침: Medical devices Directive 93/42/EEC
제도내용	유럽연합(EU) 시장이 단일화되면서 역내 기술 장벽을 제거하기 위해 만들어진 인증제도
품목정의	1) 용도 : 시력교정용·보호용 또는 기타용의 안경·고글과 이와 유사한 물품의 테 2) 기능 : 렌즈를 지지하고 눈앞에 고정 3) 기타 특별사항 : 플라스틱제(900311) 및 안과의가 눈의 검사에 사용하는 특수한 안경의 테 등 제 9004호에 해당하지 않는 물품의 테는 제외
적용대상품목	안경테
확대적용품목	–
인증절차	TYPE A : 국내에서 제품시험만으로 자기적합성선언(DOC, Declaration of Conformity) ⇒ CE마킹 가능
시험기관	■ 국내 한국인정기구(KOLAS) 등재 시험기관(ISO 17025) http://www.kolas.go.kr/usr/inf/srh/InfoTestInsttSearchList.do ■ 국내진출 유럽인증기관(Notified Body) 지정시험기관
인증기관	■ 국내진출 유럽인증기관(Notified Body)
유의사항	■ 의무 규정은 아니나 터키로 수출하기 위해서 사실상 강제성을 띠고 있음. ■ 안경테는 의료기기 1등급으로 자기적합성선언(DOC, Declaration of Conformity)으로 CE 마킹 가능. 다만 DOC 선언을 하기 위해서는 제품에 대한 굴절시험 및 생물학적 시험을 하여 그 성적서를 보유하고 있어야 함. ■ 이때 ISO 13485 시스템 심사는 없지만 일부 국가에서는 수입 시 이 시스템에 대한 인증서를 요구 하는 곳 존재. 따라서 ISO 13485 시스템 인증을 획득하는 것을 권고

인증 획득 절차

◎ 기관정보

기관명	시험기관		
	KTL 한국산업기술 시험원	KTR 한국화학융합 시험연구원	KTC 한국기계전기 전자시험연구원
홈페이지	www.ktl.re.kr	www.ktr.or.kr	www.ktc.re.kr
연락처 담당부서	–	–	–
연락처 전화번호	02-860-1290	02-2164-0011	031-785-1200
연락처 팩스번호	02-860-1291	02-2634-0016	031-785-1219
연락처 이메일	–	–	–
기타	■ 유럽인증기관(Notified Body) 승인 없이 DOC 선언으로 CE 마킹가능		

국내 진출 유럽인증기관(Notified Body)-CE/MDD		
인증기관	연락처	Homepage
Bureau Veritas	02)555-8922	www.bureauveritas.co.kr
CERMET	02)3397-0104	www.cermet.co.kr
DNV	02)723-7593	www.dnv.com
NEMKO	031)322-2333	www.nemkokorea
SGS	02)7094-652	www.sgsgrup.com
SZU	010)3477-7750	www.szukorea.com
TUV-NORD	02)6000-4223	www.tuv-nord.co.kr
TUV-Rheinland	02)860-9951	www.kor.tuv.com
TUV-SUD	02)3215-9251	www.tuv-sud.co.kr
UL DEMKO	02)2009-9000	www.ul.com/korea

◎ 인증 절차도 (TYPE A)

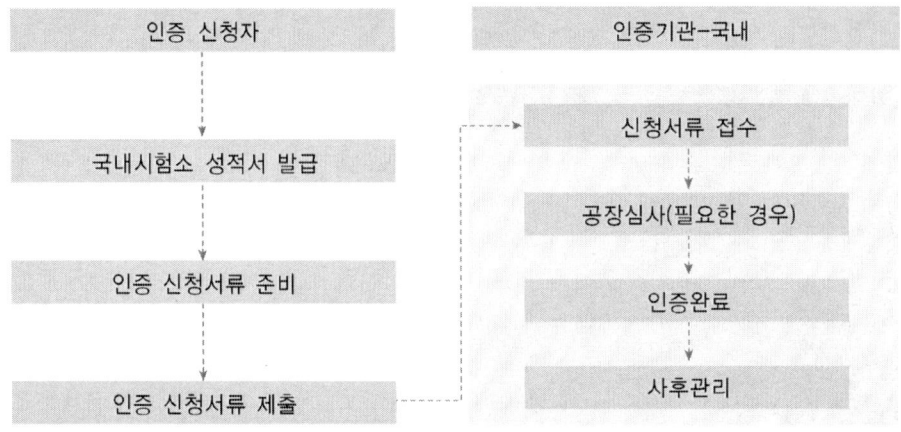

◎ 비용, 소요 기간 등

(단위: 원)

	시험규격 혹은 시험항목	시험비용	소요기간
시험	① 굴절시험 ② 생물학적 시험	200만원	5주
인증	ISO 13485 SYSTEM 심사 비용	인증비용	소요기간
	250만원 ~ 350만원	–	주
인증유효기간	–		
사후관리비용	200만원~300만원		

◎ 유의사항

• CE마크가 없는 제품은 유럽시장에서 반입 및 판매를 할 수 없도록 되어 있으며 기준에 적합하지 않은 제품을 수입, 판매할 경우 개선명령, 표시금지명령, 제품회수 명령을 내릴 수 있도록 규제

• CE마킹은 해당 제품에 대해 특정 지침을 요구하는 장소를 제외하고 판매와 서비스를 수행하는 제품에는 반드시 시장 출하 전에 부착되어야 함.

공업용장갑

국가	인증명	마크
EU(벨기에)	CE	$\mathsf{C}\mathsf{E}$
EU(벨기에)	OEKO-TEX	CONFIDENCE IN TEXTILES Tested for harmful substances according to Oeko-Tex® Standard 100 00000000 Institute
말레이시아	SIRIM	MS SIRIM
멕시코	NOM	NOM - ANCE
미국	ASTM	ASTM INTERNATIONAL
브라질	인증불요	–
일본	JIS	JIS
캐나다	인증불요_참고사항	–
호주	Australian Standard	Australian Standard

■ 조사 요약표

품목명	공업용장갑 (HS CODE: 611610)	국가명	EU(벨기에)
인증마크	$C\epsilon$	제도명 (영문)	CE (Communauté Européenne)
인증구분	■ 강제　□ 임의	인증유형	■ 현행　□ 신규출현
도입시기	1993년 7월 22일 최초 제정, 2007년 9월 21일 개정.		
근거규정	Personal Protective Equipment(PPE) Directive 89/686/EEC		
제도내용	■ 한가지 이상의 건강 및 안정위험으로부터 보호하기 위해 개인이 착용하도록 디자인된 장치나 기기에 대하여 적용되는 인증 ■ 위해 정도에 따라 Category I, II, III로 구분. – Category I : 최소한의 위험에 사용자를 보호하는 일반용 장갑. 단순 디자인 제품으로 DOC(제조자적합성선언)방식으로 인증 – Category II : 중간적인 위험 보호를 위해 디자인된 장갑으로 물건 자르기, 찌르기, 문지르기 등의 작업에 사용. 인증기관의 형식증명으로 인증 – Category III : 치명적이거나 회복 불가능한 위험에 대한 보호를 위해 '복합적으로 디자인'된 제품으로 고온이나 저온의 환경, 화학 산업과 같은 고위험군 작업 등의 위급한 상황에서 쓰임. 인증기관의 형식증명+공장심사 방식으로 인증 취득		
품목정의	1) 용도: 산업용 방호구 2) 기능: 미끄러움 방지 기능, 방수 방진기능, 절단방지기능 등 작업 시 발생할 수 있는 사고에서 근로자의 손을 보호		
적용대상품목	공업용장갑(Category II)		
확대적용품목	헬멧, 고글, 산업용 귀마개 및 장갑, 산업용 안전화, 추락보호용 장비 등		
인증절차	TYPE C : 해외에서 제품시험(시험기관) ⇒ 해외에서 인증획득(인증기관) – Category I(일반 작업용 장갑): DOC(제조자 적합성 선언) – Category II(중간 위험 작업용 장갑): 형식검사+DOC – Category III(고위험 작업용 장갑): 형식검사+공장심사		
시험기관	■ Notified Body 지정 시험기관		

인증기관	■ CENTEXBEL(벨기에) ■ 국내진출 유럽인증기관(Notified Body) ■ 유럽 국별 인증기관(Notified Body) http://ec.europa.eu/enterprise/newapproach/nando/index.cfm?fuseaction=directive.notifiedbody&dir_id=6
유의사항	■ 자사 제품의 CE마크 대상품목 여부 뿐 아니라, 적용모듈을 반드시 확인해야 함. ■ 중소수입업체의 경우 CE마크에 대한 인식이 없어, 수입 상담 시 CE마크 부착강제품목임에도 불구하고 이를 확인하지 않아, 계약 후 주문을 취소하는 경우도 발생할 수 있음.

■ 인증 획득 절차

◎ 기관정보

		시험기관/인증기관
기 관 명		CENTEXBEL
홈페이지		http://www.centexbel.be/
연락처	담당부서	Testing & Measuring
	전화번호	+32 9 220 41 51
	팩스번호	+32 9 220 49 55
	이 메 일	gent@centexbel.be
기타		-

국내 진출 유럽인증기관(Notified Body)-CE		
인증기관	연락처	Homepage
Bureau Veritas	02)555-8922	www.bureauveritas.co.kr
ECMKOREA	02)2628-5200	www.ecmkorea.or.kr
DNV	02)723-7593	www.dnv.com
Intertek	02)567-7474	www.korea.intertek-etlsemko.com
NEMKO	031)322-2333	www.nemkokorea
SGS	02)7094-652	www.sgsgrup.com
SZU	010)3477-7750	www.szukorea.com
TUV-Austria	010)3632-8295	www.tuv-austria.kr
TUV-NORD	02)6000-4223	www.tuv-nord.co.kr
TUV-Rheinland	02)860-9951	www.kor.tuv.com
TUV-SUD	02)3215-9251	www.tuv-sud.co.kr
UL DEMKO	02)2009-9000	www.ul.com/korea

◎ 인증 절차도 (TYPE C)

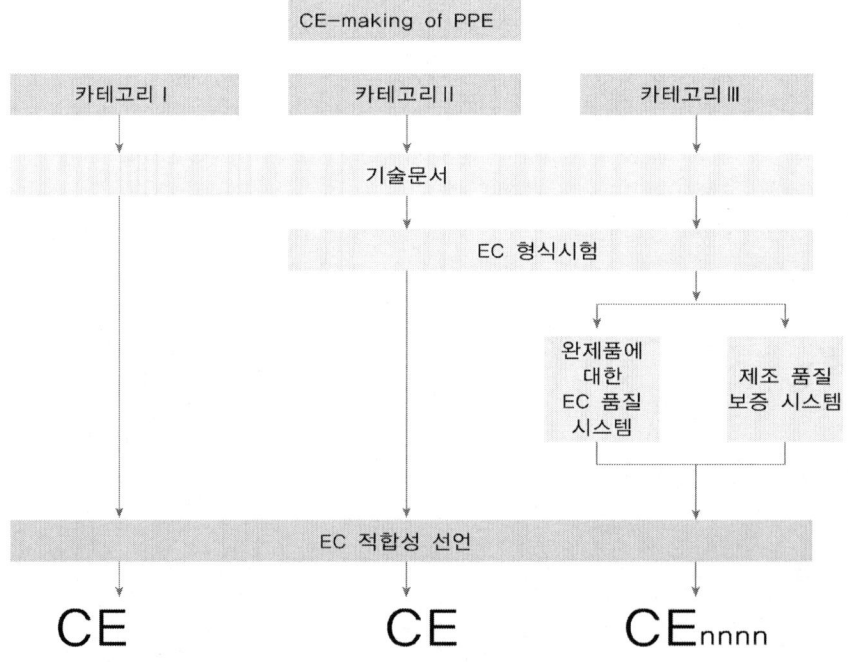

◎ 비용, 소요 기간 등

(단위: 원)

시험	시험규격 혹은 시험항목	시험비용	소요기간
	EN 420:2003 + A1:2009 등 제품의 카테고리에 따라 상이함.	300만원~1,000만원 (제품에 따라 상이)	4주
인증	초기공장심사(IFA : Initial Factory Audit or Inspection) 비용	인증비용	소요기간
	–	–	–
인증유효기간	Category I의 경우 별도의 유효기간은 없음.		
사후관리비용	Category Ⅲ의 경우 1년에 1회 심사 실시		

(자료원 : 해외인증정보시스템, CENTEXBEL)

◎ 유의사항

• 필요서류
  - 제품 샘플, 도면, 사용자설명서, 품질 매뉴얼 등

공업용장갑

■ 조사 요약표

품목명	공업용장갑 (HS CODE: 611610)	국가명	EU(벨기에)
인증마크	CONFIDENCE IN TEXTILES Tested for harmful substances according to Oeko-Tex® Standard 100 00000000　Institute	제도명 (영문)	OEKO-TEX® Standard 100
인증구분	☐ 강제　■ 임의	인증유형	■ 현행　☐ 신규출현
도입시기	1992년		
근거규정	OEKO-TEX® Standard 100		
제도내용	■ Oeko-Tex® Standard 100은 모든 가공단계에 있는 섬유의 원료, 중간 제품 그리고 최종제품에 대한 전 세계적으로 통일된 실험 및 인증시스템임. ■ 유해물질테스트는 법적으로 엄격히 사용을 금지하고 있는 물질과 건강을 위협하는 화학물질을 확인하고 건강관련 변수도 시험에 포함하고 있음. 4개의 Oeko-Tex 제품분류 가운데 하나인 섬유제품은 피부와의 접촉범위 및 사용주체와 관련이 있으며, 피부에 많이 접촉되는 제품일수록 더 엄격한 요구조건을 충족해야 함. ■ 시험에 통과한 제품은 Oeko-Tex® 라벨을 부착할 수 있으며, 생산단계별 품목은 부속품을 포함한 전체 구성요소들이 모두 시험기준에 충족되어야 함.		
품목정의	1) 용도: 산업용 방호구 2) 기능: 미끄러움 방지 기능, 방수 방진기능, 절단방지기능 등 작업 시 발생할 수 있는 사고에서 근로자의 손을 보호		
적용대상품목	섬유제품		
확대적용품목	각종 의류 및 기타 섬유제품		
인증절차	TYPE A : 국내에서 제품시험(시험기관) ⇒ 국내에서 인증획득(인증기관)		
시험기관	TESTEX Swiss Textile-Testing Ltd		
인증기관	TESTEX Swiss Textile-Testing Ltd		

유의사항	■ Oeko-Tex® 라벨은 마드리드 협정에 의해 법적으로 보호받는 국제등록 상표로서 상표의 표시를 위조하거나 남용한 경우 민법 및 형법에 따라 처벌을 받을 수 있음. ■ 납품받은 물건에 인증서가 없거나 인증서 내용이 다른 경우 Oeko-Tex® 테스트 표시의 위법사용을 의미함. 이런 경우는 법적인 결과 뿐 아니라 공개될 경우 해당 업체와 판매업체는 적지 않은 이미지 손상을 입을 수 있음. ■ 인증이 취소되는 경우는 다음과 같음. – 생산업체가 제출한 진술서가 선별 검사된 제품의 품질과 관련하여 테스트용 샘플과 일치하지 않은 경우 – 생산업체가 인증 받은 제품의 기술적인 상태의 변화를 해당 실험연구소에 제때에 알리지 않은 경우 – 인증을 획득한 섬유제품이 해당 기준에 부합하지 않을 경우 – 마크의 위조와 남용으로 범법행위를 하는 경우 – Oeko-Tex® 연합회에 의해 형법과 민법으로 처벌받게 되는 경우

■ 인증 획득 절차

◎ 기관정보

		시험·인증기관
기 관 명		TESTEX Swiss Textile-Testing Ltd
홈페이지		http://www.testex.co.kr/
연락처	담당부서	CSO Team
	전화번호	+82-2-563-6388
	팩스번호	+82-2-563-2669
	이 메 일	seoul@testex.com
	기타	섬유 생태학(OEKO-TEX®) 분야 연구 및 검사 국제 연합회 소속된 스위스 Testex의 국내 자회사 TESTEX Swiss Textile-Testing Ltd.에서 시험 후 인증 발급

공업용장갑

Kotra

◎ 인증 절차도 (TYPE A)

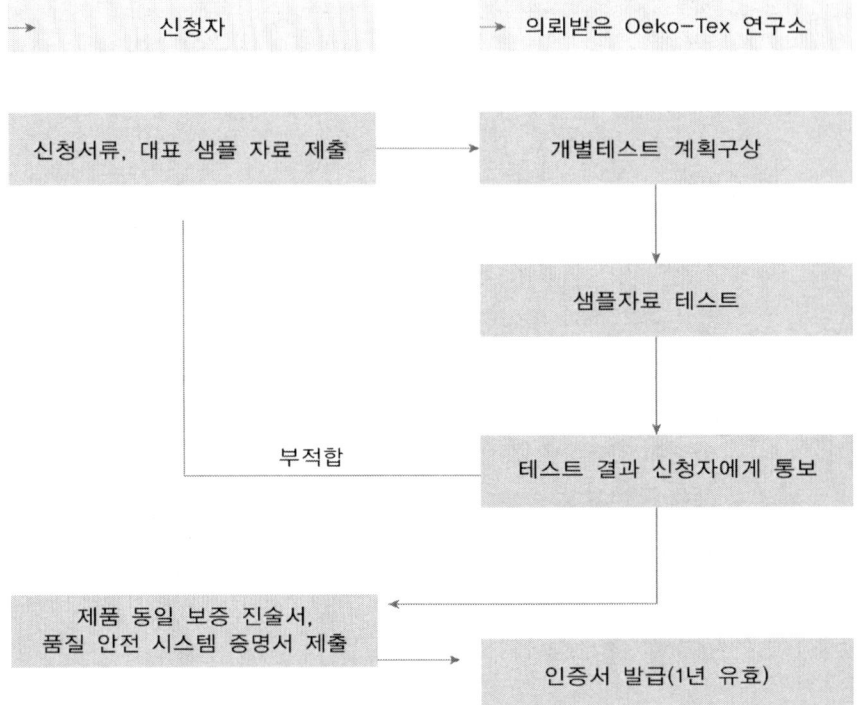

(자료원 : 해외인증정보시스템)

◎ 비용, 소요 기간 등

시험	시험규격 혹은 시험항목	시험비용	소요기간
	OEKO-TEX® Standard 100[1]	약 500-1,500만원[2]	인증소요기간포함 4-6주 소요
인증	초기공장심사(IFA : Initial Factory Audit or Inspection) 비용	인증비용	소요기간
	170만원	시험비용에 포함	시험포함 총 4-6주 소요
인증유효기간	1년(계속 연장 가능)		
사후관리비용	■ 정기공장심사(1,500 스위스프랑: 약170만원), 3년에 1회 청구 ■ 기본적으로 유지 비용은 없으며, Oeko-Tex® Standard 100 인증획득에 관한 비용은 시험비(테스트 항목에 따라 상이함)와 특허권 사용료, 위임 연구소의 기업체 방문(3년 순환)에 따른 비용으로 구성되며, 해당 기간이 되면 라이선스 비용과 함께 인증 신청자에게 청구됨. ■ 유해물질테스트에 대한 정확한 비용은 각 섬유제품에 대한 테스트 비용에 다름.		

(자료원 : TESTEX Swiss Textile-Testing Ltd)

주 1) 'OEKO-TEX® Standard 100 - 실험 방식' 표준 문서, 특히 최근의 법 규정과 연구 상황에 따라 구성된 테스트 카탈로그 기준에 의거
 - 법적으로 금지된 물질(예: 암을 유발하는 염료)
 - 법적으로 규제된 화학물질(예: 포름알데히드, 연화제, 중금속 또는 펜타클로르페놀)
 - 현재로는 건강에 유해하다고 알려져 있으나 아직 법적으로 규제되지 않았거나 금지되지 않은 물질 (예: 농약, 알레르기를 일으키는 염료 또는 주석 유기체 결합)
 - 색체 불병성 및 소비자의 건강에 기여하는 피부를 보호하는 pH 수치와 같은 파라미터
 - Colorant(염료)에 대한 유해성 시험도 포함
 2) 라이선스 비용, 업체 감사를 위임 받은 검사 기관 비용 및 검사 소요 내용에 따라 다양한 실험실 비용으로 구성, 실험실 테스트 비용은 새로이 추가되는 제품에 따른 실험 경비에 따라 책정

◎ 유의사항

- 필요서류: 섬유생산업체 및 의류생산업체가 제출하는 신규인증신청서 또는 연장신청서에는 다음의 사항들이 모두 포함되어야 함.
  - 테스트를 받을 제품에 대한 설명
  - 섬유생산을 위해 진행된 처리과정 설명
  - 모든 삽입된 염료 재료와 보조물을 명시한 목록
  - 직물가공 화학약품의 안전 데이터 자료
  - 이미 인증을 획득한 원료의 인증서 사본
  - 신청자의 의무이행 각서
  - Oeko-Tex® 홈페이지의 찾기 메뉴에 포함되기를 원하는지 여부를 명시
  - 인증신청서 및 테스트 샘플 제출
- 심사비와 이증비 등의 고정비와 가장 큰 비중을 차지하는 시험비용은 고정비인증 제품에 사용된 염료, 안료, 화학 보조제 등에 따라 달라짐.
- 12개월간의 인증 유효기간이 경과한 후에 인증서를 받았던 업체가 인증갱신을 신청할 경우 인증은 1년씩 지속적으로 연장 가능
  - 기본적인 인증절차는 신규인증 신청과 비슷하게 진행되나, 새로운 종류의 생산품이 포함되었는지 또는 변경된 기술이 활용되었는지를 살펴보고 해당되지 않을 시 인증서 연장이 가능
  - 인증을 갱신할 경우 인증갱신에 필요한 서류를 작성해야 하며, 테스트도 의무적으로 받아야 함.
  - 인증갱신에서 발생하는 비용도 특허권 사용료와 시험비로 구성됨. 첫 인증을 의뢰한 연구소에 인증연장을 신청하는 것이 합리적이고, 또 이미 필요한 기본정보들이 그 연구소에 보관되어 있기 때문에 시간을 절약할 수 있음.
- 인증 신청자는 책임이행 선언서에 서명함으로써 신청 시 기재된 모든 내용이 사실과 다름 없음을 확인하는 데, 신청자는 인증을 신청한 실험 연구소 또는 해당 인증 부서에 특히 자연원료의 첨가, 가공기술 그리고 화학물 배합에 따른 각종 변동사항을 즉시 알려야 할 의무가 있음.

조사 요약표

품목명	공업용장갑 (HS CODE: 611610)	국가명	말레이시아	
인증마크	MS SIRIM	제도명 (영문)	SIRIM (Standards and Industrial Research Institute of Malaysia)	
인증구분	☐ 강제　■ 임의		인증유형	■ 현행　☐ 신규출현
도입시기	2011년 1월 30일			
근거규정	〈MS 2419:2011〉			
제도내용	모든 보호 장갑에 적용되는 제조업체에서 제공하는 정보에 대한 일반 요구 사항 및 관련 시험 절차를 정의			
품목정의	1) 용도: 산업용 방호구 2) 기능: 미끄러움 방지 기능, 방수 방진기능, 절단방지기능 등 작업 시 　　발생할 수 있는 사고에서 근로자의 손을 보호			
적용대상품목	공업용장갑(HS CODE: 611610)			
확대적용품목	기타 보호 장갑			
인증절차	TYPE C : 해외에서 제품시험(시험기관) ⇒ 해외에서 인증획득(인증기관)			
시험기관	SIRIM QAS International Bhd			
인증기관	SIRIM QAS International Bhd			
유의사항	■ 임의인증으로 현지시장 진출을 위해 강제되지 않음. ■ 말레이시아에서 제품인증은 강제(Mandatory)가 아님. 단 에너지 위원회 　(Energy Commission), 화재 및 구조청(Fire and Rescue Department 　Malaysia), 통신 및 멀티미디어 위원회(Malaysian Communication 　and Multimedia Commission), 국가 물서비스 위원회(National Water 　Services Commission), 도로교통청(Road Transport Department) 등 　국가기관에서 강제 인증을 법제화한 경우만 강제인증을 받아야 함. ■ 표준(Standard)이 있는 제품에 대해서만 제품 인증이 가능함. 국가기관 　에서 강제하는 인증의 경우는 신청자가 해당 표준을 따라지만 그 외 　의 경우는 신청자가 인증받기를 희망하는 규정을 제시해야 함. 표준에 　대한 정보는 www.msonline.gov.my에서 볼 수 있음.			

공업용장갑

■ 인증 획득 절차

◎ 기관정보

		시험기관	인증기관
기 관 명		SIRIM QAS International Bhd	SIRIM QAS International Bhd
홈페이지		www.sirim-qas.com.my	www.sirim-qas.com.my
연락처	담당부서	Sales, Marketing and Business Development Section	Sales, Marketing and Business Development Section
	전화번호	+603-5544-6402	+603-5544-6402
	팩스번호	+603-5544 6787	+603-5544 6787
	이 메 일	qas_marketing@sirim.my	qas_marketing@sirim.my
	기타	-	

◎ 비용, 소요 기간 등

(단위 : RM(링깃))

시험	시험규격 혹은 시험항목	시험비용	소요기간
	〈MS 2419:2011〉	견적에 따라 상이	2달 이상
인증	초기공장심사	인증비용	소요기간
	■ 공장실사/현장실사: - RM 1,000 for 1 man-day - RM 125 per additional hour	■ 신청비: RM 500 per application ■ 문서/제품평가 보고서준비: - RM 1000 for 1 man-day - RM 125 per additional hour	2달 이상
인증유효기간	1년		
사후관리비용	■ 공장실사/현장실사: - RM 1,000 for 1 man-day 　　　　　　　　　　　 - RM 125 per additional hour ■ 갱신비용(Annual Renewal Fee) : RM 500 ■ 추가 및 변경비용: RM100 + 제품평가비용 @ RM125 per hour		

(자료원 : SIRIM QAS International Bhd)

◎ 인증 절차도 (TYPE C)

단계	세부내용
질의 (Enquiry)	① 신청자가 SIRIM QAS International Bhd에 질의서(Questionnaire) 양식을 작성하여 제출 ② SIRIM QAS International Bhd는 실제로 인증업무를 진행할 수 있는지 타당성을 테스트하고 인증 업무가 진행 가능하다고 판단되면 견적서를 신청자에 송부 ※ 질의서는 PCS/FOR/01-1 양식을 사용해야 함. 또한 SIRIM 인증은 말레이시아 정부에서 강제하는 인증이 아닌 이상 신청자가 표준(Standard)을 특정(Identify)해야함.
신청 (Application)	① 신청자는 견적서를 수취한 후 신청서(Application Form)을 작성하여 제출 ② 신청자는 인증 관련 비용을 납부 ※ 신청서는 양식 PCS/FOR/01-2를 사용해야함. 필요시 SIRIM QAS International Bhd에서 요청하는 부대서류를 같이 제출
서류평가 (Document Evaluation)	① 인증 표준에 맞추어 제출 서류를 평가
공장실사 (Factory Audit)	① 품질관리 계획(Quality Control Plan)의 적정성, 시험 장비(Test Equipment)의 적정성, 측정표준(Calibration) 및 기록시스템(Record-keeping System)의 적정성을 점검
샘플테스트 (Sample Test)	② 공장 실사 중 시험관이 샘플을 선정하여 테스트를 실시 ※ 테스트는 SIRIM QAS International Bhd나 SIRIM QAS International Bhd가 인증하는 시험기관에서 실시
인증서발급 (Approval Process)	① 공장실사와 샘플 테스트에 문제가 없으면 인증 보고서(Certification Report)를 작성하고 인증 발급을 결정 ② 미납 비용을 모두 납부하면 인증서를 발급
감시 (Surveillance)	① 인증 품목이 표준을 준수하는지 확인하기 위해 사전계획에 의한 점검이나 불시 재검사를 실시 할 수도 있음. ※ 보통은 제품에 대한 고발이 있을 시 시장에서 샘플을 수거하여 검사를 실시
갱신 (Renewal)	① 인증 유효기간이 1년인 바 매년 인증 갱신이 필요

공업용장갑

조사 요약표

품목명	공업용장갑 (HS CODE: 611610)	국가명	멕시코
인증마크	**NOM - ANCE**	제도명 (영문)	NOM (Normas Oficiales Mexicanas) NOM-004-SCFI-2006
인증구분	■ 강제　□ 임의	인증유형	■ 현행　□ 신규출현
도입시기	2006년 6월 21일		
근거규정	연방 공공 행정법 34조 연방 계량, 표준화법 45조 경제부 내부규정		
제도내용	직물, 의복류, 기타 악세서리 및 부속 직물에 대한 상업 정보 라벨링		
품목정의	1) 용도: 산업용 방호구 2) 기능: 미끄러움 방지 기능, 방수 방진기능, 절단방지기능 등 작업 시 발생할 수 있는 사고에서 근로자의 손을 보호		
적용대상품목	공업용 장갑		
확대적용품목	전기 이불 및 모포, 1회용 기저귀, 위생용 물티슈, 물티슈, 직물을 원료로 한 장난감, 변장용 옷, 직물을 사용한 가구, 깃발, 단추 등, 직물을 사용한 화장품용 붓, 직물을 사용한 청소 관련 용품		
인증절차	TYPE C : 해외에서 인증획득(인증기관)		
시험기관	ANCE (국가지정 시험소)		
인증기관	ANCE (국가지정 인증소)		
유의사항	■ NOM 인증 필수인 품목 중 인증을 받지 않은 경우, 수입 금지, 세관 통과 불가, 벌금 등의 제재를 받을 수 있음.		

▨ 인증 획득 절차

◎ 기관정보

	인증기관	
기 관 명	ANCE	
홈페이지	http://www.ance.org.mx/	
연락처	담당부서	Certificación de Productos
	전화번호	+52 1 (55) 5747 4550 Ext. 4622
	팩스번호	+52 1 (55) 5747 4560
	이 메 일	제품 인증 담당자 Ing. Carlos Jiménez Burgos cjimenez@ance.org.mx
	기타	

◎ 인증 절차도 (TYPE C)

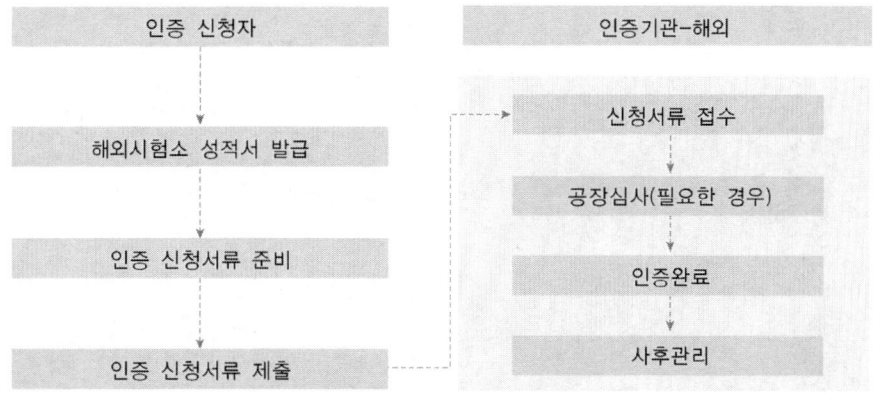

◎ 비용, 소요 기간 등

시험	시험규격 혹은 시험항목	시험비용	소요기간
	–	–	–
인증	초기공장심사(IFA : Initial Factory Audit or Inspection) 비용	인증비용	소요기간
	ANCE – IC(d) 사전 심사 (수출용)[1] – IC(c) 원산지에서 라벨부착[2]	4만2천원[3] 4만원[4]	최대 2주
인증유효기간	–		
사후관리비용	–		

(자료원 : ANCE)

 * 인증 비용과 소요 기간은 제품에 따라 차이가 있을 수 있음.

** 본 제품은 라벨링 인증은 아니나 별도의 시험 관련 항목은 없음.

주 1) 공장에 기한을 부여하는 조건. 추후 제품이 정확하게 라벨링 되었는지 공장을 방문하여 심사할
    목적 (비용 있음/수입목적/lote 당 보장)

   2) 원산지에서 라벨링 되어 들어오는 조건, 사후 방문 심사 없고 수입 수량도 관계 없음.

   3), 4) 모델 당 가격. (IVA미포함, 연회비 미지급한 경우 20만원 추가 지불해야 함) 테스트 모델 선정과
       관련 추가 문의 요망

◎ 유의사항

• 필요서류(ANCE)

 1) 연구소 테스트 관련

 – 제품 샘플

 – 사용설명서

 – 연구소 테스트 신청서 및 제품정보(브랜드, 해당 모델의 전력 상세 정보)

 – 인보이스 관련 자료 (상호명, 납세등록(RFC), 주소, 전화번호, 법적대표, 이메일 주소)*

   * 해당 항목의 경우 제품 테스트 하지 않으므로 테스트 관련 서류는 제출할 필요가 없지만 이후의
     과정이 동일한 지 확인해야 할 필요 있음

 2) 법적 서류 승인 관련

 – 완벽하게 작성된 증명서비스 제공 계약서 원본 2부 (페이지 당 법적 대표 서명)

 – 사업자등록증 실물 사본 혹은 공증사본(단순 대조용)과 해당 서류의 복사본(회사 및 법적

대표 이름이 확실히 기재되어 있어야 함)

- 법적 대표 신분증 사본 (전화번호, FAX, 이메일 주소 기입)
- 위임장 (위임하는 사람과 1인 혹은 복수의 수속 대행인의 서명 모두)
- 수속 대행인(1인 혹은 복수)의 신분증 사본 (전화번호, FAX, 메일주소 기입)
  위임장에 증인이 서명했을 경우 증인의 신분증 사본도 포함
- 납세등록(RFC) 사본 2부, 상호(법인)의 R1 혹은 R2 서류. 1부는 상품 증명 부서, 나머지 1부는 인보이스 부서 물품명세서를 위해 제출(사전에 제출했을 경우 제출하지 않아도 됨). 두 번째 사본에는 계정상태 및 인보이스 관련 정보 수령할 이메일, 전화번호, FAX 기재)

3) 증명서 발급을 위한 기술 자료

- 신청 담당인의 신분증명서
- 증명 서비스 관련 지불내역
- 테스트 정보(테스트 말미에 제출될 내용과 근사한 것)
- 블록 도식 도표 그래프(Diagramas esquem ticos y de bloques)
- 제품 기술정보 및 전력 상세정보
- 사용설명서 혹은 매뉴얼
- 제품 카달로그, 사진 혹은 이미지 출력물
- 필요한 경우 설치 상세설명서
- 그루핑된 모델들의 정의(여러 모델이 포함된 경우)

■ 조사 요약표

품목명	공업용장갑 (HS CODE: 611610)	국가명	미국
인증마크	**ASTM** INTERNATIONAL	제도명 (영문)	ASTM Standard
인증구분	☐ 강제　　■ 임의	인증유형	■ 현행　　☐ 신규출현
도입시기	1898년		
근거규정	■ 임의인증이므로 근거규정은 없음 ■ ASTM F1790, ASTM D3389, ASTM D3884		
제도내용	ASTM 지정 시험소에서 적합한 규격에 따른 시험을 수행하여 제품의 적합성을 증명하는 임의제도		
품목정의	1) 용도: 산업용 방호구 2) 기능: 미끄러움 방지 기능, 방수 방진기능, 절단방지기능 등 작업 시 발생할 수 있는 사고에서 근로자의 손을 보호		
적용대상품목	공업용장갑		
확대적용품목	–		
인증절차	TYPE C : 해외에서 제품시험(시험기관) ⇒ 해외에서 인증획득(인증기관)		
시험기관	■ ASTM 시험기관리스트 하기 링크 참조 – http://www.astm.org/LABS/search.html		
인증기관	ASTM(American Society for Testing and Materials)		
유의사항	■ ASTM 표준은 임의 규격으로 그 적용이 의무화되어 있지 않으나 정부에서 법으로 규정하거나 업체의 계약 조건으로 명시되면 그 적용이 의무화 됨.		

■ 인증 획득 절차

◎ 기관정보

		시험기관	인증기관
기 관 명		ASTM 시험소리스트	ASTM (American Society for Testing and Materials)
홈페이지		http://www.astm.org/LABS/search.html	http://www.astm.org/
연락처	담당부서	Intertek Testing Service Cortland	Sales and Customer Support
	전화번호	1-607-758-6537	1-877-909-2786 (USA & Canada) 610-832-9585 (International)
	팩스번호	1-607-756-4173	–
	이 메 일	jason.allen@intertek.com	http://www.astm.org/CONTACT/index.html
기타		■ ASTM 시험소리스트(http://www.astm.org/LABS/search.html) ■ ASTM에서 별도의 인증을 발급하지 않으나 ASTM 지정 시험소에서 테스트를 한 후 테스트 결과가 ASTM 표준을 준수한다면 해당 제품이 ASTM 표준에 맞는다는 것을 제품에 명시 할 수 있음.	

◎ 인증 절차도 (TYPE C)

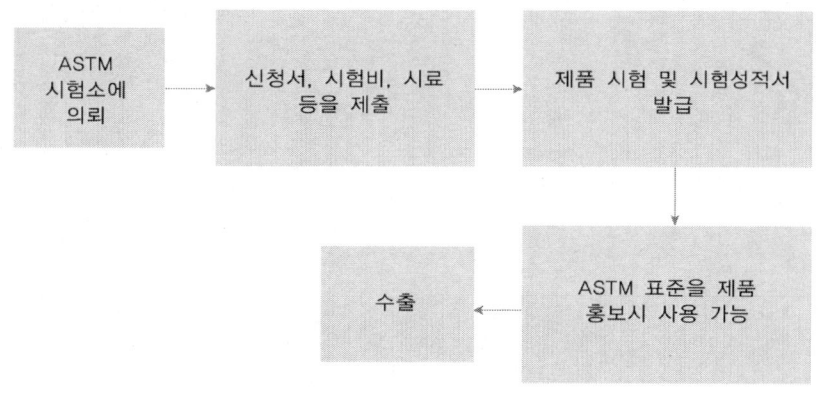

공업용장갑

◎ 비용, 소요 기간 등

(단위: US$)

	시험규격 혹은 시험항목	시험비용	소요기간
시험	ASTM F1790-97 ASTM F1790-05 ASTM D3389-05 ASTM D3884-09	제품에 따라 상이	제품에 따라 상이
	초기공장심사	인증비용	소요기간
인증	없음	■ $ 99.00 (업체의 제품이 ASTM의 표준 시험 방법에 따라 테스트되었음을 ASTM에서 인증해주는데 드는 비용)	즉시
인증유효기간		■ 규격의 개정이나, 제품의 변경이 없는 경우 특별한 유효기간 없음. - 제품의 변경으로 시험성적서의 데이터 변경을 가져오는 경우, 시험소로 변경신청을 하고 필요에 따라 재시험을 할 수 있음.	
사후관리비용	-		

(자료원 : ASTM International)

◎ 유의사항

• 필요서류
  - 신청서(시험기관에 따라 상이)
  - 제품 사양서
  - 시험시료

▨ 조사 요약표

품목명	공업용장갑 (HS CODE: 611610)		국가명	일본
인증마크	**JIS**	제도명 (영문)	JIS (Japanese Industrial Standards : 일본공업규격)	
인증구분	☐ 강제　■ 임의		인증유형	■ 현행　☐ 신규출현	
도입시기	1986년				
근거규정	공업표준화법 JIS L4131				
제도내용	성인용 일반 작업용 장갑 품목에 대한 일본공업규격. 재료, 직조방식, 사이즈, 질량 등의 범위를 상세히 규정				
품목정의	1) 용도: 산업용 방호구 2) 기능: 미끄러움 방지 기능, 방수 방진기능, 절단방지기능 등 작업 시 발생할 수 있는 사고에서 근로자의 손을 보호				
적용대상품목	작업용 면장갑				
확대적용품목	–				
인증절차	TYPE B : 국내에서 제품시험(시험기관) ⇒ 해외에서 인증획득(인증기관)				
시험기관	한일품질평가센터(JKQTEC)				
인증기관	일본섬유제품품질기술센터(Japan Textile Products Quality & Technology Center)				
유의사항	▪ 수지 등을 전면 또는 일부에 도포한 것 등의 특수 작업용은 제외함. ▪ KS K5101 참조 ※ 해당 JIS 규격은 성인의 니트 제품 일반 작업용 장갑을 규정한 것이며, 수지 등을 전면 또는 일부에 도포한 것 같은 것 등의 특수 작업의 것은 제외한다. 즉, 특수 작업용을 위한 JIS 규격은 별도로 존재하지 않음.				

공업용장갑

▨ 인증 획득 절차

◎ 기관정보

		시험기관	인증기관
기 관 명		한일품질평가센터(JKQTEC)	일본섬유제품품질기술센터(QTEC)
홈페이지		http://www.katri.re.kr/navi/page.do?page=/business/qtec	http://www.qtec.or.jp/jp/
연락처	담당부서	–	적합성평가 센터 사무국
	전화번호	82-2-3668-2918	81-3-3666-5384
	팩스번호	82-2-3668-2904	81-3-3666-5383
	이 메 일	seoul@qtec.or.jp	system@qtec.or.jp
기타		'일반재단법인 일본섬유제품품질기술센터(QTEC)'은 1993년 재단법인 섬유잡품검사협회, 재단법인 일본 메리아스검사협회, 재단법인 봉제품검사협회의 3개 검사기관이 통합되어 의류/패션에서 생활용품, 산업재료 분야까지를 아우르는 섬유제품 중심의 종합 시험/검사기관임. 1994년에는 재단법인 연사/봉사조사협회, 1997년에는 재단법인 마제품 검사협회를 통합하여 더욱 그 업무영역을 확장시켰음. 일본 전국 12개 지역에 사무소를 운영 중이고, 해외에도 6개 시험 센터를 설치 중임. 한국에서도 한국의류시험연구원(KATRI)와 MOU 체결을 통해 QTEC 시험/검사 기관인 한일품질평가센터를 설치/운영 중	

◎ 인증 절차도 (TYPE B)

1. JKQTEC에 시험분석 신청서 제출
   대상 제품에 대한 시험분석을 JKQTEC에 의뢰

↓

2. JKQTEC으로부터 품질검사 보고서 발급
   일문으로 작성된 품질검사 보고서 발급

↓

3. 인증신청서 및 첨부서류 제출
   JIS 인증 신청서 및 품질검사 보고서를 포함한 각종 첨부서류를
   QTEC에 제출

4. 인증신청서 수리
   신청서 기재내용 및 첨부서류에 부족한 점이 없는지를 확인

5. 심사
   인증 심사는 신청서류 및 첨부서류의 내용에 기반해 이루어짐.

5. 판정 및 통보
   심사를 통과하면 등록번호가 부여되고, 등록증명서를 교부
   이와 동시에 등록번호/제품명/회사명이 QTEC HP에 공지됨.

6. 정기 인증유지 심사
   인증 취득 이후 3년에 1회 이상의 빈도로 정기 인증유지 심사를
   계획/실시

◎ 비용, 소요 기간 등

(단위: 원)

시험	시험규격 혹은 시험항목	시험비용	소요기간
	샘플 검사	별도 견적	별도 견적
인증	초기공장심사	인증비용	소요기간
		720,000원	최대 8주 (시험기간 포함)
인증유효기간	3년		
사후관리비용	인증 취득 이후 3년에 1회 이상의 빈도로 정기 인증유지 심사를 필요로 함. 비용은 별도 견적		

(자료원 : 일본섬유제품품질기술센터)

◎ 유의사항

• 필요서류
  − 인증신청서
  − 동의서
  − 품질검사 보고서(JKQTEC 발급)
  − 신청제조공장 설명서(필요에 따라서)
  − 품질관리실시상황 설명서

조사 요약표

품목명	공업용장갑 (HS CODE: 611610)	국가명	캐나다
인증마크	**C E**	제도명 (영문)	CE (Communauté Européenne)
품목정의	1) 용도: 산업용 방호구 2) 기능: 미끄러움 방지 기능, 방수 방진기능, 절단방지기능 등 작업 시 발생할 수 있는 사고에서 근로자의 손을 보호		
유의사항	■ CE인증은 개인보호장비(PPE)의 유럽수출을 위한 필수제품 인증으로, 캐나다 시장에서 필수로 요구되는 인증은 아니나, 업계에서 CE인증 취득 제품을 선호하고 있음. CE 관련파일 참고		

공업용장갑

■ 조사 요약표

품목명	공업용장갑 (HS CODE: 611610)	국가명	호주
인증마크		제도명 (영문)	Australian Standard
인증구분	■ 강제　☐ 임의	인증유형	■ 현행　☐ 신규출현
도입시기	2005년 5월 19일 첫 도입		
근거규정	AS/NZS 2161.2:2005 Occupational protective gloves Part2: General requirements		
제도내용	공업용장갑에 대한 일반요건 및 시험절차에 관한 기준을 제시. 유럽 인증 기준 (EN 374)을 근거한 제도임. AS 2161은 용도에 따라 기준들이 분류 되어 있음으로, 장갑의 용도에 따라 기준을 확인하는 것이 중요함. (예: 기계적 위험에 대한 보호, 열적 위험에 대한 보호, 화학적 위험에 대한 보호).		
품목정의	1) 용도: 산업용 방호구 2) 기능: 미끄러움 방지 기능, 방수 방진기능, 절단방지기능 등 작업 시 발생할 수 있는 사고에서 근로자의 손을 보호		
적용대상품목	공업용장갑		
확대적용품목	다양한 종류의 장갑 적용 가능 (예: 의료용, 소방용)		
인증절차	TYPE C : 해외에서 제품시험(시험기관) ⇒ 해외에서 인증획득(인증기관)		
시험기관	호주 시험기관 협회 (NATA) 가입 시험기관		
인증기관	SAI Global		
유의사항	■ 이 제도는 유럽기준 EN 420:2003 Protective gloves- General requirements and test methods에 근거		

📑 인증 획득 절차

◎ 기관정보

		시험기관	인증기관
기 관 명		Austest Laboratories	Standards Australia
홈페이지		www.austest.com.au	www.standards.org.au
연락처	담당부서	Safety/Lighting/Whitegoods/Information Technology	General enquiries
	전화번호	+61 2 9680 9990	+61 2 9237 6171
	팩스번호	+61 2 8850 3113	+61 2 9237 6010
	이 메 일	웹사이트 enquiries를 통해 이메일 발송 가능함	https://crmportal.standards.org.au/enquiry
기타		▪ SAI Global은 제품에 따라 가능한 시험기관들(ILAC 멤버인 호주 시험기관들)을 추천한 후, 신청자가 시험기관 선택 가능함. NATA외에 APLAC, JAS-ANZ, ATA를 통해 시험기관 선택 가능 ▪ SAI Global Korea(02-582-1823 korea@saiglobal.com)	

◎ 인증 절차도 (TYPE C)

• SAI Global에 인증 신청 및 상담 후, 제품에 따라 NATA 호주시험기관협회를 통해 시험기관을 공유함. 신청자는 시험기관을 직접 선택 가능하며, 시험 성적서는 반드시 SAI Global로 제출 되도록 함. NATA 이외에 다른 시험기관 협회를 통해 시험기관과 연결 가능함. (JAS-ANZ, APLAC, ATA)

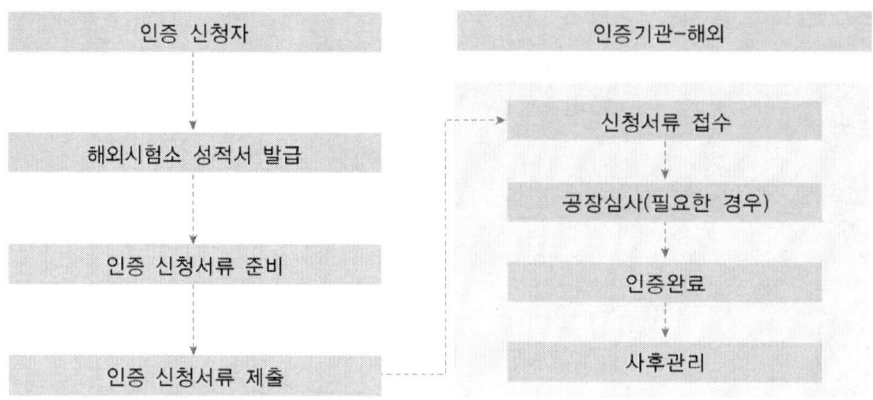

◎ 비용, 소요 기간 등

(단위: AUD)

	시험규격 혹은 시험항목	시험비용*	소요기간
시험	-물 침투에 정항 능력 -무해한 물질 -편안함과 능률성 -제조자의 적합한 정보 제시	약 AUD 500-800	4주 (시험기간은 제품과 시험기관에 따라 길어지면 2-3개월 소모 할 수 있음.)
	인증항목	인증비용*	소요기간
인증	신청서 및 상담비 (Client Manager 및 지원팀 이용, 라이선스 관리, 공장심사 비용)	AUD 3,000-6,000	4-6 주
인증유효기간	5년 (유효기간이 지나기 전에 인증을 갱신해야함.)		
사후관리비용	인증 유지를 위한 연회비는 부과 되지 않음.		

(자료원 : SAI Global)

* 테스트 내역 및 시험기관에 따라 비용이 달라질 수 있음. 정확한 시험비용에 관해서는 신청서 검토 후, 인증기관과 협의 시 확정됨.

헬멧(안전모)

EU(벨기에)	CE	
EU(벨기에)	E-Mark	E11
남아프리카공화국	LOA	–
러시아	CU	EAC
말레이시아	SIRIM	MS SIRIM
멕시코	NOM	NOM ANCE MR
미국	ASTM	ASTM INTERNATIONAL
미국	DOT	"DOT"
미국	SNELL	SNELL MEMORIAL FOUNDATION
베트남	CR	
브라질	INMETRO	INMETRO
사우디아라비아	SASO	–
인도네시아	SNI	SNI
일본	JIS	JIS
일본	PSC	PSC
일본	SG	
일본	SIAA	SIAA for KOHKIN
중국	특종노동방호용품인증	LA
캐나다	CSA	CSA
터키	CE	CE
호주	AS	Australian Standard

■ 조사 요약표

품목명	헬멧(안전모) (HS CODE: 650610)	국가명	EU(벨기에)
인증마크	CE	제도명 (영문)	CE (Communauté Européenne)
인증구분	■ 강제　□ 임의	인증유형	■ 현행　□ 신규출현
도입시기	1993년 7월 22일 최초 제정, 2007년 9월 21일 개정.		
근거규정	■ CE 기본 규정: 유럽연합 이사회 결의(93/465/EEC) ■ PPE 지침: Personal Protective Equipment 89/686/EEC		
제도내용	유럽연합(EU) 시장이 단일화되면서 역내 기술 장벽을 제거하기 위해 만들어진 인증제도		
품목정의	1) 용도 : 스포츠활동용·군용 또는 소방부용 헬멧·오토바이 기수용·광부용 또는 건축인부용 2) 기능 : 스포츠활동 시 머리 보호용, 작업자가 작업할 때, 비래하는 물건·낙하하는 물건에 의한 위험성 방지, 하야작업에서 추락했을 때 머리부위 상해방지, 감전 우려가 있는 전기 공사 작업에서 산업재해 방지 3) 기타특별사항 : 보호용패드를 붙였는지 여부 불문, 마이크로폰·이어폰을 붙이는 경우도 있음		
적용대상품목	헬멧(Category II)		
확대적용품목	헬멧 :산업 및 소방, 스포츠, 어린이, 공공질서(경찰), 승마용, 사이클, 스케이트, 스키용		
인증절차	TYPE C : 해외에서 제품시험(시험기관) ⇒ 해외에서 인증획득(인증기관)		
시험기관	INSPEC		
인증기관	INSPEC		
유의사항	■ CE마크가 없는 제품은 유럽시장에서 반입 및 판매를 할 수 없도록 되어 있으며 기준에 접합하지 않은 제품을 수입, 판매할 경우 개선명령, 표시 금지명령, 제품회수 명령을 내릴 수 있도록 규제 ■ CE마킹은 해당 제품에 대해 특정 지침을 요구하는 장소를 제외하고 판매와 서비스를 수행하는 제품에는 반드시 시장 출하 전에 부착되어야 함. ■ 헬멧은 산업 및 소방, 스포츠, 어린이, 공공질서(경찰), 승마용, 사이클, 스케이트용으로 구분하여 각각 시험 규격이 다르게 적용됨. ■ 알파인 스키는 EN 1077 규격으로 시험		

▨ 인증 획득 절차

◎ 기관정보

		시험기관/인증기관	
기 관 명		UK office	Asia Pacific Laboratory
홈페이지		www.inspec-intermational.com	
연락처	담당부서	Eye/Face, Head & protection	Head & Fall protection
	전화번호	44-16-7377-2646	86-512-5011-2646
	팩스번호	44-16-1736-0101	86-512-5011-2656
	이 메 일	Andrew.Nelson@inspec-internattional.com Tel ext 250	Stven.sum@incpec-international.com
기타		-	

◎ 인증 절차도 (TYPE C)

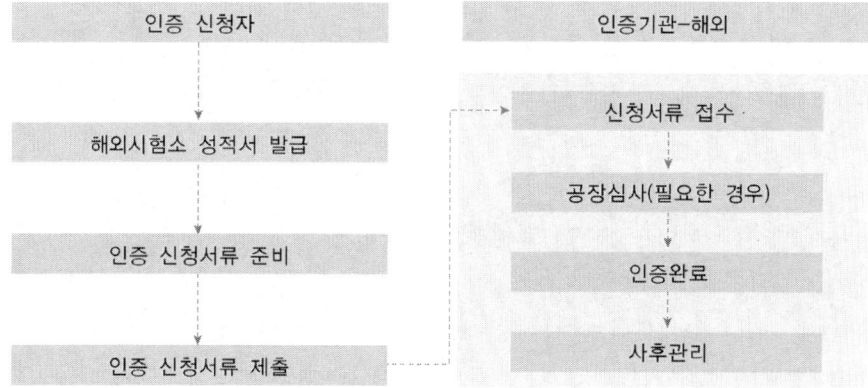

헬멧(안전모)

◎ 비용, 소요 기간 등

(단위: 원)

시험	시험규격 혹은 시험항목	시험비용	소요기간
	EN 1077	600만원	4~5주
인증	초기공장심사비용	인증비용	소요기간
	–	시험비용에 포함	시험기간에 포함
인증유효기간	–		
사후관리비용	–		

◎ 유의사항

• 헬멧(안전모)는 개인보호장비지침 89/686/EEC의 3 종류 카테고리 중 높은 등급 위험성 제품으로 EC 형식승인 인증서와 적합성평가를 요구함.

• CE/ PPE Directive는 국내에서 시험이 불가능하며 외국 시험기관에서 직접 시험하여 인증을 획득

▊ 조사 요약표

품목명	헬멧(안전모) (HS CODE: 650610)		국가명	EU(벨기에)
인증마크	(E11)	제도명 (영문)		E-Mark
인증구분	■ 강제　□ 임의		인증유형	■ 현행　□ 신규출현
도입시기	–			
근거규정	70/156/EEC, 92/53/EEC			
제도내용	규제지역 EU			
품목정의	1) 용도 : 스포츠활동용·군용 또는 소방부용 헬멧·오토바이 기수용·광부용 또는 건축인부용 2) 기능 : 스포츠활동 시 머리 보호용, 작업자가 작업할 때, 비래하는 물건·낙하하는 물건에 의한 위험성 방지, 하약작업에서 추락했을 때 머리 부위 상해방지, 감전 우려가있는 전기 공사 작업에서 산업재해 방지 3) 기타특별사항 : 보호용패드를 붙였는지 여부 불문, 마이크로폰·이어폰을 붙이는 경우도 있음			
적용대상품목	차량용 헬멧			
확대적용품목	–			
인증절차	TYPE A :국내에서 제품시험(시험기관) ⇒ 국내에서 인증획득(인증기관)			
시험기관	한국건설생활환경시험연구원			
인증기관	VCA Korea, TUV- NORD, TUV Rheinland Korea			
유의사항	■ 세계기준인 ECE regulation에 적합하다는 표시 ■ E-mark 공장 심사는 ISO 9001 품질 시스템을 기반으로 심사를 하므로 ISO 9001 인증을 획득하는 것이 바람직(ISO 9001 유첨참조) ■ 인증을 받지 않고 판매, 판매를 위한 제공이나 공급, 판매를 위해 전시하는 경우에는 유죄가 되며 구체적인 벌칙은 법원에서 결정 ■ E-mark 옆에 EU 개별국가 Code를 표기 　1=독일, 2=프랑스, 3=이탈리아, 4=네덜란드, 5=스웨덴, 6=벨기에, 9=스페인, 11=영국, 12=오스트리아, 13=룩셈부르크, 17=핀란드, 19=덴마크, 21=포르투갈, 23=그리스			

헬멧(안전모)

Kotra

■ 인증 획득 절차

◎ 기관정보

	시험기관	인증기관		
기 관 명	생활환경시험연구원(KCL)	VCA	TUV- NORD	TUV Rheinland
홈페이지	http://www.kemti.org/	http://www.vcakorea.com/	http://www.tuv-nord.com/kr/ko	http://www.tuv.com/ko/korea/home.jsp
연락처 담당부서				
연락처 전화번호	02-2102-2500	031-913-8630 010-7721-5626	02-6000-4222	02-860-9951
연락처 팩스번호				
연락처 이 메 일				
기타	–			

◎ 인증 절차도 (TYPE A)

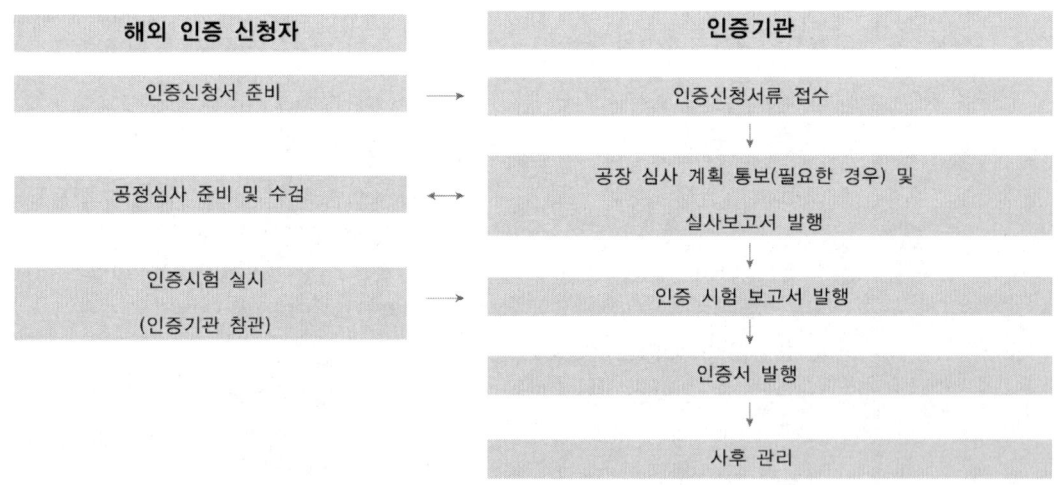

◎ 비용, 소요 기간 등

(단위 : 원)

	시험규격 혹은 시험항목	시험비용	소요기간

시험	충격시험, Rigidity 등	1) 외부 시험일 경우
		   승인시험비용: 3,000만원
		2) 제조사가 시험장비를 보유 할 경우
		   Lab Appraisal 비용: 450만원
			20일

인증	초기공장심사비용	인증비용	소요기간
	250만원	840만원	7일
인증유효기간	–		
사후관리비용	연1회 250만원		

(자료원 : VCA Korea)

조사 요약표

품목명	헬멧(안전모) (HS CODE : 830140)		국가명	남아프리카공화국
인증마크	–	제도명 (영문)	LOA (Letter of Authority)	
인증구분	■ 강제　□ 임의		인증유형	■ 현행　□ 신규출현
도입시기	1996			
근거규정	National Road Traffic Act 93 of 1996			
제도내용	남아공으로 개인보호장비 제품을 수출하기 위해서는 먼저 제품의 수입업자 및 제조업체가 안전인증규제기관인 NRCS(국가강제규격규제기관, National Regulator for Compulsory Standards)로부터 LOA(수입허가, Letter of Authority) 인증을 받아야 함.			
품목정의	1) 용도 : 스포츠활동용·군용 또는 소방부용 헬멧·오토바이 기수용·광부용 또는 건축인부용 2) 기능 : 스포츠활동 시 머리 보호용, 작업자가 작업할 때, 비래하는 물건·낙하하는 물건에 의한 위험성 방지, 하약작업에서 추락했을 때 머리 부위 상해방지, 감전 우려가있는 전기 공사 작업에서 산업재해 방지 3) 기타특별사항 : 보호용패드를 붙였는지 여부 불문, 마이크로폰·이어폰을 붙이는 경우도 있음			
적용대상품목	모터 사이클 안전 헬멧			
확대적용품목	–			
인증절차	TYPE C :해외에서 제품시험(시험기관) ⇒ 해외에서 인증획득(인증기관)			
시험기관	NRCS(National Regulator for Compulsory Specifications), Intertek 등			
인증기관	NRCS			
유의사항	남아공 강제 규격에 해당하는 제품의 수입자 및 제조업체는 해당 제품의 판매 전에 반드시 LOA인증을 획득한 후, 제품을 판매해야 함.			

■ 인증 획득 절차

◎ 기관정보

		시험기관*	인증기관
기 관 명		NRCS	NRCS
홈페이지		http://www.nrcs.org.za/	http://www.nrcs.org.za/
연락처	담당부서	–	–
	전화번호	27-12-428-5000	27-12-428-6794
	팩스번호	27-12-428-5199	27-12-428-6233
	이 메 일	info@nrcs.org.za	info@sabs.co.za
기타		–	

* 추가 시험기관:

○ Intertek Testing Services South Africa(Pty) LtD
 - 주소: 5th Floor, Union maill Office Park, Ennis Close Road, Congella, Durban, 4094
 - 전화번호: +27 31 274 8000
 - 팩스번호: +27 31 205 6015
 - 이메일: web.cm@intertek.com

○ Interference Testing and Consultancy Services(Pty)Ltd
 - 주소: Kameeldrif East, Pretoria, 0224
 - 전화번호: +27 12 808 1730
 - 휴대폰 번호: +27 82 511 5478/ +27 82 828 0305
 - 이메일: shaun@itc-services.com

○ SA Vehicle Testing Authority
 - 주소: PO Box 4311, Pyramid, Pretoria, 0120
 - 전화번호: +27 12 562 2056
 - 이메일: savta@vodamail.co.za

◎ 인증 절차도 (TYPE C)

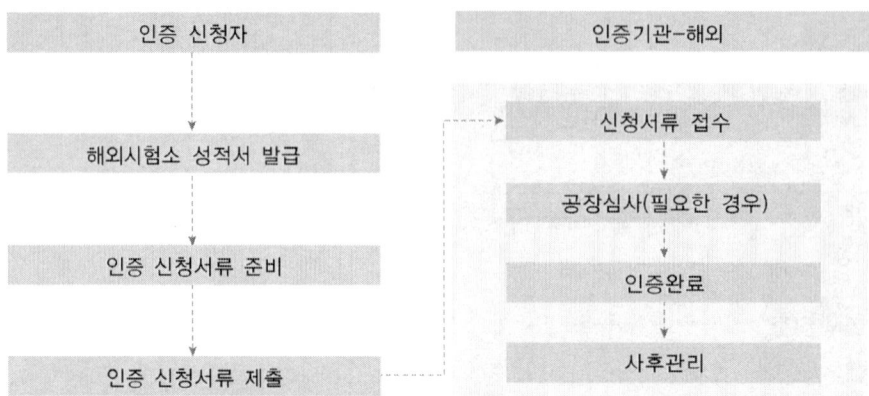

◎ 비용, 소요 기간 등

(단위: ZAR, $)

시험	시험규격 혹은 시험항목	시험비용	소요기간*
	관련규격	견적에따라 상이함	인증포함 통상 2-6개월
인증	초기공장심사비용	인증비용**	소요기간
	–	ZAR 1445 (부가세면제) 미화 약 $170	2-6개월
인증유효기간	3년		
사후관리비용	–		

(자료원 : NRCS)

* 인증기간은 시험기간을 포함하여 제품 및 신청관련 서류 접수 후 2-6개월 소요되나 시즌이나 제품에 따라 상이함.

** 일반적인 LOA인증비용은 ZAR 1445(부가세 면제)/미화 약 $170이나 제품견적에 따라 상이함.

◎ 유의사항

- LOA 인증정지
  - 검사 시 기준 규격에 부적합 사항이 발생한 경우
  - LOA의 사용이 부적절했을 경우(예: 출판물이나 광고 및 다른 용도로 사용)
- LOA인증취소
  - 검사 시 규격에 부적합시
  - 인증서 소유자가 비용 지불의무를 다하지 않은 경우
  - 인증서 소유자가 제품의 단종 등으로 해지를 원하는 경우
  - 해당 제품 규격이 변경되는 경우 관련 제품은 수정 및 재인증을 신청해야 함.
- 절차
  - 회사 등록
    · LOA를 신청하고자 하는 수입업자 혹은 제조자는 NRCS에 회사 등록을 신청해야 함.
    · 등록 후, 변경된 사항에 대해서는 다시 신청해야 함.
  - LOA신청
    · 신청서와 시험성적서를 제출
    · 샘플 및 마크/라벨, 제품사진 제출
- 제출서류
  - 회사등록 신청서
  - LOA신청서: 신청서(수출물량, HS code, 수입업자정보 등등 포함), 시험성적서 또는 CB인증서/성적서(반드시 남아프리카공화국 Deviation 포함)
  - 사진(앞, 뒤, 내부, 파워부, 라벨 및 마킹 포함)
- 인증서 유효기간 : 3년
- 변경: NRCS에 등록된 회사 정보에 변동사항이 생길 경우 새로 회사 등록을 신청, 제품이 변경되는 경우에도 새로운 LOA를 발급받아야 함.
- 갱신: 별도의 갱신절차는 없으며 LOA인증이 만료된 제품을 계속 수입할 시에는 신규 LOA신청이 필요(필요서류-새로운 신청서, 3년이 지나지 않은 테스트 리포트)
- 라벨, 주의사항, 사용방법 등이 영어로 명기되어 있어야 함. (별도의 인증마크 존재하지 않음)

■ 조사 요약표

품목명	헬멧(안전모) (HS CODE: 650610)	국가명	러시아	
인증마크	**EAC**	제도명 (영문)	CU 인증 (Customs Union)	
인증구분	☐ 강제　■ 임의	인증유형	■ 현행　☐ 신규출현	
도입시기	2013년 2월 15일			
근거규정	Technical Regulation of the Customs Union			
제도내용	CU 인증이란 러시아, 카자흐스탄, 벨라루스 3국 관세동맹의 공통인증제도로 CU 인증서를 발급 받으면 3개국 내에서 공통으로 사용 가능한 인증으로 공통 제품 적합성 평가를 위한 기술규정 개발, 시험인증기관을 상호 인정하며 관세동맹 기술규정 발효일부터 CU마크(EAC)를 부착하지 않은 제품은 3개국으로 진입 불가			
품목정의	1) 용도 : 스포츠활동용·군용 또는 소방부용 헬멧·오토바이 기수용·광부용 또는 건축인부용 2) 기능 : 스포츠활동 시 머리 보호용, 작업자가 작업할 때, 비래하는 물건·낙하하는 물건에 의한 위험성 방지, 하약작업에서 추락했을 때 머리 부위 상해방지, 감전 우려가있는 전기 공사 작업에서 산업재해 방지 3) 기타특별사항 : 보호용패드를 붙였는지 여부 불문, 마이크로폰·이어폰을 붙이는 경우도 있음			
적용대상품목	스키헬멧			
확대적용품목	–			
인증절차	TYPE C: 해외에서 제품시험(시험기관)⇒해외에서 인증획득(인증기관)			
시험기관	SevTest			
인증기관	Russian Agency for Technical Regulating and Metrology (RUSSTANDARD)			
유의사항	■ 인증구분이 임의로 제한되었지만 통상 마케팅차원의 활용이 가능해 인증을 획득하는 것이 일반적임 ■ 해당 제품의 국내제조업체, 수입업체에 인증 마크 취득 및 부착 요구 ■ 기준에 접합하지 않은 제품을 수입, 판매할 경우 개선명령, 표시금지명령, 제품회수 명령을 내릴수 있도록 규제 ■ 2013년 2월 15일 이전에 신청되어 인증이 완료된 제품의 경우 기존 GOST-R(러시아), GOST-K,(카자흐스탄), STB(벨라루스) 인증서는 2015년 3월 15일까지 유효함.			

■ 인증 획득 절차

◎ 기관정보

		시험기관	인증기관
기 관 명		SevTest	Russian Agency for Technical Regulating and Metrology (RUSSTANDARD)
홈페이지		http://sevtest.ru	http://www.gost.ru/
연락처	**담당부서**	Custom Union Certification	Department of Technical Regulating and Standardization
	전화번호	7-495-649-13-54	7-495-236-6176
	팩스번호	7-495-663-22-18	7-495-236-6231
	이 메 일	info@sevtest.ru	stand@gost.ru
기타		■ 인증기관의 해외진출은 없으나 공인된 여러 인증대행 발급기관을 두어 시험 및 인증발급을 일임하고 있음. ■ 인증대행 기관 중 Sercons, CTR, GSR등 몇몇 대행기관은 한국에 지사를 운영중 ■ 그 외 , Megreiontest(+7-495-646-8371 / info@megregiontest.ru), Ecert (+7-495-215-0708/+7-926-896-4046 / kn@ecert.ru)등 은 영어가능 직원 보유	

◎ 인증 절차도 (TYPE C)

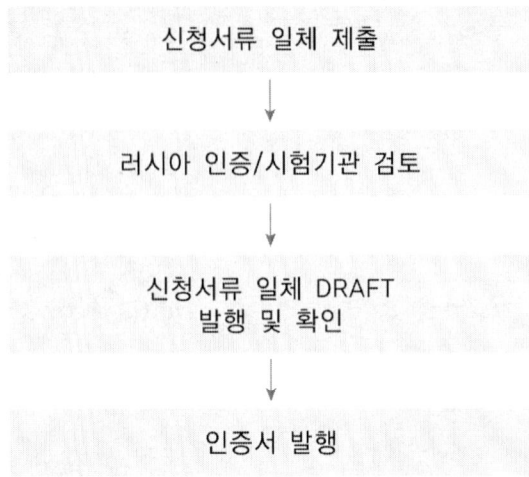

◎ 비용, 소요 기간 등

(단위: Euro)

시험	시험규격 혹은 시험항목	시험비용	소요기간
	품목별로 상이	인증비용에 포함	인증취득 소요 기간에 포함
인증	초기공장심사비용	인증비용	소요기간
	400만원~500만원	6,000Euro (유효기간 3년 기준)	9주~10주
인증유효기간	1/3/5년 단위로 유효기간 선택 가능		
사후관리비용			

(자료원 : World Wide GOST)

◎ 유의사항

• 인증 취득 시 1/3/5년 단위로 유효기간 선택 가능

• 2013년 2월부터 기존 GOST-R에서 CU마크로 변경됨에 따라 러시아 내에서도 까다로운 인증절차와 비용으로 어려움이 대두되고 있으나, 시간이 지나면서 점차 약화될 것으로 예상됨.

조사 요약표

품목명	헬멧(안전모) (HS CODE : 650610)	국가명	말레이시아
인증마크	MS SIRIM	제도명 (영문)	SIRIM (Standards and Industrial Research Institute of Malaysia)
인증구분	■ 강제　□ 임의	인증유형	■ 현행　□ 신규출현
도입시기	2011년 1월		
근거규정	〈MS 1-1:2011〉 PROTECTIVE HELMETS AND VISORS FOR VEHICLE USERS - SPECIFICATION - PART 1: PROTECTIVE HELMETS (THIRD REVISION)		
제도내용	말레이시아에서 판매되는 제품에 대한 제품 표준 및 품질 인증제도		
품목정의	1) 용도 : 스포츠활동용·군용 또는 소방부용 헬멧·오토바이 기수용·광부용 또는 건축인부용 2) 기능 : 스포츠활동 시 머리 보호용, 작업자가 작업할 때, 비래하는 물건·낙하하는 물건에 의한 위험성 방지, 하약작업에서 추락했을 때 머리부위 상해방지, 감전 우려가있는 전기 공사 작업에서 산업재해 방지 3) 기타특별사항 : 보호용패드를 붙였는지 여부 불문, 마이크로폰·이어폰을 붙이는 경우도 있음		
적용대상품목	차량용 안전헬멧		
확대적용품목	–		
인증절차	TYPE C : 해외에서 제품시험(시험기관) ⇒ 해외에서 인증 획득(인증기관)		
시험기관	SIRIM QAS International Sdn. Bhd.		
인증기관	SIRIM QAS International Sdn. Bhd.		
유의사항	■ 강제인증 대상 제품은 제품인증마크(Product Certification Marks) 이외에 SIRIM Label을 붙여야 함. 헬멧의 SIRIM Label은 아래와 같음. ■ 인증절차를 진행하기 전에 반드시 신청자가 SIRIM QAS International Bhd에 질의서(Questionnaire) 양식을 작성하여 제출하고 SIRIM QAS International Bhd가 실제로 인증업무를 진행할 수 있다고 판단하면 인증을 진행함. 특히, 말레이시아 정부에서 강제하는 인증이 아닌 이상 신청자가 표준(Standard)으 특정(Identify) 해야함.		

■ 인증 획득 절차

◎ 기관정보

	시험기관	인증기관
기 관 명	SIRIM QAS International Bhd	SIRIM QAS International Bhd
홈페이지	www.sirim-qas.com.my	www.sirim-qas.com.my
연락처 담당부서	Sales, Marketing and Business Development Section	Sales, Marketing and Business Development Section
전화번호	+603-5544-6402	+603-5544-6402
팩스번호	+603-5544 6787	+603-5544 6787
이 메 일	qas_marketing@sirim.my	qas_marketing@sirim.my
기타	-	

◎ 비용, 소요 기간 등

(단위 : RM(링깃))

시험	시험규격 혹은 시험항목	시험비용	소요기간
	〈MS 1-1:2011〉	400-500만원	인증포함 18-20주
인증	초기공장심사	인증비용	소요기간
	200-300만원 (항공임, 숙박비 등 별도 지급)	200-250만원	18-20주
인증유효기간	5년		
사후관리비용	■ 공장실사/현장실사: - RM 1,000 for 1 man-day 　　　　　　　　　　 - RM 125 per additional hour ■ 갱신비용(Annual Renewal Fee) : RM 500 ■ 추가 및 변경비용: RM100 + 제품평가비용 @ RM125 per hour		

(자료원 : SIRIM QAS International Bhd)

◎ 인증 절차도 (TYPE C)

단계	세부내용
질의 (Enquiry)	① 신청자가 SIRIM QAS International Bhd에 질의서(Questionnaire) 양식을 작성하여 제출 ② SIRIM QAS International Bhd는 실제로 인증업무를 진행할 수 있는지 타당성을 테스트하고 인증 업무가 진행 가능하다고 판단되면 견적서를 신청자에 송부 ※ 질의서는 PCS/FOR/01-1 양식을 사용해야 함. 또한 SIRIM 인증은 말레이시아 정부에서 강제하는 인증이 아닌 이상 신청자가 표준(Standard)을 특정(Identify)해야함.
신청 (Application)	① 신청자는 견적서를 수취한 후 신청서(Application Form)을 작성하여 제출 ② 신청자는 인증 관련 비용을 납부 ※ 신청서는 양식 PCS/FOR/01-2를 사용해야함. 필요시 SIRIM QAS International Bhd에서 요청하는 부대서류를 같이 제출
서류평가 (Document Evaluation)	① 인증 표준에 맞추어 제출 서류를 평가
공장실사 (Factory Audit)	① 품질관리 계획(Quality Control Plan)의 적정성, 시험 장비(Test Equipment)의 적정성, 측정표준(Calibration) 및 기록시스템(Record-keeping System)의 적정성을 점검
샘플테스트 (Sample Test)	② 공장 실사 중 시험관이 샘플을 선정하여 테스트를 실시 ※ 테스트는 SIRIM QAS International Bhd나 SIRIM QAS International Bhd가 인증하는 시험기관에서 실시
인증서발급 (Approval Process)	① 공장실사와 샘플 테스트에 문제가 없으면 인증 보고서(Certification Report)를 작성하고 인증 발급을 결정 ② 미납 비용을 모두 납부하면 인증서를 발급
감시 (Surveillance)	① 인증 품목이 표준을 준수하는지 확인하기 위해 사전계획에 의한 점검이나 불시 재검사를 실시 할 수도 있음. ※ 보통은 제품에 대한 고발이 있을 시 시장에서 샘플을 수거하여 검사를 실시
갱신 (Renewal)	① 인증 유효기간이 1년인 바 매년 인증 갱신이 필요

헬멧(안전모)

kotra

조사 요약표

품목명	헬멧(안전모) (HS CODE : 650610)	국가명	멕시코
인증마크	NOM ANCE MR	제도명 (영문)	NOM (Normas Oficiales Mexicanas) NOM-115-STPS-2009
인증구분	■ 강제　□ 임의	인증유형	■ 현행　□ 신규출현
도입시기	1993년		
근거규정	멕시코 계측과 표준에 관한 연방법 39조		
제도내용	멕시코 공식표준규격(NOM/ Normas Oficiales Mexicanas) 제도란 제품의 품질 및 안전성 면에서의 하자로 환경, 공중보건 및 소비자의 신체상 안전성이 침해되지 않게 하려고 안전을 해할 수 있는 제품들을 대상으로 갖춰야 일정 규격요건, 안전요건, 라벨링 요건 및 품질 테스트 방법, 포장방법 등을 규정한 제도		
품목정의	1) 용도 : 스포츠활동용·군용 또는 소방부용 헬멧·오토바이 기수용·광부용 또는 건축인부용 2) 기능 : 스포츠활동 시 머리 보호용, 작업자가 작업할 때, 비래하는 물건·낙하하는 물건에 의한 위험성 방지, 하약작업에서 추락했을 때 머리부위 상해방지, 감전 우려가있는 전기공사 작업에서 산업재해 방지 3) 기타특별사항 : 보호용패드를 붙였는지 여부 불문, 마이크로폰·이어폰을 붙이는 경우도 있음		
적용대상품목	Safety-Personal protective equipment-Safety helmets-Class G(General), Class E(Dielectric), Class C(Conductor)		
확대적용품목	Safety Shoes(안전화)		
인증절차	TYPE C : 해외에서 제품시험(시험기관) ⇒ 해외에서 인증획득(인증기관)		
시험기관	NYCE (국가지정 시험소)		
인증기관	NYCE (국가지정 인증시험소)		
유의사항	■ 해외에서 신청시 법정대리인(APODERADO LEGAL)을 지정 ■ 법정대리인으로는 동 분야 전문 법률사무소(BUFETE)들이 주로 이용되며 법률사무소별 수속대행 수수료를 지불하여야 함.		

▨ 인증 획득 절차

◎ 기관정보

	인증기관		
기 관 명	NYCE		
홈페이지	www.nyce.org.mx		
연락처	담당부서	안전 인증부	
	전화번호	52-55-5395-0777(Ext. 267, 206)	
	팩스번호	52-55-5395-0700	
	이 메 일	gayala@nyce.org.mx	
	기타	동 인증의 경우 NYCE 시험소에서 시험 가능 NYCE 시험소 홈페이지: www.nycelaboratorios.com.mx	

◎ 인증 절차도 (TYPE C)

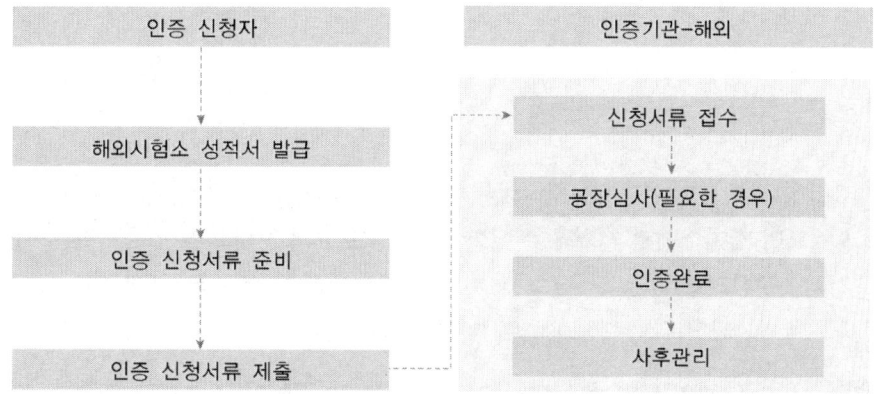

헬멧(안전모)

kotra

◎ 비용, 소요 기간 등

(단위: 달러)

	시험규격 혹은 시험항목	시험비용	소요기간
시험	제품 품질, 안전성 검사, 제품으로 인한 환경, 공중 보건 및 소비자의 신체에 대한 피해 방지를 위한 일정 규격 요건, 안전요건, 라벨링 요건 및 품질테스트 방법, 포장방법	약 7,000 달러 +부가세(16%)	30~60일
	관리 방문 비용	인증비용	소요기간*
인증	멕시코시티 기준 약 80달러, 미-멕시코 국경 지역 약 760달러 + 부가세(16%)	483 달러 + 부가세(16%)	약 2일
인증유효기간	유효기간은 별도로 표기되어 있지 않으며, 관리 방문 통과 시, 유효기간 지속		
사후관리비용	관리 방문		

(자료원 : NYCE)

* 소요기간: NOM-115 인증을 위한 구비서류(제품 시험 성적서 포함)를 모두 NYCE에 제출할 경우, 인증 발급 소요기간은 2일

◎ 유의사항

• 멕시코 적합성 평가 기관은 시험 및 교정시험소, 인증기관, 검사기관(verification unit)으로 구성되어 있으며 시험소에서 시험을 실시한 후 결과 보고서가 나오면 인증기관은 이를 바탕으로 제품검사, 생산라인 또는 품질 시스템 검사 등을 통해 인증서를 발행하고, 이후 검사 기관에서 샘플을 채취해 발급된 인증서에 사후관리를 실시

• 인증서의 소유주가 멕시코의 현지회사(현지대리인)가 되어야 가능하기 때문에, 인증 신청 시 수입회사의 정보를 함께 준비해야함.

• NOM 인증 대상품목이 인증을 받지 않는 경우, 수입 금지 및 세관 통과불가, 기타 일급여 20,000배의 벌금 혹은 구속 등 행정상 제재

■ 조사 요약표

품목명	헬멧(안전모) (HS CODE : 650610)	국가명	미국
인증마크	ASTM INTERNATIONAL	제도명 (영문)	**ASTM** (American Society for Testing Materials International) Product Certification Program
인증구분	☐ 강제 ■ 임의	인증유형	■ 현행 ☐ 신규출현
도입시기	2011년 최신개정		
근거규정	ASTM Subcommittee F08.53 on Headgear and Helmets -ASTM F2040-11		
제도내용	ASTM 지정 시험소에서 규격에 따른 시험을 수행하여 제품의 적합성을 증명하는 임의제도		
품목정의	1) 용도 : 스포츠활동용·군용 또는 소방부용 헬멧·오토바이 기수용·광부용 또는 건축인부용 2) 기능 : 스포츠활동 시 머리 보호, 작업자가 작업할 때, 비래하는 물건·낙하하는 물건에 의한 위험성 방지, 하약작업에서 추락했을 때 머리부위 상해방지, 감전 우려가 있는 전기 공사 작업에서 산업재해 방지 3) 기타특별사항 : 보호용 패드를 부착 여부 불문, 마이크로폰·이어폰 부착이 가능한 경우도 있음.		
적용대상품목	비동력 동계 스포츠용 헬멧 (Helmets Used for unmotorized Recreational Snow Sports)		
확대적용품목	동일 시험 대상 F08.53 품목		
인증절차	TYPE C : 해외에서 제품시험(시험기관) ⇒ 해외에서 인증획득(인증기관)		
시험기관	ASTM 지정 시험소		
인증기관	ASTM		
유의사항	정부기관이 ASTM 규격을 법적 강제성을 가지는 인증제도의 규격으로 활용하는 경우가 아니면 강제성을 갖지 않음.		

■ 인증 획득 절차

◎ 기관정보

	시험기관	인증기관
기 관 명	하단 참조	ASTM
홈페이지		http://www.astm.org/
연락처 담당부서		Department on Certification Programs 담당자: Nicholas Matarangas
연락처 전화번호		+1-(610) 832-9765
연락처 팩스번호		-
연락처 이 메 일		nmatarangas@astm.org
기타	■ ASTM은 자체 시험시설을 보유하지 않음.	

		시험기관			
기 관 명		Intertek	Bureau Veritas Consumer Products Services Inc.	ICS Laboratories, Inc.	Southern Impact Research Center, LLC
홈페이지		http://www.intertek.com	http://www.bureauveritas.com/cps	http://www.icslabs.com	http://www.soimpact.com
연락처	책임자	Jason Allen	-	Dale B. Pfriem	Dave Halstead
연락처	전화번호	607-753-6711	716-505-3300	330-220-0515	865-523-1662
연락처	팩스번호		716-505-3301	330-220-0516	865-563-1233
연락처	이 메 일	jason.allen@intertek.com	info@us.bureauveritas.com	info@icslabs.com	sirc@soimpact.com
기타		■ 시험기관 상시 변경 * ASTM 시험기관 링크: http://www.astm.org/LABS/search.html			

◎ 인증 절차도 (TYPE C)

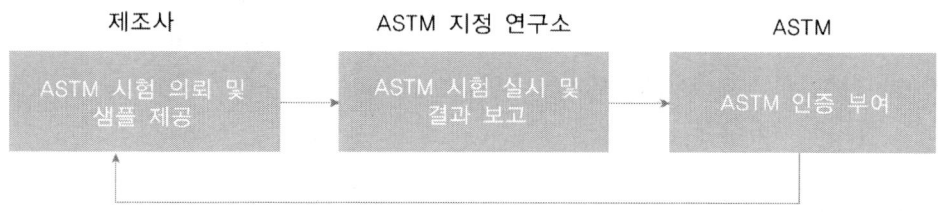

◎ 비용, 소요 기간 등

(단위: 원화, USD)

	시험규격 혹은 시험항목[주]	시험비용	소요기간
시험	Dynamic stress retention testt	$655 (각 모델/사이즈 별)	샘플 수령 후 2-3주
인증	초기공장심사비용	인증비용	소요기간
	–	상시 변경	시험 결과 접수 후 심사
인증유효기간	–		
사후관리비용	–		

주) 1 시험항목 자세사항 :Dynamic stress retention test

  ① 충격테스트: 실험실에서 해당 공구 낙하 높이(drop heights for lab drops in meters)

    – Flat Anvil: 2.0m

    – Hemispheric Anvil: 1.2m

    – Edge Anvils: 1.0m

  ② J Headform 테스트 라인(Size 7 1/8, 지름 570mm)

    – 앞: 50mm

    – 중간: 25mm

    – 뒤: 0mm

◎ 유의사항

- 인증변경
  - 제품의 변경으로 시험성적서의 데이터가 변화될 것으로 예상되는 경우, 시험소로 변경신청을 하고 필요에 따라 재시험을 진행
- 기간 및 비용
  - ASTM 지정 시험소의 자체 규정 및 제품에 따라 비용 책정
- 제출서류
  - 시험신청서
  - 제품사양서
  - 시험시료
  - 부품리스트, 부품인증서 사본, 회로도 등
- ASTM 소개
  - ASTM은 비영리 기관으로 각종 소재, 제품, 시스템 및 서비스에 대한 민간 단체규격을 개발하고 출판 보급하고 있으며 현재 세계 각지의 제조업자, 사용자, 최종소비자 등으로 구성된 32,000여 회원과 100여 개국이 넘는 정부기관과 학계 대표자들이 중심이 되어 제품생산, 구매 그리고 법적활동에 관여된 활동을 전개
  - ASTM은 금속, 도로, 플라스틱, 섬유, 석유화학, 건설, 에너지, 환경, 소비자용품, 의료용 기기 및 기구, 컴퓨터 시스템, 전자제품 등 130개가 넘는 전문 분야에서 표준 시험방법, 사양, 제품 실습, 지침, 제품의 분류 및 용어 등에 관한 합의를 도출
  - 12,000여종의 ASTM 표준 규격은 제품 품질 향상, 안전 강화, 시장 접근 및 무역거래 용이 및 소비자 신뢰감 형성을 위해 전세계에서 사용
  - ASTM 표준은 임의 규격으로 그 적용이 의무화되어 있지 않으나 정부에서 법으로 규정하거나 업체의 계약 조건으로 명시되면 그 적용이 의무화 됨(ASTM 표준개발위원회 회의는 통상 1년에 2회 정도 미국 또는 캐나다에서 개최)
  - ASTM은 표준화의 대상을 Specification, Method, Definition으로 대별하고 있으며, 다시 이들을 정식규격 (Standard)과 가규격(Tentative)으로 구분. 또한 제정된 규격에는 규격번호 (통일성은 없음)와 함께 기호를 붙여 품종내용을 표시

■ 조사 요약표

품목명	헬멧(안전모) (HS CODE : 650610)	국가명	미국	
인증마크	"DOT"^{주)1}	제도명 (영문)	**DOT** (Department of Transportation)	
인증구분	■ 강제　□ 임의	인증유형	■ 현행　□ 신규출현	
도입시기	1974년 도입, 2013년 최종개정			
근거규정	■ Code of Federal Regulation: (연방규정집: CFR) Title 49, Part 571.218 ■ Standard No. 218; Motorcycle helmets			
제도내용	미국 전역에서 판매되는 모든 오토바이 헬멧에 대한 美 교통부의 강제적 안전 기준			
품목정의	1) 용도 : 스포츠활동용·군용 또는 소방부용 헬멧·오토바이 기수용·광부용 또는 건축인부용 2) 기능 : 스포츠활동 시 머리 보호, 작업자가 작업할 때, 비래하는 물건·낙하하는 물건에 의한 위험성 방지, 하약작업에서 추락했을 때 머리부위 상해방지, 감전 우려가 있는 전기 공사 작업에서 산업재해 방지 3) 기타특별사항 : 보호용 패드를 부착 여부 불문, 마이크로폰·이어폰 부착이 가능한 경우도 있음.			
적용대상품목	오토바이용 헬멧			
확대적용품목	–			
인증절차	TYPE A : 美 연방 차량 안전 기준 (Federal Motor Vehicle Safety Standard:FMVSS)에 따라 제조사가 자체 시험 및 인증(manufacturer's certification)			
시험기관	제조업체(manufacturer's certification)			
인증기관	제조업체(manufacturer's certification)			
유의사항	■ 매년 미 교통부는 시판중인 일부 헬멧에 대해 연방차량안전기준(FMVSS) 218항 충족 여부를 시험하며 규정을 실시하지 못하는 경우 벌금 부과와 같은 불이익 발생			

주) DOT 표기로 대체가능해 특별한 로고는 없으나 문구 크기와 위치 등에 대한 규격 준수 필요

헬멧(안전모)

kotra

▨ 인증 획득 절차

◎ 기관정보

	시험기관	인증기관
기 관 명	제조사 자체인증	美 교통부 (Department of Transportation)
홈페이지		www.dot.gov
연락처 담당부서		National Highway Traffic Safety Administration
연락처 전화번호		202-366-4000
연락처 팩스번호		-
연락처 이 메 일		https://ntl.custhelp.com/app/ask를 통해 접수
기타	■ 제조사는 자체 시험을 통해 연방차량안전기준 준수 여부를 확인 ■ DOT 요건 충족 시 문구 자체 부착 ■ 美 교통부는 헬멧 인증 기준을 수립하나 직접 인증을 부여하지 않음.	

◎ 비용, 소요 기간 등

(단위: 원화, USD)

	시험규격 혹은 시험항목	시험비용	소요기간
시험	1) Impact Attenuation Test 2) Penetration Test 3) Retention System Test	-	-
인증	초기공장심사비용	인증비용	소요기간
인증	-	-	-
인증유효기간	-		
사후관리비용	-		

(자료원: 미 연방규정집)

◎ 유의사항

• 오토바이용 헬멧 인증에 관한 규정 전문 확인
　　- 법률 규정 전문 링크:
　　　http://www.ecfr.gov/cgi-bin/text-idx?SID=47a4b7696d2f5785eaf38540f65108f5
　　　&node=se49.6.571_1218&rgn=div8

■ 조사 요약표

품목명	헬멧(안전모) (HS CODE : 650610)	국가명	미국
인증마크	**제도명** **(영문)**	Snell Standards	
인증구분	☐ 강제 ■ 임의	인증유형	■ 현행 ☐ 신규출현
도입시기	1957년 재단 설립		
근거규정	Snell M2015		
제도내용	■ 독립적 재단인 Snell Memorial Foundation은 오토바이용 헬멧에 대한 자체적 규정 및 시험을 제공 ■ ISO 17025 인증을 받은 실험실에서 시험 실시		
품목정의	1) 용도 : 스포츠활동용·군용 또는 소방부용 헬멧·오토바이 기수용·광부용 또는 건축인부용 2) 기능 : 스포츠활동 시 머리 보호, 작업자가 작업할 때, 비래하는 물건·낙하하는 물건에 의한 위험성 방지, 하약작업에서 추락했을 때 머리부위 상해방지, 감전 우려가 있는 전기 공사 작업에서 산업재해 방지 3) 기타특별사항 : 보호용 패드를 부착 여부 불문, 마이크로폰·이어폰 부착이 가능한 경우도 있음.		
적용대상품목	오토바이용 헬멧		
확대적용품목	–		
인증절차	■ TYPE C : 해외에서 제품시험(시험기관) ⇒ 해외에서 인증획득(인증기관) ■ 제조사는 다음과 같은 절차를 거쳐 Snell 인증을 획득 1. Snell社와 시험일자 조율 2. 시험 전 정보(Pre-testing Information Sheet)를 제공 후, 시험 및 인증 비용을 지불(Payment Advisory Form) 3. 헬멧 샘플을 Snell 연구소로 송부 4. 헬멧 샘플이 Snell 시험기준을 통과하면 양사가 Snell 인증사용 및 관리에 대한 계약을 체결하고, Snell 로고 사용 권한을 부여받음		
시험기관	Snell Memorial Foundation, Inc.		
인증기관	Snell Memorial Foundation, Inc.		
유의사항	■ 강제적인 DOT 헬멧 인증과는 다른 자발적인 민간 인증 ■ 2015년 10월 1일부터 신규 인증 기준 적용(M2015)		

■ 인증 획득 절차

◎ 기관정보

시험·인증기관		
기 관 명	Snell Memorial Foundation	
홈페이지	http://www.smf.org/info	
연락처	담당부서	
	전화번호	1-916-331-5073
	팩스번호	1-916-331-0359
	이 메 일	info@smf.org
기타	▪ 자체 실험 및 인증 실시	

◎ 인증 절차도 (TYPE C)

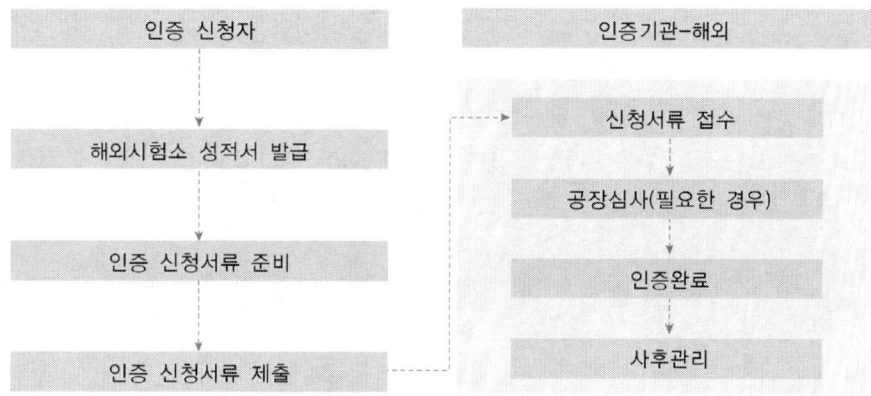

◎ 비용, 소요 기간 등

(단위: 원화, USD)

	시험규격 혹은 시험항목*	시험비용	소요기간
시험	충격 실험 등	단일 사이즈 - $1,040 (샘플 5개 소요) 사이즈별 - $1,560 (샘플7개 소요)	2주
	초기공장심사비용	인증비용	소요기간
인증	-	시험비용에 포함	상호간 계약서 서명시 즉시 실효
인증유효기간	-		
사후관리비용	■ 실험비 및 헬멧 구입비 ■ Snell 재단은 인증 이후 주기적으로 시판되는 헬멧을 구입해 인증과 같은 기준의 실험을 재실시하는 임의샘플실험(Random Samplet Test)을 실행 ■ Snell 재단의 인증을 사용하기로 계약한 제조사는 계약에 따라 실험비 및 헬멧구입비를 지불해야 할 의무가 있음.		

* 시험항목 사항
 - 충격 실험, 포지션 안정성 실험, 반복유지 실험
 - 턱 가드 충격실험, 헬멧 관통 실험, 보안면(face shield) 관통 실험
 - 내화성 실험, 분리 실험, 실험 후 분해 및 검열과정

◎ 유의사항

• 디자인 변경
 - 제조업자는 Snell 인증 획득 후 디자인을 변경할 수 없음.

• 임의샘플실험 부적격 판정
 - 특정 제품에 대한 임의샘플시험 부적격 판정시 Snell 재단은 동일 제품 샘플 3개를 구입하여 재시험 실시
 - 재시험에도 부적격 판정이 내려질 경우 Snell 재단은 제조사에게 제품에 대한 생산 중지를 요청하며 재인증 시험 실행 및 인증 취소 조치를 내릴수 있음.
 - 제조사가 Snell의 요청에 응하지 않을 경우 Snell 인증을 받은 모든 제품에 대한 리콜을 실시할 수 있음.

조사 요약표

품목명	헬멧(안전모) (HS CODE : 650610)	국가명	베트남
인증마크		제도명 (영문)	CR (Regulatory Certification)
인증구분	■ 강제　☐ 임의	인증유형	■ 현행　☐ 신규출현
도입시기	오토바이 운전자용 : 2008년 6월 2일 산업용 : 2012년 8월 16일		
근거규정	오토바이 운전자용 : QCVN 2:2008/BKHCN 산업용 : National Technical Regulation: QCVN: 06/2012/BLDTBXH		
품목정의	1) 용도 : 스포츠활동용·군용 또는 소방부용 헬멧·오토바이 기수용·광부용 또는 건축인부용 2) 기능 : 스포츠활동 시 머리 보호용, 작업자가 작업할 때, 비래하는 물건·낙하하는 물건에 의한 위험성 방지, 하약작업에서 추락했을 때 머리 부위 상해방지, 감전 우려가있는 전기공사 작업에서 산업재해 방지 3) 기타특별사항 : 보호용패드를 붙였는지 여부 불문, 마이크로폰·이어폰을 붙이는 경우도 있음.		
적용대상품목	오토바이 운전 및 산업용 안전모		
확대적용품목	–		
인증절차	TYPE C: 해외에서 제품시험(시험기관) ⇒ 해외에서 인증획득(인증기관)		
시험기관	QUATEST (Quality Assurance & Testing Center) 1, 2, 3**		
인증기관	QUACERT(Vietnam Certification Centre), QUATEST(Quality Assurance & Testing Center) 1, 2, 3		
유의사항	■ CR인증서 누락 제품은 베트남 유통 불가 ■ 유효기간 3년		

** 오토바이 운전용 안전모는 위 기관 중 하나를 선택하여 인증서를 받을 수 있음. 하지만 산업용 안전모의 경우 QUATEST 3만 이용 가능.

▨ 인증 획득 절차

◎ 기관정보

		시험기관	인증기관
기 관 명		QUATEST (Quality Assurance & Testing Center) 3	QUATEST (Quality Assurance & Testing Center) 3
홈페이지		www.quatest3.com.vn	www.quatest3.com.vn
연락처	담당부서	Sample Receiving Office (샘플 수령 사무소)	Technical Inspection Division 1 (기술 검사 부서 1)
	전화번호	84-8-3822-5787	84-8-3821-7538
	팩스번호	84-8-3822-5785	84-8-3915-2285
	이 메 일	quacert@quacert.gov.vn	nv-1@quatest3.com.vn
기타		■ 한국에는 진출하지 않았지만, KTL과 가까운 관계를 가지고 있으며 JQA(일본), CQC(중국) 기관과는 상호인정 체결함. ■ 수입 헬멧은 QUATEST 3이 수입자들을 위해 "one door" 인증서비스를 도입함. 즉, 수입자들은 Room 101, 49 Pasteur St., D.1, Hochiminh City, Vietnam에 위치한 QUATEST 3 본부에서 인증 서비스 등록만 하면 됨. 그 후, 등록 서류는 여러 단계에 걸쳐 각 관련 부서에 전달됨. ■ 만약 수입자가 테스트만을 필요로 한다면, 31, Han Thuyen St., D.1, HCMC에 위치한 'Sample Receiving Office(샘플 수령 사무소)'에 연락하면 되며 모델 1개당 샘플 6개가 필요함.	

◎ 인증 절차도 (TYPE C)

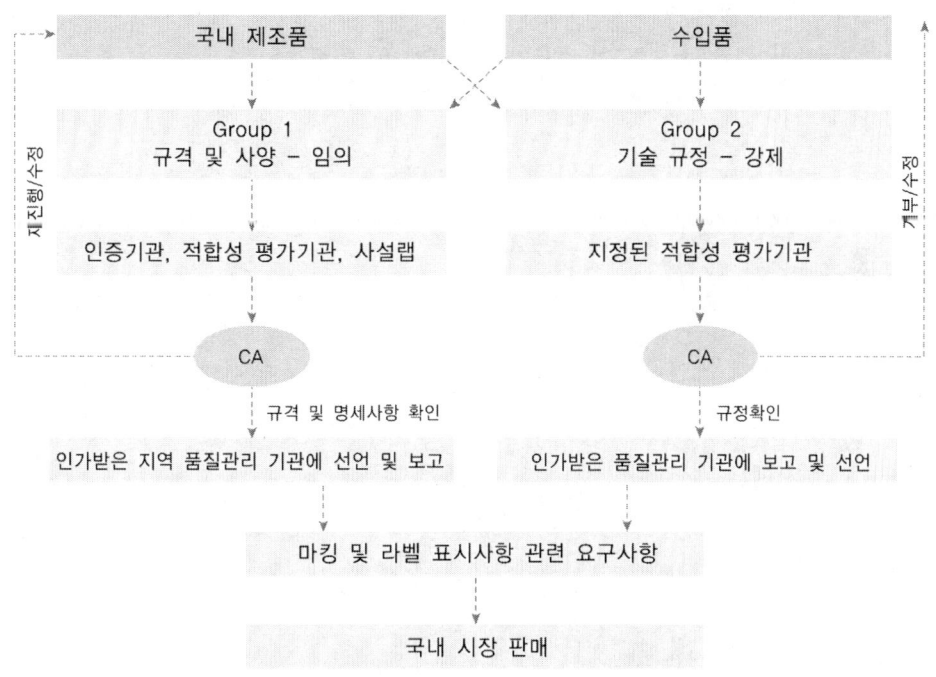

◎ 비용, 소요 기간 등

(단위: VND)

시험 & 인증	시험항목*	비용	소요기간
	Weight test, Visual examination 등	1,500,000 VND + 부가세 5% (모델 1개/샘플 6개)	근무일 기준 5~7일
인증	인증비용	소요기간	
	·샘플 1 unit: 3,000,000 VND + 부가세 5% ·샘플 2 unit: 4,500,000 VND + 부가세 5% ·샘플 3 unit: 6,000,000 VND + 부가세 5% ·샘플 4 unit: 8,000,000 VND + 부가세 5%	–	
인증유효기간	–		
사후관리비용	6개월 또는 9개월에 한 번 인증서 소지인의 공장에서 정기심사		

(자료원 : QUATEST3)

헬멧(안전모)

* 시험항목

- Weight test, Visual examination, Dimension & protection scope test
- Impact test, Shell penetration test, Chin bar test
- Positional stability test, Faceshield test, View angle test

조사 요약표

품목명	헬멧(안전모) (HS CODE: 650610)	국가명	브라질
인증마크		제도명 (영문)	INMETRO 인증 (Instituto Nacional de Metrologia, Normalizacao e Qualidade Industrial: 국가 품질 규격 관리원)
인증구분	■ 강제　□ 임의	인증유형	■ 현행　□ 신규출현
도입시기	2009년 5월 7일		
근거규정	INMETRO 령 118(PORTARIA INMETRO Nº 118/2009)		
제도내용	헬멧과 같은 머리보호장비에 대한 품질 규정 및 강제인증 취득 의무 부여		
품목정의	1) 용도 : 스포츠활동용·군용 또는 소방부용 헬멧·오토바이 기수용·광부용 또는 건축인부용 2) 기능 : 스포츠활동 시 머리 보호용, 작업자가 작업할 때, 비래하는 물건·낙하하는 물건에 의한 위험성 방지, 하약작업에서 추락했을 때 머리 부위 상해방지, 감전 우려가있는 전기공사 작업에서 산업재해 방지 3) 기타특별사항 : 보호용패드를 붙였는지 여부 불문, 마이크로폰·이어폰을 붙이는 경우도 있음		
적용대상품목	산업용 안전모, 모터사이클용 헬멧 (HS Code 650610은 "스키용 헬멧"으로 정의돼 있지는 않으나, 동 코드로 분류되는 제품의 수입유통 시에 인증 취득이 의무 사항임)		
확대적용품목	헬멧(안전모)		
인증절차	TYPE A : 국내에서 제품시험(시험기관) ⇒ 국내에서 인증획득(인증기관)		
시험기관	KTL(인증대행가능)		
인증기관	TUV Rheinland, CEPEL		
유의사항	■ 안전모 제품 브라질 시장 판매 유통을 희망하는 업체는 반드시 동 인증을 취득해야 함. 인증 취득을 위한 각종 검사 과정은 INMETRO가 공식 허가한 인증 대행 업체(OCP: Organismos de Certificação de Produtos)가 진행하도록 해야 함.		

헬멧(안전모)

■ 인증 획득 절차

◎ 기관정보

		시험기관	인증기관
기 관 명		KTL	Instituto Falcao Bauer (브라질에서는 동기관이 시험/인증 담당)
홈페이지		http://www.ktl.re.kr/	http://www.falcaobauer.com.br
연 락 처	담당부서	–	인증부서 담당자: Mr. Delzuíte Martins Ferreira Júnior Miss Liliane Alves Almeida
	전화번호	02-860-1338	(55-11) 3611-1729
	팩스번호	02-860-1339	–
	이 메 일	–	dferreira@ifbauer.org.br sgqifbq@ifbauer.org.br
기타		–	

* 주 1) 실제 인증 업무를 맡아하는 기관은 OCP(INMETRO가 공식 허가한 인증대행 업체)로 IFBQ는 브라질에서 가장 권위 있는 OCP 중 하나.
  2) IFBQ 주관으로 각종 검사 실시. 제품 품질이 INMETRO 요구 기준에 합격하는 경우, "INMETRO" 이름으로 인증 발행.

◎ 인증 절차도 (TYPE C)

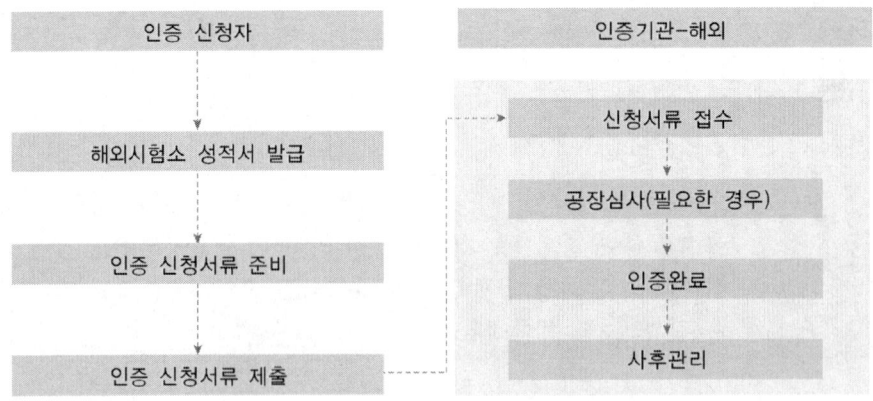

◎ 비용, 소요 기간 등

(단위: US$)

시험	시험규격 혹은 시험항목	시험비용	소요기간
	–	–	–
	초기공장심사비용	인증비용	소요기간
인증		US$ 7,500 (system5, 공장심사 비용 포함, 헬멧 1개 모델, 공장 1개 지역 심사할 경우) US$ 3,500 (system7, 일정 수량의 제품만 심사, 공장심사 불요)	최소 2개월
인증유효기간	–		
사후관리비용	▪ system5의 경우 사후관리 비용 존재. * INMETRO가 요구하는 품질 테스트 실시 ▪ 비용은 최초 인증시 보다 낮으나 정확한 금액 산정 불가.		

(자료원 : 현지 에이전트)

주: INMETRO 인증 심사는 공장 심사가 포함된 System 5와 수입(판매) 물량 단위로 검사를 실시하는
    System 7 방식 등 검사 내용 및 방법에 따라 다양한 방식이 존재하며, 비용도 달라짐. System 5
    방식을 사용하는 경우에도 검사 대상 공장이 한곳인지 여러 지역인지에 따라 비용이 달라지며, 심사를
    받는 제품 모델 수에 따라서도 비용이 차이남.

◎ 유의사항

• 법규

  – INMETRO 마크를 부착하지 않고 판매하다 적발 될 경우 해당 제품은 가압류 처분

  – 품질인증 미보유 사실이 확인될 경우 120일 내에 해당 제품은 무기한 압류 처분을 당하며,
    제조업체 또는 수입업체는 정식으로 고발조치

• 절차

  1) 인증 신청 양식지(formulario 12)작성: OCIPEM 사이트에서 다운로드 가능

  2) 증빙서류(Contrato Social(업체 대표, 재무구조 등을 명시한 서류), CNPJ(사업자등록증))
     구비

  3) 업체 대표 서명이 날인된 인증 신청서 및 구비서류를 OCIPEM에 우편 송부 또는 직접제출

4) 인증 취득 신청 절차 통보

– 인증신청서 검토 후, 인증 취득이 가능하다고 판단되는 품목에 한해서 OCIPEM은 인증취득 신청 절차 및 검사 비용 등을 통보

5) OCIPEM은 각종 제품 품질 검사 결과를 종합, 인증 승인 가능성 판단

조사 요약표

품목명	헬멧(안전모) (HS CODE: 650610)		국가명	사우디아라비아
인증마크	–	제도명 (영문)		SASO (Saudi Arabia Standards Organization) Certificate of Conformity(COC)
인증구분	■ 강제　☐ 임의		인증유형	■ 현행　☐ 신규출현
도입시기	2006년 5월			
근거규정	Decision of the Minister of Commerce & Industry No. 6386 dated in 21/6/1425H			
제도내용	사우디아라비아 안전규격, 강제 규격으로 모든 수입제품에 대해 수출국 정부가 공식적으로 인정한 기관에서 발행하는 적합성인증서(COC)			
품목정의	1) 용도 : 스포츠활동용·군용 또는 소방부용 헬멧·오토바이 기수용·광부용 또는 건축인부용 2) 기능 : 스포츠활동 시 머리 보호용, 작업자가 작업할 때, 비래하는 물건·낙하하는 물건에 의한 위험성 방지, 하약작업에서 추락했을 때 머리부위 상해방지, 감전 우려가 있는 전기 공사 작업에서 산업재해 방지 3) 기타 특별사항 : 보호용패드를 붙였는지 여부 불문, 마이크로폰·이어폰을 붙이는 경우도 있음			
적용대상품목	헬멧(안전모)			
확대적용품목	식품 및 농산품, 의약품 및 화장품, 의료기기 및 의료기기 부품, 오일(석유)를 제외한 전품목			
인증절차	TYPE A : 국내에서 제품시험(시험기관) ⇒ 국내에서 인증획득(인증기관)			
시험기관	국내 한국인정기구(KOLAS) 등재 시험기관(ISO 17025) http://www.kolas.go.kr/usr/inf/srh/InfoTestInsttSearchList.do			
인증기관	국가기술표준원이 지정한 SASO COC 직접발행 인증기관			
유의사항	■ 사우디에 수출 하고자 하는 국가에서 지정한 기관이 인증발급 및 시험을 담당 ■ 인증서(COC)는 동일 제품의 경우에도, 매 선적 시마다 발행 받아야 하며, 제품의 수와 관계없이 한 선적 분량에 대해 1건의 인증서 발행			

>>> 149

인증 획득 절차

◎ 기관정보

- 한국에서 사우디로 수출되는 제품의 경우, 2008년 국가기술표준원(KATS)와 사우디표준청 (SASO)간의 상호인정협정에 근거하여 KATS가 지정한 인증기관에서 인증서를 발행함.

- A list of the signed bodies with SASO on the recognition program http://www.saso.gov.sa/en/conformity/Mutual_Recognition/Pages/Agents_Names.aspx

기관명	연락처				
	홈페이지	담당부서	전화번호	팩스번호	이메일
한국산업기술시험원 (KTL)	www.ktl.re.kr	글로벌 비즈니스센터	02-860-1330	02-860-1306	jskim @ktl.re.kr
화학융합시험연구원 (KTR)	www.ktr.or.kr	해외인증팀	02-2164-0135	02-2634-0067	hs @ktr.or.kr
한국기계전기전자 시험연구원(KTC)	www.ktc.re.kr	해외인증센터	031-428-7591	–	klatu @ktc.re.kr
한국건설생활환경 시험연구원(KCL)	www.kcl.re.kr	해외사업팀	02-3415-8782	02-3415-8796	holdaq @empal.com
한국뷰로베리타스 Bureau Veritas Korea	www.bureauveritas.com	Government Services & International Trade	02-555-8751	02-553-4083	jaehwan.shim@ kr.bureauveritas.com
한국에스지에스(주) SGS Korea	www.sgs.com	GIS부서	031-460-8078	031-460-8086	jongrok.park @sgs.com
인터넥이티엘셈코(주) Intertek ETL SEMKO Korea	www.intertek.com	GTS	02-775-5255	02-775-5266	info.seoul.gs @intertek.com
TUV-Sud Korea	www.tuvsud.com	ITA팀	02-3215-1190	02-3215-1111	jung-a.ryu @tuvsud.kr
Nemko Korea	www.nemkokorea.co.kr	IA그룹	031-330-1707	031-322-3971	cheonho.kim @nemko.com
TUV-Rheinland Korea	www.kor.tuv.com	영업팀	02-860-9949	02-860-9862	uiro.kim @kor.tuv.com

◎ 인증 절차도 (TYPE A)

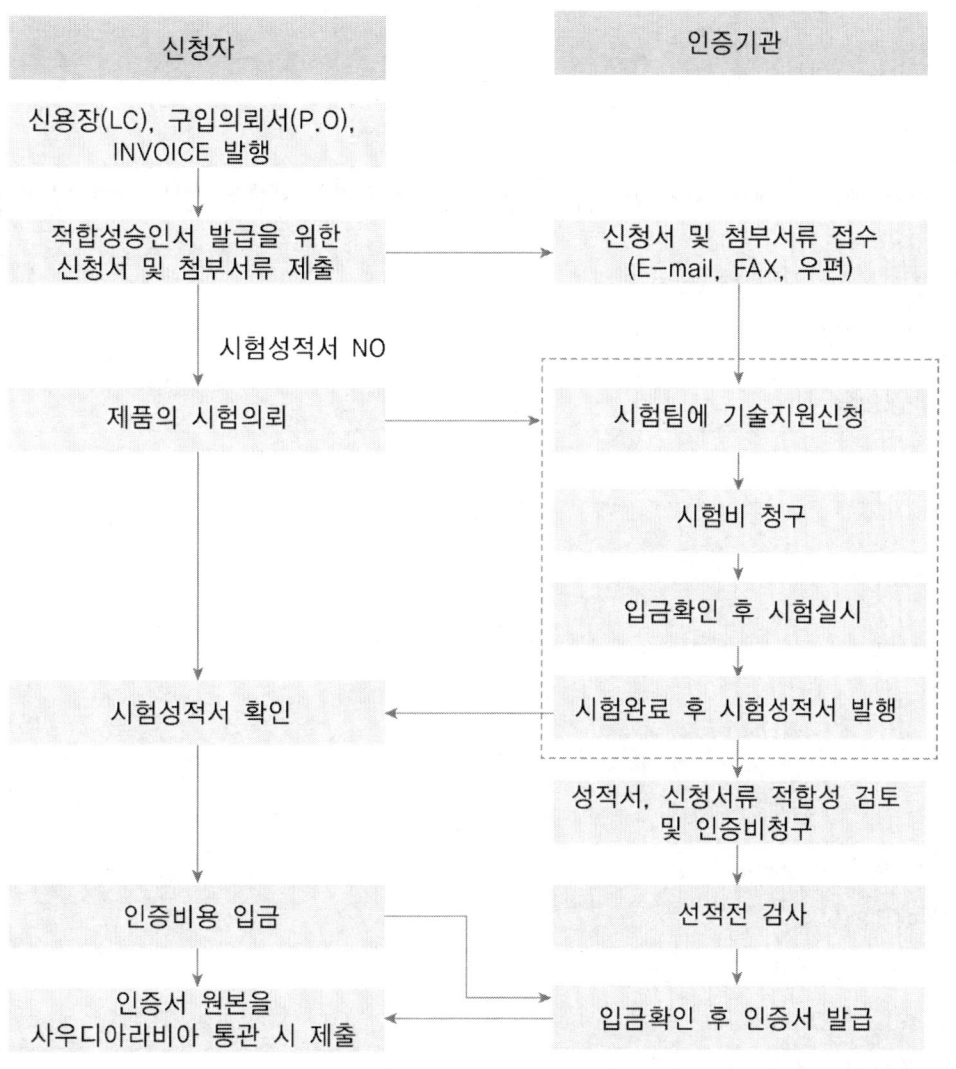

◎ 비용, 소요 기간 등

(단위: 원)

시험	시험규격 혹은 시험항목	시험비용	소요기간
	안전 검사 및 전자파 검사 (CB 또는 CE)	530만원	50일
인증	초기공장심사	인증비용	소요기간
	강제사항은 아님	인증서 발행 적합 여부 검토 30만원	7일~10일
인증유효기간	3년		
사후관리비용	–		

(자료원 : KTR)

◎ 유의사항

• 제출서류
  – COC 신청서
  – 시험성적서(시험성적서가 없는 경우, 제품시험 신청)
  – 제품매뉴얼(완제품에 한함.)
  – Commercial Invoice
  – Packing List
  – Letter of Credit(해당 경우에 한함.)
  – Purchase Order(P/O)
  – 사업자 등록증

• 인증요건
  – 사우디 내로 수출을 하고자 하는 제조업자, 수입업자, 유통업자가 신청 가능
  – 인증서 상의 제품이 항구에 선적되어 들어온 제품과 동일해야 함.(선적 전 검사로 확인)
  – 선적되는 제품이 사우디아라비아 규격요구사항에 적합함이 증명되지 않는 경우 수입이 허가되지 않음.

조사 요약표

품목명	헬멧(안전모) (HS CODE : 650610)		국가명	인도네시아
인증마크	**SNI**	제도명 (영문)		SNI (Standar Nasional Indonesia)
인증구분	■ 강제 　□ 임의		인증유형	■ 현행 　□ 신규출현
도입시기	2007			
근거규정	SNI 1811:2007			
제도내용	■ 인도네시아 국가 표준 규격/인증(SNI) - 인도네시아국가규격(SNI)은 인도네시아에만 적용되는 국가규격으로 자율규격과 강제규격으로 구분되며, 기술위원회와 국가표준화기구인 BSN(Badan Standardisasi Nasional: National Standardization Agency of Indonesia)에 의해 제도화 되어 있음. - 인증취득이 의무화된 제품의 경우, 반드시 적합한 절차를 거쳐 인증서를 득하고 제품에 인증마크를 표시해야함. SNI 인증제도는 공공의 안전 및 제조자, 소비자, 노동자의 건강과 안전을 보장함과 동시에 제품의 품질 향상을 통해 자국의 제품이 세계시장에서 널리 사용될 수 있도록 제품경쟁력을 높이는 데에도 그 목적을 두고 있음. - 강제 인증 제도는 중국과의 FTA 체결 이후 중국산 저가제품의 범람에 따른 국내 산업의 피해를 방지하고 자국산 생산제품을 보호함과 동시에 품질 기준이라는 비관세 기술 장벽으로 이용되고 있음.			
품목정의	1) 용도 : 스포츠활동용·군용 또는 소방부용 헬멧·오토바이 기수용·광부용 또는 건축인부용 2) 기능 : 스포츠활동 시 머리 보호용, 작업자가 작업할 때, 비래하는 물건·낙하하는 물건에 의한 위험성 방지, 하약작업에서 추락했을 때 머리 부위 상해방지, 감전 우려가있는 전기 공사 작업에서 산업재해 방지 3) 기타특별사항 : 보호용패드를 붙였는지 여부 불문, 마이크로폰·이어폰을 붙이는 경우도 있음			

적용대상품목	SNI 1811:2007 Motorcycle riders Helmets
확대적용품목	–
인증절차	TYPE C : 해외에서 제품시험(시험기관) ⇒ 해외에서 인증획득(인증기관)
시험기관	LSpro(인증 심사권을 보유한 인증기관) 지정 시험소
인증기관	LSpro에서 인증 수여 여부를 판단하여 BSN에 인증 발급 요청
유의사항	인증서를 구비하지 않은 경우 수입업자는 물품을 폐기처리, 재수출 및 제한 조치함. 따라서 물품 선적 전에 반드시 인증서를 받아야함.

▌ 인증 획득 절차

◎ 기관정보

		시험기관	인증기관
기 관 명		Balai Besar Bahan dan Barang Teknik B4T	Balai Sertifikasi Industri
홈페이지		www.b4t.go.id/	lspro.kemenperin.go.id/
연락처	담당부서	–	–
	전화번호	+62 22 2504088 +62 22 2504828	+62 21 31925807, +62 21 31925808
	팩스번호	+62 22 2502027	+62 21 31925806
	이 메 일	info@b4t.go.id	lspro@kemenperin.go.id
기타		SNI 발급 및 관리 기관이 지정한 시험기관과 인증기관은 다수이며, 자카르타를 제외한 지역에도 있음. 이외 다수의 시험기관 및 인증기관은 하기참조	

시험기관			
No	기관명	주소	전화번호 및 팩스
1	Balai Besar Bahan dan Barang Teknik B4T	Jl. Sangkuriang No. 14, Bandung - 40135	022-2502027; 2504088 ex123,
2	Balai Besar Kimia dan Kemasan	Jl. Balai Kimia No. 1, Pekayon, Pasar Rebo 13069	021 8717438, 8720450, 8720451, 8720452, 87704217,
3	Balai Besar Kulit, Karet dan Plastik	Jl. Sokonandi No. 9, Yogyakarta	0274 512929; 563655; 563939

인증기관			
No	기관명	주소	전화번호 및 팩스
1	Balai Sertifikasi Industri	Gd. Kementerian Perindustrian Lt. 21, Jl. Jend. Gatot Subroto Kav. 52-53, Jakarta.	Tlp. (021) 5255509, Ext: 2357; 5265285, Fax: (021)
2	Jogja Product Assurance (JPA)	Jl. Sokonandi No. 9, Yogyakarta, Tlp : (0274) 553639; Fax: (0274) 553639	(0274)553639
3	Baristand Surabaya	Jl. Jagir Wonokromo No. 360 Surabaya,	Tlp : (031) 8410054, Fax: (031) 8410480
4	ChemPack	Jl. Balai Kimia No. 1, Pekayon, Pasar Rebo, Jakarta 13069	Tlp. (021) 8717438, Fax. (021) 8714928

◎ 인증 절차도 (TYPE C)

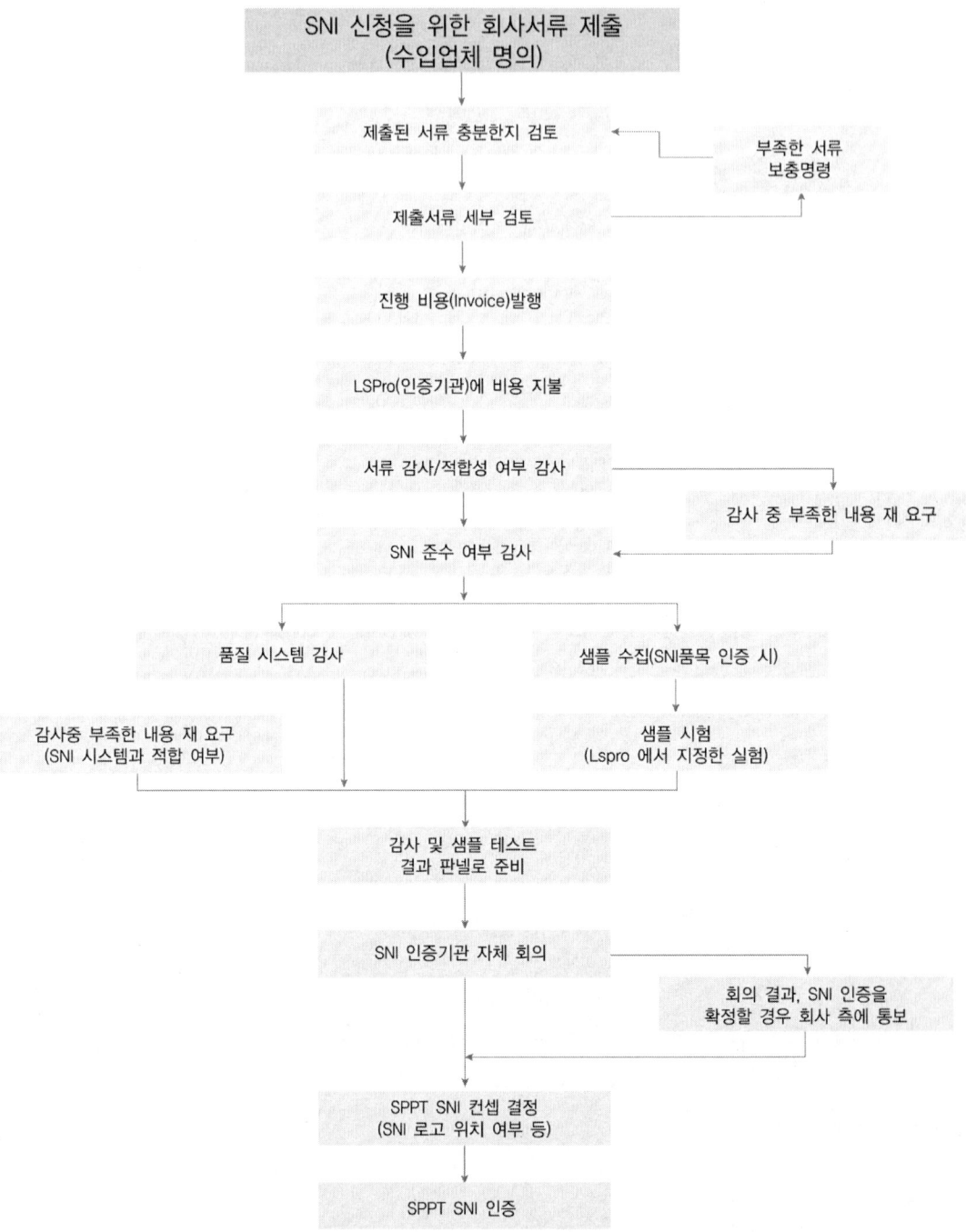

◎ 비용, 소요 기간 등

(단위 : 원, US$)

	시험규격 혹은 시험항목	시험비용	소요기간
시험	관련규격 및 항목은 시험기관 개별문의	1개 규격당 약 510,000원 (US$ 500)/통상 제품의 최소 사이즈와 최대 사이즈로 2개의 규격을 시험 진행함.	14주 (시험기관별 소요기간 상이)
	초기공장심사	인증비용	소요기간
인증	초기공장심사 및 샘플 채취 비용 (심사단원 체류 비용, 교통비 별도)	약 6,660,000원 (US$ 6,500)	3일
	공장 심사를 제외한 기타 부대비용	약 3,070,000원 (US$ 3,000)	41일 (공장심사 기간 포함)
인증유효기간	4 년		
사후관리비용	인증 발급후 의무 공장 재심사 : US$ 6,200(초기공장심사 비용보다 약간 낮음) 1차 재심사 : 초기 공장 심사 후 12개월(약식/샘플 채취) 2차 재심사 : 1차 재심사 후 18개월(약식/샘플 채취) 인증갱신시 : 2차 재심사 후 18개월, 초기 공장심사와 동일하게 진행(샘플 채취)		

(자료원 : 해당 인증 관리 기관 BSN, BSN 공식지정 인증기관 T V Rheinland Indonesia)

◎ 유의사항

• SNI 신청서류
  - SNI 정식 신청서(신청 기본 양식)
  - 제품 설명 문서(사이즈, 적용범위 등)
  - 제품 모델 및 구조 문서(모델명, 기술적 데이터 등)
  - 검사 및 테스트 확인 문서(수량, 마지막 검사일자 및 방법 등)
  - 생산 용량 확인 문서
  - 제품 원자재 확인 문서(수량, 원자재 공급선, 검사 방법 등)
  - 공장 및 생상과정 확인 문서(업체 기본 프로필, 원부자재 절차, 생산 과정)
  - 해당 업체 SNI 요청 공문(제품명, 제품 타입, 브랜드 네임, 공장위치 등)

헬멧(안전모)

[참고1 : Application Form]

	APPLICATION FORM	Form No. : TRID-F-007 Form Title : Application Form Rev. No : 2 Issue Date : 2011.06.01 Page : 1 of 1
TÜVRheinland PT TUV Rheinland Indonesia		

Please declare the following:

1.1 Applicant	(Certificate Holder)		
Company name: *			
Address: *			
Tax number:		Phone:	
Contact person:		Fax:	
Position:		E-mail:	
MANUFACTURER		☐ same as APPLICANT	
Company name: *			
Address: *			
Contact person:		Position:	
Phone:		Fax:	
E-mail:			
FACTORY	(Please attach a list if there are alternative factories)	☐ same as APPLICANT ☐ same as MANUFACTURER ☐ not yet inspected by TÜV Rheinland	
Company name: *			
Address: *			
Contact person:		Position:	
Phone:		Fax:	
E-mail:			
FINANCING	(Invoice to be sent)	☐ same as APPLICANT ☐ same as MANUFACTURER	
Company name: *			
Address: *			
Tax number:		Phone:	
Contact person:		Fax:	
Position:		E-mail:	
PRODUCT	(Please attach a list if place is not enough)		
Product name: *			
Type: *			
Trade Mark: *			
Size : *			
SNI standard no :	SNI XX-YYYY-ZZZZ		

* The data marked with an asterisk need to be given in the same form as required on the certificate.

We declare that we will follow the rules and requirements of the applicable certification scheme.

Attached documents:

--   --   --

        Place   Date   Signature, stamp

[참고2 : Conformity Declaration]

COMPANY LETTER HEAD

CONFORMITY DECLARATION
Number : (Numbering system from the company)

The undersigned :

Name   : Mr/Mrs...

Title/Position   : ...

Declare herewith under own responsibility that our product, which were produce in the plant location mentioned below has been follow our company's quality product and management system, as well as fulfill the requirements of the quality standard for the production of:

Commodity / Product   : ...

Type   : ...

Trade Brand   : ...

Plant Location   : ...

Applicable SNI:

No	SNI Number	SNI Title
1	SNI XX-YYYY-ZZZZ	...
2	...	...
...	...	...

Required document to be submitted as part of declaration of conformity:
1. Application documents
2. contract/ agreement
3. legal entity (copy)
4. business permit (copy)
5. registration of trade mark/brand name (copy)

This Conformity Declaration is being truthfully submitted.

-------------,-------------------------------

The undersigned of declaration,

Signature and Company Stamp

(Name of Responsible Person)
(Position)

Form No.   : TRID-F-033
Form Title   : Conformity Declaration
Rev. No.   : 2
Issue Date   : 2011.06.01

▨ 조사 요약표

품목명	헬멧(안전모) (HS CODE : 650610)	국가명	일본
인증마크	**JIS** (로고)	제도명 (영문)	JIS (Japanese Industrial Standards)
인증구분	☐ 강제　■ 임의	인증유형	■ 현행　☐ 신규출현
도입시기	1994년		
근거규정	공업표준화법에 의거 제정		
제도내용	성인용 일반 작업용 장갑 품목에 대한 일본공업규격. 재료, 직조방식, 사이즈, 질량 등의 범위를 상세히 규정		
품목정의	1) 용도 : 스포츠활동용·군용 또는 소방부용 헬멧·오토바이 기수용·광부용 또는 건축인부용 2) 기능 : 스포츠활동 시 머리 보호용, 작업자가 작업할 때, 비래하는 물건·낙하하는 물건에 의한 위험성 방지, 하약작업에서 추락했을 때 머리 부위 상해방지, 감전 우려가 있는 전기 공사 작업에서 산업재해 방지 3) 기타특별사항 : 보호용 패드를 붙였는지 여부 불문, 마이크로폰·이어폰을 붙이는 경우도 있음		
적용대상품목	산업용 안전모 (JIS T 8131), 승차용 안전모 (JIS T 8133)		
확대적용품목	–		
인증절차	TYPE A: 국내에서 제품시험(시험기관)⇒국내에서 인증획득(인증기관)		
시험기관	한국표준협회 지정시험소, 한국화학융합시험연구원(KTR)		
인증기관	한국표준협회, 한국화학융합시험연구원(KTR)		
유의사항	■ 단순히 생산된 제품 또는 가공품의 품질특성이 JIS에 적합한지 아니한지의 여부를 검사하는 '제품검사방식'이 아니고, 공장전체를 하나의 시스템으로 파악하여 JIS에 적합한 제품 또는 가공품을 연속적으로 생산할 수 있는 기술적 능력을 검사하는 '공장심사방식'을 취하고 있음. ■ JIS마크 제품을 생산하는 공장은 사내표준화 및 품질관리를 조직적으로 추진해야 함.		

▨ 인증 획득 절차

◎ 기관정보

	시험기관	인증기관
기 관 명	KTR	한국표준협회
홈페이지	http://www.ktr.or.kr/	http://www.ksa.or.kr/
연락처 · 담당부서	인증융합운영팀	국제인증심사팀
연락처 · 전화번호	02-2164-0161	02-6009-4674
연락처 · 팩스번호	–	02-6009-4689
연락처 · 이 메 일	duck@ktr.or.kr	–
기타	–	

◎ JIS 심사 수수료

구분	국내공장	해외공장
예비심사	수수료 없음	좌동
제품시험료	별도(부가세 10% 별도)	별도
인증의 추가 또는 변경	신규 심사료를 적용한다.	
인증유지심사	인증의 구분 1건, 1공장 당 270만원 (부가세 10% 별도)	인증의 구분 1건, 1공장 당 340만원
현지심사 후의 개선 확인을 위한 재심사, 임시의 인증 유지심사	소요되는 인·일수 × 60만원(부가세 10% 별도)	소요되는 인·일수 ×60만원
인증서의 재발행	5,000원(부가세 10% 별도)	20,000원
근처의 공장과 동시심사의 경우의 감액수수료	연속되는 일정에 대하여 여비총액을 산출하고, 공장 수로 나누어 각 공장의 여비를 산출하여 감액	좌동

(자료원 : KTR)

◎ 인증 절차도 (TYPE A)

◎ 비용, 소요 기간 등

(단위 : 엔)

시험	시험규격 혹은 시험항목	시험비용	소요기간
	JIS T 8131 JIS T 8133	품목별로 상이	인증 포함 약 3~4개월주
인증	초기공장심사비용	인증비용	소요기간
	인증비용에 포함	신규 심사료 : 36만엔 (부가세10%별도)	약 3~4개월
인증유효기간	3년		
사후관리비용	인증유지심사 : 27만엔 (부가세10%별도)		

(자료원 : 한국표준협회)

◎ 유의사항

• 필요서류
  - JIS표시 제품인증 신청서
  - 품질관리 실시상황 설명서
  - 공장 또는 사무소에 관한 서류
  - 인증을 받으려는 광공업품에 관한 서류
  - 품질관리 실시에 관한 서류
    • 기준A로 신청 : 사내표준화 및 품질관리 운영에 관한 사항을 설명하는 자료(양식A) 외
    • 기준B로 신청 : ISO9001에 의한 품질 시스템의 개요를 설명한 자료(양식B) 외
  - JIS마크 및 부기사항을 설명하는 자료
  - 품질관리 책임자에 관한 사항을 설명한 자료

• 유효기간은 최초 계약일로부터 3년이며, 유효기간의 종료 이전에 인증유지심사를 받고 재계약 가능

• 제품의 품질 및 품질관리체제가 당해기준에 적합하고 있는 것을 확인하기 위해 3년마다 정기적인 인증유지심사를 실시
  - 최초의 인증과 같은 공장심사 및 제품시험을 행하지만 분야별 인증지침 또는 판정 위원회의

　　심의를 거쳐 일부 항목 생략가능

－ 정기적인 인증유지심사 이외에 다음의 사항에 의해 제품 또는 품질관리체제의 적합성에
　영향을 미친다고 판단했을 경우는 임시의 인증유지심사를 실시함.

　·제품의 사양을 변경 할 때 또는 품질관리체제를 변경 할 때

　·일본공업규격이 개정되었을 때

　·제 3자로부터 불만의 신청을 받았을 때

　·기타 연구원이 필요하다고 판단했을 때

조사 요약표

품목명	헬멧(안전모) (HS CODE : 650610)	국가명	일본
인증마크	(P S C) (P S C) PSCマーク(特別特定製品) PSCマーク(特定製品)	제도명 (영문)	PSC (Product Safety of consumer Products)
인증구분	■ 강제　□ 임의	인증유형	■ 현행　□ 신규출현
도입시기	1973년		
근거규정	소비자 생활용 제품 안전법		
제도내용	소비자의 생명, 신체에 위해를 끼칠 수 있는 제품에 대하여, 안전을 확인하기 위한 인증		
품목정의	1) 용도 : 스포츠활동용·군용 또는 소방부용 헬멧·오토바이 기수용·광부용 또는 건축인부용 2) 기능 : 스포츠활동 시 머리 보호용, 작업자가 작업할 때, 비래하는 물건·낙하하는 물건에 의한 위험성 방지, 하약작업에서 추락했을 때 머리부위 상해방지, 감전 우려가 있는 전기공사 작업에서 산업재해 방지 3) 기타특별사항 : 보호용패드를 붙였는지 여부 불문, 마이크로폰·이어폰을 붙이는 경우도 있음		
적용대상품목	승차용 헬멧		
확대적용품목	유아용 침대, 라이터 등		
인증절차	TYPE A: 자기적합선언으로 인증획득 가능		
시험기관	제조자 자체시험 헬멧은 「특별특정제품 이외의 특정제품」 에 속하므로 자기적합선언방식으로 인증서 획득 가능. 그러나 자체 검사를 하기 위한 설비·인재 등 자원을 요하지 않는 경우에는 제3자기관의 검사를 받아야 함.		
인증기관	일본 경제 산업성 (METI)		
유의사항	특별 특정 소비 제품 이외의 특정 제품의 경우 자기적합선언으로 인증을 획득할 수 있음. 따라서 지정인증기관 외의 시험소에서 시험하거나 제조자가 직접 관련 규격에 따라 시험을 수행할 수 있음. (승차용 헬멧의 경우 비특정 소비재이므로 자기적합선언 방식으로 인증서 획득 가능)		

헬멧(안전모)

▨ 인증 획득 절차

◎ 기관정보

		시험기관	인증기관
기 관 명		자주검사이므로 시험기관은 없으며 자주 검사를 하기 위한 설비·인재 등 자원을 요하지 않는 경우에는 제 삼자기관의 검사를 받아야 함.	METI
홈페이지			www.meti.go.jp
연락처	담당부서		상무정보정책국 제품안전과
	전화번호		81-3-3501-1511
	팩스번호		81-3-3501-6201
	이 메 일		홈페이지에서 메일 작성 가능
기타		상호승인 및, 한국 진출예정 없음. 재외등록검사기관 3곳	

◎ 인증 절차도 (TYPE A)

◎ 비용, 소요 기간 등

(단위 : 엔)

시험	시험규격 혹은 시험항목	시험비용	소요기간
	대상특정제품 기술기준	관련규격에 따라 상이	자주 검사의 경우 수일 소요 예상
인증	초기공장심사비용	인증비용	소요기간
	–	–	필요한 서류제출/손해배상조치/검사의 3사항이 완료되는 시점부터 즉시 사용가능함
인증유효기간	–		
사후관리비용	3년 마다 갱신을 위한 공장심사 진행		

(자료원 : METI)

◎ 유의사항

• 필요서류
  – 적합성 검사 신청서
  – 시험품의 구조, 제질 및 성능의 개요란
  – 검사설비 일란표
  – 품질관리 조사서
  – 적합성 검사 증명서 사본 및 승낙서
• 초기 공장심사 후, 3년 마다 갱신을 위한 공장심사가 진행
• 자기적합성선언
  해당인증에 대해서 제조자가 적합하다고 선언을 하고 해당인증 마크를 부착하는 것을 의미. 제품이 해당인증에 적합하다는 것을 증명하기 위한 객관적인 평가를 위해 인증기관에서 평가한 시험기관 혹은 자체 내 보유하고 있는 시험설비 (설비에 대한 객관적인 평가는 갖추어야함)에서 시험한 데이터를 보유하고 있어야 함.

헬멧(안전모)

Kotra

■ 조사 요약표

품목명	헬멧(안전모) (HS CODE : 650610)	국가명	일본	
인증마크		제도명 (영문)	SG(Safe Goods)마크	
인증구분	☐ 강제　■ 임의	인증유형	■ 현행　☐ 신규출현	
도입시기	1973년			
근거규정	소비생활제품 안전법			
제도내용	제품의 안전 보장			
품목정의	1) 용도 : 스포츠활동용·군용 또는 소방부용 헬멧·오토바이 기수용·광부용 또는 건축인부용 2) 기능 : 스포츠활동 시 머리 보호용, 작업자가 작업할 때, 비래하는 물건·낙하하는 물건에 의한 위험성 방지, 하약작업에서 추락했을 때 머리 부위 상해방지, 감전 우려가 있는 전기 공사 작업에서 산업재해 방지 3) 기타특별사항 : 보호용 패드를 붙였는지 여부 불문, 마이크로폰·이어폰을 붙이는 경우도 있음			
적용대상품목	야구용 헬멧, 등산용 헬멧, 연식야구용 헬멧 및 소프트 볼용 헬멧, 야구 및 소프트볼 용 포수 헬멧, 설상 레저용 헬멧, 승차용 헬멧, 자전거용·전동 휠체어 및 주행 유구(遊具)용 헬멧			
확대적용품목	영유아용품 및 가구, 가정용품			
인증절차	TYPE C :해외에서 제품시험(시험기관) ⇒ 해외에서 인증획득(인증기관)			
시험기관	일본문화용품안전시험소(www.mgsl.or.jp), 일본차량검사협회 등			
인증기관	제품안전협회(CPSA : Consumer Product Safety Association)			
유의사항	■ SG마크는 임의의 마크로써 법적인 의무는 없지만, 판매점 구매 담당자에 따라서는 SG마크가 부착을 구매조건으로 하고 있기도 함 ■ SG마크를 취득하기 위해서는 'Registration and Product Type Confirmation Method'나 'Lot Certification Method'의 방법을 따르면 됨.			

📛 인증 획득 절차

◎ 기관정보

	시험기관	인증기관
기 관 명	일반재단 법인 일본차량 검사협회	CPSA
홈페이지	http://www.jvia.or.jp/	http://www.sg-mark.org/index.html
연락처	**담당부서** 동경검사소	업무 그룹
	전화번호 03-3912-2361	03-5808-3302
	팩스번호 03-3912-2208	03-5808-3305
	이 메 일 viat1@sepia.ocn.ne.jp	operation@sg-mark.org
기타	■ 「로트인증방식」 의 경우에만 제3자 검사기관을 필요로 함. 「등록·형식 확인방식」 은 시험기관 CPSA 가 진행함 ■ 상호승인 및 한국 진출 예정 없음	

◎ 인증 절차도 (TYPE C)

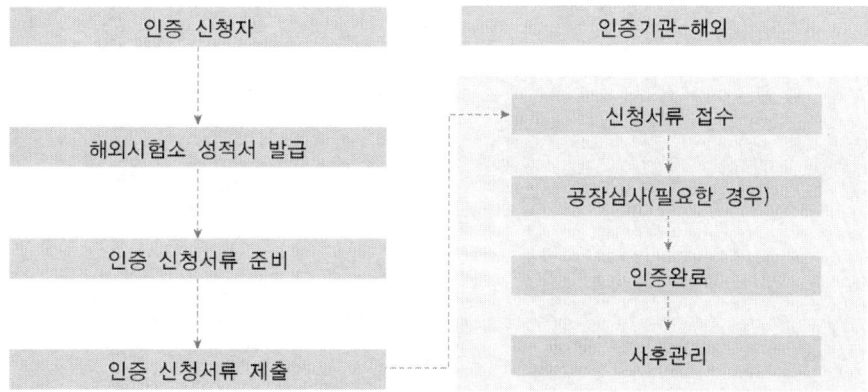

◎ 비용, 소요 기간 등

(단위 : 엔)

시험	시험규격 혹은 시험항목[주]1	시험비용	소요기간[주]2
	공장심사, 형식확인 서면·실시	82,500엔 (확인신청수수료)	2~3개월
인증	초기공장심사비용[주]3	인증비용	소요기간
	취득방식에 따라 다름.	–	수일 소요
인증유효기간	제품에 따라 다름		
사후관리비용	주4참조		

(자료원 : CPSA)

주) 1. 시험항목 자세사항

    공장심사 (서면·실시)로 합격·등록 후에, 형식확인(서면·실시) 으로 합격 후 SG레벨 교부 상기는 "등록·형식 확인 방식" 기준임. 「로트 인증 방식」 의 경우 비용은"27USD/100개

  2. 제출서류와 생산 공장 등 결여 없이 순조롭게 진행되었을 경우

  3. 공장등록 신청수수료는 970달러 (기타 공장심사에 관한 비용)

  4. 7.7달러(SG레벨 100장 표시교부수수료, 정기 사후 조사비용은 여비(실비–970달러)

조사 요약표

품목명	헬멧(안전모) (HS CODE : 650610)		국가명	일본
인증마크	**SIAA** for KOHKIN	제도명 (영문)	**SIAA** 일본 항균제품 기술협의회 자체등록에 관한 안전성 시험 (SIAA : Society of Industrial Technology for Antimicrobial Articles)	
인증구분	☐ 강제　■ 임의		인증유형	■ 현행　☐ 신규출현
도입시기	1998년			
근거규정	항균제품기술협의회의			
제도내용	안전성과 항균성능 등의 가이드라인			
품목정의	1) 용도 : 스포츠활동용·군용 또는 소방부용 헬멧·오토바이 기수용·광부용 　 또는 건축인부용 2) 기능 : 스포츠활동 시 머리 보호용, 작업자가 작업할 때, 비래하는 물 　 건·낙하하는 물건에 의한 위험성 방지, 하약작업에서 추락했을 때 머리 　 부위 상해방지, 감전 우려가있는 전기공사 작업에서 산업재해 방지 3) 기타특별사항 : 보호용패드를 붙였는지 여부 불문, 마이크로폰·이어폰을 　 붙이는 경우도 있음			
적용대상품목	헬멧			
확대적용품목	식기류			
인증절차	TYPE C : 해외에서 제품시험(시험기관) ⇒ 해외에서 인증획득(인증기관)			
시험기관	JNLA 시험 사업자 12곳			
인증기관	일본 항균제품 기술협의회			
유의사항	■ 항균 제품 기술 협의회가 정하는 항균성이란, 항균 처리한 제품의 표면에 　 서 세균의 증식을 억제하는 것이며, 구체적으로는 균이 제품 표면에 부착 　 후 24시간 경과했을 때의 생균수가 무가공제품에 비해 1%이하인 것 ■ 수입 제품을 일본에서 판매하는 일본 법인격의 수입업자나 판매업자가 　 이 협의회에 가입할 필요가 있음.			

헬멧(안전모)

■ 인증 획득 절차

◎ 기관정보

		시험기관	인증기관
기 관 명		일반재단법인보켄(BOKEN)품질 평가기구	일본 항균제품 기술협의회(SIAA)
홈페이지		http://www.boken.or.jp/	http://www.kohkin.net/
연 락 처	담당부서	오사카사무소 本町시험센터 미생물시험실	사무국
	전화번호	06-4707-0030	03-5365-2650
	팩스번호	06-4707-0040	03-5365-2651
	이 메 일	홈페이지에서 신청	fujimoto@kohkin.net
기타		상호승인은 없으나 해외진출은 적극적으로 진행할 예정. 한국에 상표등 록완료	

◎ 인증 절차도 (TYPE C)

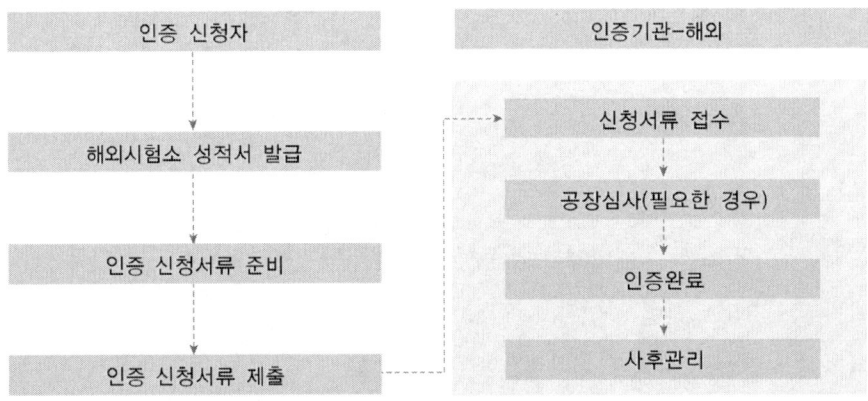

◎ 비용, 소요 기간 등

(단위 : 엔)

시험	시험규격 혹은 시험항목		시험비용	소요기간
	—		100,000엔 내외 (제품마다 상이)	10~14일
인증	초기공장심사비용		인증비용	소요기간
	—		—	10일
인증유효기간	없음.			
사후관리비용	입회비 97,000엔, 연회비 194,100엔			

◎ 유의사항

• 필요서류

  - 입회신청서

  - 입회/자주등록데이터시트1 또는 2에, 마크표시를 희망하는 상품에 관한 필요사항을 기입한 서류

  - 데이터시트1 제출시, 항균제 MSDS, 마크인쇄 당해상품 팜플랫 또는 교정쇄 첨부

  - 데이터시트2 제출시, JNLA로고가 붙은 시험설명서의 사본, 마크인쇄 당해상품 팜플랫 첨부

• 등록 시 내용에 위반하는 경우, 경고와 동시에 개선 권고하고, 그래도 받아들여지지 않는 경우는 인터넷 홈페이지 상에서 정보 공개, 최악의 경우는 제명 처분.

• 등록 시 내용에 위반하는 경우, 경고와 동시에 개선 권고하고 그래도 받아들여지지 않는 경우는 인터넷 홈페이지 상에서 정보 공개. 최악의 경우는 제명 처분

■ 조사 요약표

품목명	헬멧(안전모) (HS CODE: 650610)	국가명	중국
인증마크		제도명 (영문)	특종노동방호용품인증 (LA Certification)
인증구분	■ 강제 □ 임의	인증유형	■ 현행 □ 신규출현
도입시기	1989년		
근거규정	노동방호용품관리감독규정(劳动防护用品监督管理规定)		
제도내용	특종노동방호용품인증(LA 인증)은 특수업종에 종사하는 노동자들의 직업안전과 건강을 위한 강제적 인증으로 헬멧, 마스크, 안경 등 제품을 포함		
품목정의	1) 용도 : 스포츠활동용·군용 또는 소방부용 헬멧·오토바이 기수용·광부용 또는 건축인부용 2) 기능 : 스포츠활동 시 머리 보호용, 작업자가 작업할 때, 비래하는 물건·낙하하는 물건에 의한 위험성 방지, 하약작업에서 추락했을 때 머리부위 상해방지, 감전 우려가있는 전기 공사 작업에서 산업재해 방지 3) 기타특별사항 : 보호용패드를 붙였는지 여부 불문, 마이크로폰·이어폰을 붙이는 경우도 있음		
적용대상품목	안전모		
확대적용품목	마스크, 방독면, 방호복, 용접용안경, 보호신발, 안전벨트, 안전망 등		
인증절차	TYPE C : 해외에서 제품시험(시험기관) ⇒ 해외에서 인증획득(인증기관)		
시험기관	중국 지정 시험소		
인증기관	국가안전생산감독관리총국 특종노동방호용품안전마크관리중심(国家安全生产监督管理总局特种劳动防护用品安全标志管理中心)		
유의사항	■ 유효기간 : 4년(연간 정기 사후심사를 통해 인증 유지) ■ 인증이 없을 시 중국 내의 판매, 수입, 출고, 통관은 불가 ■ 인증을 취득하지 않은 경우 RMB(인민폐) 30,000 이하(약 540만원) 벌금 부과, 일정한 기간 내 인증을 시행하도록 명령가능 ■ 인증증서를 취득한 제품이 인증마크를 규정대로 사용하지 않았을 경우에는 일정 기간 내 시정하도록 명령하거나 이를 지키지 않을 경우에는 RMB(인민폐) 10,000 이하(약 180만원) 벌금 부과		

▨ 인증 획득 절차

◎ 기관정보

		시험기관	인증기관
기 관 명		중국지정시험소	국가안전생산감독관리총국 특종노동방호용품 안전마크관리중심 (国家安全生产监督管理总局特种劳动防护用品安全标志管理中心)
홈페이지			http://www.chinasafety.gov.cn http://223.71.251.202:8080/la/ http://www.ccickorea.com/
연락처	담당부서		TS부
	전화번호		안전생산관리감독총국: 86-10-6446-3685 CCIC KOREA: 02-6393-5866
	팩스번호		CCIC KOREA: 02-6393-5801
	이 메 일		la@chinasafety.ac.cn
기타		인증신청 및 업무 진행: CCIC KOREA	

* CCIC KOREA 는 중국 CCIC 그룹과 CQC 인증기관의 공식 한국 지사로, 두 기관의 합병으로 CQC KOREA에서 현 상호명인 CCIC KOREA로 전환

◎ 인증 절차도 (TYPE C)

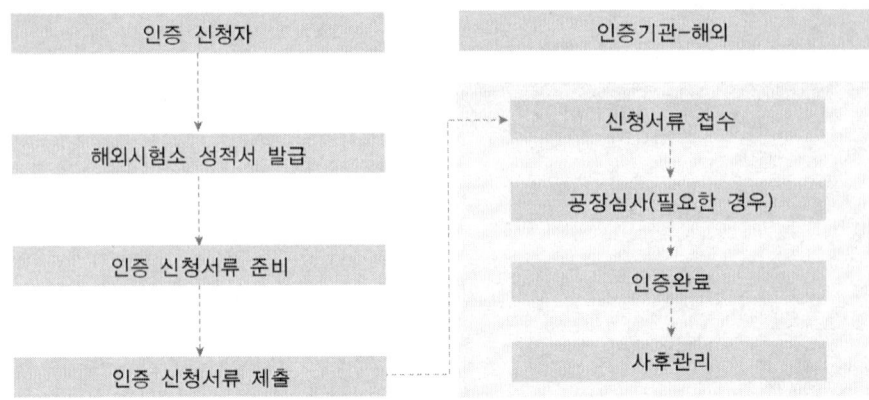

◎ 비용, 소요 기간 등

(단위: 위안)

시험	시험규격 혹은 시험항목	시험비용	소요기간
	안전, 재료 등	5,000~6,000RMB	시험과 인증 통상 90일
인증	초기공장심사비용	인증비용	소요기간
	검사원 출장비: 별도	-	통상 90일 (근무일 기준)
인증유효기간	4년		
사후관리비용	인증신청 및 업무진행: CCIC KOREA		

(자료원 : CCIC KOREA)

◎ 유의사항

• 인증해지
  - 인증서 일시정지 기한이 만료되고 인증위탁인이 인증서 회복 신청을 하지 않은 경우, 시정 조치를 취하지 않거나 시정 조치 후 불합격 판정을 받은 경우
  - 인증 획득 제품의 핵심 부품, 규격과 모델 및 관련 완제품 안전 또는 EMC의 설계, 구조, 공정 및 중요 재료/원재료의 생산기업 등에 변화가 생긴 경우, 제품에 심각한 안전 위험을 초래할 경우

- 인증기관의 추적 검사 결과 공장품질보증능력에 심각한 결함이 있는 경우
- 인증위탁인이 허위 가짜 샘플을 제공하여 인증 획득 제품과 형식시험 샘플과 불일치할 경우
- 인증위탁인/관련업체가 국가 법률 법규을 위반한 경우, 국가급 또는 성급사후 샘플링 검사 결과에서 제품의 심각한 결함이 발생한 경우, 제품 안전 검사 항목이 불합격 또는 일치성에 심각한 문제가 있을 경우

  인증 제품에 신가한 결함으로 품질 안전 사고를 초래한 경우

- 제출서류
  - 신청서
  - 사업장등록증 사본(영문)
  - 일치성 성명서
  - 공장조사표(조직도, 품질매뉴얼, 생산설비리스트(영문), 제품검사설비 리스트, 공정도 등)
  - 제품기술자료(제품사용설명서(중문), 제품묘사서(해당시), 회로도, 조립도, 주요안전부품리스트(중문), 제품중문명판 등)

- 공장심사
  - 사후 심사주기 : 1회 / 년
  - 신규·사후감독 모두 각 성(省)都의 안전심사생산관리감독총국에서 심사 배정
  - 강제인증제도 실시규칙의 "공장품질 보장능력 요구" 규정에 근거하여 심사팀은 생산공장에 대해 공장 심사를 진행한 후 공장심사 보고서를 특종 노동보호용품안전마크관리중심 인증기관에 제출필요서류

조사 요약표

]품목명	헬멧(안전모) (HS CODE : 650610)	국가명	캐나다
인증마크	(CSA 로고)	제도명 (영문)	CSA (Canadian Standard Association)

인증구분	☐ 강제　■ 임의	인증유형	■ 현행　☐ 신규출현

도입시기	1919년
근거규정	▪ 캐나다 기술규격협회(Canadian Engineering Standards Association: CESA) ▪ 1944년 CSA로 변경
제도내용	캐나다 안전규격
품목정의	1) 용도 : 스포츠활동용·군용 또는 소방부용 헬멧·오토바이 기수용·광부용 　또는 건축인부용 2) 기능 : 스포츠활동 시 머리 보호용, 작업자가 작업할 때, 비래하는 물 　건·낙하하는 물건에 의한 위험성 방지, 하약작업에서 추락했을 때 머리 　부위 상해방지, 감전 우려가 있는 전기공사 작업에서 산업재해 방지 3) 기타특별사항 : 보호용패드를 붙였는지 여부 불문, 마이크로폰·이어폰을 　붙이는 경우도 있음
적용대상품목	CSA Standard Z263.1-08 Recreational Alpine Skiing and Snowboarding Helmets
확대적용품목	–
인증절차	TYPE A : 국내에서 제품시험 (시험기관) ⇒ 국내에서 인증 획득(인증기관)
시험기관	CSA Korea
인증기관	CSA Korea
유의사항	▪ 캐나다는 모든 주에서 전기제품 안전성과 관련된 제품에 대해 CSA안전 시험을 받도록 규정하고 있음. 법으로 규정한 제품들이 CSA인증을 받지 않거나 주 검사 당국의 승인시험을 받지 않고 판매되는 경우에는 법률 에 의하여 전시, 선전, 판매, 사용 등이 금지되며 수입품의 경우에는 국 외로 강제철수를 당할 수도 있음. ▪ 하키헬멧은 British Colombia, Prince Edward Island 등 2개 주에서 CSA가 강제규격이나, 스키용 헬멧은 경우 별도 규제가 없음. ▪ CSA가 캐나다에서 통용되기는 하나, 다른 인증으로 대체할 수 있는 바, 취득 절차 진행 이전에 현지 바이어 등과 협의를 거치는 것이 바람직함.

인증 획득 절차

◎ 기관정보

		시험기관	인증기관
기 관 명		CSA Korea	CSA Korea
홈페이지		www.csagroup.org	www.csagroup.org
연 락 처	담당부서	CSA Korea	CSA Korea
	전화번호	02-527-1717	02-527-1717
	팩스번호	02-527-1678	02-527-1678
	이 메 일	csakorea@csagroup.org	csakorea@csagroup.org
기타			

(자료원: CSA KOREA)

◎ 인증 절차도 (TYPE A)

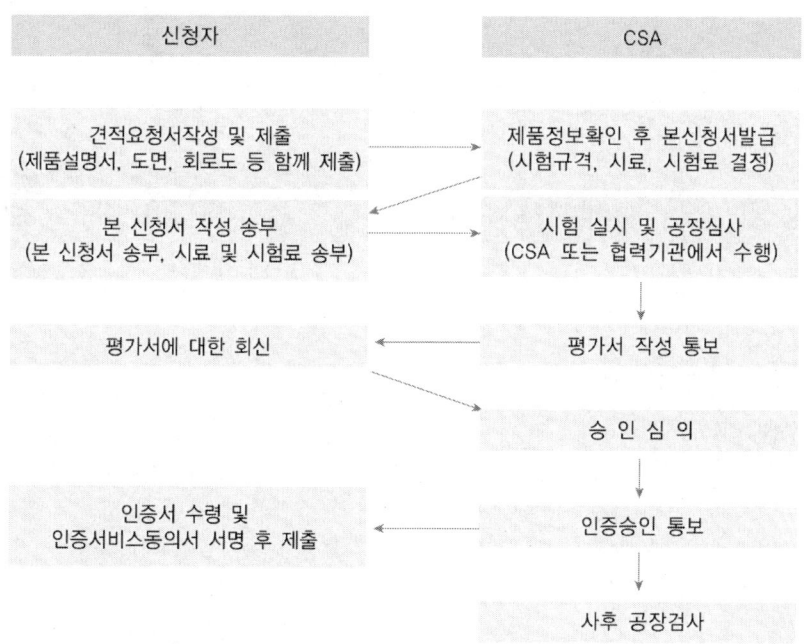

1. CSA 인증기관에서 정한양식에 따라 작성된 신청서 및 제품에 관한 상세서류(매뉴얼, 회로도, 부품리스트, 부품승인서, 재질명세서 등)를 CSA로 송부함.
2. CSA는 모든 서류를 검토하여 인증비, 필요시료수, 필요서류, 인증기간을 결정하여 신청자에게 안내하고

헬멧(안전모)

kotra

인증비를 청구함.

3. 신청자는 인증비를 지불하고 요청된 시료 및 서류를 CSA 시험소로 송부.

4. CSA 시험소 또는 CSA가 인정하는 시험소(MOU 기관 등)에서 제품시험 실시.

  * 시료가 송부 불가능한 경우, 제조자가 지정한 시설에서 시험을 실시하되 반드시 사전에 CSA와 관련내용을 협의하고, CSA 담당자가 입회하여 시험 과정을 확인하여야 함.(CSA 입회로 인한 출장비 및 체류비는 모두 신청자가 부담함.)

5. 시험중 부적합이 발생되면, 'Findings Letter(부적합통보)'가 발행되며, 신청자는 부적합지적 사항을 시정하여 CSA로 시정내용을 보내어 확인을 받아야 함(시료가 수정되는 경우, 수정된 부분의 추가시험 또는 전체 재시험이 시행됨)

6. CSA 공장심사원은 제조공장을 방문하여 공장심사를 수행하며, 공장이 해외에 위치한 경우, 해외의 협력기관에 공장심사를 의뢰함.

7. 제품 시험 및 공장심사 결과, 입금여부를 CSA 인증기관 책임자가 최종 검토하여 인증서를 발행함.

8. CSA는 신청자에게 인증서비스동의서(Product Service Agreement)를 송부하며, 신청자는 동의서에 서명하여 인증기관으로 송부함.

9. 인증이 완료되면 CSA는 홈페이지의 인증제품리스트에 제품을 등재하며 하기 사이트에서 확인이 가능함. http://www.csagroup.org/ca/en/services/testing-and-certification/certified-product-listing

(자료원 : www.certinfo.or.kr)

◎ 비용, 소요 기간 등

(단위: 원)

시험	시험규격 혹은 시험항목	시험비용	소요기간
	관련규격항목	제품별상이	제품별상이
인증	초기공장심사비용	인증비용	소요기간
	–	300-450만원	2개월~1년
인증유효기간			
사후관리비용	70~80만원		

(자료원: CSA KOREA, KTL)

주) 정기심사비: 한공장당 1회 심사 시 약 70-80만원(분기별, 연 4회 실시하고 KTL의 심사원이 수행) 연회비: 신청자가 가지고 있는 등록공장 수 및 제품군, 모델수에 따라 총 합계된 연간비용을 일괄 정산하며 연회비를 신청자에게 청구함. 단, 연간 재시험비용은 별도 시험시마다 정산하여 청구

◎ 유의사항

- c-CSA-us, NRTL
  - CSA는 1993년에 미국의 OSHA(미국 직업 안전 위생관리국)에 의해 미국 국가인정시험소(NRTL)로서 공식으로 인정받았고 2003년에는 미국의 인증기관인 UL과 보다 확장된 범위의 MOU를 체결하여 CSA가 미국규격에 따라 인증한 경우 "NRTL/C"나 "NRTL"을 사용할 수 있으며, 이것은 미국의 UL내에서 "C-UL"마크를 인증하는 경우와 같이 CSA 및 UL인증을 동시에 받는 효과를 볼 수 있음.

- 인증취득 방법
  - 모델인증: CSA가 가장 많이 관여하는 인증방법으로서 샘플을 CSA의 시험소 또는 지정협정기관에 보내 평가와 시험을 행하고 인증서를 발행함.
  - 입회시험: 신청자가 지정한 장소의 시험설비를 사용하며, CSA 기술담당자가 시험현장을 입회하여 CSA에서 시험 데이터를 바탕으로 성적서를 발급하고 승인하는 인증방법임.
  - 분담인증: 입회시험과 유사하지만, 신청자가 시험을 시행하고 인증레포트를 작성한 후에 수정본이 CSA에 송부되는 점이 다름. 이 인증방법을 이용하기 위해서는 신청자의 설비와 인증방법이 CSA검사원에 의해 평가되어야 하며, CSA공장검사원은 정기적으로 신청자의 공장을 방문하여 설비를 검사하게 됨.
  - 카테고리 인증: 다른 인증에 비해 신속하게 인증을 획득할 수 있으나 별도로 신청자의 CSA규격에 대한 충분한 이해, 규격에 맞는 제품설계, 제조입증, 적합한 설비이용 및 시험수행 등의 요구조건을 만족해야 하며 비용이 상대적으로 높음.

- 일반적 모델인증의 절차
  1) 신청의뢰 후 견적신청서를 송부 받아 작성하고 제품정보와 함께 CSA에 송부
  2) CSA에서 견적신청서 및 제품정보를 확인하고 견적이 확정된 본신청서를 신청자에게 송부
  3) 신청자는 본신청서에 서명하고 시료 및 인증비용을 CSA로 보냄.
  4) CSA시험소 또는 협력기관(한국산업기술시험원)에서 시험 및 초기공장심사를 수행
  5) 시험 및 공장심사 결과 적합시, CSA는 인증서 및 인증동의서를 업체로 송부
  6) 신청자는 인증동의서에 서명하여 CSA로 송부
  7) 연 4회 사후심사를 받고 연회비 지불하여 인증유지

- 신청시 요구서류
  - 영문 브로셔와 제품에 관한 데이터(제품의 종류, 목적 등)
  - 제품의 사진

- 제조자명, 주소, 담당자명, 연락처 등 신청자의 정보
- 모델명, 제조자, 인증여부가 표시된 부품리스트
- 이미 인증 받았거나 승인의 과정중인 다른 해외인증이 있는 경우, 시험데이터
- 제품 제작에 사용될 수 있는 여타의 대체 가능한 재료나 부품
- 전기 전자제품의 경우 회로도, (또는)배선도
- 인증에 의해 표시될 모델 또는 카탈로그 번호와 모델 간 유사점과 차이점
- 제품이 제조될 모든 공장의 이름과 주소, 그리고 각 공장의 연락처

• 표시사항
- 일반 CSA인증마크 이외에, CSA가 미국 규격에 근거하여 인증을 발행한 인증품에 대해서는, CSA마크에 " US"의 표시를 붙여서 식별하게 됨. 만약 CSA가 미국과 캐나다의 양방 규격에 대한 인증을 한 제품인 경우, CSA마크의 옆에 " US C"의 표시를 붙여서 식별하게 됨.
- CSA marking : CSA인증 절차에 따라 적합성이 인정되면, CSA요구사항에 맞게 마킹을 해야 함. 어떤 상황에서도 CSA 승인이 나기 전에 마킹을 해서는 안됨.
1) CSA에서 허락하는 위치에 마킹함.
2) CSA인증을 득한 업체를 나타내는 부분에 CSA마크를 추가함.
3) 크기는 최소 직경 0.25inch보다 적지 않도록 한다. 만약 부득이한 상황으로 더 작은 크기로 마킹해야 한다면 미리 CSA의 승인을 받아야 함.
4) 크기 7사이즈라도 잘 보이도록 한다는 의미에서 마킹할 수 있음.
- Identifying the holder of certification
1) CSA마크는 인증소유자/ CSA file No.를 포함해야 함.
2) CSA마크는 보통 제품의 라벨에 함께 포함하여 표시하며 만약 따로 제작될 경우, 별도의 라벨을 제작하여 부착함.
3) 정격, 규격번호를 함께 표시함.
- Catalogue And/Or Advertising Literature : 인증이 완료된 이후, 카달로그 등에 CSA인증여 부나 마크를 기재할 수 있음.

• 인증요건
- 신청자 : 신청은 제조자, 수입사업자, 위임받은 대리인 등. 단, 대리인은 반드시 CSA위임장에

서명하여 CSA로 송부해야 함.

- 본신청서 서명 : 예치금이 명시된 본신청서에 서명하여 CSA로 송부하지 않을 시, 인증업무가 시작될 수 없음.
- 서비스동의서 서명 : 신청이 완료되면 인증서와 함께 서비스 동의서(Product Service Agreement)가 CSA로부터 신청자에게 송부되어짐. 이 제품업무 협정서에는 인증의 조건, 마크의 사용조건, 연간비용의 지불 업무 등 지켜야 할 조항이 기재되어 있으며, 이 제품업무 협정서에 담당책임자 및 입회보증인의 서명을 붙여서 원본을 CSA에 반송하지 않으면 인증 미완료로 구분되므로 반드시 해당 협정서에 서명 후 원본을 반송해야 함.

• 초기공장심사

- 인증조건의 한 요소로서, CSA마크를 부착할 제품을 제조하고자 하는 공장의 담당자와 책임자에게 CSA마크의 사용에 관한 필요한 지식 및 규칙을 설명하고 제품제조에 지장이 없도록 하는데 목적이 있음. 한국에서는 한국산업기술시험원(KTL)이 CSA와의 업무협정으로 초기 및 사후 공장심사를 수행하고 있음. CSA등록 공장이라도 다른 카테고리의 제품을 제조하려고 하는 경우에는 대상이 되며, 초기공장검사는 인증의 조건이 되기 때문에 인증 전의 적당한 시기에 실시됨.

• 사후공장심사

- CSA의 인증품에 대하여 CSA의 검사원(한국에서는 한국산업기술시험원)이 연 4회의 범위에서 공장을 방문하여 심사함. 사후 공장검사 중에 문제가 발견될 경우 심사원은 관리방식에 대한 조언, 부적합 제품의 제조 및 출하를 방지할 수 있는 조치 등에 대한 조언을 하거나, 개선 또는 개정된 규격과 관련된 조언을 할 수 있음.

  * 공장심사 확인사항 : 신청자와 공장의 이름과 주소, 생산 기록 등에 근거한 제조상황의 확인, 적용규격의 확인, 표시사항이나 방법의 확인, 제품 공정, 제품을 시험한 시험기기(일상점검이나 보수주기 등), 부품의 관리상태, CSA라벨의 관리상황과 재고, 전회검사 시 지적사항에 대한 개선 여부, 필요시 CSA에서 재시험할 샘플을 발췌하여 CSA에 송부토록 지시

• 별도의 유효기간이 없으며, 정기공장심사와 연회비로 유지됨.

• 변경사항에 대해 CSA에 서면으로 통지하여야 하며, 필요한 경우 재시험이 이루어짐.

▨ 조사 요약표

품목명	헬멧(안전모) (HS CODE: 650610)	국가명	터키
인증마크	CE	제도명 (영문)	CE (Communauté Européenne)
인증구분	■ 강제　□ 임의	인증유형	■ 현행　□ 신규출현
도입시기	■ 도입시기: 1989년 12월 21일 ■ 관보공표일: 1989년 12월 30일 ■ 적용시점: 1992년 7월 1일		
근거규정	■ CE 기본 규정: 유럽연합 이사회 결의(93/465/EEC) ■ PPE 지침: Personal Protective Equipment 89/686/EEC		
제도내용	유럽연합(EU) 시장이 단일화되면서 역내 기술 장벽을 제거하기 위해 만들어진 인증제도		
품목정의	1) 용도 : 스포츠활동용·군용 또는 소방부용 헬멧·오토바이 기수용·광부용 또는 건축인부용 2) 기능 : 스포츠활동 시 머리 보호용, 작업자가 작업할 때, 비래하는 물건·낙하하는 물건에 의한 위험성 방지, 하약작업에서 추락했을 때 머리 부위 상해방지, 감전 우려가 있는 전기 공사 작업에서 산업재해 방지 3) 기타특별사항 : 보호용패드를 붙였는지 여부 불문, 마이크로폰·이어폰을 붙이는 경우도 있음		
적용대상품목	스키용 헬멧(Category II)		
확대적용품목	산업 및 소방, 스포츠, 어린이, 공공질서(경찰), 승마용, 사이클, 스케이트용 헬멧 등		
인증절차	TYPE C : 해외에서 제품시험(시험기관) ⇒ 해외에서 인증획득(인증기관)		
시험기관	INSPEC		
인증기관	INSPEC		

유의사항	■ 의무 규정은 아니나 터키로 수출하기 위해서 사실상 강제성을 띠고 있음. ■ CE마크가 없는 제품은 유럽시장에서 반입 및 판매를 할 수 없도록 되어 있으며 기준에 접합하지 않은 제품을 수입, 판매할 경우 개선명령, 표시 금지명령, 제품회수 명령을 내릴 수 있도록 규제 ■ CE마킹은 해당 제품에 대해 특정 지침을 요구하는 장소를 제외하고 판매와 서비스를 수행하는 제품에는 반드시 시장 출하 전에 부착되어야 함. ■ 헬멧은 산업 및 소방, 스포츠, 어린이, 꽁꽁실서(경찰), 승마용, 사이글, 스케이트용으로 구분하여 각각 시험 규격이 다르게 적용됨. ■ 알파인 스키는 EN 1077 규격으로 시험

■ 인증 획득 절차

◎ 기관정보

		시험기관/인증기관	
기 관 명		INSPEC UK office	INSPEC Asia Pacific Laboratory
홈페이지		www.inspec-intermational.com	
연락처	담당부서	Eye/Face, Head & protection	Head & Fall protection
	전화번호	44-16-7377-2646	86-512-5011-2646
	팩스번호	44-16-1736-0101	86-512-5011-2656
	이 메 일	Andrew.Nelson@inspec-international.com Tel ext 250	Stven.sum@incpec-international.com
기타		-	

◎ 인증 절차도 (TYPE C)

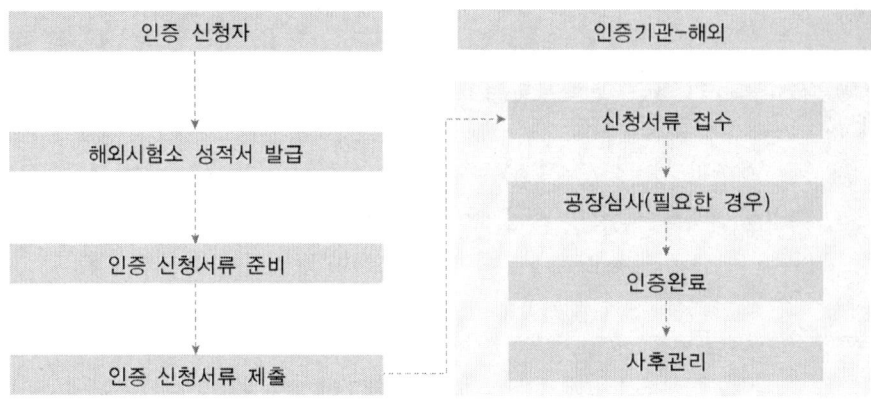

◎ 비용, 소요 기간 등

(단위 : 원)

시험	시험규격 혹은 시험항목	시험비용	소요기간
	EN 1077	600만원	4~5주
인증	초기공장심사비용	인증비용	소요기간
	–	시험비용에 포함	시험기간에 포함
인증유효기간	–		
사후관리비용			

◎ 유의사항

• 헬멧(안전모)는 개인보호장비지침 89/686/EEC의 3 종류 카테고리 중 높은 등급 위험성 제품으로 EC 형식승인 인증서와 적합성평가를 요구함.

• CE/ PPE Directive는 국내에서 시험이 불가능하며 외국 시험기관에서 직접 시험하여 인증을 획득

조사 요약표

품목명	헬멧(안전모) (HS CODE: 852871)	국가명	호주
인증마크		제도명 (영문)	AS (Australian Standard)
인증구분	■ 강제　□ 임의	인증유형	■ 현행　□ 신규출현
도입시기	1997년		
근거규정	AS/NZS1801		
제도내용	호주의 표준 규격을 제정하는 주관 기관은 Standards Australia(민간 기관)이며, 정부 및 유관기관과 협의하여 제품의 표준 규격 및 규율 등을 제정. 품질보증 마크의 등록/검사 및 승인 등 실무 업무는 Standards Australia의 계열사인 SAI-Global사가 대행		
품목정의	1) 용도 : 스포츠활동용·군용 또는 소방부용 헬멧·오토바이 기수용·광부용 또는 건축인부용 2) 기능 : 스포츠활동 시 머리 보호용, 작업자가 작업할 때, 비래하는 물건·낙하하는 물건에 의한 위험성 방지, 하약작업에서 추락했을 때 머리 부위 상해방지, 감전 우려가있는 전기 공사 작업에서 산업재해 방지 3) 기타특별사항 : 보호용패드를 붙였는지 여부 불문, 마이크로폰·이어폰을 붙이는 경우도 있음		
적용대상품목	산업용, 고온 작업장 및 소방용 안전모		
확대적용품목	–		
인증절차	TYPE C :해외에서 제품시험(시험기관) ⇒ 해외에서 인증획득(인증기관)		
시험기관	SAI Global		
인증기관	SAI Global		
유의사항	■ 각 주마다 승인당국과 시험소가 존재하지만, 어느 1개의 주에서 승인된 전기제품은 특별한 절차를 취하는 일 없이 모든 주에서 판매할 수 있음. ■ 승인 취득을 희망하는 경우에는 특정한 1개의 주에 신청. 한국의 메이커는 뉴 사우스 웨일즈주(NSW)로 신청하는 케이스가 많음. ■ Standards Australia에서는 품질 시스템과 제품안전을 조합한 인증 활동을 행하고 있고 오스트레일리아 규격(AS)은 Standards Australia가 발행하고 연방정부가 입법화하여 국가규격으로서 제정됨.		

인증 획득 절차

◎ 기관정보

	시험·인증기관
기 관 명	SAI Global
홈페이지	http://www.sai-global.com/
연락처 담당부서	영업부
연락처 전화번호	+61 2 8206 6322
연락처 팩스번호	+61 2 8206 6032
연락처 이 메 일	sales@saiglobal.com
기타	■ 3종류의 헬멧이 해당 1. 일반 산업용 헬멧 2. 고온 환경에서의 헬멧 3. 소방수의 헬멧

◎ 인증 절차도 (TYPE C)

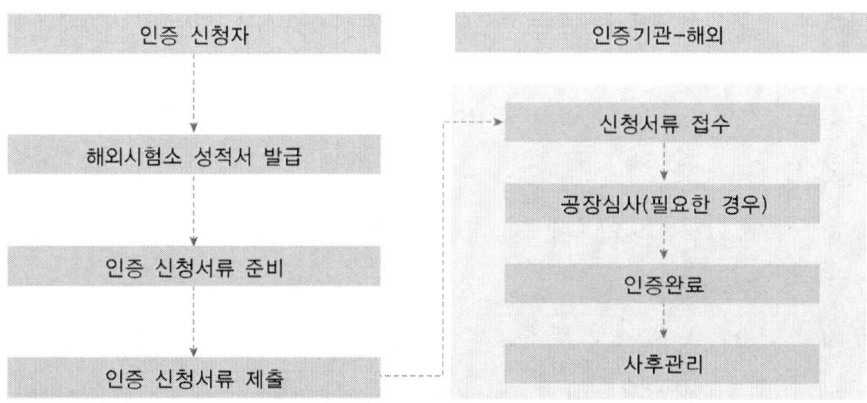

◎ 비용, 소요 기간 등

시험	시험규격 혹은 시험항목	시험비용	소요기간
시험	Dimensions Ventilation Conditioning 등	항목별로 상이	견적에 따라 다름
인증	초기공장심사비용	인증비용	소요기간
인증	–	$171.98	견적에 따라 다름
인증유효기간	–		
사후관리비용	–		

(자료원 : SAI GLOBAL)

주1) 시험항목 자세사항:
  - Dimensions, Ventilation, Conditioning – Hot 50°C, Cold –10°C,
  - Wet-immersion @ 23°C, Stiffness of helmet shell, Electrical resistance
  - Shock absorption 5kg mass, Penetration resistance 3kg spike,
  - Resistance to ignition of helmet shell, Prolonged high temperature stability @120°C
  - Resistance to ignition of ear and neck protectors, Thermal performance of helmet shell
  - High radiant heat @ 200°C,
  - Retaining strap strength – high strength and specified breakpoint, Marking

주2) 해당인증 확인비용으로 심사비용 및 수속비용 제외

◎ 유의사항

- AS는 많은 영국규격(BS)를 받아들여 오스트레일리아 규격으로 제공해 오고 있음.

- 최근에는 ISO(국제표준화기구)나 IEC(국제전기표전회의)가 발행한 규격을 베이스로 한 오스트레일리아 규격도 많아지고 있음.

- IEC규격을 오스트레일리아 규격으로 채용할 경우에는 원래의 IEC규격을 될 수 있는 한 살리도록 하고 있지만 오스트레일리아 독자의 요구를 고려하여 원래의 요구사항에 대한 수정 또는 추가를 행하는 일도 있음.

- AS에는 품질심사제도가 있고, 기업이 품질관리 시스템에 적합하게 운영하고 있는 것을 명확히 하기 위한 독립된 심사와 인증을 Standard Austrailia 내의 품질보증 서비스 부분이 자회사로서의 입장으로 활동을 행하고 있음.

헬멧(안전모)

Kotra

- AS의 품질관리제도에서는 품질 시스템에 관한 오스트레일리아 규격 또는 국제규격에 의거하여 기업의 품질 시스템을 심사하여 해당기업이 충분히 품질 시스템을 관리할 수 있는지를 평가하고 있으며 정기적으로 감사를 실시하여 계속적으로 적합한 것을 확인하고 있음.

메리야스/뜨개질편직물

EU(독일)	OEKO-TEX	
UAE	인증불요	–
니카라과	인증불요	–
미국	CPSC-의류직물에 대한 가연성 기준	
베트남	수입요구사항 충족여부 통지	–
인도네시아	인증불요	–
중국	CTTC	
캄보디아	인증불요	–
키르기스스탄	인증불요	–
필리핀	인증불요	–
홍콩	인증불요	–

■ 조사 요약표

품목명	메리야스/뜨개질편직물 (HS CODE: 600410)	국가명	EU(독일)
인증마크	TEXTILES VERTRAUEN Geprüft auf Schadstoffe nach Oeko-Tex® Standard 100 00000000　　Hohenstein	제도명 (영문)	OEKO-TEX® Standard 100
인증구분	☐ 강제　■ 임의	인증유형	■ 현행　☐ 신규출현
도입시기	1992년		
근거규정	Oeko-Tex® Standard 100		
제도내용	■ Oeko-Tex® Standard 100은 모든 가공단계에 있는 섬유의 원료, 중간 제품 그리고 최종제품에 대한 전 세계적으로 통일된 실험 및 인증시스템 임. ■ 유해물질테스트는 법적으로 엄격히 사용을 금지하고 있는 물질과 건강을 위협하는 화학물질을 확인하고 건강관련 변수도 시험에 포함하고 있음. 4개의 Oeko-Tex 제품분류 가운데 하나인 섬유제품은 피부와의 접촉범 위 및 사용주체와 관련이 있으며, 피부에 많이 접촉되는 제품일수록 더 엄격한 요구조건을 충족해야 함. ■ 시험에 통과한 제품은 Oeko-Tex® 라벨을 부착할 수 있으며, 생산단계 별 품목은 부속품을 포함한 전체 구성요소들이 모두 시험기준에 충족되 어야 함.		
품목정의	1) 용도: 의류용, 편직용 2) 기능: 탄력성 있는 성질을 가지며 주로 옷감으로 쓰임. 탄성사 또는 고 무사의 함유중량이 전 중량의 100분의 5 이상		
적용대상품목	메리야스뜨개질편직물		
확대적용품목	섬유 및 가죽 제품과 섬유나 비섬유를 모두 포함한 액세서리의 전 생산과정, 특히 직업복, 기능성 섬유, 면직물, 가정용 섬유, 의료용 섬유, 스포츠 및 아웃도어 섬유, 자외선 차단(UV)		
인증절차	TYPE A : 국내에서 제품시험(시험기관) ⇒ 국내에서 인증획득(인증기관)		
시험기관	TESTEX Swiss Textile-Testing Ltd		
인증기관	TESTEX Swiss Textile-Testing Ltd		

유의사항	<ul><li>Oeko-Tex® 라벨은 마드리드 협정에 의해 법적으로 보호받는 국제등록상표로서 상표의 표시를 위조하거나 남용한 경우 민법 및 형법에 따라 처벌을 받을 수 있음.</li><li>납품받은 물건에 인증서가 없거나 인증서 내용이 다른 경우 Oeko-Tex® 테스트 표시의 위법사용을 의미함. 이런 경우는 법적인 결과 뿐 아니라 공개될 경우 해당 업체와 판매업체는 적지 않은 이미지 손상을 입을 수 있음.</li><li>인증이 취소되는 경우: – 생산업체가 제출한 진술서가 선별 검사된 제품의 품질과 관련하여 테스트용 샘플과 일치하지 않은 경우 – 생산업체가 인증 받은 제품의 기술적인 상태의 변화를 해당 실험연구소에 제때에 알리지 않은 경우 – 인증을 획득한 섬유제품이 해당 기준에 부합하지 않을 경우 – 마크의 위조와 남용으로 범법행위를 하는 경우 – Oeko-Tex® 연합회에 의해 형법과 민법으로 처벌받게 되는 경우</li><li>OEKO-TEX® 레이블은 관심 있는 소비자들에게 피부 친화적인 의류 및 기타 섬유 제품에 대한 검증된 안전성을 제공하므로, 섬유 제품을 구매하는 데 결정적인 요인 및 건강에 무해한 모든 종류의 섬유 제품의 척도로 작용, 이에 따라 동 인증 취득시 유럽 시장 내 유통에 매우 유리</li><li>이 외 ISO 9001(품질경영시스템 인증)이나 ILO(국제노동기구) 협약 기준 준수도 바람직</li></ul>

메리야스 / 뜨개질편직물

▨ 인증 획득 절차

◎ 기관정보

		시험·인증기관
기 관 명		TESTEX Swiss Textile-Testing Ltd
홈페이지		http://www.testex.co.kr/
연락처	담당부서	CSO Team
	전화번호	+82-2-563-6388
	팩스번호	+82-2-563-2669
	이 메 일	seoul@testex.com
기타		섬유 생태학(OEKO-TEX®) 분야 연구 및 검사 국제 연합회 소속된 스위스 Testex의 국내 자회사 TESTEX Swiss Textile-Testing Ltd. 에서 시험 후 인증 발급

◎ 인증 절차도 (TYPE A)

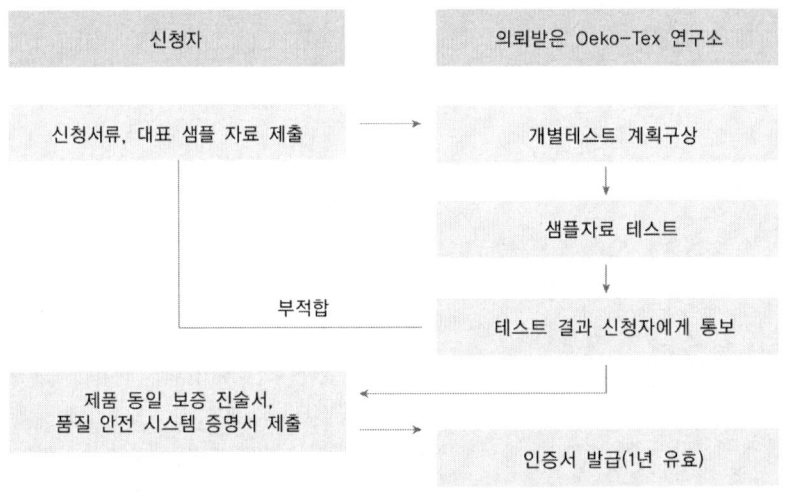

(자료원 : 해외인증정보시스템)

◎ 비용, 소요 기간 등

시험	시험규격 혹은 시험항목	시험비용	소요기간
	OEKO-TEX® Standard 100[1]	약 500-1,500만원[2]	인증소요기간포함 4-6주 소요
인증	초기공장심사(IFA : Initial Factory Audit or Inspection) 비용	인증비용	소요기간
	170만원	시험비용에 포함	시험포함 총 4-6주 소요
인증유효기간	1년(계속 연장 가능)		
사후관리비용	■ 정기공장심사(1,500 스위스프랑: 약170만원), 3년에 1회 청구 ■ 기본적으로 유지 비용은 없으며, Oeko-Tex® Standard 100 인증획득에 관한 비용은 시험비(테스트 항목에 따라 상이함)와 특허권 사용료, 위임 연구소의 기업체 방문(3년 순환)에 따른 비용으로 구성되며, 해당 기간이 되면 라이선스 비용과 함께 인증 신청자에게 청구됨. ■ 유해물질테스트에 대한 정확한 비용은 각 섬유제품에 대한 테스트 비용에 다름.		

(자료원 : TESTEX Swiss Textile-Testing Ltd)

주 1) 'OEKO-TEX® Standard 100 - 실험 방식' 표준 문서, 특히 최근의 법 규정과 연구 상황에 따라 구성된 테스트 카탈로그 기준에 의거
- 법적으로 금지된 물질(예: 암을 유발하는 염료)
- 법적으로 규제된 화학물질(예: 포름알데히드, 연화제, 중금속 또는 펜타클로르페놀)
- 현재로는 건강에 유해하다고 알려져 있으나 아직 법적으로 규제되지 않았거나 금지되지 않은 물질(예: 농약, 알레르기를 일으키는 염료 또는 주석 유기체 결합)
- 색체 불병성 및 소비자의 건강에 기여하는 피부를 보호하는 pH 수치와 같은 파라미터
- Colorant(염료)에 대한 유해성 시험도 포함
2) 라이선스 비용, 업체 감사를 위임 받은 검사 기관 비용 및 검사 소요 내용에 따라 다양한 실험실 비용으로 구성, 실험실 테스트 비용은 새로이 추가되는 제품에 따른 실험 경비에 따라 책정

◎ 유의사항

- 필요서류: 섬유생산업체 및 의류생산업체가 제출하는 신규인증신청서 또는 연장신청서에는 다음의 사항들이 모두 포함되어야 함.
    - 테스트를 받을 제품에 대한 설명
    - 섬유생산을 위해 진행된 처리과정 설명
    - 모든 삽입된 염료 재료와 보조물을 명시한 목록
    - 직물가공 화학약품의 안전 데이터 자료
    - 이미 인증을 획득한 원료의 인증서 사본
    - 신청자의 의무이행 각서
    - Oeko-Tex® 홈페이지의 찾기 메뉴에 포함되기를 원하는지 여부를 명시
    - 인증신청서 및 테스트 샘플 제출
- 심사비와 이증비 등의 고정비와 가장 큰 비중을 차지하는 시험비용은 고정비인증 제품에 사용된 염료, 안료, 화학 보조제 등에 따라 달라짐.
- 12개월간의 인증 유효기간이 경과한 후에 인증서를 받았던 업체가 인증갱신을 신청할 경우 인증은 1년씩 지속적으로 연장 가능
    - 기본적인 인증절차는 신규인증 신청과 비슷하게 진행되나, 새로운 종류의 생산품이 포함되었는지 또는 변경된 기술이 활용되었는지를 살펴보고 해당되지 않을 시 인증서 연장이 가능
    - 인증을 갱신할 경우 인증갱신에 필요한 서류를 작성해야 하며, 테스트도 의무적으로 받아야 함.
    - 인증갱신에서 발생하는 비용도 특허권 사용료와 시험비로 구성됨. 첫 인증을 의뢰한 연구소에 인증연장을 신청하는 것이 합리적이고, 또 이미 필요한 기본정보들이 그 연구소에 보관되어 있기 때문에 시간을 절약할 수 있음.
- 인증 신청자는 책임이행 선언서에 서명함으로써 신청 시 기재된 모든 내용이 사실과 다름 없음을 확인하는 데, 신청자는 인증을 신청한 실험 연구소 또는 해당 인증 부서에 특히 자연원료의 첨가, 가공기술 그리고 화학물 배합에 따른 각종 변동사항을 즉시 알려야 할 의무가 있음.

■ 조사 요약표

품목명	메리야스/뜨개질편직물 (HS CODE: 600410)	국가명	미국
인증마크		제도명 (영문)	CPSC-의류직물에 대한 가연성 기준 (U.S Consumer Product Safety Commission-Standard for the Flammability of Clothing Textiles)
인증구분	■ 강제　□ 임의	인증유형	■ 현행　□ 신규출현
도입시기	1953년		
근거규정	16 CFR 1610 - STANDARD FOR THE FLAMMABILITY OF CLOTHING TEXTILES		
제도내용	불에 잘 타는(가연성의) 옷들의 제조를 규제하기 위한 법		
품목정의	1) 용도: 의류용, 편직용 2) 기능: 탄력성 있는 성질을 가지며 주로 옷감으로 쓰임. 탄성사 또는 고무사의 함유중량이 전 중량의 100분의 5 이상		
적용대상품목	의복 소재, (옷에 사용되는)비닐 플라스틱 막, 카펫 및 깔개, 아이들 잠옷, 매트리스, 매트리스 패드 등		
확대적용품목	■ 모든 종류의 직물 : 우븐(woven), 니트(knitted), 펠트(felted) ■ 천연섬유/ 합성섬유, 얇은 막(film), 혹은 앞에 언급된 직물들을 사용하여 만든 옷/실내 가구		
인증절차	TYPE B : 국내에서 제품시험(시험기관) ⇒ 해외에서 인증획득(인증기관)		
시험기관	■ Intertek Testing Services Korea Ltd ■ List of CPSC-Accepted Testing Laboratories(하기링크) http://www.cpsc.gov/cgi-bin/LabSearch/Default.aspx		
인증기관	CPSC(U.S Consumer Product Safety Commission)		
유의사항	■ 가연성 기준은 미국 제품안전 요구사항(U.S. Product Safety Requirements)에 따라 테스트를 통과해야 하며 기준에 미치지 못할 경우 소비자보호위원회(CPSC)의 제재를 받을 수 있음. ■ CPSC는 기본적으로 소비자에게 위험이 될 수 있는 중대한 제품위험이 있을 경우 제품판매 제한 조치와 위법/위험 제품에 대한 시장철수명령과 처벌을 내릴 수 있음.		

메리야스 / 뜨개질편직물

Kotra

인증 획득 절차

◎ 기관정보

		시험기관	인증기관
기 관 명		Intertek Testing Services Korea Ltd	소비자보호위원회 (U.S Consumer Product Safety Commission)
홈페이지		www.intertek.com	https://www.cpsc.gov/
연락처	담당부서	Flammability Test 담당부서	N/A
	전화번호	02-6090-9520 02-6090-9626	301-504-7923
	팩스번호	02-3409-0505	301-504-0124
	이 메 일	william.jung@intertek.com samuel.kim@intertek.com	https://www.cpsc.gov/About-CPSC/Contact-Information/Contact-Specific-Offices-and-Public-Information/Information-Center/
기타		■ CPSC에서 공식 지정한 테스트 실험실은 다수가 존재하며 아래 링크를 통해 확인가능 – http://www.cpsc.gov/cgi-bin/LabSearch/Default.aspx ■ 제품에 대한 인증은 제품 제조사가 직접 그 제품에 대한 안전규격을 만족하고 있음을 인증하는 것으로 시험기관에서 그 제품에 대한 안정성을 인증할 수는 없음. ■ 따라서, 제3자시험소(Third Party Lab)에서는 의뢰한 제품에 대한 '인증시험'만을 진행하게 되며 해당 테스트 결과에를 CPSC에 반드시 보고해야 함.	

◎ 인증 절차도

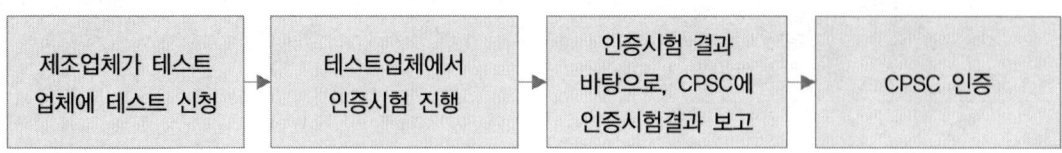

제조업체가 테스트 업체에 테스트 신청 → 테스트업체에서 인증시험 진행 → 인증시험 결과 바탕으로, CPSC에 인증시험결과 보고 → CPSC 인증

◎ 비용, 소요 기간 등

(단위: US$)

	시험규격 혹은 시험항목	시험비용	소요기간
시험	■ Flammability Test - Plain Surface Fabrics 또는 Raised Surface Fabrics	■ 제품의 원단, 중량 등에 따라 가연성 시험이 면제되는 경우가 있을 수 있음. - 면제되는 경우 : $ 26 - 면제되지 않았을 경우: $ 41 (한개당)	■ 각 서비스 타입 별 시험 소요기간 및 비용 - 기본 서비스: 4일 소요 - Express/Rush 서비스 (40% 추가요금) : 3일 - Shuttle 서비스 (100%추가요금) : 24시간 - Same Day 서비스 (150%추가요금) : 8시간 소요
	초기공장심사	인증비용	소요기간
인증	초기공장심사 요구되지 않음.	-	-
인증유효기간	■ 연1회 재시험이 요구됨. ■ ISO17025의 인증을 받은 내부시험소를 운영하여 관리할 경우, 3년에 1회 재시험이 요구됨.		
사후관리비용	-		

(자료원 : Intertek Testing Services Korea Ltd , 미국 소비자제품안전위원회(CPSC))

◎ 유의사항

• 필요서류
  - 기본적으로 테스트 의뢰를 위해 TRF(Test Requisition Form)가 필요하며, 해당 TRF또한 시험업체마다 다른 양식으로 이루어져 있음.
  - 일반적으로 신청서를 작성하여 시료와 함께 시험기관에 제출하면 됨.

■ 조사 요약표

품목명	메리야스/뜨개질편직물 (HS CODE: 600410)	국가명	베트남
인증마크	–	제도명 (영문)	Notification of satisfaction of import requirements (On a consignment by consignment basis)
인증구분	■ 강제　□ 임의	인증유형	■ 현행　□ 신규출현
도입시기	2009년 12월 20일		
근거규정	■ 2009년 12월 20일부로 효력이 발생한 Circular No. 32/2009/TT-BCT '섬유제품 내 아조염료로부터 나오는 포름알데히드 및 방향족아민 함량 제한에 대한 일시적 규정' ■ 2012년 12월 12일자 Circular No. 27/2012/TT-BKHCN '과학기술부의 수입품 품질 검사' ■ 2009년 1월 15일부로 효력이 발생한 Decree No. 132/2008/NĐ-CP '상품 품질법 세부 조항' ■ 2006년 6월 29일자 표준 및 기술 규정법 ■ 2007년 11월 21일자 제품 품질법 ■ 2009년 4월 8일자 베트남 과학기술부 Circular No. 09/2009/TT-BKHCN '적합성 평가 기관 지정을 위한 요구사항 및 절차에 대한 지침'		
제도내용	■ 수입 편직물에 대한 베트남 품질 규정 ■ Certification of satisfaction of import requirements (건당)		
품목정의	1) 용도: 의류용, 편직용 2) 기능: 탄력성 있는 성질을 가지며 주로 옷감으로 쓰임. 탄성사 또는 고무사의 함유중량이 전 중량의 100분의 5 이상		
적용대상품목	베트남 국내 소비용 의류 생산에 사용되는 메리야스 천 포함 모든 종류의 수입된 편직물에 적용 (수출용 가공 의류에 사용되는 수입 편직물 제외)		
확대적용품목	사람의 피부에 직접 닿는 모든 종류의 편직물에 적용		
인증절차	TYPE C : 해외에서 제품시험(시험기관) ⇒ 해외에서 인증획득(인증기관)		

시험기관	▪ Quatest 3
인증기관	▪ Quatest 3
유의사항	▪ 제품의 품질 보증 조건 : – 수입 섬유제품은 2008년 12월 31일자 에 대한 Article 7 (1), Decree 132/2008/NĐ-CP(상품 품질법 세부 조항)이 적용됨. – 베트남 시장에서 유통되는 섬유 제품은 품질 조건이 Article 38 제품 품질법 규정에 부합되어야 함. – 흰 천은 포름알데히드 테스트만이 적용됨. – 포름알데히드 테스트 외에 색이 들어간 천은 아조 테스트(Azo) 테스트 가 적용됨.

▨ 인증 획득 절차

◎ 기관정보

		시험기관	인증기관
기 관 명		Quatest 3 (실험 구역)	Quatest 3
주소		7 Road No. 1, Bien Hoa 1 IZ Dong Nai Province	49 Pasteur Str., Dist. 1, HCMC
홈페이지		www.quatest3.com.vn	www.quatest3.com.vn
연락처	담당부서	본사	본사
	전화번호	84-8-38-294-274	84-8-38-294-274
	팩스번호	84-8-38-293-012	84-8-38-293-012
	이 메 일	info@quatest3.com.vn	info@quatest3.com.vn
기타		▪ 관리 정부기관: – 과학기술부 품질·측정표준 총국(STAMEQ) 산하 QUATEST 3	

메리야스 / 뜨개질편직물

kotra

◎ 인증절차도 (TYPE C)

Inspection Process of Goods Batches(General Process)

IMPLEMENTATION STEPS	QUATEST 3	APPLICANT
Guidance on request reception	Reception Staff: Receiving, review and accept the request	Submit documents/ samples (if any), file the application form (Access to the website)
−Documentation checking −Guidance on supplement	Receiving request	Submit additional documents/samples (if inappropriate)
Assigning inspector(s) to implement / Making plan On-site inspection and sampling	Managers of related technical dept. (NV1−NV6) to contact and confirm the implementation day (in case of on−site inspection)	confirm the suggested inspection/ sampling day (if any)
Sample testing (If required)	Inspector(s)	Locating the goods batch's position for the inspection, signing sampling minutes (if any)
−Result processing and assessment −Draft of inspection certificate	Inspection group leader / Inspector	
Draft review Additional check needed	Inspection group leader / Inspector	
	Managers of related technical dept./ Assigned person	
Print controlling before issuing	Inspection group leader/ Inspector	
Approve Additional check needed	Director/ Deputy Director/ Authorized person	
Certificate sending and Record storing	Director/ Deputy Director/ Authorized person	Receive the certificate and return the "Application for certificate"

(자료원 : QUATEST 3)

◎ 비용, 소요 기간 등

시험	시험규격 혹은 시험항목	시험비용(VND)	소요기간
	포름알데히드 테스트	300,000	—
	아조(Azo) 테스트	645,000	
인증	초기공장심사(IFA : Initial Factory Audit or Inspection) 비용	인증비용	소요기간
	—	수입 요구사항 충족 여부 통지 1,000,000+ 100,000 x 샘플수	2일
인증유효기간	—		
사후관리비용	—		

주 : 1USD=21,100VND
(자료원 : QUATEST 3)

◎ 유의사항

- 위 비용은 VAT 5%와 교통비 미포함 금액임.
- 흰 천은 아조 염료 시험에 해당하지 않음.
- 여러 샘플이 유사한 색을 가진 경우, 전체 그룹에 대한 테스트가 허용됨. 만약 결과가 특정 요구 사항을 충족하지 않는 경우, 각 샘플에 대해 시험이 진행되어야 함.

▨ 조사 요약표

품목명	메리야스/뜨개질편직물 (HS CODE: 600410)		국가명	중국
인증마크	CTTC	제도명 (영문)	CTTC (Chinatesta Textile Testing & Cetification)	
인증구분	☐ 강제　■ 임의		인증유형	■ 현행　☐ 신규출현
도입시기	1956년 (2010년 수정)			
근거규정	GB 18401-2010 국가방직제품기본안전기술규범(國家紡織産品基本安全技術規範)			
제도내용	유통 및 판매 전, 방직제품 검사 표준에 따른 감독, 품질 분석, 시험, 제품 평가,			
품목정의	1) 용도: 의류용, 편직용 2) 기능: 탄력성 있는 성질을 가지며 주로 옷감으로 쓰임. 탄성사 또는 고무사의 함유중량이 전 중량의 100분의 5 이상			
적용대상품목	메리야스 뜨개질 편직물			
확대적용품목	각종 섬유, 실, 의류 및 기타 방직제품, 의류용, 가정용, 산업용 방직상품과 피혁상품			
인증절차	TYPE C : 해외에서 제품시험(시험기관) ⇒ 해외에서 인증획득(인증기관)			
시험기관	국가방직제품질량감독검험중심(國家紡織産品質量監督檢驗中心)			
인증기관	국가방직제품질량감독검험중심(國家紡織産品質量監督檢驗中心)			
유의사항	■ CTTC에서 직물 시험과 인증업무를 진행함. ■ 직물 시험은 강제성으로 미 통과 시, 국내 유통 및 판매 불가 ■ 본 인증은 강제성이 아닌 자율성 인증임. ■ 시험기관과 인증기관이 동일함.			

인증 획득 절차

◎ 기관정보

		시험기관	인증기관
기 관 명		국가 방직제품질량검험중심(CTTC) 国家纺织制品质量监督检验中心	국가 방직제품질량검험중심(CTTC) 国家纺织制品质量监督检验中心
홈페이지		http://www.cttc.net.cn/	http://www.cttc.net.cn/
연락처	담당부서	시장조사부서/고객상담부서	제품인증부서
	전화번호	86-10-65987456/65987212	86-10-65987476
	팩스번호	86-10-65987460/65076599	86-10-65987460
	이 메 일	service@cttc.net.cn	-
기타		■ CTTC 질량검측(실험)이 강제성 인증절차/시험절차와 비슷한 개념. ■ CTTC 내의 인증절차는 자원성 인증절차로, CQC(22-026780) 자원성 인증도 가능 ■ 국가표준에 관해서는 http://www.csres.com/(工標网) 참고	

◎ 인증 절차도 (TYPE C)

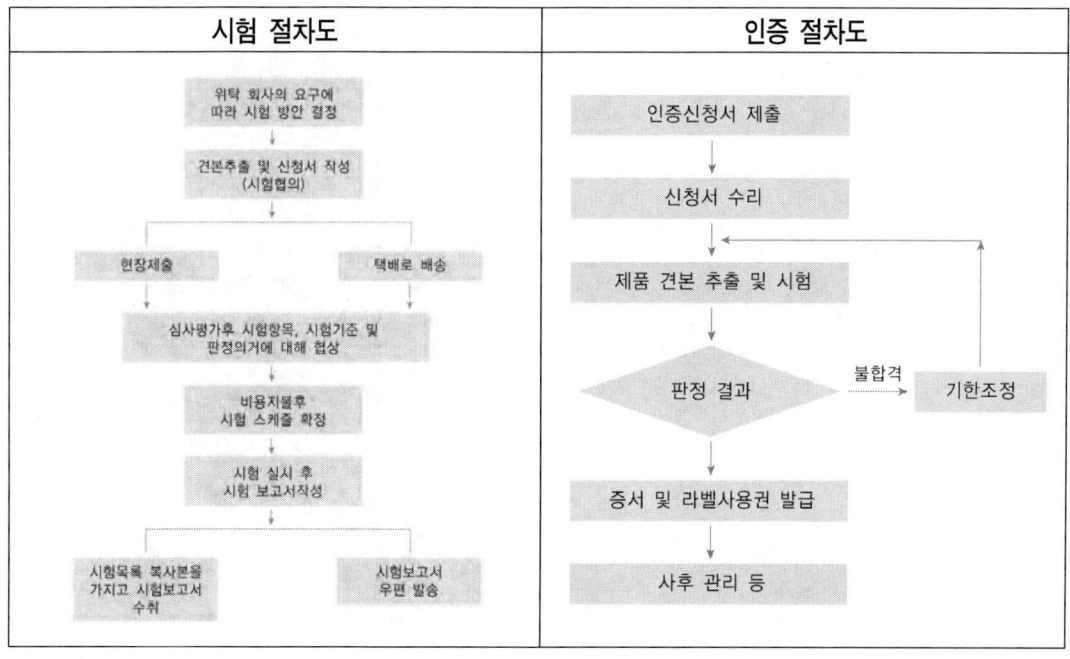

◎ 비용, 소요 기간 등

(단위: 위안)

시험	시험규격 혹은 시험항목	시험비용	소요기간
	GB 18401-2010 국가방직제품기본 안전기술규범	1,000위안	5일 (업무일 기준)
인증	초기공장심사(IFA : Initial Factory Audit or Inspection) 비용	인증비용	소요기간
	1년(국내외 제품) 3년(중국 내 공장 있을 경우)	1,500위안 5,000~5,500위안	5-7일
인증유효기간	1년(국내외 제품) 3년(중국 내 공장이 있을 경우)		
사후관리비용	–		

(자료원 : CTTC)

◎ 유의사항

• 필요서류
  - 시험 신청시, 〈위탁검험신청서〉를 서류형식으로 제출
  - 최초 신청시에 사업자 등록증 복사본 동봉
  - 제품 견본과 동봉
  - 직접 혹은 우편 배송 형식으로 제출

염화비닐플라스틱제품(PVC)

EU(네덜란드)	KOMO	
EU(독일)	CE	
EU(영국)	BBA	
EU(프랑스)	NF	
대만	CNS	
러시아	Fire safety certificate	
말레이시아	SIRIM	
미국	RCRA	–
브라질	인증불요	–
인도네시아	인증불요	–
일본	JIS	
중국	인증불요	–
캐나다	인증불요	–
태국	인증불요	–
호주	Australian Standard	

▨ 조사 요약표

품목명	염화비닐플라스틱제품(PVC) (HS CODE: 391810)	국가명	EU(네덜란드)
인증마크	**KOMO**	제도명 (영문)	KOMO 인증
인증구분	☐ 강제　■ 임의	인증유형	■ 현행　☐ 신규출현
도입시기	1962년		
근거규정	▪ Dutch Building Decree (Bouwbesluit) ▪ Soil Quality Decree (Besluit bodemkwaliteit)		
제도내용	건축 제품 및 자재에 대한 품질 인증		
품목정의	1) 용도: 생활용품 2) 기능: 염화비닐의 중합체. 롤상 또는 타일상의 것으로서 보통 바닥깔개로 사용되는 플라스틱을 분류한다. 바닥재		
적용대상품목	건설·건축 분야 제품·자재에 한정함.		
확대적용품목	단열창, 단열재, 콘크리트 배관시스템, 건축용 콘크리트, 벽토, 시멘트, 건축용 사암, 세라믹 지붕타일·일반타일, 타일용 접착제, 재활용 콘크리트혼합재(도로포장용), 콘크리트 및 모르타르용 충전재로서의 암분, 스틸프레임이 혼합된 바닥건축재, 화재경보기		
인증절차	TYPE B: 국내에서 제품시험(시험기관) ⇒ 해외에서 인증획득(인증기관)		
시험기관	▪ 인증기관에서 시험 진행하는 경우: KIWA, SKG ▪ 국내 한국인정기구(KOLAS) 등재 시험기관(ISO 17025) 　http://www.kolas.go.kr/usr/inf/srh/InfoTestInsttSearchList.do		
인증기관	KIWA, SKG		
유의사항	완제품의 경우 KOMO인증 보유와 상관없이 CE인증 필수임.		

인증 획득 절차

◎ 기관정보

		시험기관 1		인증기관 1	
기 관 명		KIWA		KIWA	
홈페이지		www.kiwa.nl		www.kiwa.nl	
연락처	담당부서	배관용도 (예:파이프)	주거건축물 용도 (예:프로필)	배관용도 (예:파이프)	주거건축물 용도 (예:프로필)
		Mr. Stefan Rook	Mr. Arjen van der Drift	Mr. Stefan Rook	Mr. Arjen van der Drift
	전화번호	31-70-414-4611	31-70-414-4531	31-70-414-4611	31-70-414-4531
	팩스번호	31-70-414-4420	31-70-414-4420	31-70-414-4420	31-70-414-4420
	이 메 일	stefan.rook@kiwa.nl	arjen.van.der.drift@kiwa.nl	stefan.rook@kiwa.nl	arjen.van.der.drift@kiwa.nl
기타		<ul><li>주무기관은 비영리조직체인 KOMO재단(stichting KOMO)임.</li><li>한국 지사는 따로 없으나, 2013년 이태리 인증기관 체르멧(Cermet)사와 콜라보레이션 계약 체결 이후 체르멧(Cermet) 사의 한국 지사(http://www.cermet.co.kr/)가 'Kiwa CERMET Korea'라는 이름으로 KIWA사의 한국고객 응대 서비스 라인 역할도 맡고 있음. 단, 해당 인력이 PVC 관련 KOMO 지침 전문지식 보유하고 있지 않으므로, 결국 네덜란드 본사 담당자로 연결됨.</li><li>해외인증신청 위한 현지 에이전트 지정 의무 없으며, 대부분 에이전트 없이 직접 인증 신청함.</li><li>KIWA사 해외 고객사 중 네덜란드 현지에 법인을 두고 있는 경우 많음.</li></ul>			

		시험기관 2	인증기관 2
기 관 명		SKG (Stichting Kwaliteit Gevelbouw)	SKG (Stichting Kwaliteit Gevelbouw)
홈페이지		www.skg.nl	www.skg.nl
연락처	담당부서	Mr. Harm van Dartel, Certification Manager	Mr. Harm van Dartel, Certification Manager
	전화번호	31-31-742-1720	31-31-742-1720
	팩스번호	31-31-742-1677	31-31-742-1677
	이 메 일	h.vandartel@skg.nl	h.vandartel@skg.nl
기타		■ 주무기관은 비영리조직체인 KOMO재단(stichting KOMO)임. ■ 한국 지사 없음. ■ 해외인증신청 위한 현지 에이전트 지정 의무 없으며, 대부분 에이전트 없이 직접 인증 신청함.	

◎ 인증 절차도 (TYPE B 및 TYPE C)

• KIWA사의 인증절차도

① 배관용도(예: 파이프)인 경우 인증 절차도

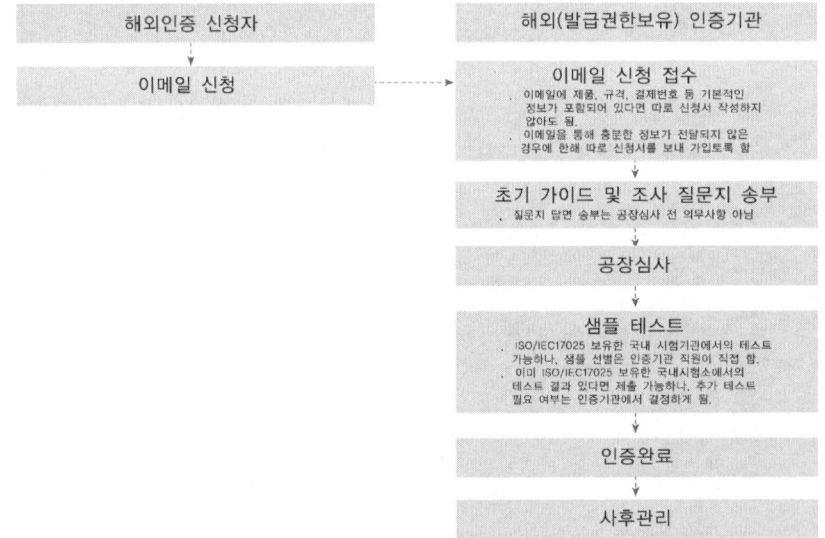

염화비닐플라스틱제품

② 주거건축물 용도(예:프로필)인 경우 인증 절차도

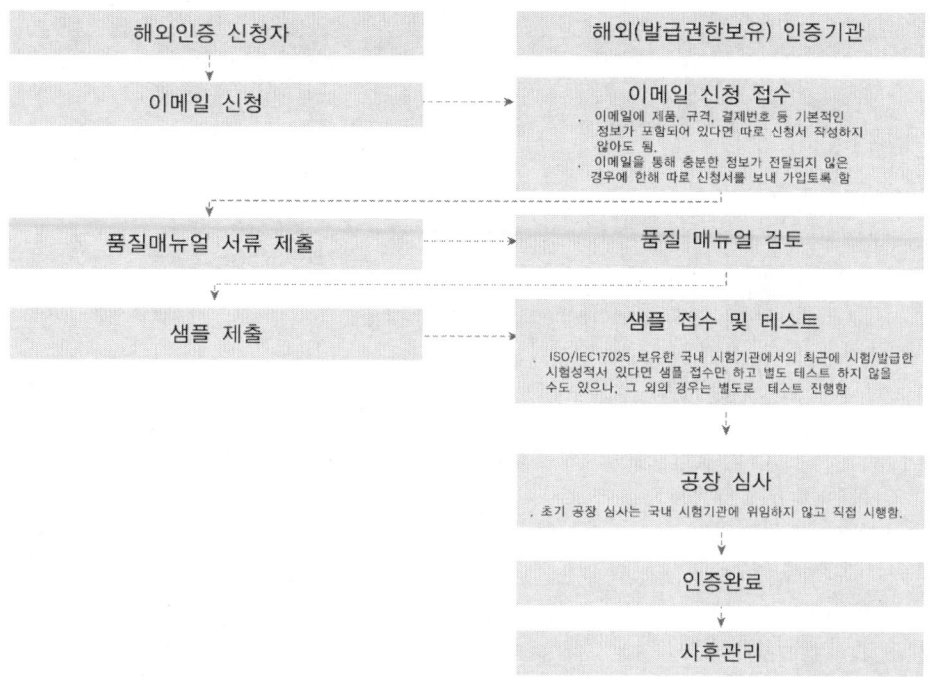

• SKG사 인증 절차도

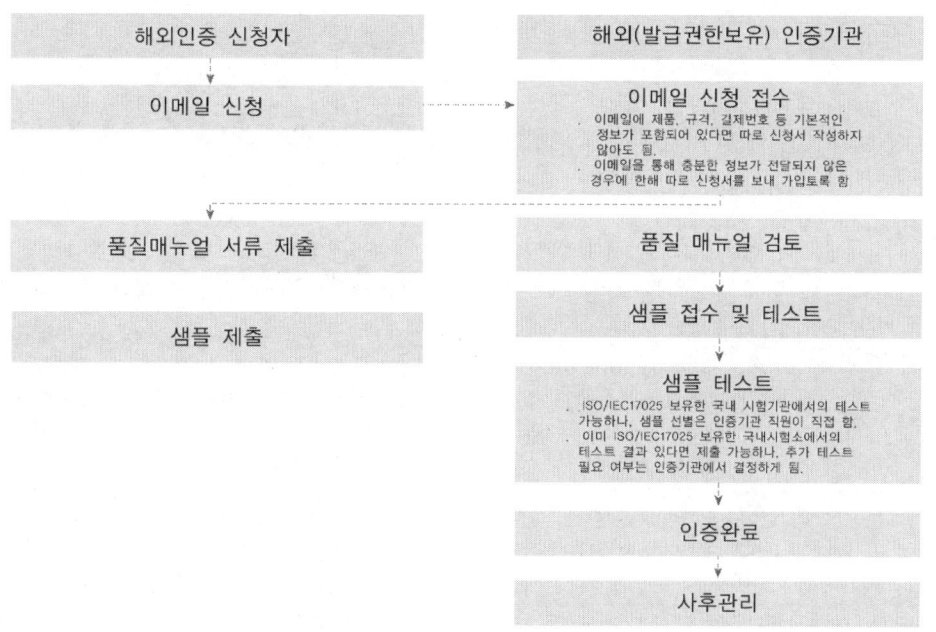

kotra

◎ 비용, 소요 기간

	시험규격 혹은 시험항목		시험비용	소요기간
시험	(프로필) 내후성(weather resistance) 시험[1]		약 500만원 (약 3,500유로)	24주
	(파이프) 강직도(stiffness) 시험, 규격·치수 확인테스트, 온도사이클 시험(temperature cycling test), 열 저항 테스트 ※ 이 중 강직도 시험(350만원(2,500유로)), 온도사이클 시험(280만원(2,000유로)이 가장 고가임.		약 920~980만원 (약 6,500~7,000 유로)	1~2일

	구분	초기공장심사	인증비용	소요기간
인증	BRL 0702[2] (EN 12608)	약 1700만원 (약 12,000 유로) + 출장비·여행경비 약 280만원 (약 2,000 유로)	약 2000만원 (약14,000유로)	총 출장기간 2~3일 中 실제 현장감사에 1~2일 소요됨.
	BRL 0703[3] 중 프로필 (profile) (EN 14351)	약 420만원 (약 3,000유로) + 출장비·여행경비 약 280만원 (약 2,000 유로)	약 700만원 (약 5,000유로)	
	BRL 0703 중 윈도우프레임 및 도어프레임 (EN 14351)	약 560만원 (약 4,000유로) + 출장비·여행경비 약 280만원 (약 2,000 유로)	약 840만원 (약 6,000유로)	
	BRL 52100(EN 1329), BN 52200(EN 1401), BRL 2023(EN 1453), BRL 9208-1(EN 13476)	약 210~280만원 (약 1,500~2,000 유로)+ 출장비·여행경비 약 280만원 (약 2,000 유로)	약 500~560만원 (약 3,500~4,000 유로)	

인증유효기간	(사후관리 결과 인증취소조치가 이루어지지 않는 한) 무제한 유효함.
사후관리비용[4]	▪ BRL 0702 : 연 2회 정기공장심사 약 1,400만원 (약 10,000 유로) + 출장비·여행경비 ▪ BRL 0703 중 프로필 : 연 2회 정기공장심사 약 140만원 (약 1,000 유로) + 출장비·여행 경비 ▪ BRL 0702 중 윈도우프레임 및 도어프레임 : 연 2회 정기공장심사 약 700만원 (약 5,000 유로) + 출장비·여행경비 ▪ BRL 52100 : 연 2회 정기공장심사 약 1,400만원 (약 10,000 유로) + 출장비·여행경비 ▪ BN 52200 : 연 2회 정기공장심사 약 1,400만원 (약 10,000 유로) + 출장비·여행경비 ▪ BRL 2023 : 연 2회 정기공장심사 약 1,400만원 (약 10,000 유로) + 출장비·여행경비 ▪ BRL 9208-1 : 연 2회 정기공장심사 약 1,400만원 (약 10,000 유로) + 출장비·여행경비 ※ 참고: 기업규모·생산라인 규모에 따라 정기공장심사 횟수가 최소 2회, 최대 4회로 정해지나, 품질경영시스템 표준인증(ISO)를 보유한 기업이라면 (정해진 횟수에서) 연 1차례 감해 줌.

(자료원 : KIWA社)

* 유럽중앙은행 2014년 2/4분기 환율 (1euro = 1410.80원)을 적용하였음

* 공장심사 출장인원은 주로 1명이나, 업체규모 및 생산라인 규모가 큰 경우 2인으로 증원키도 함.

* SKG사의 (플라스틱 제품) KOMO인증은 주로 BRL 0703에 관한 것이며, 시험 및 인증에 약 7백만원(5천 유로)의 비용, 약 3~6개월 시간 소요됨.

1) 내후성(weather resistance) 이란 재료가 햇볕, 바람, 한서, 건습 등의 옥외조건에 노출된 경우의 내구성을 말함. 5년간의 내후성에 대하여, 6개월 간의 인공촉진시험을 통해 평가함. 내후성 테스트는 장기(6개월) 테스트 기간 및 고비용을 요하나, 외부에 직접 노출되는 '프로필(profile)'에 한해 필요한 테스트로, 그 외의 제품에 대해서는 내후성 테스트 필요치 않음. 내후성 테스트 불요한 경우, (프로필)샘플테스트 소요기간은 몇 시간~하루임.

2) 윈도우·도어 생산용의, 가소처리되지 않은 염화비닐플라스틱(PVC) 프로필(profile)에 대한 평가지침 (*반제품 프로필에 대한 평가지침임)

3) 플라스틱 파사드(facade) 엘러먼트(element)에 대한 평가지침. (* 주: 완제품 프로필, 완제품 윈도우프 레임, 도어프레임에 대한 평가지침임)

4) 제품에 변형이 있는 경우, 인증기관에서 필요하다고 판단하는 경우 다시 샘플테스트 실시하며, 이 경우 추가 비용 소요됨.

◎ 유의사항

• 건축 관련 '완제품'의 경우에는 필수 인증인 CE에 더하여, KOMO 인증을 획득함으로써 유럽규격은 물론 네덜란드 국내법의 요건을 충족하고 있음을 제시할 수 있음. 뿐만 아니라, '자기적합성선언(Declaration of Conformity; DOC)에 따른 CE인증' 대비 높은 대외 공신력을 제시할 수 있음.

  * 건축 관련 '완제품' EU 유입 시 CE인증은 필수이나, 제조사 EU공통규격(EN)에 따라 제품을 제조하고 있다는 적합성선언서(Declaration of Conformity; DOC. 자기적합성선언) 및 이를 입증할 수 있는 기술문서를 제시할 수 있어, 외부 인증기관의 개입 없이 자기 제품에 스스로 CE마크를 부착할 수 있음.

• 건축 관련 '반제품'은 '유럽건축지침 부속서 ZA'에 포함되지 않는 제품군으로, 관련 CE인증 요건이 없으므로 CE인증 부착이 불가하므로, KOMO 인증 제시를 통해 유럽규격 및 네란드 규격 요건을 충족함을 제시할 수 있음.

• 품질 매뉴얼 검토 위해 정해진 필수 제출 서류나 형식은 따로 없으나, ISO 9001 인증 보유 시 검토에 용이함.

  – 인증기관에서는, 품질매뉴얼 검토 단계에서 품질 관리 시스템 상의 문제(error)가 발견될 시 이에 대한 시정·개선(update) 요구함.

• BRL 0703 평가지침 준수에 따른 KOMO 인증 발급을 원하는 경우이고, 해당 제품이 '프로필 (profile)'인 경우, 반드시 BRL 0702 평가지침 준수에 대한 시험·평가가 병행되어야 함.

- 한 기관에서 문서심사, 현장감사, 테스트, 인증발급 과정을 모두 거치는 경우, 내후성 테스트 요하는 경우 총 6개월, 내후성 테스트 요하지 않는 경우 총 1개월 소요됨.

- 두 가지 이상의 품목에 대하여 한 인증기관에서 인증 받은 경우, 두 번째 품목에 대한 사후관리 비용은 첫 번째 품목 대비 훨씬 낮아짐.

- KIWA사의 경우 착수비용으로 280~420만원 (약 2~3천 유로) 선납하게 되며, 나머지 대금에 대해서는 인증발급 후 인보이스 발행됨. SKG사의 경우 인증절차 전 100% 선납하는 경우 많으나 분할 납부 관련 협상 가능함.

■ 조사 요약표

품목명	염화비닐플라스틱제품(PVC) (HS CODE: 391810)	국가명	EU(독일)		
인증마크	CE	제도명 (영문)	CE (Communauté Européenne)		
인증구분	■ 강제　□ 임의	인증유형	■ 현행　□ 신규출현		
도입시기	1993년 7월 22일				
근거규정	유럽연합이사회 결의(93/465/EEC) REGULATION (EC) No 765/2008 89/106/EEC(Construction Products)				
제도내용	'93년 유럽연합(EU) 시장이 단일화되면서 역내 기술 장벽을 제거하기 위해 만들어진 인증제도로 1993년 EU 지침 Directive 93/68/EEC를 통해 시행, 이후 수차례 개정, 현재 유효한 지침은 2008년 7.9일 발효된 REGULATION (EC) No 765/2008에 따름				
품목정의	1) 용도: 생활용품 2) 기능: 염화비닐의 중합체. 롤상 또는 타일상의 것으로서 보통 바닥깔개로 사용되는 플라스틱을 분류한다. 바닥재				
적용대상품목	염화비닐플라스틱제품(PVC) 및 바닥재류				
확대적용품목	–				
인증절차	TYPE A : 국내에서 제품시험(시험기관) ⇒ 국내에서 인증획득(인증기관)				
시험기관	■ 국내 KOLAS 등재 시험기관 http://www.kolas.go.kr/usr/inf/srh/InfoTestInsttSearchList.do ■ Notified Body(BV, Intertek, SGS, TUV 등) 지정시험기관				
인증기관	■ 국내 진출 유럽인증기관(Notified Body)				

유의사항	■ CE 인증은 해당 제품에 대해 특정 지침을 요구하는 장소를 제외하고 판매와 서비스를 수행하는 제품에는 반드시 시장 출하 전에 부착 의무 ■ CE 인증 취득 제품은 EU 회원국으로 통관되어 자유로이 유통될 수 있으나, 회원국의 CE 마크 주관기관이 자발적 또는 이해관계자의 신고 또는 문제발생 시, 시중 유통제품에 대한 서류검사 및 안전검사를 통하여 사후관리를 시행 ■ CE 인증이 없는 제품은 유럽시장에서 반입 및 판매를 할 수 없으며, 기준에 적합하지 않은 제품을 수입, 판매할 경우 개선명령, 표시금지명령, 제품회수명령을 내릴 수 있도록 규제 ■ 중대하지 않은 위반의 경우(적합성 선언서가 즉시 제출되지 않거나, 지침에 따른 첨부 문서 또는 정보 제공 미준수, 잘못된 CE 마크 부착, 인증기관 식별번호 누락 등) 제조업자에게 제품에 대해 규정 준수 및 위반 시정 조치 ■ 중대한 위반의 경우(필수요구사항에 대한 불일치) 제품의 출시를 제한 또는 금지 ■ 독일 바이어는 ISO 9001(품질경영시스템 인증), ISO 14001(환경경영시스템 인증) 구비한 제품 선호

▨ 인증 획득 절차

◎ 기관정보

국내 진출 유럽인증기관(Notified Body)-CE		
인증기관	연락처	Homepage
Bureau Veritas	02)555-8922	www.bureauveritas.co.kr
ECMKOREA	02)2628-5200	www.ecmkorea.or.kr
DNV	02)723-7593	www.dnv.com
Intertek	02)567-7474	www.korea.intertek-etlsemko.com
NEMKO	031)322-2333	www.nemkokorea
SGS	02)7094-652	www.sgsgrup.com
SZU	010)3477-7750	www.szukorea.com
TUV-Austria	010)3632-8295	www.tuv-austria.kr
TUV-NORD	02)6000-4223	www.tuv-nord.co.kr
TUV-Rheinland	02)860-9951	www.kor.tuv.com
TUV-SUD	02)3215-9251	www.tuv-sud.co.kr
UL DEMKO	02)2009-9000	www.ul.com/korea

- 난연재가 포함되지 않은 제품인 경우 자기적합성 선언(DOC)을 통해 시험 후 별도 인증절차가 불필요하나, 난연성 공정제품이나 난연재 포함 제품의 경우 인증 절차 필요
- 국내 한국인정기구(KOLAS) 등재 시험기관(ISO 17025)
  http://www.kolas.go.kr/usr/inf/srh/InfoTestInsttSearchList.do

◎ 인증 절차도(TYPE A)

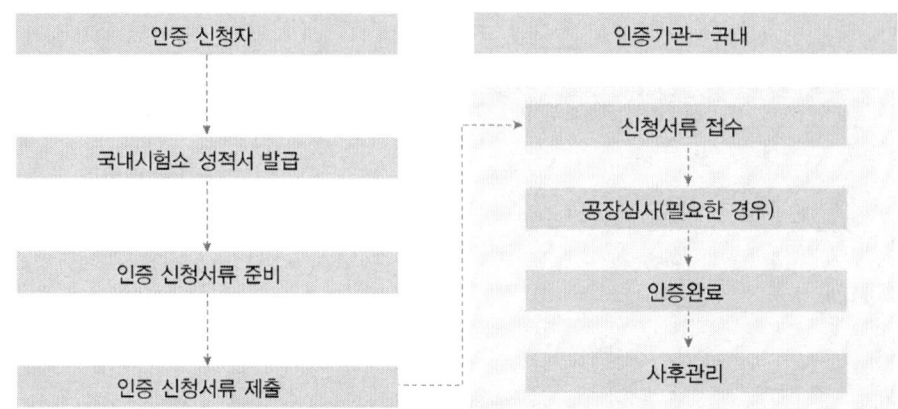

◎ 비용, 소요 기간 등

	시험규격 혹은 시험항목	시험비용	소요기간
시험	DIN EN 14041 (건자재 관련 CE 규격)	인증 받고자 하는 제품에 해당하는 지침과 모듈, 담당 시험기관에 따라 상이(자기적합성(DOC) 가능 제품의 경우 500만 원, 인증 절차가 필요한 경우 1,500만 원)(인증 포함)	4~5주 (DOC 가능 제품) 2~3개월 (인증 절차가 필요한 제품) (인증 포함)
	초기공장심사	인증비용	소요기간
인증	DIN EN 14041 (건자재 관련 CE 규격)	인증 받고자 하는 제품에 해당하는 지침과 모듈, 담당 시험기관에 따라 상이 약 100~200만 원	1~2주
인증유효기간	별도 규정 無, 3~5년 후 변동 사항이 발생할 경우 이에 대한 인증 재심사		
사후관리비용	■ 제품 시험이외에도 인증기관이 필요하다고 판단하거나 관련 지침의 요구에 따라 현장실사 시행, 난연재가 포함되지 않은 제품인 경우 공장심사 불필요하나, 난연성 공정이나 난연재 포함 제품의 경우 공장 심사 실시 ■ 공인 기관에 의한 공장생산관리의 지속적인 사후검사, 심사 및 평가(공장심사 1~5일 소요)에 따른 별도 비용 청구		

(자료원 : 한국화학융합시험연구원)

◎ 유의사항

- 필요서류
  - 지침에 따라 요구되는 자료가 다르므로 지침을 참고하여야 하며 기본적으로 기술문서의 작성이 요구되며, 회원국의 시장 감시 기관에서 요구할 경우 즉시 제출 하여야 함
  - 인증신청서 (소정 양식)
  - 제품 샘플
  - 시험품의 기술자료 (카탈로그, 취급설명서, 주요사양 등)
  - 주요 소재 목록
  - 제품 품질 증빙 자료
  - 신청기업개요 및 기타 참고자료

- 기술문서(TF: Technical Construction File) 구성
  - 제조자 적합선언서 (DOC)
  - 제품에 대한 설명 (General Description)
  - 적용규격 리스트
  - 필수요구사항 체크 리스트
  - 시험/형식검사/품질시스템 리포트
  - 위험분석
  - 부품리스트
  - 사용자설명서
  - 주요 부품에 대한 CE 마크 인증서 및 Spec Sheet 등

- 주요 바이어 인터뷰 결과, 독일 시장 내 바이어는 추가로 ISO 9001(품질경영시스템 인증), ISO 14001(환경경영시스템 인증) 취득을 기본적으로 요구

- CE Marking의 문서로 사용되는 DOC(Declaration of Conformity, 자기적합성 선언) or COC(Certificate of Conformity, 제3자 적합성 선언)와 TCF(Technical Files)는 사후관리와 제조품 관련 책임을 위해 10년간 보관 의무

kotra

▨ 조사 요약표

품목명	염화비닐플라스틱제품(PVC) (HS CODE: 391810)		국가명	EU(영국)
인증마크	**BBA** BRITISH BOARD OF AGRÉMENT	제도명 (영문)	BBA (British Board of Agrément)	
인증구분	☐ 강제　■ 임의		인증유형	■ 현행　☐ 신규출현
도입시기	1966년			
근거규정	EN 45011:1998(ISO/IEC Guide 65:1996), Building Act 1984, Building Act (Scotland) 2003, Fire Safet Order 2005			
제도내용	영국 내에서 판매되는 건축자재에 대해 유럽연합 및 BBA 자체 규격 및 기술사양에 대한 적합성을 인증하는 비강제 인증제도			
품목정의	1) 용도: 생활용품 2) 기능: 염화비닐의 중합체. 롤상 또는 타일상의 것으로서 보통 바닥깔개로 사용되는 플라스틱을 분류한다. 바닥재			
적용대상품목	염화비닐플라스틱제품(PVC)			
확대적용품목	건축에 사용되는 자재 및 시스템: 바닥재, 고정재, SSG구법, 파티션, 외부 단열혼합시스템, 지붕방수재, 나무골조, 조립식 계단, 셔터류 등			
인증절차	TYPE C :해외에서 제품시험(시험기관) ⇒ 해외에서 인증획득(인증기관)			
시험기관	British Board of Agrément(BBA) 참고: BBA가 직접 시험서비스를 제공하기도 하나, 기본적으로 행정간소화를 위해 제조사측의 자기선언 제도를 기반으로, 제조사측에서 제출하는 시험결과 서류를 토대로 검토			
인증기관	British Board of Agrément(BBA)			
유의사항	■ BBA 인증 발행 및 시험은 모두 BBA에서 수행 ■ 비강제이기는 하지만, 영국 주택건축업위원회(NHBC)에서 인정하는 인증이며, NHBC는 건축물 결함에 대해 경고장을 발행하거나 건축물의 결함에 대한 보험증(유효기간 10년)을 발행하는 감독기관이므로, 실질적으로 필수 인증이라고 볼 수 있음. ■ BBA의 Agrément 인증서는 시험소에서 시험, 현장평가 및 제품 검사를 포함한 종합적인 평가를 통과했을 때 주어짐.			

인증 획득 절차

◎ 기관정보

		시험기관	인증기관
기 관 명		BBA	BBA
홈페이지		www.bbacerts.co.uk	www.bbacerts.co.uk
연 락 처	담당부서	Ceritications Team	Ceritications Team
	전화번호	44-1923-665-300	44-1923-665-300
	팩스번호	44-1923-665-301	44-1923-665-301
	이 메 일	contact@bba.star.co.uk	mail@bba.star.co.uk
기타		BBA는 UKAS(The United Kingdom Accreditation Service; 영국 인증기구)로 부터 영국 건축 산업 분야의 인증기관으로서 승인받은 공인기관이며 EU 전역에 거쳐 유럽 기술 승인서의 발행을 조정하는 유럽 기술승인 기관(EOTA: European Organisation for Technical Approvals)의 영국 대표기관으로, 제품의 적합성 인증, 시험, 관리 시스템 인증(ISO 9001), 환경 관리(ISO 14001)시스템 인증 및 교정 서비스를 제공	

◎ 인증 절차도 (TYPE B)

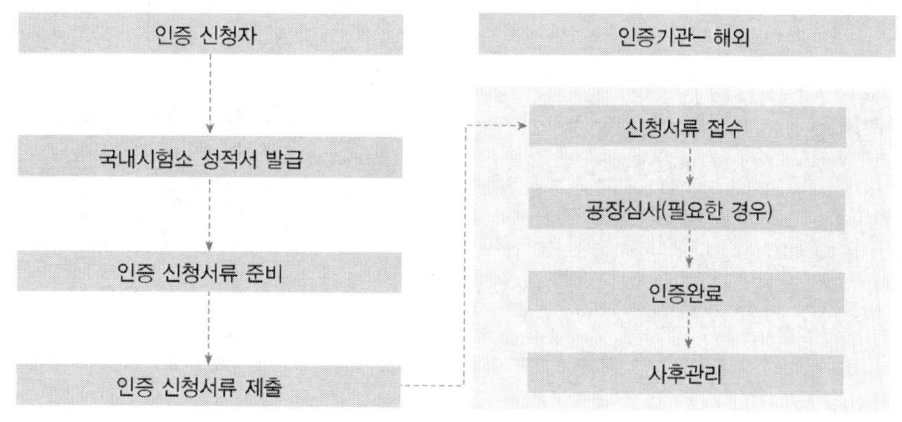

◎ 비용, 소요 기간 등

	시험규격 혹은 시험항목	시험비용	소요기간
시험	제조사측에서 사전에 실시하였던 시험용 제품의 샘플, 시험 데이터 및 수치, 기술문서, 제품이 이용되어지는 장소에 대한 세부 정보, 제품 사진, 품질관리절차 기술서 등을 BBA측에 제출	-	4주
	초기공장심사(IFA : Initial Factory Audit or Inspection) 비용	인증비용	소요기간
인증	초기공장심사는 없이 제조사측의 자기선언 및 제조시설 자료 제출로 대체하며, 인증서에 성명서에 합의된 요건에서 벗어나는 어떤 변화에 대해서는 BBA측의 담당 프로젝트 매니저와 사전에 상의해야 할 의무를 부과.(필요시 공장방문도 가능하나 필수는 아님)	약 200만원 (공장방문시 출장비용 별도 청구)	10~40주

인증유효기간	3년
사후관리비용	고속도로 등의 특정설치 방법이 요구되는 건축 재료에 대하여 BBA는 공장 방문, 그리고 제품이 설치된 장소에 직접 방문하여 인증 및 합의된 설치 방법서(agreed installation method statement)에 대한 적합여부를 평가 담당자는 1년에 최소 2회 이상을 방문하며 방문회수는 설치 장소의 면적이 증가함에 따라 늘어남. Area of system installed (m² per year) / No of surveillance visits (per year) / Sampling during surveillance Visits (per year) 0 - 80,000 / 2 / 2 80,000 - 120,000 / 3 / 2 120,000 - 160,000 / 4 / 2 160,000 - 240,000 / 5 / 2 240,000 - 320,000 / 6 / 2 320,000 - 400,000 / 7 / 2 > 400,000 / 8 / 2

(자료원 : BBA)

◎ 유의사항

• 인증 신청 전, 충족해야 하는 다음의 영국 건자재 규격들을 확인해야 함:
  - ETAG, BS EN, pr EN, EC, BBA Technical Specification

• 상기 규격을 통과하였다는 적합성 선언을 통해 BBA인증서 신청
  - BBA는 제출된 적합성 선언서를 토대로 형식시험(Type test), 제품평가(product evaluation), 설계평가(design appraisal) 등 3단계의 평가를 한 후 모든 요건이 충족되었을 경우 인증서 발행

• 인증을 획득한 제조사는 3년마다 해당 제품에 관련된 규격들의 수정 및 변경에 대비하여, 공식적 재검토를 해야 할 의무를 지니며, 이 결과를 BBA측에 제출해야 인증 연장이 가능

염화비닐플라스틱제품

kotra

■ 조사 요약표

품목명	염화비닐플라스틱제품(PVC) (HS CODE: 391810)	국가명	EU(프랑스)
인증마크	NF≡UPEC.A+	제도명 (영문)	NF UPEC(A+)MARK -RESILIENT FLOOR COVERINGS
인증구분	☐ 강제　■ 임의	인증유형	■ 현행　☐ 신규출현
도입시기	1997년 10월 5일		
근거규정	NF 189 n.6 / Articles L.115.27 to L.115.32 and R- 115.1 to R 115.3 of the consumer code		
제도내용	■ 프랑스의 국가규격, 비 강제규격 ■ 공공기관,가정,학교 등에서 건자재로 사용되는 염화비닐 플라스틱 제품(PVC)을 품목으로 하는 인증제도 ■ 바닥재의 내수성, 내마모성, 내구성, 내약품성을 평가하며 UPEC마크에 A+가 붙으면 소음방지 성능까지 인증된 품목이라는 의미		
품목정의	1) 용도: 생활용품 2) 기능: 염화비닐의 중합체. 롤상 또는 타일상의 것으로서 보통 바닥깔개로 사용되는 플라스틱을 분류함. 바닥재		
적용대상품목	PVC 바닥재를 총 7가지로 분류함 1. NF EN 649 : 균질 및 불균질(homogenous and heterogeneous) PVC 2. NF EN 650 : 폴리에스터계 PVC 바닥재(pvc on jute backing or on polyester felt backing or on polyester felt with polyvinyl chloride backing) 3. NF EN 651 : 폼(시트) 레이어 PVC(pvc with foam layer) 4. NF EN 652 : 코르크 PVC 바닥재(pvc with cork-based backing) 5. NF EN 653 : 쿠션 PVC 바닥재(cushioned PVC) 6. NF EN 654 : 반가요성(semi-flexible) PVC 바닥재 7. NF EN 655 : 응집 성형된 복합코르크용(Tiles of agglomerated composition cork) PVC 바닥재		
확대적용품목	세라믹 타일 바닥재/ 섬유 바닥재		
인증절차	TYPE C : 해외에서 제품시험(시험기관) ⇒ 해외에서 인증획득(인증기관)		

시험기관	CSTB(프랑스 건축 과학 기술 센터)
인증기관	AFNOR(프랑스 표준화 기구)
유의사항	■ NF 마크는 AFNOR(프랑스 표준화기구)에서 인정하는 마크로 이 마크는 프랑스 국내에서만 효력을 발휘함. ■ 프랑스에 수출하기 위해 동 인증을 취득하는 것이 강제적인 것은 아니지만 프랑스 내의 대부분의 품목들이 NF 인증을 획득함. 인증 미 취득 시 특별한 제재는 없으나 유통업체 및 소비자들로부터 신뢰를 얻지 못해 판매 손실을 볼 가능성이 높음.

▨ 인증 획득 절차

◎ 기관정보

		시험기관	인증기관
기 관 명		CSTB (프랑스 건축 과학 기술 센터)	AFNOR(프랑스 표준화 기구)
홈페이지		WWW.CSTB.FR	http://www.boutique-certification.afnor.org
연 락 처	담당부서	LE LABORATOIRE COMP TENT DU CSTB(실험실)	프랑스 표준화 기구 내 인증센터
	전화번호	33-0-1-64-68-88-29	33-0-1-41-62-76-44
	팩스번호	33-0-1-64-68-88-46	33-0-1-49-17-90-00
	이 메 일	informations@cstb.fr	certification@afnor.org
기타		■ CSTB 탄성재 바닥재 담당(Revêtements de sols résilients) ; Isabelle OZEEL 이메일 : isabelle.ozeel@cstb.fr TEL : 01-64-68-82-45 FAX : 01-64-68-84-76	

◎ 인증 절차도 (TYPE C)

> 인증 획득 신청 및 접수 ▸ 평가 계획 수립(감사/시험) ▸ 평가 실행 ▸ CSTB 내부 평가 보고서 작성 ▸ 위원회 자문(필요한 경우) ▸ 인증 사용 승인 ▸ 인증 획득 후 감독 및 관리

◎ 비용, 소요 기간 등

• NF UPEC 인증 비용 관련 서비스는 크게 8가지로 분류

서비스 종류	서비스 포함 내용
1. Development and preparation of application	NF UPEC마크 인증 최초 신청시에 내는 요금으로 인증이 거부 당하더라도 반드시 내야하는 요금
2. Function of the certification application-Administrative management	인증서 편집, 인터넷 사이트에 품목 등록 서비스 뿐 아니라 신청서류 검토 및 감사관, 시험소 등 인증 획득 과정에 필요한 것들을 준비하는 서비스
3. Instruction for the certification application	
4. Tests	시험소에서의 테스트 서비스. 품목에 따라 시험 비용이 다르게 책정됨.
5. Audit	감사, 조사, 감사보고서 준비 서비스
6. Right to use the NF mark and promotion of the NF mark	NF마크의 일반적인 서비스(품질 보험 보장, NF 마크와 해당되는 기관들과의 네트워크, 인증 위원회에서 관리) NF마크의 보호 및 법률상의 충고 등
7. Promotion and defence of the UPEC classification	
8. Additional controls	사후 관리비용

o PVC 바닥재 관련 시험·인증비용은 직접 업체에서 인증을 신청한 후 가격이 책정됨.
o NF UPEC 확대 적용 품목인 세라믹 바닥재의 경우 최초 인증신청 등록비용이 850유로, Audit비용은 2,000유로, 인증 사용 권한비용이 600유로, NF UPEC 마크 보호 및 개발관련 비용이 420유로
o 세라믹 바닥재의 경우 사후 관리 비용이 2,150유로
o PVC 바닥재의 인증 유효기간은 1년
(자료원: 2013년 CSTB 연차보고서)

◎ 유의사항

• UPEC 인증을 받기 위해서는 CSTB에서 정해놓은 서류양식을 반드시 준수해야함.

• 최초 인증 신청 시에는 등록 서류, 기술 문서, 샘플(10X10cm), 품질 관리 명세서 필요. 기술 문서(Technical Form)에는 제조자, 공장, 해당 품목의 세부적인 특성 등이 자세하게 명시되어야 함.

▨ 조사 요약표

품목명	염화비닐플라스틱제품(PVC) (HS CODE: 391810)	국가명	대만
인증마크	[인증마크]	제도명 (영문)	CNS (Chinese National Standards)
인증구분	☐ 강제 ■ 임의	인증유형	■ 현행 ☐ 신규출현
도입시기	1944년 6월		
근거규정	Standards Law 및 Rules governing the use of the CNS Mark		
제도내용	국가표준에 부합하는 상품과 그 상품의 품질관리에 품질인정을 해주는 대만 상품검정제도		
품목정의	1) 용도: 생활용품 2) 기능: 염화비닐의 중합체. 롤상 또는 타일상의 것으로서 보통 바닥깔개로 사용되는 플라스틱을 분류한다. 바닥재		
적용대상품목	PVC재질의 바닥재(타일)		
확대적용품목	토목, 건축, 기계, 광산, 농업, 식품, 목재 등 22의 분야		
인증절차	TYPE C : 해외에서 제품시험(시험기관) ⇒ 해외에서 인증획득(인증기관)		
시험기관	표준검험국, 표준검험국 지정 품질관리검험기구 및 실험실		
인증기관	경제부 표준검험국(BSMI)		
유의사항	▪ CNS(正字표기) 신청은 이미 공시한 「CNS(正字표기)품목」을 참고해 검색 후 해당 상품이 공시되어 있을 경우, 인증 신청 가능 ▪ 신청인은 대만에 거주하는 내국인 또는 제조업자, 수입업자로 한정하며 우리나라 제조업자의 경우 대만 내 대리인(에이전트)을 지정하여 신청		

인증 획득 절차

◎ 기관정보

		시험기관	인증기관
기 관 명		경제부 표준검험국 (BSMI)	경제부 표준검험국 (BSMI)
홈페이시		www.bsmi.gov.tw	www.bsmi.gov.tw
연락처	담당부서	표준검험국 제6조	표준검험국 제1조
	전화번호	886-2-23434523	886-2-33435152
	팩스번호	886-2-23921441	886-2-33435126
	이 메 일	cc.pai@bsmi.gov.tw	hh.su@bsmi.gov.tw
기타		■ 품질관리시스템(ISO9001)에 관한 검사는 검험국이 지정한 「CNS(正字표기) 인가 품질관리검정기구」에서만 이루어져야 하며 검험국이 지정한 품질관리 검정기구인 대만SGS의 한국지사가 시험을 일임하고 있음. 한국SGS(담당: 지현주과장/ www.sgsgroup.kr)사에서 인증서를 발급받아 대만SGS로 송부하여 대체가 가능함.	

◎ 인증 절차도 (TYPE C)

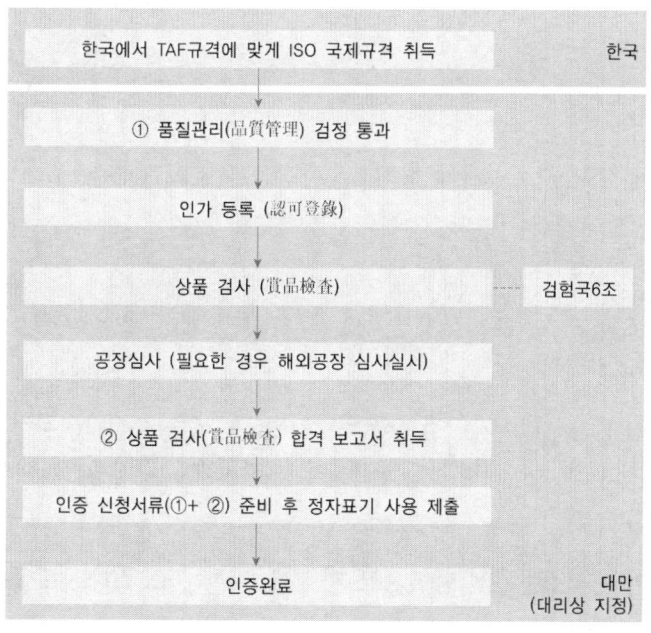

◎ 비용, 소요 기간 등

(단위: NTD)

	시험규격 혹은 시험항목	시험비용	소요기간
시험	CNS 8906 (자세한 시험항목은 http://cnsmark.bsmi.gov.tw/do/fa/ ComplexQuery/toComplexQueryQue ryForm_1?mainno=8906&queryType =1& 참고)	약 12,000NTD	4-9주
	초기공장심사	인증비용	소요기간
인증	-	5,000NTD 인증서 1,000NTD 영문번역본 1,000NTD	2주
인증유효기간	3년		
사후관리비용	제조업자는 품질관리시스템(ISO 9001) 검사표를 검험국 제6조 혹은 각 지국에 매년 송부해야 함.		

(자료원 : 경제부 표준검험국)

◎ 유의사항

• 필요서류
  - 신청서: 회사 인감이 찍혀있어야 하며, 상품당 1부(BSMI 제공)
  - 회사등기증명서 혹은 상업등기증명서 복사본 1부(국외 제조업자의 경우 상응하는 문서 복사본 1부)
  - 공장기본자료(조직 시스템표, 공장부지도, 주요상품 제조 작업 과정도, 제조지 위치안내 약도, 품질 가이드 등)
  - 검험국(제5,6조), 관할지국, 혹은 검험국 위탁기관(구), 인가품질관리검정기구, 인가실험실에서 받은 유효기간 내의 품질검정증서 복사본과 최근 6개월 내 상품검정에 합격한 보고서(상품검정기록부) 복사본

• 서류제출은 우편이나 직접방문의 방법으로 제출해야 하며 국외 제조업자의 경우 표준검험국 제6조로 제출

- 신청품목은 생산제조공장별로 신청하고 각 상품 당 한 건에 한함. 동일한 공장에서 생산되는 다른 종류의 상품의 경우 각각 나눠서 신청하며 동일 회사의 각각 다른 공장에서 생산하는 동일한 상품의 경우 공장별로 나눠서 신청

- 모든 문서는 반드시 중문 번역본으로 제출

- 신청비용은 현금, 환어음 혹은 수표 방식을 이용해 납부하고 수신인은 「경제부표준검험국(經濟部標準檢驗局)」으로 기재

- 검사 물품의 이동성이 용이하지 않아 부득이하게 해외공장심사를 실시해야 할 경우, 일체의 관련 비용은 제조업자가 모두 부담해야 함.

염화비닐플라스틱제품

kotra

조사 요약표

품목명	염화비닐플라스틱제품(PVC) (HS CODE: 391810)	국가명	러시아	
인증마크	**EAC**	제도명 (영문)	Fire safety certificate	
인증구분	■ 강제　□ 임의	인증유형	■ 현행　□ 신규출현	
도입시기	2013년 2월 15일			
근거규정	연방법 "소재의 화재 안전에 대한 기술규정"			
제도내용	연방법 "소재의 화재 안전에 대한 기술규정" 및 연방정부 규정 No. 241에 의해 일반 CU인증 제도와 같이 통합인증제도 적용			
품목정의	1) 용도: 생활용품 2) 기능: 염화비닐의 중합체. 롤상 또는 타일상의 것으로서 보통 바닥깔개로 사용되는 플라스틱을 분류한다. 바닥재			
적용대상품목	HS Code 391810군에 속하는 염화비닐 중합체 제품 전체			
확대적용품목	염화비닐 코팅 등을 통해 생산된 장판, 타일, 벽지 등의 건축용 자재			
인증절차	TYPE C : 해외에서 제품시험(시험기관) ⇒ 해외에서 인증획득(인증기관)			
시험기관	《CityLogistic》 Ltd			
인증기관	Eurasian Economic Commission (EEC)			
유의사항	■ 해당 제품이 인증이 없는 경우 러시아를 포함한 관세동맹 회원국 내 통관이 불가하고 미인증 상태로 판매될 경우, 처벌 대상			

■ 인증 획득 절차

◎ 기관정보

		시험기관	인증기관
기 관 명		《CityLogistic》 Ltd	Eurasian Economic Commission
홈페이지		www.city-log.ru	www.eurasiancommission.org
연 락 처	담당부서	–	Department of Technical Regulating and Accreditation
	전화번호	7-495-768-0906	7-495-669-2400(ext: 4133)
	팩스번호	7-495-768-0906	7-495-669-2415
	이 메 일	–	–
기타		■ 시험기관은 이 외에도 현지에 여러 기관 및 기업이 있으며, 이들 중 일부는 해외에 지사를 운영하고 있는 경우도 있음.	

◎ 인증 절차도 (TYPE C)

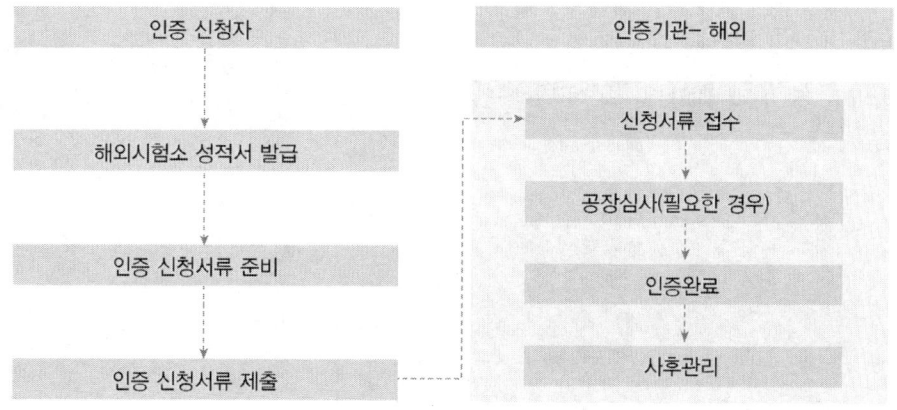

◎ 비용, 소요 기간 등

(단위: 루블)

시험	시험규격 혹은 시험항목	시험비용	소요기간
	관련 규격	–	–
인증	초기공장심사(IFA : Initial Factory Audit or Inspection) 비용	인증비용	소요기간
	–	35,000 루블/년	2주
인증유효기간	1~3년		
사후관리비용	–		

(자료원 :«Intersolution» Ltd)

◎ 유의사항

• 인증마크 취득을 위한 필요서류
  - 신청서(CU양식)
  - 공장심사 성적서
  - 제품시험 성적서
  - 제품사진(샘플 및 패키징)
  - 제품 설명서 또는 매뉴얼(러시아어)

염화비닐플라스틱제품

■ 조사 요약표

품목명	염화비닐플라스틱제품(PVC) (HS CODE: 391810)		국가명	말레이시아	
인증마크	**MS** SIRIM	제도명 (영문)	SIRIM (Standards and Industrial Research Institute of Malaysia)		
인증구분	☐ 강제　■ 임의		인증유형	■ 현행　☐ 신규출현	
도입시기	2011년 7월 15일				
근거규정	〈MS 681:1980 (CONFIRMED:2011)〉				
제도내용	이 말레이시아 표준 사양은 0.24 mm 0.10 mm의 공칭 두께 범위 (고정식 제외) 캘린더 PVC 필름에 대한 시험의 요구 사항 및 방법을 규정				
품목정의	1) 용도: 생활용품 2) 기능: 염화비닐의 중합체. 롤상 또는 타일상의 것으로서 보통 바닥깔개로 사용되는 플라스틱을 분류한다. 바닥재				
적용대상품목	0.24 mm 0.10 mm의 공칭 두께 범위 (고정식 제외) 캘린더 PVC 필름				
확대적용품목	단일 또는 적층 PVC 필름				
인증절차	TYPE C : 해외에서 제품시험(시험기관) ⇒ 해외에서 인증획득(인증기관)				
시험기관	SIRIM QAS International Bhd				
인증기관	SIRIM QAS International Bhd				
유의사항	■ 임의인증으로 현지시장 진출을 위해 강제되지 않음. ■ 말레이시아에서 제품인증은 강제(Mandatory)가 아님. 단 에너지 위원회(Energy Commission), 화재 및 구조청(Fire and Rescue Department Malaysia), 통신 및 멀티미디어 위원회(Malaysian Communication and Multimedia Commission), 국가 물서비스 위원회(National Water Services Commission), 도로교통청(Road Transport Department) 등 국가기관에서 강제 인증을 법제화한 경우만 강제인증을 받아야 함. ■ 표준(Standard)이 있는 제품에 대해서만 제품 인증이 가능함. 국가기관에서 강제하는 인증의 경우는 신청자가 해당 표준을 따라하지만 그 외의 경우는 신청자가 인증받기를 희망하는 규정을 제시해야 함. 표준에 대한 정보는 www.msonline.gov.my에서 볼 수 있음.				

Kotra

■ 인증 획득 절차

◎ 기관정보

	시험기관	인증기관
기 관 명	SIRIM QAS International Bhd	SIRIM QAS International Bhd
홈페이지	www.sirim-qas.com.my	www.sirim-qas.com.my
연락처 담당부서	Sales, Marketing and Business Development Section	Sales, Marketing and Business Development Section
전화번호	+603-5544-6402	+603-5544-6402
팩스번호	+603-5544 6787	+603-5544 6787
이 메 일	qas_marketing@sirim.my	qas_marketing@sirim.my
기타	-	

◎ 비용, 소요 기간 등

(단위 : RM(링깃))

시험	시험규격 혹은 시험항목	시험비용	소요기간
	〈MS 681:1980 (CONFIRMED:2011)〉	견적에 따라 상이	2달 이상

인증	초기공장심사	인증비용	소요기간
	■ 공장실사/현장실사: - RM 1,000 for 1 man-day - RM 125 per additional hour	■ 신청비: RM 500 per application ■ 문서/제품평가 보고서준비: - RM 1000 for 1 man-day - RM 125 per additional hour	2달 이상
인증유효기간	1년		
사후관리비용	■ 공장실사/현장실사: - RM 1,000 for 1 man-day 　　　　　　　　　 - RM 125 per additional hour ■ 갱신비용(Annual Renewal Fee) : RM 500 ■ 추가 및 변경비용: RM100 + 제품평가비용 @ RM125 per hour		

(자료원 : SIRIM QAS International Bhd)

◎ 인증 절차도 (TYPE C)

단계	세부내용
질의 (Enquiry)	① 신청자가 SIRIM QAS International Bhd에 질의서(Questionnaire) 양식을 작성하여 제출 ② SIRIM QAS International Bhd는 실제로 인증업무를 진행할 수 있는지 타당성을 테스트하고 인증 업무가 진행 가능하다고 판단되면 견적서를 신청자에 송부 ※ 질의서는 PCS/FOR/01-1 양식을 사용해야 함. 또한 SIRIM 인증은 말레이시아 정부에서 강제하는 인증이 아닌 이상 신청자가 표준(Standard)을 특정(Identify)해야함.
신청 (Application)	① 신청자는 견적서를 수취한 후 신청서(Application Form)을 작성하여 제출 ② 신청자는 인증 관련 비용을 납부 ※ 신청서는 양식 PCS/FOR/01-2를 사용해야함. 필요시 SIRIM QAS International Bhd에서 요청하는 부대서류를 같이 제출
서류평가 (Document Evaluation)	① 인증 표준에 맞추어 제출 서류를 평가
공장실사 (Factory Audit) 샘플테스트 (Sample Test)	① 품질관리 계획(Quality Control Plan)의 적정성, 시험 장비(Test Equipment)의 적정성, 측정표준(Calibration) 및 기록시스템(Record-keeping System)의 적정성을 점검 ② 공장 실사 중 시험관이 샘플을 선정하여 테스트를 실시 ※ 테스트는 SIRIM QAS International Bhd나 SIRIM QAS International Bhd가 인증하는 시험기관에서 실시
인증서발급 (Approval Process)	① 공장실사와 샘플 테스트에 문제가 없으면 인증 보고서(Certification Report)를 작성하고 인증 발급을 결정 ② 미납 비용을 모두 납부하면 인증서를 발급
감시 (Surveillance)	① 인증 품목이 표준을 준수하는지 확인하기 위해 사전계획에 의한 점검이나 불시 재검사를 실시 할 수도 있음. ※ 보통은 제품에 대한 고발이 있을 시 시장에서 샘플을 수거하여 검사를 실시
갱신 (Renewal)	① 인증 유효기간이 1년인 바 매년 인증 갱신이 필요

염화비닐플라스틱제품

조사 요약표

품목명	염화비닐플라스틱제품(PVC) (HS CODE: 391810)		국가명	미국
인증마크	–	제도명 (영문)		RCRA Permit (Resource Conservation and Recovery Act)
인증구분	■ 강제 □ 임의		인증유형	■ 현행 □ 신규출현
도입시기	1976년 10월 21일			
근거규정	40 CFR Parts 260-265 and 266-270			
제도내용	유해물질의 안전한 처리, 보관, 폐기를 보장하기 위한 제도			
품목정의	1) 용도: 생활용품 2) 기능: 염화비닐의 중합체. 롤상 또는 타일상의 것으로서 보통 바닥깔개로 사용되는 플라스틱을 분류한다. 바닥재			
적용대상품목	염화비닐 플라스틱 제품			

확대적용품목	■ 아래에 해당하는 모든 품목을 처리, 보관, 폐기하는 모든 시설
	  - 40 CFR §261.31에서 규정한 D-list (List of Hazardous Wastes)
	  - 40 CFR §261.31에서 규정한 F-list (non-specific source wastes)
	  - 40 CFR §261.32에서 규정한 K-list (source-specific wastes)
	  - 40 CFR §261.33에서 규정한 P-list와 U-list (discarded commercial chemical products)
	  - 유해물질을 보관 없이 운반하거나 유해물질 처리 없이 단기간 보관하는 경우에는 RCRA허가가 필요치 않음.			

인증절차	RCRA 식별번호(RCRA Identification number) 외에, 주/지방자치로부터 라이선스 혹은 등록 허가 등이 요구됨.			
시험기관	–			
인증기관	United States Environmental Protection Agency(EPA)			
유의사항	■ 미국에서 EPA가 규정한 유해물질을 발생시키는 품목을 생산, 처리, 보관, 폐기하는 모든 시설은 RCRA 규정 뿐 아니라 대기오염 방지법, 수질오염 방지법 등 환경규제를 준수해야 함. ■ RCRA 식별번호(RCRA Identification number) 외에, 주/지방자치로부터 라이선스 혹은 등록 허가 등이 요구됨.			

■ 인증 획득 절차

◎ 기관정보

		인증기관
기 관 명		US Environmental Protection Agency (EPA)
홈페이지		http://www.epa.gov/
연락처	담당부서	관할주 EPA
	전화번호	http://www.epa.gov/osw/comments.htm
	팩스번호	http://www.epa.gov/osw/comments.htm
	이 메 일	http://www.epa.gov/osw/comments.htm
기타		■ 시험기관 또는 대행기관 없이 United States Environmental Protection Agency (EPA) 혹은 공인된 주(State)로부터 식별번호 (Identification number)를 발급받을 수 있음.

◎ 비용, 소요 기간 등

(단위: 원)

	인증비용	소요기간
인증	■ RCRA 식별번호 (Identification number) 생성 비용: 무료 ■ 유해 폐기물 발생 비용 : 시설별 상이 ■ RCRA 허가신청서 검토/작성 비용 : 주별 상이	주별로 상이하나 일반적으로 수일에 서 2주정도 소요
인증유효기간	10년	
사후관리비용	–	

자료원 : United States Environmental Protection Agency(EPA)

◎ 유의사항

• 필요서류

  - U.S. EPA 또는 주정부 EPA에 지원서(application form)를 작성 및 제출

  - 지원서(application form) 양식은 주별로 다를 수 있으며 아래 웹페이지를 통해 확인 가능 : http://www.epa.gov/osw/comments.htm

◎ 인증절차도

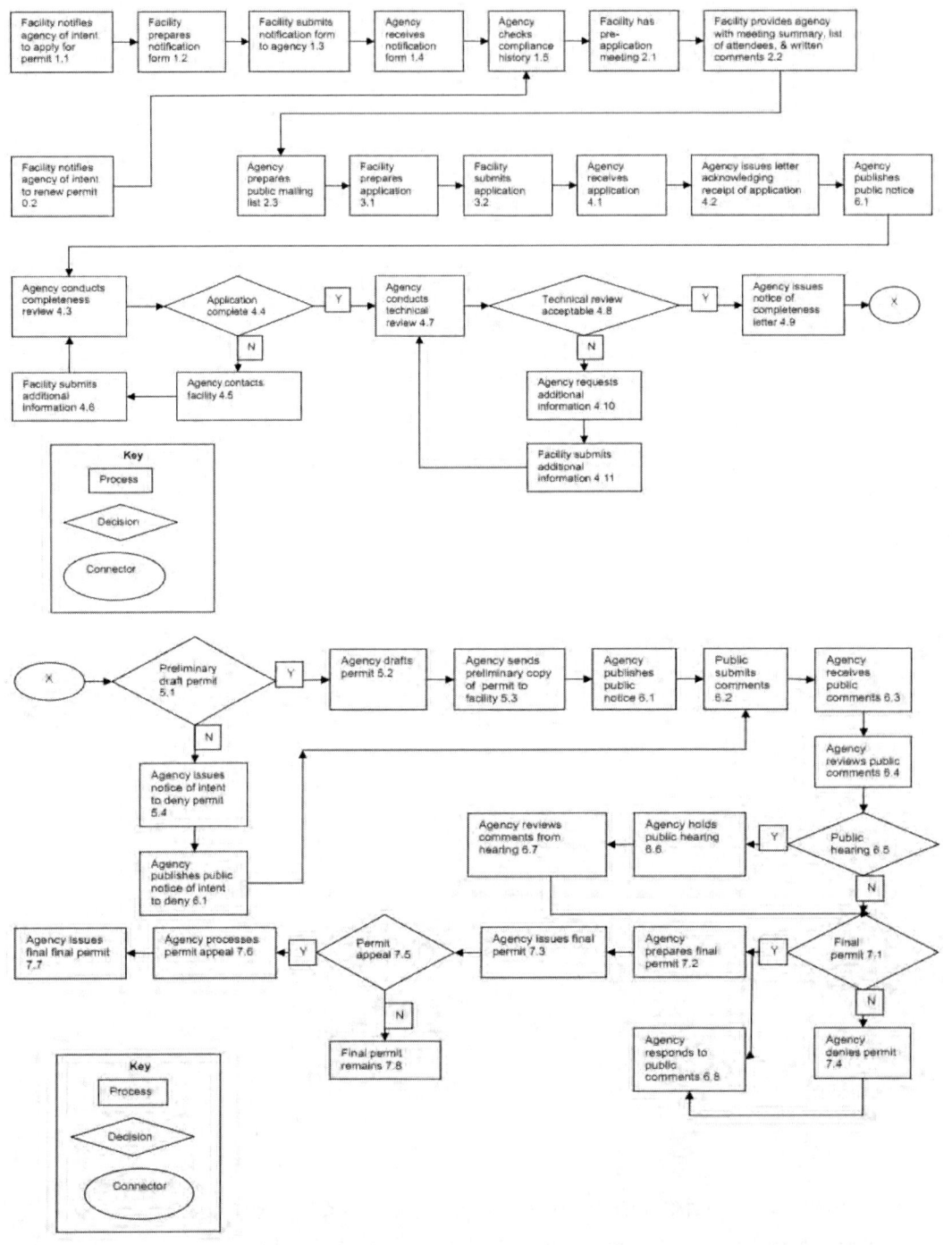

(자료원 : 미국 환경보호국(EPA))

* 항목별 상세설명은 웹페이지 참고 http://www.epa.gov/osw/hazard/tsd/permit/epmt/bps_apb.pdf

■ 조사 요약표

품목명	염화비닐플라스틱제품(PVC) (HS CODE: 391810)	국가명	일본
인증마크	(JIS)	제도명 (영문)	JIS (Japanese Industrial Standards : 일본공업규격)
인증구분	☐ 강제 ■ 임의	인증유형	■ 현행 ☐ 신규출현
도입시기	1968년 12월 1일		
근거규정	공업 표준화 법(JISA5705"비닐계 바닥재")		
제도내용	JIS(일본 공업 규격)은 일본 공업 표준화의 촉진을 목적으로 공업 표준화 법(1949년)에 의거 제정되는 국가 규격. JIS는 2014년 3월 말 현재 10,525 건이 제정됨.		
품목정의	1) 용도: 생활용품 2) 기능: 염화비닐의 중합체. 롤상 또는 타일상의 것으로서 보통 바닥깔개로 사용되는 플라스틱을 분류한다. 바닥재		
적용대상품목	건축용 비닐계 바닥재 염화비닐플라스틱제품(PVC)		
확대적용품목	–		
인증절차	TYPE A : 국내에서 제품시험(시험기관) ⇒ 국내에서 인증획득(인증기관)		
시험기관	■ 한국표준협회 지정시험기관, 한국화학융합시험연구원 ■ 일반 재단 법인 일본 품질 보증 기구, 일반 재단 법인인 건축 자재 시험 센터, 일반 재단법인 일본 건축 종합시험소		
인증기관	■ 한국표준협회, 한국화학융합시험연구원 ■ 일반 재단 법인 일본 품질 보증 기구, 일반 재단 법인인 건축 자재 시험 센터, 일반 재단법인 일본 건축 종합시험소		
유의사항	■ 동 규격은 주로 건축물의 바닥에 사용하는 비닐계 바닥재에 대한 규정 ■ 또한, 요즈음 건재 업계에서는 2003년 7월 1일 개정 건축기준법 시행에 의해 포름알데히드를 방출할 우려가 있는 건재·내장재를 파악하고 이들의 방출 양에 따라"F☆ ☆ ☆ ☆"등의 등급 표시를 실시 ■ 등급 표시가 필요한 건축 재료는 국토교통성 고시에 의해 17종류가 거론되고 있지만, 비닐계 바닥재는 고시 대상 건축재료에 포함되지 않아 해당 규제는 받지 않음. ■ 이는 비닐계 바닥재가 포름알데히드를 방산할 우려가 없기 때문이며 실제로 측정해도 "F☆ ☆ ☆ ☆" 기준에 충족됨. 국토교통성도 "고시 대상 이외의 것은 F☆ ☆ ☆ ☆ 등의 표시를 할 필요는 없다."라고 확인		

█ 인증 획득 절차

◎ 기관정보

		인증기관
기 관 명		한국표준협회
홈페이지		http://www.ksa.or.kr/
연락처	담당부서	국제인증심사팀
	전화번호	82-2-6009-4674
	팩스번호	82-2-6009-4689
	이 메 일	
	기타	■ (국내) KOLAS 등재 시험기관(ISO 17025) http://www.kolas.go.kr/usr/inf/srh/InfoTestInsttSearchList.do ■ 한국표준협회는 새로운 JIS마크 표시제도의 제품 인증 및 인증 유지 검사를 실시하는 등록인증기관으로서 일본 경제산업부로부터 해외인증기관으로 지정 받음.

◎ 인증 절차도 (TYPE A)

한국표준협회 JIS 인증 일반 플로차트

1. 인증신청서 및 첨부서류 제출
   한국표준협회 국제인증심사팀에 인증 신청서 및 품질검사 보고서를 포함한 각종 첨부서류를 제출

2. 인증신청서 수리
   신청서 기재내용 및 첨부서류에 부족한 점이 없는지를 확인 뒤, 심사팀을 구성하고 심사일정을 수립. 심사일정은 신청자와 조율 가능

3. 서류 심사

현장심사에 앞서 심사원은 신청서류가 해당 JIS 규격 심사기준에 부합되는지 등을 판단하고 현장심사 프로그램을 수립하기 위한 정보수집을 위해 서류 심사를 실시. 부적합 사항 발견 시에는 신청자에게 통지하고, 1개월 이내에 시정 조치가 취해져야 함. 시정조치 내용은 현장심사 시에 확인. 심사 완료 후에는 부적합사항을 포함한 심사보고서를 신청자에게 발급. 신청자는 부적합사항에 대해 1개월 이내에 시정 조치를 취해야 하며, 만약 심사결과에 이의가 있는 경우에는 서면으로 이의 제기 가능

4. 확인 심사

신청업체가 제출한 개선완료 보고서를 평가하기 위해 확인심사를 실시. 확인 심사는 개선완료 보고서에 대한 문서검토 또는 현장확인으로 구성되며 부적합사항의 내용이 문서로 확인 가능한 경우에는 현장확인은 생략 가능

5. 인증 결정 및 인증서 발행

확인심사가 종료되면 심사 수행의 적절성 판단을 위해 심사 과정 전체를 검증하고, 문제가 없을 경우에 심사위원회를 개최하여 인증여부를 결정

6. 인증유지 심사

인증 취득 이후 3년에 1회 이상의 빈도로 정기 인증유지 심사를 계획/실시

◎ 비용, 소요 기간 등

(단위: 원)

시험	시험규격 혹은 시험항목	시험비용	소요기간
	서류심사, 공정심사, 적합성 심사 등	제품사양에 따라 차이 있음.	3개월
인증	초기공장심사	인증비용	소요기간
	900,000만원/ manday +출장비	신청비 500,000 등록비 300,000 (최초인증시)	문서심사1manday 현장심사4manday
인증유효기간	3년		
사후관리비용	인증 취득 이후 3년에 1회 이상의 빈도로 정기 인증유지 심사를 필요로 함. 비용은 서류심사에 900,000원, 현장심사 2,700,000원		

(자료원 : 한국표준협회)

조사 요약표

품목명	염화비닐플라스틱제품(PVC) (HS CODE: 391810)	국가명	호주
인증마크	Australian Standard	제도명 (영문)	Australian Standard
인증구분	☐ 강제　■ 임의	인증유형	■ 현행　☐ 신규출현
도입시기	1984년 12월 7일		
근거규정	AS1889.2-1985 PVC Floor tiles, Part 2- Flexible		
제도내용	본 제도는 염화비닐플라스틱으로 제조된 매끄러운 면으로 형성된 타일 및 부조 세공을 한 (embossed) 반강체의 (semi rigid) 바닥 타일에 관한 기준을 제시함.		
품목정의	1) 용도: 생활용품 2) 기능: 염화비닐의 중합체. 롤상 또는 타일상의 것으로서 보통 바닥깔개로 사용되는 플라스틱을 분류한다. 바닥재		
적용대상품목	염화비닐 플라스틱 바닥 타일. 코팅 되어 있는 타일 제외		
확대적용품목	-		
인증절차	TYPE C : 해외에서 제품시험(시험기관) ⇒ 해외에서 인증획득(인증기관)		
시험기관	호주 시험기관 협회 (NATA) 가입 시험기관		
인증기관	SAI Global		
유의사항	■ 본 제도는 구체적인 기준으로서 염화비닐플라스틱 타일에만 적용되는 기준이므로 주의 바람. ■ 신축성 있는 (flexible) 염화비닐플라스틱 타일에 대한 기준은 AS1889.2-1984 PVC Floor Tiles, Part 2- Flexible 참고		

◢ 인증 획득 절차

◎ 기관정보

		시험기관	인증기관
기 관 명		NATA	SAI Global
홈페이지		http://www.nata.com.au	www.saiglobal.com
연락처	담당부서	Accredited Facilities	Assurance Dept.
	전화번호	61-2-9736-8222	61-1300-360-314
	팩스번호	61-2-9743-5311	61-1300-64-49-49
	이 메 일	regina.robertson@nata.com.au	sales@saiglobal.com
기타		▪ SAI Global은 제품에 따라 가능한 시험기관들(ILAC 멤버인 호주 시험기관들)을 추천한 후, 신청자가 시험기관 선택 가능함. NATA외에 APLAC, JAS-ANZ, ATA를 통해 시험기관 선택 가능 ▪ SAI Global Korea(02-582-1823 korea@saiglobal.com)	

◎ 인증 절차도

• SAI Global에 인증 신청 및 상담 후, 제품에 따라 NATA 호주시험기관협회를 통해 시험기관을 공유함. 신청자는 시험기관을 직접 선택 가능하며, 시험 성적서는 반드시 SAI Global로 제출 되도록 함. NATA 이외에 다른 시험기관 협회를 통해 시험기관과 연결 가능함. (JAS-ANZ, APLAC, ATA)

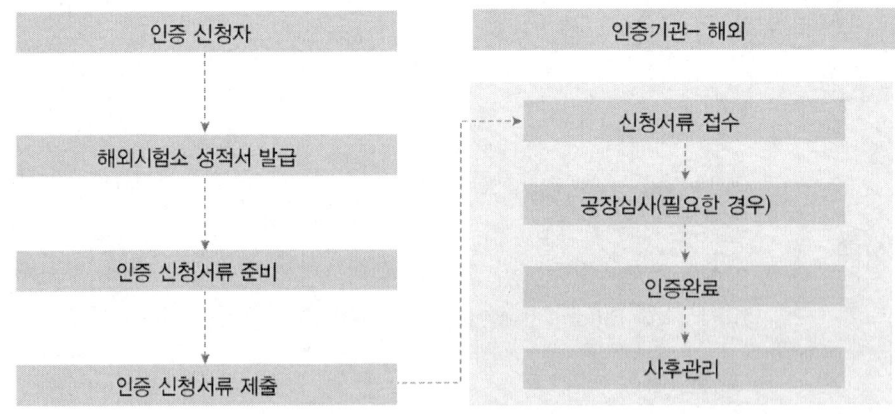

◎ 비용, 소요 기간 등

(단위: AUD)

	시험규격 혹은 시험항목	시험비용*	소요기간
시험	– 재료 (material) – 색상 (colour) – 표면 처리 (surface finish) – 치수 (dimensions) – 휘발성 물질 (volatile material) – 자국 (indentation) – 내충격성 (impact resistance) – 다른 물질에 대한 저항력 (resistance to various substances)	약 AUD 500-800	4주 (시험기간은 제품과 시험기관에 따라 길어지면 2-3개월 소모 할 수 있음.)
	인증항목	**인증비용***	**소요기간**
인증	신청서 및 상담비 (Client Manager 및 지원팀 이용, 라이선스 관리, 공장심사 비용)	AUD 3,000-6,000	4-6 주
인증유효기간	5년 (유효기간이 지나기 전에 인증을 갱신해야함.)		
사후관리비용	인증 유지를 위한 연회비는 부과 되지 않음.		

(자료원 : SAI Global)

* 테스트 내역 및 시험기관에 따라 비용이 달라질 수 있음. 정확한 시험비용에 관해서는 신청서 검토 후, 인증기관과 협의 시 확정됨.

유성페인트

대만	BSMI	
대만	CNS	
러시아	Certificate Of State Registration	
말레이시아	SIRIM	
멕시코	NOM/COFEPRIS	
미국	RCRA	–
미국	TSCA	–
베트남	수입요구사항 충족여부 통지	–
브라질	인증불요	–
인도	인증불요	–
인도네시아	인증불요	–
일본	포름알데히드 자주관리 등록	F☆☆☆☆
중국	CCC	
홍콩	Hong Kong Green Label	

■ 조사 요약표

품목명	유성페인트 (HS CODE: 320820)	국가명	대만
인증마크	(인증마크 이미지)	제도명 (영문)	BSMI (Bureau of Standards, Metrology and Inspection)
인증구분	■ 강제　□ 임의	인증유형	■ 현행　□ 신규출현
도입시기	2002년 11월 1일		
근거규정	상품검험법(商品檢證法)		
제도내용	대만경제부 산하 표준검험국에서 실시하는 강제성 상품인증제도		
품목정의	1) 용도: 건축 ②예술작업 도료 ③공업용 ④특수용 2) 기능: 소재의 외관에 도막을 형성함으로써, 각종 원자재나 완제품의 노화, 산화 등을 방지하여 수명을 연장시키고, 방수, 방오, 내화, 전자파 차폐, 단열 등의 특수 목적에 부합한 기능성을 부여하며 주위와의 조화로운 색상을 구현하는 소재. 건축내장제, 외장제 등으로 쓰임		
적용대상품목	유성페인트(화재방지용 등)		
확대적용품목	■ Paints or enamels, based on polyesters ■ Conductive paints (containing copper powder, silver powder or nickel powder only), based on polyesters ■ Paints or enamels, based on polyesters (inspection scope fire-retardant paints) ■ Other paints (including enamels and lacquers) based on polyesters, dispersed or dissolved in a non-aqueous medium (inspection scope fire-retardant paints) ■ Other varnishes based on polyesters, dispersed or dissolved in a non-aqueous medium (inspection scope fire-retardant paints) ■ Paints or enamels, based on acrylic or vinyl polymers (inspection scope fire-retardant paints)		
인증절차	TYPE C : 해외에서 제품시험(시험기관) ⇒ 해외에서 인증획득(인증기관)		
시험기관	표준검험국, 표준검험국 인가 품질관리검험기구 및 실험실		

인증기관	대만경제부(MOEA: Ministry of Economic Affairs)산하 표준검험국(BSMI: Bureau of Standards, Metrology and Inspection)
유의사항	■ 검험국 홈페이지를 참고하여 반드시 검험을 받아야 하는 상품 검색 (civil.bsmi.com.tw/bsmi_pqn/index.jsp) ■ 검사종류는 선적물 검사, 모니터링 제도, 제품인증등록, 적합성 선언 등 4개 평가 절차가 있음. – 선적물 검사(Batch by Batch Inspection): 불안정한 기술로 제조되어 위험요소가 있는 제품 위주로 실시하며 광물성 연료, 유기 화학품, 전기기기 등이 있음. – 모니터링 제도 : 선적물 검사제도의 간소화된 형태로 선적물 검사를 통과한 제품에 대해 이후부터 모니터링제도를 적용함. 시멘트, 석유, 화재방지 페인트, 타이어, 인형 등 114개 화학제품이 해당함. – 제품인증등록(Registration of Product Certificationl; RPC): 제품의 설계 및 제조단계에 따라 RPC 제도 안에 7개 모듈이 있음. 이는 생산공정에서 부터 인증을 받게 함으로써 제조업체가 인증 요구사항에 맞춰 제품을 개선할 수 있는 장점이 있음. 전기전자제품, 소방장비, 가스기기, 유아용품, 전동공구용품, 개인보호 장비 등이 해당함. – 적합성 선언 제도 : 적합성 선언제도에 따라 제조업체 또는 수입상은 BSMI가 지정한 시험소에서 시험을 받고, 기준에 적합하다는 선언서를 작성한 후 시장에 바로 진출함. 적합성 선언신청이 허용된 제품은 까다로운 통관절차 없이 수입될 수 있음. 전자계산기, 데이터 저장장치, 메인보드 등 50여 개 항목이 해당함. ■ 유성페인트의 경우 선적물 검사와 제품인증등록검사를 받아야 함. ■ 검사절차 – 통관→ 지정된 실험실에서 규격검사(形式試驗, 샘플테스트)→ 상품규격인가증서 취득(이상의 단계는 재수입시 면제가능)→ 표준 검험국에 상품규격인가증서 제출→ 서면심사(서류 및 샘플검사)→ 상품검정등록→ 대만 내 상품 진입 ■ 수입되는 물품의 경우, 신청자는 대만 내에 기반을 둔 판매 대리인 또는 수입상을 의미하며 신청자는 신청자의 사업 기반을 두고 있는 곳의 심사기관에 신청서를 제출함. 그러므로 제조자가 대만 내에서 생산지 기반을 두고 있지 않으면 판매인이나 수입업자를 대리인(에이전트)으로 신청해야 함.

유성페인트

kotra

▨ 인증 획득 절차

◎ 기관정보

		시험기관	인증기관
기 관 명		대만도료공업공회 (台灣區塗料工業同業公會)	경제부 표준검험국 (BSMI)
홈페이지		taipaint.industry.org.tw	www.bsmi.gov.tw
연 락 처	담당부서	연구발전검험실	표준검험국 제1조
	전화번호	886-2-29993236	886-2-23431782
	팩스번호	886-2-29995312	886-2-33433991
	이 메 일	taipaint@ms29.hinet.net	Chun.wang@bsmi.gov.tw
기타		-	

◎ 인증 절차도 (TYPE C)

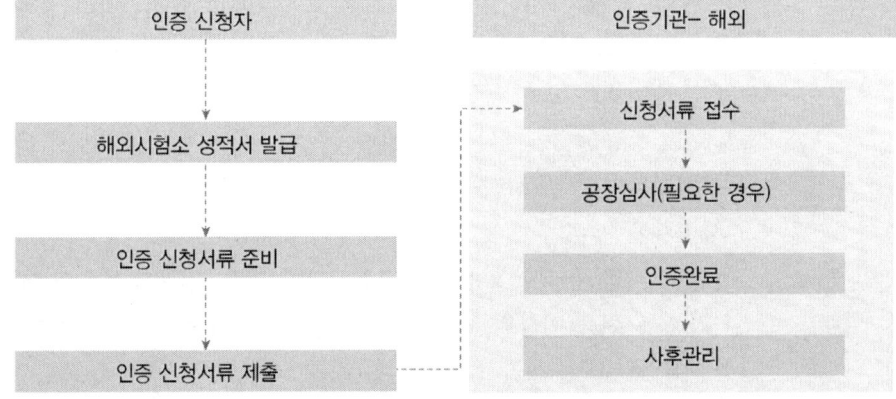

◎ 비용, 소요 기간 등

(단위: NTD)

시험	시험규격 혹은 시험항목	시험비용	소요기간
시험	■ Paints or enamels, based on polyesters(inspection scope fire-retardant paints) : CNS 11728 K2146 ■ Paints or enamels, based on acrylic or vinyl polymers (inspection scope fire-retardant paints) : CNS 11728 K2146 : 0990902 ■ Paints or enamels, based on acrylic or vinyl polymers : CNS 2070 K2032 , CNS 4940 K2091, CNS 601 K2006 , CNS 606 K2011, CNS 8144 K2125 ■ Other paints or enamels : CNS 2070 K2032, CNS 4940 K2091, CNS 601 K2006, CNS 606 K2011, CNS 8144 K2125 ■ Other paints or enamels (inspection scope fire-retardant paints): CNS 11728 K2146	매 제품 심사 항목마다 검사비 상이	7일
인증	**초기공장심사**	**인증비용**	**소요기간**
인증	–	검험이므로 따로 인증비용이 없음	3~7일
인증유효기간	3 년		
사후관리비용	연회비 5,000NTD(인증 신청 시 수수료와 같이 지불해야 함.)		

(자료원 : 경제부 표준검험국)

◎ 유의사항

• 유성페인트의 경우 선적물 검사와 제품인증등록 모듈2+4, 2+5, 2+7을 실시하여 RPC 인증을 받아야 함.
  - 모듈2+4 : 형식시험성적서, 형식적합성선언서, 관련 정보 및 지정된 기술문서, 설계·개발·제조·설치 및 서비스 등을 포괄하는 ISO9000 규격에 맞는 품질시스템에 대한 인증서 사본
  - 모듈2+5 : 형식시험성적서, 형식적합성선언서, 관련 정보 및 지정된 기술문서, ISO 9000인증서 사본
  - 모듈2+7 : 형식시험성적서, 형식적합성선언서, 관련 정보 및 지정된 기술문서, 공장심사보고서

• 공시한 상품검정기준에 변경사항이 없고 상품검사에 이상이 없을 경우 원증서로 인증유효기간이 만료되기 전, 한 회에 한해서 3년 연장가능

• 경제부가 공시한 상품검정기준에 변경사항이 있을 경우 특별한 지침이 없을 때까지 먼저 취득한 상품검정증을 인증유효기간 만료일까지 사용가능

• 상품이 두 종류 이상의 기능을 가졌을 경우는 각각의 해당하는 검사를 모두 취득하여야 함.

• RPC인증서를 받은 후 상품검험마크 취득을 위한 제출서류
  - 신청서
  - 등록수수료
  - 관련 시험기록
  - 제조기록 및 관련 고시문에서 요구하는 기타 자료
  - 대리인이 신청하는 경우 대리인 위임장 및 서류 등을 첨부

• 처벌규정
  - 상품검험법 제60조에 따라 위의 규정을 위반하는 경우에는 NTD 200,000 이상 NTD 2,000,000 이하의 벌금이 부과됨.

조사 요약표

품목명	유성페인트 (HS CODE: 320820)		국가명	대만
인증마크	(마크)	제도명 (영문)	CNS (Chinese National Standards)	
인증구분	☐ 강제　■ 임의		인증유형	■ 현행　☐ 신규출현
도입시기	1944년 6월			
근거규정	Standards Law 및 Rules governing the use of the CNS Mark			
제도내용	국가표준에 부합하는 상품과 그 상품의 품질관리에 품질인정을 해주는 대만 상품검정제도			
품목정의	1) 용도: 건축 ②예술작업 도료 ③공업용 ④특수용 2) 기능: 소재의 외관에 도막을 형성함으로써, 각종 원자재나 완제품의 노화, 산화 등을 방지하여 수명을 연장시키고, 방수, 방오, 내화, 전자파차폐, 단열 등의 특수 목적에 부합한 기능성을 부여하며 주위와의 조화로운 색상을 구현하는 소재. 건축내장제, 외장제 등으로 쓰임.			
적용대상품목	유성페인트			
확대적용품목	토목, 건축, 기계, 광산, 농업, 식품, 목재 등 22의 분야			
인증절차	TYPE C : 해외에서 제품시험(시험기관) ⇒ 해외에서 인증획득(인증기관)			
시험기관	표준검험국 지정 품질관리검험기구 및 실험실			
인증기관	경제부 표준검험국(BSMI)			
유의사항	■ CNS(正字표기) 신청은 먼저 이미 공시한 「CNS(正字표기)품목」을 참고해 검색후 해당 상품이 공시되어 있을 경우, 인증 신청 가능 ■ 신청인은 대만에 거주하는 내국인 또는 제조업자, 수입업자로 한정하며 우리나라 제조업자의 경우 대만 내 대리인(에이전트)을 지정하여 신청 ■ BSMI인증은 주로 농업·공업·광업류 제품을 대상으로 안전검사를 반드시 받아야하는 특성을 지닌 제품에 대해 강제로 시행하고 있는 인증이며 지정된 제품에 대해 인증을 취득하지 못할 경우 제품을 시판할 수 없음. CNS는 제품이 국가에서 정해 놓은 규격에 맞게 제작되었음을 소비자에게 인식하게 하는 자율성 인증제도임.			

유성페인트

Kotra

■ 인증 획득 절차

◎ 기관정보

		시험기관	인증기관
기 관 명		Taiwan Paint Industry Association	경제부 표준검험국(BSMI)
홈페이지		taipaint.industry.org.tw	www.bsmi.gov.tw
연락처	담당부서	인증산업본부	표준검험국 제1조
	전화번호	886-2-29993236	886-2-33435152
	팩스번호	886-2-29995312	886-2-33435126
	이 메 일	taipaint@ms29.hinet.net	-
기타		■ 상품 검사시 관련 자료를 제6조(수입제품담당부서)로 송부해야 함. - 담당자 : 리(李)센셩, 886-2-3343-5152 ■ 품질관리시스템(ISO9001)에 관한 검사는 검험국이 지정한 「CNS(正字표기) 인가 품질관리검정기구」에서만 이루어져야 하며 검험국이 지정한 품질관리 검정기구인 대만SGS의 한국지사가 시험을 일임하고 있음. 한국SGS(담당: 지현주과장/ www.sgsgroup.kr)사에서 TAF(Taiwan Accreditation Foundation)시험 항목에 맞게 ISO인증서를 발급	

◎ 인증 절차도 (TYPE C)

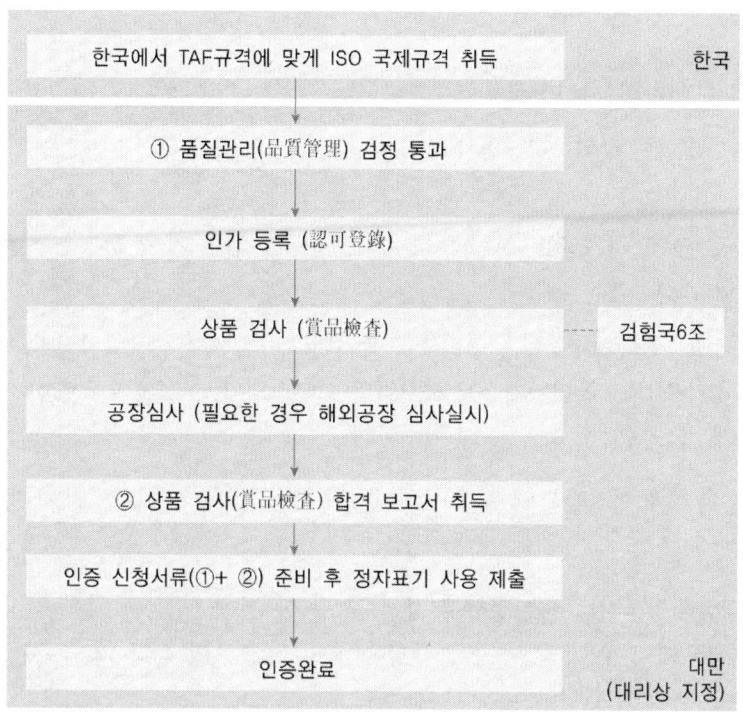

| 한국에서 TAF규격에 맞게 ISO 국제규격 취득 | 한국 |

① 품질관리(品質管理) 검정 통과

인가 등록 (認可登錄)

상품 검사 (賞品檢査) ----- 검험국6조

공장심사 (필요한 경우 해외공장 심사실시)

② 상품 검사(賞品檢査) 합격 보고서 취득

인증 신청서류(①+ ②) 준비 후 정자표기 사용 제출

인증완료 ----- 대만 (대리상 지정)

◎ 비용, 소요 기간 등

시험	시험규격 혹은 시험항목	시험비용	소요기간
	CNS 4939	실험 항목마다 상이	4-9 주
인증	초기공장심사(IFA : Initial Factory Audit or Inspection) 비용	인증비용	소요기간
	-	NT 5,000 인증서 NT 1,000 영문번역본 NT 1,000	2 주
인증유효기간	3 년		
사후관리비용	제조업자는 품질관리시스템(ISO 9001) 검사표를 검험국 제6조 혹은 각 지국에 매년 송부해야 함.		

(자료원 : 경제부 표준검험국)

◎ 유의사항

- 필요서류
  - 신청서: 회사 인감이 찍혀있어야 하며, 상품당 1부(BSMI 제공)
  - 회사등기증명서 혹은 상업등기증명서 복사본 1부(국외 제조업자의 경우 상응하는 문서 복사본 1부)
  - 공장기본자료(조직 시스템표, 공장부지도, 주요상품 제조 작업 과정도, 제조지 위치안내 약도, 품질 가이드 등)
  - 검험국(제5,6조), 관할지국, 혹은 검험국 위탁기관(구), 인가품질관리검정기구, 인가실험실에서 받은 유효기간 내의 품질검정증서 복사본과 최근 6개월 내 상품검정에 합격한 보고서(상품 검정기록부) 복사본
- 서류제출은 우편이나 직접방문의 방법으로 제출해야 하며 국외 제조업자의 경우 표준검험국 제6조로 제출
- 신청품목은 생산제조공장별로 신청하고 각 상품 당 한 건에 한함. 동일한 공장에서 생산되는 다른 종류의 상품의 경우 각각 나눠서 신청하며 동일 회사의 각각 다른 공장에서 생산하는 동일한 상품의 경우 공장별로 나눠서 신청
- 모든 문서는 반드시 중문 번역본으로 제출
- 신청비용은 현금, 환어음 혹은 수표 방식을 이용해 납부하고 수신인은 「경제부 표준검험국(經濟部標準檢驗局)」으로 기재
- 검사 물품의 이동성이 용이하지 않아 부득이하게 해외공장심사를 실시해야 할 경우, 일체의 관련 비용은 제조업자가 모두 부담해야 함.

조사 요약표

품목명	유성페인트 (HS CODE: 320820)	국가명		러시아
인증마크	**EAC**	제도명 (영문)		Certificate Of State Registration
인증구분	■ 강제　□ 임의	인증유형		■ 현행　□ 신규출현
도입시기	2010년 5월 28일			
근거규정	"28.05.2010. N 299(15.01.2013 수정) 관세동맹의 위원회 결정" 및 "연방 세관의 위생 방안의 적용"			
제도내용	규정번호 N 184-FZ "기술에 대한 규정"을 정의한 러시아 연방 법률에 따라 마련된 인증으로 공인기관에서 발급한 확인서로 증명			
품목정의	1) 용도: 건축 ②예술작업 도료 ③공업용 ④특수용 2) 기능: 소재의 외관에 도막을 형성함으로써, 각종 원자재나 완제품의 노화, 산화 등을 방지하여 수명을 연장시키고, 방수, 방오, 내화, 전자파 차폐, 단열 등의 특수 목적에 부합한 기능성을 부여하며 주위와의 조화로운 색상을 구현하는 소재. 건축 내장제, 외장제 등으로 쓰임			
적용대상품목	건축과 미술에 사용되는 유성 페인트와 니스제(에나멜과 래커 포함)			
확대적용품목	페인트, 니스(에나멜, 래커, 끈적한 페인트 포함), 가죽에 사용되는 것을 포함한 물감류			
인증절차	TYPE C : 해외에서 제품시험(시험기관) ⇒ 해외에서 인증획득(인증기관)			
시험기관	"Rusexpert" Ltd			
인증기관	Eurasian Economic Commission (EEC)			
유의사항	■ 해당 제품이 인증이 없는 경우 러시아를 포함한 관세동맹 회원국 내통관이 불가하고 미인증 상태로 판매될 경우, 처벌 대상 ■ 해외 제조사의 3국 내 지정 대리인, 판매자가 기술규정의 요건에 맞지 않는 제품을 생산, 설치, 사용, 보관, 운송, 판매하는 경우 일반인1,000-2,000루블, 공무원 10,000~20,000루블, 법인 등록없이 사업 활동을 한 사업가에게는 100,000~300,000루블의 벌금이 부과			

■ 인증 획득 절차

◎ 기관정보

		시험기관	인증기관
기 관 명		"Rusexpert" Ltd	Eurasian Economic Commission
홈페이지		www.rus-expert.com	www.eurasiancommission.org
연 락 처	담당부서	–	Department of Technical Regulating and Accreditation
	전화번호	7-499-343-6252	7-495-669-2400(ext: 4133)
	팩스번호	7-499-343-6252	7-495-669-2415
	이 메 일	rus-sert1@bk.ru	–
기타		■ 시험기관은 이 외에도 현지에 여러 기관 및 기업이 있으며, 이들 중 일부는 해외에 지사를 운영하고 있는 경우도 있음.	

◎ 인증 절차도 (TYPE C)

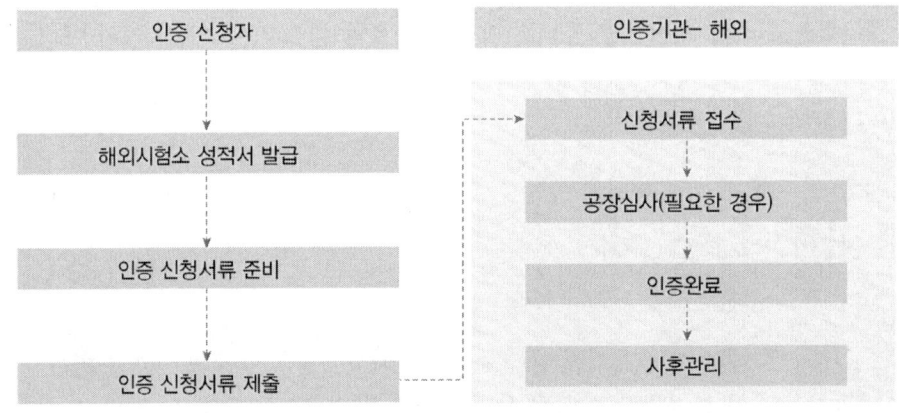

◎ 비용, 소요 기간 등

(단위: 루블)

시험	시험규격 혹은 시험항목	시험비용	소요기간
	관련 규격	인증비용에 포함	3-4 주
인증	초기공장심사(IFA : Initial Factory Audit or Inspection) 비용	인증비용	소요기간
	-	33,000 루블/년	3-4 주
인증유효기간	1년		
사후관리비용	-		

(자료원 :«Intersolution» Ltd)

◎ 유의사항

• 인증 취득을 위한 필요서류
  - 신청서
  - 공장심사 성적서
  - 제품시험 성적서
  - 대리위임장(대리인을 통해 신청할 경우)
  - 제품사진
  - 제품설명서(러시아어)

유성페인트

조사 요약표

품목명	유성페인트 (HS CODE: 320820)	국가명	말레이시아
인증마크	**MS** SIRIM	제도명 (영문)	SIRIM (Standards and Industrial Research Institute of Malaysia)
인증구분	☐ 강제　■ 임의	인증유형	■ 현행　☐ 신규출현
도입시기	1995년 1월 1일		
근거규정	〈 MS 125:1995 〉		
제도내용	이 표준은 인테리어 내부 및 외부 나무와 금속 표면에 사용하기 이전에 페인트된 표면의 재 페인트칠을 위한 공기 건조 광택 페인트를 지정		
품목정의	1) 용도: 건축 ②예술작업 도료 ③공업용 ④특수용 2) 기능: 소재의 외관에 도막을 형성함으로써, 각종 원자재나 완제품의 노화, 산화 등을 방지하여 수명을 연장시키고, 방수, 방오, 내화, 전자파차폐, 단열 등의 특수 목적에 부합한 기능성을 부여하며 주위와의 조화로운 색상을 구현하는 소재. 건축내장제, 외장제 등으로 쓰임.		
적용대상품목	유성페인트		
확대적용품목	페인트, 광택 에나멜		
인증절차	TYPE C : 해외에서 제품시험(시험기관) ⇒ 해외에서 인증획득(인증기관)		
시험기관	SIRIM QAS International Bhd		
인증기관	SIRIM QAS International Bhd		
유의사항	■ 임의인증으로 현지시장 진출을 위해 강제되지 않음. ■ 말레이시아에서 제품인증은 강제(Mandatory)가 아님. 단 에너지 위원회(Energy Commission), 화재 및 구조청(Fire and Rescue Department Malaysia), 통신 및 멀티미디어 위원회(Malaysian Communication and Multimedia Commission), 국가 물서비스 위원회(National Water Services Commission), 도로교통청(Road Transport Department) 등 국가기관에서 강제 인증을 법제화한 경우만 강제인증을 받아야 함. ■ 표준(Standard)이 있는 제품에 대해서만 제품 인증이 가능함. 국가기관에서 강제하는 인증의 경우는 신청자가 해당 표준을 따라하지만 그 외의 경우는 신청자가 인증받기를 희망하는 규정을 제시해야 함. 표준에 대한 정보는 www.msonline.gov.my에서 볼 수 있음.		

인증 획득 절차

◎ 기관정보

		시험기관	인증기관
기 관 명		SIRIM QAS International Bhd	SIRIM QAS International Bhd
홈페이지		www.sirim-qas.com.my	www.sirim-qas.com.my
연락처	담당부서	Sales, Marketing and Business Development Section	Sales, Marketing and Business Development Section
	전화번호	+603-5544-6402	+603-5544-6402
	팩스번호	+603-5544 6787	+603-5544 6787
	이 메 일	qas_marketing@sirim.my	qas_marketing@sirim.my
기타		–	

◎ 비용, 소요 기간 등

(단위 : RM(링깃))

시험	시험규격 혹은 시험항목	시험비용	소요기간
	〈 MS 125:1995 〉	견적에 따라 상이	2달 이상
인증	초기공장심사	인증비용	소요기간
	▪ 공장실사/현장실사: - RM 1,000 for 1 man-day - RM 125 per additional hour	▪ 신청비: RM 500 per application ▪ 문서/제품평가 보고서준비: - RM 1000 for 1 man-day - RM 125 per additional hour	2달 이상
인증유효기간	1년		
사후관리비용	▪ 공장실사/현장실사: -RM 1,000 for 1 man-day 　　　　　　　　　　-RM 125 per additional hour ▪ 갱신비용(Annual Renewal Fee) : RM 500 ▪ 추가 및 변경비용: RM100 + 제품평가비용 @ RM125 per hour		

(자료원 : SIRIM QAS International Bhd)

◎ 인증 절차도 (TYPE C)

단계	세부내용
질의 (Enquiry)	① 신청자가 SIRIM QAS International Bhd에 질의서(Questionnaire) 양식을 작성하여 제출 ② SIRIM QAS International Bhd는 실제로 인증업무를 진행할 수 있는지 타당성을 테스트하고 인증 업무가 진행 가능하다고 판단되면 견적서를 신청자에 송부 ※ 질의서는 PCS/FOR/01-1 양식을 사용해야 함. 또한 SIRIM 인증은 말레이시아 정부에서 강제하는 인증이 아닌 이상 신청자가 표준(Standard)을 특정(Identify)해야함.
신청 (Application)	① 신청자는 견적서를 수취한 후 신청서(Application Form)을 작성하여 제출 ② 신청자는 인증 관련 비용을 납부 ※ 신청서는 양식 PCS/FOR/01-2를 사용해야함. 필요시 SIRIM QAS International Bhd에서 요청하는 부대서류를 같이 제출
서류평가 (Document Evaluation)	① 인증 표준에 맞추어 제출 서류를 평가
공장실사 (Factory Audit)	① 품질관리 계획(Quality Control Plan)의 적정성, 시험 장비(Test Equipment)의 적정성, 측정표준(Calibration) 및 기록시스템(Record-keeping System)의 적정성을 점검
샘플테스트 (Sample Test)	② 공장 실사 중 시험관이 샘플을 선정하여 테스트를 실시 ※ 테스트는 SIRIM QAS International Bhd나 SIRIM QAS International Bhd가 인증하는 시험기관에서 실시
인증서발급 (Approval Process)	① 공장실사와 샘플 테스트에 문제가 없으면 인증 보고서(Certification Report)를 작성하고 인증 발급을 결정 ② 미납 비용을 모두 납부하면 인증서를 발급
감시 (Surveillance)	① 인증 품목이 표준을 준수하는지 확인하기 위해 사전계획에 의한 점검이나 불시 재검사를 실시 할 수도 있음. ※ 보통은 제품에 대한 고발이 있을 시 시장에서 샘플을 수거하여 검사를 실시
갱신 (Renewal)	① 인증 유효기간이 1년인 바 매년 인증 갱신이 필요

조사 요약표

품목명	유성페인트 (HS CODE: 320820)		국가명	멕시코
인증마크	**NOM**	제도명 (영문)	\begin{tabular}{c} NOM 라벨링 (Normas Oficiales Mexicanas) COFEPRIS 등록 \end{tabular}	
인증구분	■ 강제　　□ 임의		인증유형	■ 현행　　□ 신규출현
도입시기	1994년 8월 12일 공포, 2008년 개정, 2010년 발효			
근거규정	연방 공공 행정법 연방 계량, 표준화 법 보건부 내부규정 003-SSA1-2006 (제품 라벨링)			
제도내용	국가 질서와 사회 이익을 위해 페인트, 잉크, 유약, 락커, 옻, 에나멜 등의 판매와 공급을 위해서는 본 인증을 통한 위생 요건을 충족시켜야 함.			
품목정의	1) 용도: 건축 ②예술작업 도료 ③공업용 ④특수용 2) 기능: 소재의 외관에 도막을 형성함으로써, 각종 원자재나 완제품의 노화, 산화 등을 방지하여 수명을 연장시키고, 방수, 방오, 내화, 전자파 차폐, 단열 등의 특수 목적에 부합한 기능성을 부여하며 주위와의 조화로운 색상을 구현하는 소재. 건축내장제, 외장제 등으로 쓰임			
적용대상품목	유성페인트			
확대적용품목	페인트, 잉크, 락커, 에나멜 종류			
인증절차	본 품목은 인증에서 요구하는 항목이 들어가는 라벨을 수출자가 부착하면 되므로 다른 인증이 필요 없음. 다만 COFEPRIS에 등록해야함.			
시험기관	시험 없음.(라벨링)			
인증기관	본 인증은 인증서나 라벨을 부착해주는 기관이 없음.			
유의사항	■ NOM 인증 필수인 품목 중 인증을 받지 않은 경우, 수입 금지, 세관 통과 불가, 벌금 등의 제재를 받을 수 있음. ■ 250ml 이하 용기에 담긴 제품은 제품의 종류에 따라 인증이 필요 없을 수도 있음. ■ 본 종류의 제품은 독성을 포함한다고 분류하여, 미성년자에게 판매를 금지하고, 유아 관련 용품에 사용을 금지함.			

유성페인트

▨ 인증 획득 절차

• 본 품목은 인증에서 요구하는 항목이 들어가는 라벨을 수출자가 부착하면 되므로 다른 인증이 필요 없고 시험기관이나 인증기관이 없음.

• 다만 COFEPRIS에 등록해야함.

◎ 유의사항

• 필요서류
  – 인증이나 라벨을 다른곳에서 발부해주는 것이 아니므로, 수입 시 NOM 인증이 요구하는 항목이 들어간 라벨을 수출자가 부착하면 됨.
  – 다만 COFEPRIS에 등록을 해야함. COFEPRIS 홈페이지에서 SCIAN 코드를 받아야 나머지절 차를 진행하는 것이 가능하며, 코드에 따라 필요서류, 비용, 기간은 상이함으로 별도 문의 요망

■ 조사 요약표

품목명	유성페인트 (HS CODE: 320820)		국가명	미국
인증마크	–	제도명 (영문)	RCRA Permit (Resource Conservation and Recovery Act)	
인증구분	■ 강제　☐ 임의		인증유형	■ 현행　☐ 신규출현
도입시기	1976년 10월 21일			
근거규정	40 CFR Parts 260-265 and 266-270			
제도내용	유해물질의 안전한 처리, 보관, 폐기를 보장하기 위한 제도			
품목정의	1) 용도: 건축 ②예술작업 도료 ③공업용 ④특수용 2) 기능: 소재의 외관에 도막을 형성함으로써, 각종 원자재나 완제품의 노화, 산화 등을 방지하여 수명을 연장시키고, 방수, 방오, 내화, 전자파 차폐, 단열 등의 특수 목적에 부합한 기능성을 부여하며 주위와의 조화로운 색상을 구현하는 소재. 건축내장제, 외장제 등으로 쓰임.			
적용대상품목	유성페인트			
확대적용품목	■ 아래에 해당하는 모든 품목을 처리, 보관, 폐기하는 모든 시설 　– 40 CFR §261.31에서 규정한 D-list (List of Hazardous Wastes) 　– 40 CFR §261.31에서 규정한 F-list (non-specific source wastes) 　– 40 CFR §261.32에서 규정한 K-list (source-specific wastes) 　– 40 CFR §261.33에서 규정한 P-list와 U-list (discarded commercial chemical products) 　– 유해물질을 보관 없이 운반하거나 유해물질 처리 없이 단기간 보관하는 경우에는 RCRA허가가 필요치 않음.			
인증절차	RCRA 식별번호(RCRA Identification number) 외에, 주/지방자치로부터 라이선스 혹은 등록 허가 등이 요구됨.			
시험기관	–			
인증기관	United States Environmental Protection Agency(EPA)			
유의사항	■ 미국에서 EPA가 규정한 유해물질을 발생시키는 품목을 생산, 처리, 보관, 폐기하는 모든 시설은 RCRA 규정 뿐 아니라 대기오염 방지법, 수질오염 방지법 등 환경규제를 준수해야 함. ■ RCRA 식별번호(RCRA Identification number) 외에, 주/지방자치로부터 라이선스 혹은 등록 허가 등이 요구됨.			

인증 획득 절차

◎ 기관정보

		인증기관
기 관 명		US Environmental Protection Agency (EPA)
홈페이지		http://www.epa.gov/
연락처	담당부서	관할주 EPA
	전화번호	http://www.epa.gov/osw/comments.htm
	팩스번호	http://www.epa.gov/osw/comments.htm
	이 메 일	http://www.epa.gov/osw/comments.htm
기타		■ 시험기관 또는 대행기관 없이 United States Environmental Protection Agency (EPA) 혹은 공인된 주(State)로부터 식별번호(Identification number)를 발급받을 수 있음.

◎ 인증 절차도

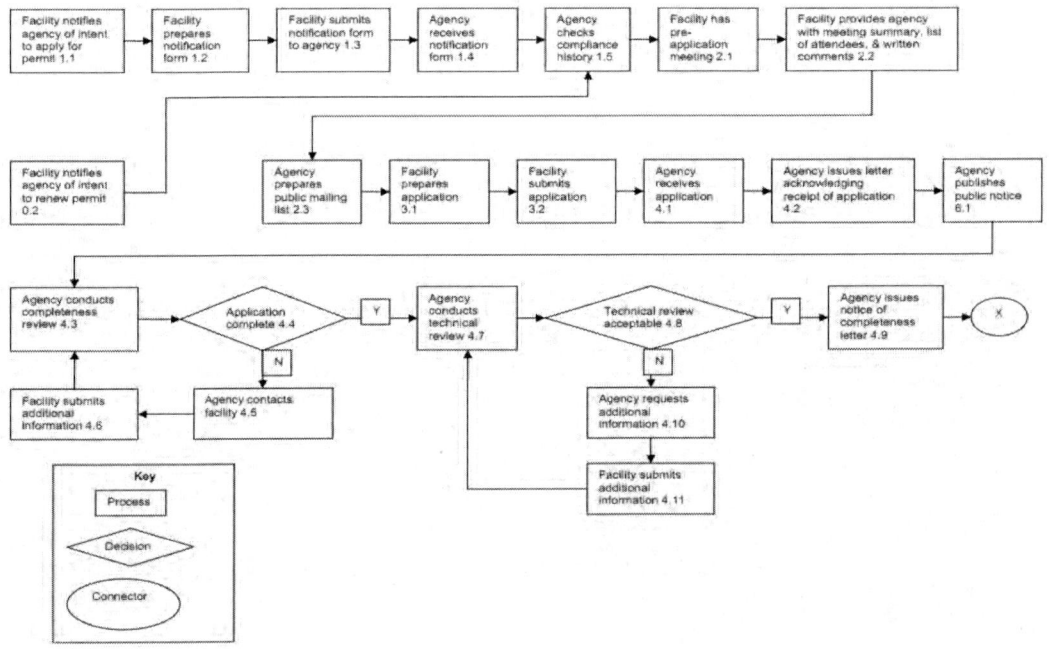

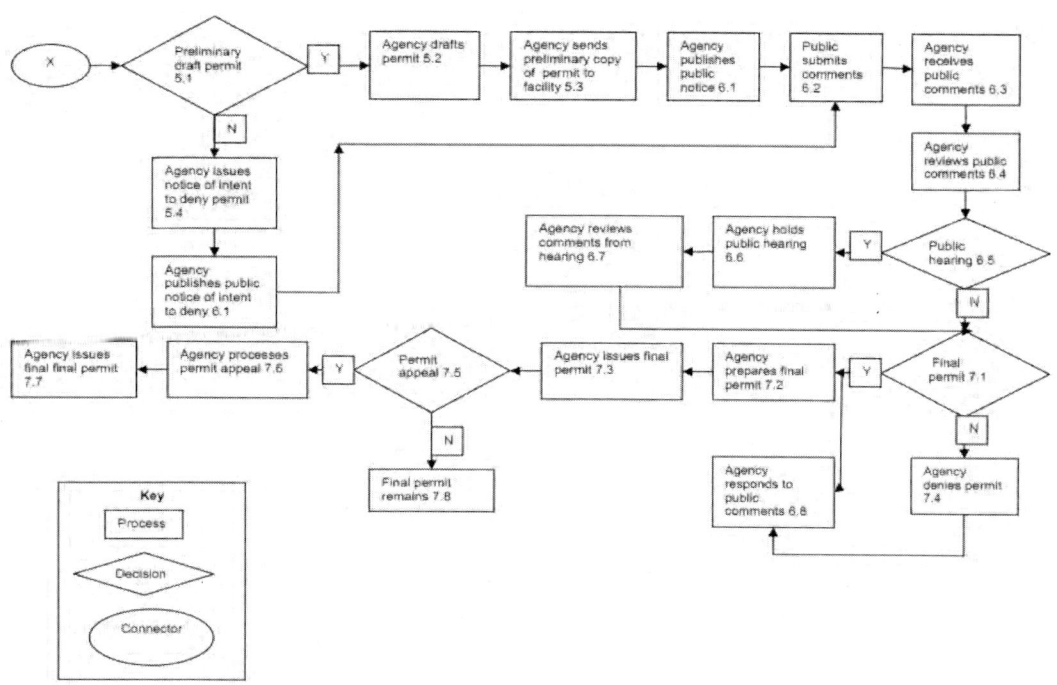

(자료원 : 미국 환경보호국(EPA))

* 항목별 상세설명은 웹페이지 참고 http://www.epa.gov/osw/hazard/tsd/permit/epmt/bps_apb.pdf

◎ 비용, 소요 기간 등

(단위: 원)

	인증비용	소요기간
인증	■ RCRA 식별번호 (Identification number) 생성 비용: 무료 ■ 유해 폐기물 발생 비용 : 시설별 상이 ■ RCRA 허가신청서 검토/작성 비용 : 주별 상이	주별로 상이하나 일반적으로 수일에서 2주정도 소요
인증유효기간	10 년	
사후관리비용	–	

자료원 : United States Environmental Protection Agency(EPA)

◎ 유의사항

• 필요서류
  - U.S. EPA 또는 주정부 EPA에 지원서(application form)를 작성 및 제출
  - 지원서(application form) 양식은 주별로 다를 수 있으며 아래 웹페이지를 통해 확인 가능
    : http://www.epa.gov/osw/comments.htm

조사 요약표

품목명	유성페인트 (HS CODE: 320820)		국가명	미국
인증마크	–	제도명 (영문)	\multicolumn{2}{c}{TSCA (Toxic Substance Control Act)}	
인증구분	■ 강제　□ 임의		인증유형	■ 현행　□ 신규출현
도입시기	\multicolumn{4}{l}{1976년 10월 11일}			
근거규정	\multicolumn{4}{l}{15 USC (C. 53) 2601-2692}			
제도내용	\multicolumn{4}{l}{미국으로 수입되는 화학 물질 혼합물에 함유된 독성물질을 규제하는 제도}			
품목정의	\multicolumn{4}{l}{1) 용도: 건축 ②예술작업 도료 ③공업용 ④특수용 2) 기능: 소재의 외관에 도막을 형성함으로써, 각종 원자재나 완제품의 노화, 산화 등을 방지하여 수명을 연장시키고, 방수, 방오, 내화, 전자파 차폐, 단열 등의 특수 목적에 부합한 기능성을 부여하며 주위와의 조화로운 색상을 구현하는 소재. 건축내장제, 외장제 등으로 쓰임.}			
적용대상품목	\multicolumn{4}{l}{납성분의 페인트(lead-based paints)}			
확대적용품목	\multicolumn{4}{l}{미국으로 수입되는 화학물질(Chemical Substance), 혼합물(mixture), 화학제품(Article)에 적용되며 담배, 의약품, 화장품, 음식물, 살충제, 핵물질은 제외 대상)}			
인증절차	\multicolumn{4}{l}{TYPE C : 해외에서 제품시험(시험기관) ⇒ 해외에서 인증획득(인증기관)}			
시험기관	\multicolumn{4}{l}{■ EHS Strategies, Inc ■ Intertek ■ Technology Sciences Group Inc. ■ Exponent ■ 그 외에 다수의 검사소가 존재하며 공식 리스트는 존재하지 않음}			
인증기관	\multicolumn{4}{l}{United States Environmental Protection Agency(EPA)}			
유의사항	\multicolumn{4}{l}{■ 개인 혹은 회사가 TSCA를 위반할 시, EPA 측에서 민원행정 제기, 민사처벌을 요청할 수 있음. - TSCA 위반 과태료 $27,500(하루기준)}			

▨ 인증 획득 절차

◎ 기관정보

		시험기관	인증기관
기 관 명		EHS Strategies, Inc	US Environmental Protection Agency (EPA)
홈페이지		http://ehsstrategies.com/	http://www.epa.gov/
연락처	담당부서	–	관할주 EPA
	전화번호	651-204-3371	http://www.epa.gov/osw/comments.htm
	팩스번호	–	http://www.epa.gov/osw/comments.htm
	이 메 일	gla@ehsstrategies.com	http://www.epa.gov/osw/comments.htm
기타		■ 시험기관이 TSCA 관련 시험을 포함한 인증 전반의 과정을 대행 ■ 다수의 시험/대행기관이 존재하며 수수료 등 비용은 업체에 따라 상이	

◎ 인증 절차도 (TYPE C)

1단계) 수입 형태 판별

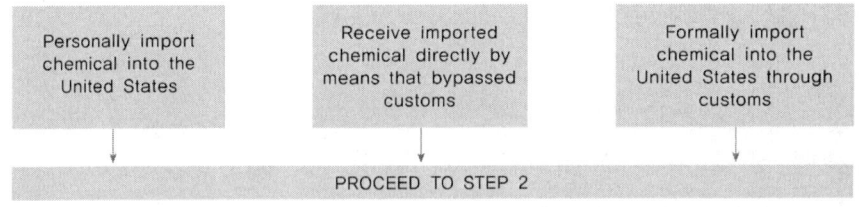

2단계) 수입되는 제품이 TSCA 인증 대상인지 판별

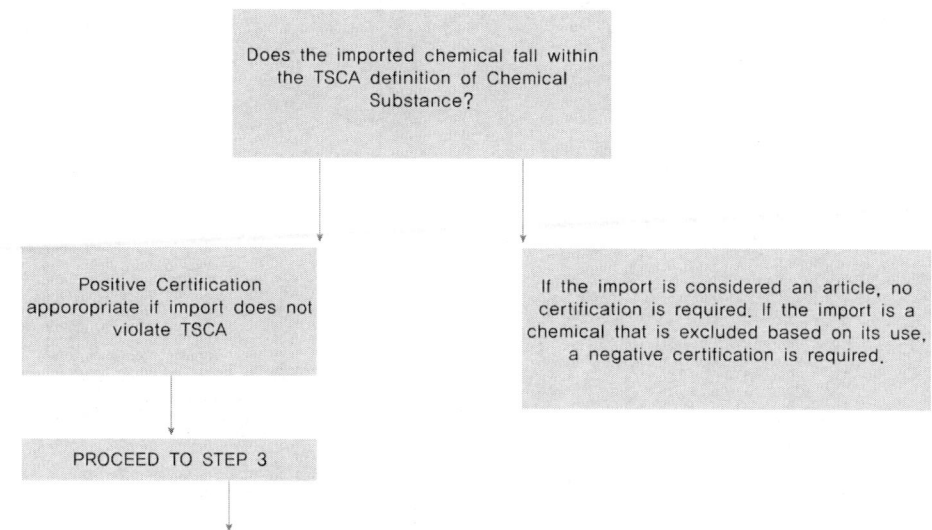

○ "Chemical Substance"와 "Article"의 정의는 TSCA의 Section3 참고 : (http://www.epw.senate.gov/tsca.pdf)

3단계) 수입되는 화학물질이 TSCA R&D 면제대상인지 판별

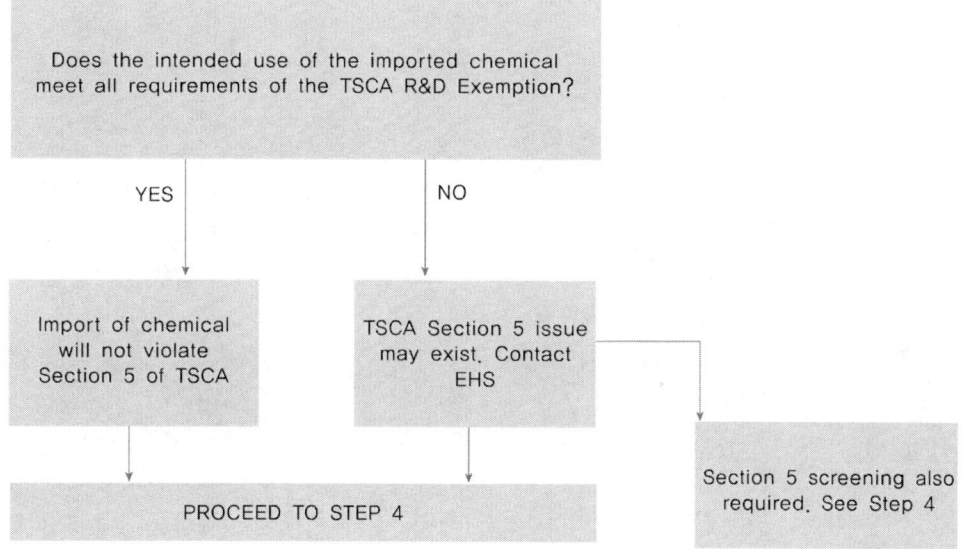

4단계) 수입되는 화학물질이 TSCA Section 6 또는 7의 규제되는지 판별

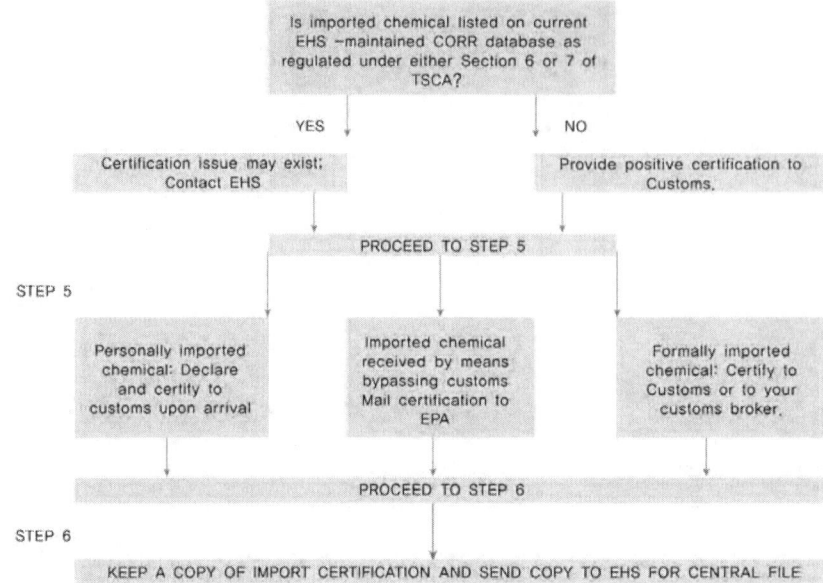

(자료원 : University of Connecticut)

◎ 비용, 소요 기간 등

• TSCA에 속한 화학물질일 경우

(단위: US$)

	시험규격 혹은 시험항목	시험비용	소요기간
시험	▪ 제품의 화학 구성 판별 : ▪ TSCA 적용대상 확인 :	▪ US $200/hour ▪ US $500	▪ 단순혼합물일 경우 : 1주일 ▪ 복잡한 화학물질일 경우 : 1주일 이상 소요
	초기공장심사	인증비용	소요기간
인증	–	–	▪ 별도의 인증절차 없이 수입업자가 "Positive" certification을 미국 세관에 제출해야 함.
인증유효기간	없음		
사후관리비용	▪ EPA 측에서 큰 화학 회사가 아닐 경우, 공장심사를 주기적으로 하지는 않으며 공장심사 전에 먼저 서면통지가 이루어짐. ▪ 공장심사를 하게 될 경우, 대행업체가 심사를 준비할 수 있게 도와주는 비용 : US$ 200/hour		

- 새로운 화학물질일 경우

	시험규격 혹은 시험항목	시험비용	소요기간
시험	■ EPA측에 새로운 화학물질인지 문의 ■ 화학물질 고유번호 (Chemical Abstract Service Registy Number (CAS)) 획득(필요한 경우) ■ EPA측에 PMN (Premanufacture Notification) 제출 지원 서비스	■ US$ 200/hour ■ US$ 175/ 화학물질 ■ US$ 200/hour (평균 10시간 소요)	3 달
	초기공장심사	인증비용	소요기간
인증	-	■ PMN(Premanufacture Notification)접수수수료: US$ 2,500	최소 3 달
인증유효기간	없음.		
사후관리비용	■ EPA 측에서 큰 화학 회사가 아닐 경우, 공장심사를 주기적으로 하지는 않으며 공장심사 전에 먼저 서면통지가 이루어짐. ■ 공장심사를 하게 될 경우, 대행업체가 심사를 준비할 수 있게 도와주는 비용 : US$ 200/hour		

(자료원 : EHS Strategies, Inc)

◎ 유의사항

- TSCA에 속한 화학물질일 경우 Positive Certification 제출
  - Positive Certification은 따로 제출양식은 없으며 아래와 같이 기술하고 하단에 자필 사인
  - (예시) "I certify that all chemical substances in this shipment comply with all applicable rules or orders under TSCA and that I am not offering a chemical substance for entry in violation of TSCA or any applicable rule or order under TSCA."
  - 제품이 미국에 수입될 때 미국세관에 제출해야 하고 복사본을 보관
  - Positive Certification 관련 링크 :
    http://www.epa.gov/oppt/import-export/pubs/sec13.html

■ 조사 요약표

품목명	유성페인트 (HS CODE: 320820)	국가명	베트남
인증마크	–	제도명 (영문)	Notification of satisfaction of import requirements (On a batch by batch basis)
인증구분	■ 강제　☐ 임의	인증유형	■ 현행　☐ 신규출현
도입시기	2011년		
근거규정	■ TCXDVN 321: 2004 '건축용 페인트 – 분류' ■ TCVN 5670:2007 '페인트 및 니스. 테스트를 위한 표준 패널' ■ TCVN 2099:2007 '페인트 및 니스. 굽힘 시험(원통형 맨드릴)' ■ TCVN 2092:2008 '페인트 및 니스.' flow cup의 흐름시간 결정' ■ TCVN 2101:2008. '페인트 및 니스.' 20도, 60도, 85도에서 비금속 페인트 필름의 반사 광택의 결정' ■ TCVN 5730:2008 '알키드 페인트. 일반 기술적 요건' ■ TCVN 2100:2007 '페인트 및 니스 – 급속 변형(내충격성 시험) 테스트' ■ TCVN 2090:2007 '페인트, 니스 및 페인트와 니스의 원료 – 샘플추출' ■ TCVN 5669:2007 '페인트 및 니스 – 테스트 및 샘플 준비' ■ TCVN 2102:2008 '페인트 및 니스. 페인트 색의 시각적 비교' ■ TCVN 2100-2:2007 '페인트 및 니스 – 급속 변형(내충격성 시험) 테스트' ■ TCVN 2091:2008 '페인트, 니스 및 인쇄 잉크 – '미세도 결정' ■ TCVN 8785:2011 '금속 코팅을 위한 페인트 및 코팅 – 시험 방법 –. 날씨 조건 노출' ■ TCVN 8789:2011 '철강 및 교량구조물 보호 페인트 시스템 – 규격 및 시험 방법' ■ 과학기술부의 2007년 9월 28일자 Decision 24/2007/QĐ-BKHCN Model 5, Appendix 2 ■ 2006년 8월 30일자 Decree No. 89/2006/NĐ-CP '제품 라벨에 대한 정부 법령' ■ 2008년 7월 1일부로 효력이 발생한 제품 품질법 TCVN 6934:2001 '벽 페인트 – 에멀션 페인트 – 규격 및 시험 방법' ■ 과학기술부의 2012년 12월 12일자 Circular 27/2012/TT-BKHCN, '과학기술부의 수입품 품질 검사 관리 규정' ■ 2012년 12월 12일자 Circular No 28/2012/TT-BKHCN, '표준 및 기술 규정 준수 통보 및 평가 방법' ■ 베트남 재무부의 Circular No. 163/2011/TT-BTC, '2012~2014년 한-아세안 자유무역 협정에 따라 베트남의 특별 특혜 관세율 공포'

제도내용	수입 페인트 및 니스가 베트남 품질 규정에 부합하도록 규제
품목정의	1) 용도: 건축 ②예술작업 도료 ③공업용 ④특수용 2) 기능: 소재의 외관에 도막을 형성함으로써, 각종 원자재나 완제품의 노화, 산화 등을 방지하여 수명을 연장시키고, 방수, 방오, 내화, 전자파 차폐, 단열 등의 특수 목적에 부합한 기능성을 부여하며 주위와의 조화로운 색상을 구현하는 소재. 건축내장제, 외장제 등으로 쓰임.
적용대상품목	베트남에 수입된 모든 종류의 페인트, 니스에 적용(비수성 매질에 분산된 아크릴/폴리비닐에 근거)
확대적용품목	일반적으로, 모든 종류의 페인트 및 니스 제품에 적용
인증절차	TYPE C : 해외에서 제품시험(시험기관) ⇒ 해외에서 인증획득(인증기관)
시험기관	▪ Quatest 3
인증기관	▪ Quatest 3 ▪ Quatest 3 건축자재협회(Construction Material Institute) 지사 – 건설부 (No. 129A Tran Nao Street, District 2, Ho Chi Minh City)
유의사항	▪ 수입 페인트 및 니스 품질 보증 조건 – 기업들은 페인트 및 니스의 품질 표준(내부 표준, 베트남 국가 표준, 국내 표준, 국제 표준)을 수입 계약에 알려야함.(상품법 Article 23)

유성페인트

■ 인증 획득 절차

◎ 기관정보

		시험기관	인증기관
기 관 명		Quatest 3(실험구역)	Quatest 3
주소		No 7, Road No 1, Bien Hoa IZ 1, Dong Nai Province	No 49 Pasteur, Dist 1, HCMC
홈페이지		www.quatest3.com.vn	www.quatest3.com.vn
연락처	담당부서	본사	본사
	전화번호	84-8-38-294-274	84-8-38-294-274
	팩스번호	84-8-38-293-012	84-8-38-293-012
	이 메 일	info@quatest3.com.vn	info@quatest3.com.vn
기타		■ 관리 정부기관: - 과학기술부 품질·측정표준 총국(STAMEQ) 산하 QUATEST 3	

◎ 비용, 소요 기간 등

	시험규격 혹은 시험항목	시험비용(VND)	소요기간
시험	Adhesion of paint film (on cement base)	150,000	샘플 수량: 1kg 테스트 기간: 3~10일
	Water penetration, after 24 hours	250,000	
	Durability, cycle	500,000	
	Washout rate: - on exterior walls - on interior walls	1,000,000 500,000	
	Hot and cold cycles	500,000	
	초기공장심사비용	인증비용	소요기간
인증	수입 요구사항 충족 여부 통지	수입 항목 가치의 0.1%	21~30일
인증유효기간	최소 1,000,000 VND/건		
사후관리비용	-		

주 : 1USD=21,100VND

(자료원 : QUATEST 3)

◎ 인증절차도 (TYPE C)

Inspection Process of Goods Batches(General Process)

IMPLEMENTATION STEPS	QUATEST 3	APPLICANT
Guidance on request reception	Reception Staff: Receiving, review and accept the request	Submit documents/ samples (if any), file the application form (Access to the website)
-Documentation checking -Guidance on supplement	Receiving request	Submit additional documents/samples (if inappropriate)
Assigning inspector(s) to implement / Making plan	Managers of related technical dept. (NV1-NV6) to contact and confirm the implementation day (in case of on-site inspection)	confirm the suggested inspection/ sampling day (if any)
On-site inspection and sampling		
Sample testing (If required)	Inspector(s)	Locating the goods batch's position for the inspection, signing sampling minutes (if any)
-Result processing and assessment -Draft of inspection certificate.	Inspection group leader / Inspector	
	Inspection group leader / Inspector	
Draft review (Additional check needed)	Managers of related technical dept./ Assigned person	
Print controlling before issuing	Inspection group leader/ Inspector	
Approve (Additional check needed)	Director/ Deputy Director/ Authorized person	
Certificate sending and Record storing	Director/ Deputy Director/ Authorized person	Receive the certificate and return the "Application for certificate"

(자료원 : QUATEST 3)

■ 조사 요약표

품목명	유성페인트 (HS CODE: 320820)		국가명	일본	
인증마크	F ☆☆☆☆	제도명 (영문)	포름알데히드 자주관리 등록		
인증구분	☐ 강제　■ 임의		인증유형	■ 현행　☐ 신규출현	
도입시기	2003년				
근거규정	건축기준법 시행령 제20조 5 - 화학물질 발산에 관한 위생상 조치에 관한 기술적 기준 사단법인 일본도료공업회 - 포름알데히드 자주관리 요강				
제도내용	화학물질로 인한 실내공기 오염으로부터 거주자의 건강에 미치는 악영향을 줄이기 위한 포름알데히드 발산 규제에 대응한 안전한 건축 도료임을 업계 공업회 차원에서 인증/관리하고, 그 내용을 신청자가 제품에 적정 마크를 통해 표시할 수 있게 함.				
품목정의	1) 용도: 건축 ②예술작업 도료 ③공업용 ④특수용 2) 기능: 소재의 외관에 도막을 형성함으로써, 각종 원자재나 완제품의 노화, 산화 등을 방지하여 수명을 연장시키고, 방수, 방오, 내화, 전자파 차폐, 단열 등의 특수 목적에 부합한 기능성을 부여하며 주위와의 조화로운 색상을 구현하는 소재. 건축내장제, 외장제 등으로 쓰임.				
적용대상품목	요소 수지, 멜라민 수지, 요소-멜라민 공축합 수지, 페놀 수지, 레졸시놀 수지 또는 포름알데히드계열 방부제를 사용하지 않은 도료. 상기 성분을 사용하지 않았으나 포름알데히드 방산 제3종 표시 도료 또는 제2종 표시 도료에 해당하는 도료. 규제대상외 표시도료와 제3종 표시 도료 또는 제2종 표시 도료를 혼합하여 만든 도료.				
확대적용품목	–				
인증절차	자기적합선언				
시험기관	일본도료검사협회 (심사 과정에서 추가로 외부시험증명서 제출 요구 시)				
인증기관	일반사단법인 일본도료공업회 (Japan Paint Manufacturers Association)				
유의사항	■ 본 자주관리 등록 제도는 JIS 규격으로 규정되어 있지 않은 제품군에 대한 업계 자체적인 프름알데히드 발산 규제를 위한 것으로, 건축기준법 관련 JIS 규격 표시 제품은 자주관리 등록 대상이 아님.				

■ 인증 획득 절차

◎ 기관정보

		시험기관	인증기관
기 관 명		일본도료검사협회	일반사단법인 일본도료공업회
홈페이지		http://www.jpia.or.jp/index.html	http://www.toryo.or.jp/index.html
연락처	담당부서	동부 지부	도쿄사무소 포름알데히드 규제 자주관리 사무국
	전화번호	81-466-27-1121	81-3-3443-2011
	팩스번호	81-466-23-1921	81-3-3443-3599
	이 메 일	east@jpia.or.jp	info@toryo.or.jp
기타		시험기관을 통한 별도 테스트는 심사 과정에서 추가로 외부시험증명서 제출을 요구했을 경우에만 필요함.	

◎ 인증 절차도

1. 인증신청서 및 첨부서류 제출자주관리 등록 신청자는 신청서 및 각종 첨부서류를 구비하여 일본도료공업회 포름알데히드 규제 자주관리 사무국에 제출

↓

2. 신청 등록료 납부신청료는 심사 절차에 필요한 비용으로 심사 결과에 무관하게 반환되지 않음.

↓

3. 심사심사위원회는 원칙적으로 2개월에 1회 정도 개최됨. 신청자료 및 첨부자료를 검토하여, 심사대상 도료로서 적합한가, 적정하게 측정히 이루어졌는가, 측정 데이터가 신청 방산등급에 적합한가, 품질관리 기준 및 치제가 명확히 갖추어져 있는가 등을 종합적으로 고려하여 판정함. 제출 서류에 수정이 필요한 경우에는 일단 서류를 반송하므로, 지적사항 수정 후에 다시 제출.

유성페인트

kotra

(재심)경미한 서류 수정으로는 해결되지 않는 문제로 불합격 처리된 경우에는, 차기 심사위원회에 1회에 한해 수정/보완 후 재심 신청이 가능. 재심에서도 불합격된 경우에는 새로운 안건으로 신규 신청하여야 함(새로이 심사비용 발생).

5. 판정 통보심사를 통과한 상품은 2~3주 이내에 등록증명서가 발행되고, 등록번호/제품명/회사명 등이 일본도료공업회 HP에 공지됨.

6. 인증 갱신인증은 2003년을 기준으로 하여 3년마다 갱신년을 맞이하며, 그 해 연말로 유효기간이 만료됨. 단 갱신년 당해에 신규 등록한 경우에는 만료되지 않고 다음 번 갱신년까지 인증이 유지됨. 인증을 갱신하는 경우, 갱신년 연말 이전까지 갱신 신청 및 심사를 거쳐야 함.

◎ 비용, 소요 기간 등

(단위: 원)

	시험규격 혹은 시험항목	시험비용	소요기간
시험	포름알데히드 방산량 측정 (심사과정에서 추가 요구 시에만)	330,000원	개별 견적
인증	초기공장심사(IFA : Initial Factory Audit or Inspection) 비용	인증비용	소요기간
	–	100,000원 (10상품 이하) (1회 신청 도료분류별)	최대 10주
인증유효기간	3년		
사후관리비용	갱신 비용은 신규 인증 비용과 동일 조건		

(자료원 : 일본도료검사협회 / 일본도료공업회)

◎ 유의사항

- 신청서류
  - 포름알데히드 자주관리 상품 등록 신청서(등록도료 분류별)
  - 신청서류 내용 확인서(상품별)
  - 포름알데히드 자주관리 적합/품질 보증서(상품별)
  - 품질보증서-조성표(상품별)
  - 포름알데히드 방산량 측정 조사 증명서 또는 외부시험증명서(상품별)
  - 신청상품의 표준 도장 사양, 도장량, 용도 등이 기재된 서류(상품별)
  - 신청상품의 MSDS (가정용 도료 제외)(상품별)
  - 포름알데히드 자주관리 적합 선언서(목재용 도료 신청 시)
  - 에어졸 제품 도측량 산출 근거 (용량표기 상품 신청 시)
  - 배합비율 변경이 포름알데히드 방산에 미치는 영향에 대한 견해서 (온도에 따라 배합 비율이 변화하는 상품 신청 시)

- 신청서류 작성 시 유의사항
  - 심사위원회가 필요로 하는 경우에는 지정 성능평가기관(일본도료검사협회)의 외부시험증명서 제출을 요구할 수 있음.
  - 신청자는 심사 및 등록 작업 효율화를 위해 등록도료분류/포름알데히드 방산등급/기타 지정조건에 따라 신청하는 상품을 분류하여 서류를 작성해야 함.

- 등록 마크 표시 관련 금지 사항
  - JIS 규격 제품은 본 자주등록 관리 대상 제품에서 제외되므로, JIS 표시와의 병기를 금함.
  - 본 자주등록 관리 인증 취득 이후에 JIS 표시를 취득한 경우에는, 즉각 본 자주등록의 폐지 절차를 밟아야 함.

유성페인트

■ 조사 요약표

품목명	유성페인트 (HS CODE: 320820)	국가명	중국
인증마크	(CCC 마크)	제도명 (영문)	CCC (China Compulsory Certification) (强制性产品認證)
인증구분	■ 강제 □ 임의	인증유형	■ 현행 □ 신규출현
도입시기	2002년 5월 1일(2003년 8월부터 강제 시행함)		
근거규정	GB18581-2009 용제성목기도료(溶剂型木器涂料) CNCA-12C-049:2010 인테리어강제성인증실시규칙(裝飾裝修产品强制性认证实施规则)		
제도내용	■ 유성페인트 등의 도료(건축자재)는 CCC강제인증제품에 해당되며, 강제대상품목에 포함된 제품은 중국 내로 수입되기 위해서는 반드시 CCC인증을 획득해야 함. 인증이 없을 시, 중국 내의 판매, 수입, 출고, 통관이 불가함. ■ CCC 인증 강제대상인 건축자재는 지정된 시험소에서 제품시험을 받고 건축자재의 검사 및 인증을 담당하는 중국건설자재검험인증그룹주식회사(CTC; China Building Material Test and Certification Center)로부터 인증을 득해야 함. ■ 본 강제인증 품목인 용제성목기도료는 실내용 가구나 인테리어에 사용되는 도료를 말함.		
품목정의	1) 용도: 건축 ②예술작업 도료 ③공업용 ④특수용 2) 기능: 소재의 외관에 도막을 형성함으로써, 각종 원자재나 완제품의 노화, 산화 등을 방지하여 수명을 연장시키고, 방수, 방오, 내화, 전자파 차폐, 단열 등의 특수 목적에 부합한 기능성을 부여하며 주위와의 조화로운 색상을 구현하는 소재. 건축내장제, 외장제 등으로 쓰임		
적용대상품목	실내 인테리어용 도료(폴리우레탄, 니트록실, 알코올산등의 용제성 목기도료) 실내 인테리어용 리그닌재질 공장용 도료등		
확대적용품목	-		
인증절차	TYPE C : 해외에서 제품시험(시험기관) ⇒ 해외에서 인증획득(인증기관)		

시험기관	국가건축재료측험중심 (國家建築材料測試中心) 등
인증기관	중국질량중심CQC (中國質量中心)
유의사항	■ 강제대상품목에 포함된 타이어, 도료 등의 제품은 중국 내로 수입되기 위해서는 반드시 CCC인증을 획득해야 함. 만약 인증이 없을 시, 중국 내의 판매, 수입, 출고, 통관이 불가함. ■ CCC 인증 강제대상인 자동차 타이어, 도료 제품은 지정된 시험소에서 제품시험을 받고 북경중화연합인증유한회사로(北京中華聯合認證有限公司)부터 인증을 득해야 함.

■ 인증 획득 절차

◎ 기관정보

		시험기관	인증기관
기 관 명		국가건축재료측시중심 (國家建築材料測試中心)	중국질량중심CQC (中國質量中心)
홈페이지		http://www.coating.ctc.ac.cn/	www.cqc.com.cn
연락처	담당부서	도료, 모르타르	총괄부서
	전화번호	+86-10-51167686	+86-10-83886677
	팩스번호	–	+86-10-83886282
	이 메 일	–	cqcsc@cqc.com.cn
기타		■ CCIC Korea(중국검험인증그룹유한공사(CCIC) 한국지사) 인증 취득 문의 가능 www.ccickorea.com/ 02-6393-5800 ■ 그 외의 시험기관(실험실)은 강제성제품인증시험임무실험실(承担强制性产品认证检测任务的实验室及其业务范围) 참고 http://www.cnca.gov.cn/ywzl/rz/qzxcpzl/jcjggljg/images/20080716/5172.htm ■ 인증 비용에 관해서는 http://cccwto.com/3cccfycx.asp 3C 인증 비용 측정 사이트 참고 ■ 국가표준에 관해서는 http://www.csres.com/(工標网) 참고	

◎ 인증 절차도 (TYPE C)

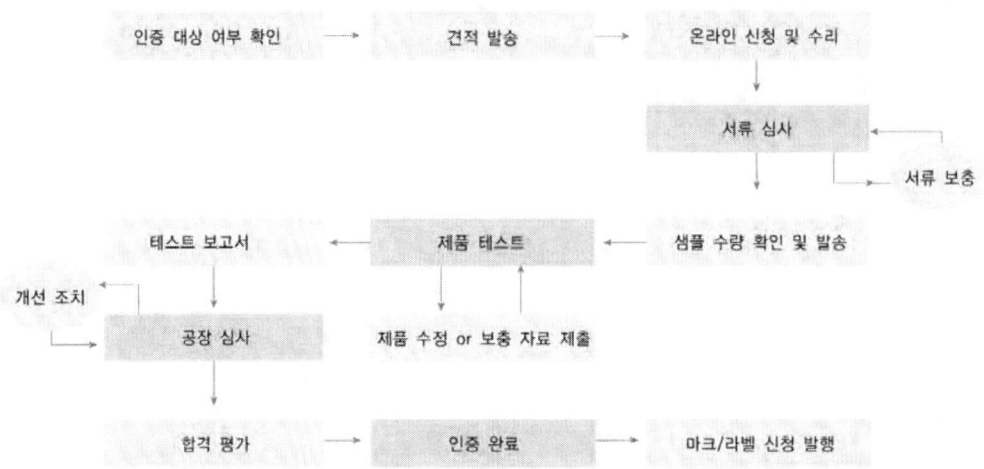

(자료원 : ccickorea.com)

◎ 비용, 소요 기간 등

(단위: 위안)

	시험규격 혹은 시험항목	시험비용	소요기간
시험	용제성목기도료(溶剂型木器涂料) GB18581-2009	3,300~4100위안	2주
인증	초기공장심사(IFA : Initial Factory Audit or Inspection) 비용	인증비용	소요기간
	3,000위안/인/일	최소 1,600위안	3~4개월
인증유효기간	5년, 매년 공장 심사		
사후관리비용	매년 정기 공장 심사 라벨 사용 승인비(인쇄 등): 다음해부터 600위안		

(자료원 : 한국산업인증원, 해외인증정보시스템)

◎ 유의사항

• 필요서류
  - 신청서
  - 사업자 등록증 사본(영문)
  - 일치성 성명서(영문)
  - 공장소사표(조직도, 품질 매뉴얼, 생산설비리스트(영문), 제품검사설비 리스트, 공정도 등)
  - 제품기술자료(제품사용설명서(중문), 제품묘사서(해당시), 회로도, 조립도, 중요안전부품리스트(중문), 제품중문명판 등)

■ 조사 요약표

품목명	유성페인트 (HS CODE: 320820)		국가명	홍콩
인증마크		제도명 (영문)	Hong Kong Green Label	
인증구분	☐ 강제　■ 임의		인증유형	■ 현행　☐ 신규출현
도입시기	2000년			
근거규정	Hong Kong Green Label Scheme			
제도내용	홍콩 내 에너지 절약 및 환경 오염 최소화를 위한 친환경 라벨			
품목정의	1) 용도: 건축 ②예술작업 도료 ③공업용 ④특수용 2) 기능: 소재의 외관에 도막을 형성함으로써, 각종 원자재나 완제품의 노화, 산화 등을 방지하여 수명을 연장시키고, 방수, 방오, 내화, 전자파 차폐, 단열 등의 특수 목적에 부합한 기능성을 부여하며 주위와의 조화로운 색상을 구현하는 소재. 건축내장제, 외장제 등으로 쓰임			
적용대상품목	유성페인트			
확대적용품목	–			
인증절차	TYPE C : 해외에서 제품시험(시험기관) ⇒ 해외에서 인증획득(인증기관)			
시험기관	■ Green Council – Green Council은 홍콩을 세계적인 녹색 도시로 발전시키기 위하여 2000년에 설립된 비영리 기관임. – 제품 생산 또는 관리에 있어 환경보호를 장려함.			
인증기관	■ Green Council			
유의사항	■ 친환경 제품 장려, 사용 확대를 위해 테스트를 통과한 제품에 대해 그린 라벨 부착 ■ 유효기간 : 품목별로 상이할 수 있으나 일반적으로 3년(만료 3개월 전 연장 신청 가능)			

■ 인증 획득 절차

◎ 기관정보

		시험기관	인증기관
기 관 명		Green Council	Green Council
홈페이지		http://www.greenlabel.com.hk	http://www.greenlabel.com.hk
연락처	담당부서	–	–
	전화번호	852-2810-1122	852-2810-1122
	팩스번호	852-2810-1122	852-2810-1122
	이 메 일	info@greencouncil.org	info@greencouncil.org
기타		Green Label의 경우 인증대행컨설팅기관을 이용하기도 하지만 Green Council에 따르면 신청 방법이 간단해서 에이전시를 통하지 않고 직접 신청하는 기업이 많다고 함.	

◎ 인증 절차도 (TYPE C)

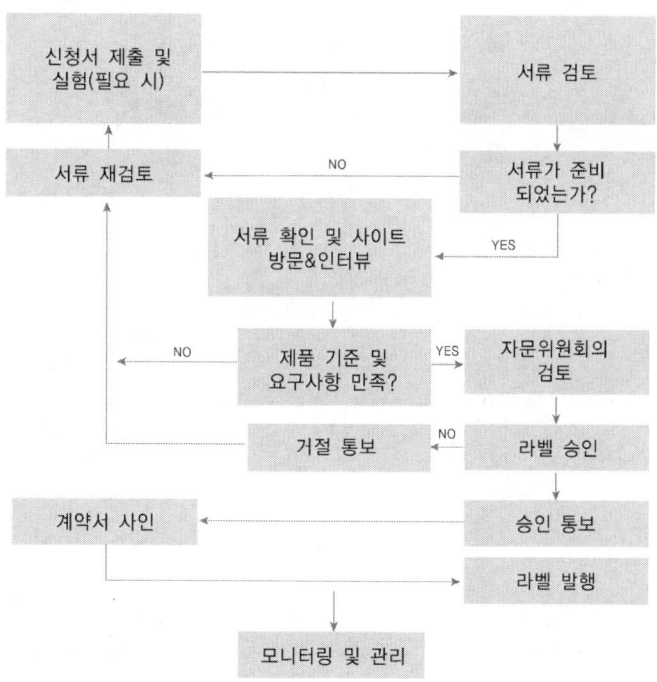

유성페인트

kotra

1. 아래 서류를 HKCC에 제출
- 인증 신청서 (DOC. No.: 003)
- 다른 환경 라벨 획득 인증서
- 제품 검사 확인서 (Product testing reports/certificate)
- 기타 신고서 (other appropreiate declarations)
2. Green Council이 제품 테스트 및 직원 인터뷰, 공장 심사를 진행
3. 상기 절차가 Green Council의 기준을 충족 시켰을 경우 홍콩그린라벨(HKGL)인증 승인 및 시장에 유통되고 있는 샘플 테스트 실시

◎ 비용, 소요 기간 등

(단위 : HKD)

	시험규격 혹은 시험항목	시험비용	소요기간
시험	관련규격	Application Fee: HKD 8,000 Evaluation Fee: 1-10개 (HKD 2,000/개) 11-20개 (HKD 1,800/개) 21-30개 (HKD 1,500/개) 31개 이상 (HKD 1,000/개)	인증기간 포함 약 3개월
	초기공장심사	인증비용	소요기간
인증	HKD 8,000 (per personday)	License Fee 1-10개 (HKD 4,000/ 3년) 11-20개 (HKD 3,000/ 3년) 21개 이상 (HKD 2,000/ 3년)	인증기간 포함 약 3개월
인증유효기간	3년		
사후관리비용	Renewal Application Fee: HKD 3,800		

(자료원 : Green Council)

◎ 유의사항

• 소비재 전자기기, 화장실용 휴지 등 소비재 제품 관련 중소기업들은 동 라벨 취득을 통해 낮은 브랜드 인지도 극복 가능할 수 있음.

접착제

UAE	인증불요	–
대만	CNS	
러시아	Certificate Of State Registration	EAC
멕시코	NOM	NOM - ANCE
미국	RCRA	–
미국	TSCA	–
베트남	인증불요	–
인도	인증불요	–
인도네시아	인증불요	–
일본	JAIA	JAIA F☆☆☆☆
중국	CQC	
필리핀	인증불요	–
호주	GECA	
홍콩	인증불요	–

■ 조사 요약표

품목명	접착제 (HS CODE: 350610)	국가명	대만
인증마크	(인증마크 이미지)	제도명 (영문)	CNS (Chinese National Standards)
인증구분	☐ 강제 ■ 임의	인증유형	■ 현행 ☐ 신규출현
도입시기	1944년 6월		
근거규정	Standards Law 및 Rules governing the use of the CNS Mark		
제도내용	국가표준에 부합하는 상품과 그 상품의 품질관리에 품질인정을 해주는 대만 상품검정제도		
품목정의	1) 용도: ①가정용 ②산업용 2) 기능: 접합하고자 하는 동종 또는 이종의 두 제품 및 재료사이에 결합시키는 기능		
적용대상품목	Polyvinyl Chloride Adhesives for PVC Products		
확대적용품목	토목, 건축, 기계, 광산, 농업, 식품, 목재 등 22의 분야		
인증절차	TYPE C : 해외에서 제품시험(시험기관) ⇒ 해외에서 인증획득(인증기관)		
시험기관	표준검험국, 표준검험국 지정 품질관리검험기구 및 실험실		
인증기관	경제부 표준검험국(BSMI)		
유의사항	■ CNS(正字표기) 신청은 공시된 「CNS(正字표기)품목」을 참고해 해당 상품이 공시되어 있을 경우, 인증 신청 가능 ■ 신청인은 대만에 거주하는 내국인 또는 제조업자, 수입업자로 한정하며 우리나라 제조업자의 경우 대만 내 대리인(에이전트)을 지정하여 신청		

■ 인증 획득 절차

◎ 기관정보

		시험기관	인증기관
기 관 명		경제부 표준검험국 (BSMI)	경제부 표준검험국 (BSMI)
홈페이지		www.bsmi.gov.tw	www.bsmi.gov.tw
연락처	담당부서	표준검험국 제6조	표준검험국 제1조
	전화번호	886-2-23434523	886-2-33435152
	팩스번호	886-2-23921441	886-2-33435126
	이 메 일	cc.pai@bsmi.gov.tw	hh.su@bsmi.gov.tw
기타		■ 품질관리시스템(ISO9001)에 관한 검사는 검험국이 지정한 「CNS(正字표기) 인가 품질관리검정기구」에서만 이루어져야 하며 검험국이 지정한 품질관리 검정기구인 대만SGS의 한국지사가 시험을 일임하고 있음. ■ 한국SGS사(담당: 지현주과장) www.sgsgroup.kr	

◎ 인증 절차도 (TYPE C)

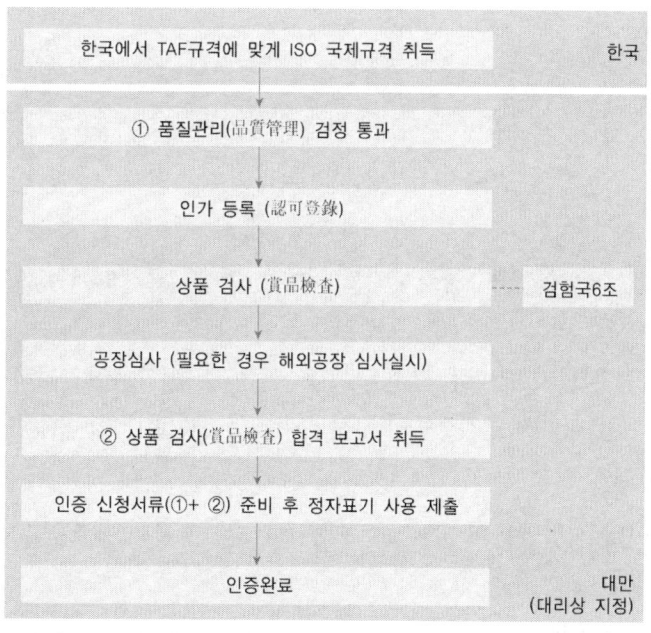

◎ 비용, 소요 기간 등

(단위: NTD)

	시험규격 혹은 시험항목	시험비용	소요기간
시험	CNS 6224 (자세한 시험항목은 http://cnsmark.bsmi.gov.tw/do/fa/ComplexQuery/toComplexQueryQueryForm_1?mainno=6224&queryType=1& 참고)	6,000	4-9주
	초기공장심사	인증비용	소요기간
인증	–	5,000 인증서 1,000 영문번역본 1,000	2주
인증유효기간	3 년		
사후관리비용	제조업자는 품질관리시스템(ISO 9001) 검사표를 검험국 제6조 혹은 각 지국에 매년 송부 해야 함.		

(자료원 : 경제부 표준검험국)

◎ 유의사항

• 필요서류
  – 신청서: 회사 인감이 찍혀있어야 하며, 상품당 1부(BSMI 제공)
  – 회사등기증명서 혹은 상업등기증명서 복사본 1부(국외 제조업자의 경우 상응하는 문서 복사본 1부)
  – 공장기본자료(조직 시스템표, 공장부지도, 주요상품 제조 작업 과정도, 제조지 위치안내 약도, 품질 가이드 등)
  – 검험국(제5, 6조), 관할지국, 혹은 검험국 위탁기관(구), 인가품질관리검정기구, 인가실험실에서 받은 유효기간 내의 품질검정증서 복사본과 최근 6개월 내 상품검정에 합격한 보고서(상품검정기록부) 복사본

• 서류제출은 우편이나 직접방문의 방법으로 제출해야 하며 국외 제조업자의 경우 표준검험국 제6조로 제출

• 신청품목은 생산제조공장별로 신청하고 각 상품 당 한 건에 한함. 동일한 공장에서 생산되는

다른 종류의 상품의 경우 각각 나눠서 신청하며 동일 회사의 각각 다른 공장에서 생산하는 동일한 상품의 경우 공장별로 나눠서 신청

- 모든 문서는 반드시 중문 번역본으로 제출

- 신청비용은 현금, 환어음 혹은 수표 방식을 이용해 납부하고 수신인은 「경제부표준검험국(經濟部標準檢驗局)」으로 기재

■ 조사 요약표

품목명	접착제 (HS CODE: 350610)	국가명	러시아	
인증마크	**EAC**	제도명 (영문)	Certificate Of State Registration	
인증구분	■ 강제　□ 임의	인증유형	■ 현행　□ 신규출현	
도입시기	2010년 5월 28일			
근거규정	28.05.2010. N 299(15.01.2013 수정) Custom Union의 위원회 결정 "연방 세관 위생 방안의 적용"			
제도내용	규정번호 N 184-FZ "기술에 대한 규정"을 정의한 러시아 연방 법률에 따라 마련된 인증으로 공인기관에서 발급한 확인서로 증명			
품목정의	1) 용도: 가정용 ②산업용 2) 기능: 접합하고자 하는 동종 또는 이종의 두 제품 및 재료사이에 결합시키는 기능.			
적용대상품목	3506100000- 풀 또는 접착제로서 사용이 적합한 상품, 풀 또는 접착제로서 소매용으로 판매되며 1kg을 넘지 않는 것			
확대적용품목	–			
인증절차	TYPE C : 해외에서 제품시험(시험기관) ⇒ 해외에서 인증획득(인증기관)			
시험기관	Rusexpert" Ltd			
인증기관	Eurasian Economic Commission			
유의사항	■ 해당 제품이 인증이 없는 경우 러시아를 포함한 관세동맹 회원국 내 통관이 불가하고 미인증 상태로 판매될 경우, 처벌 대상 ■ 해외 제조사의 3국 내 지정 대리인, 판매자가 기술규정의 요건에 맞지 않는 제품을 생산, 설치, 사용, 보관, 운송, 판매하는 경우 일반인 1,000-2,000루블, 공무원 10,000~20,000루블, 법인 등록없이 사업 활동을 한 사업가에게는 100,000~300,000루블의 벌금이 부과			

인증 획득 절차

◎ 기관정보

		시험기관	인증기관
기 관 명		"Rusexpert" Ltd	Eurasian Economic Commission
홈페이지		www.rus-expert.com	www.eurasiancommission.org
연락처	담당부서	–	Department of Technical Regulating and Accreditation
	전화번호	7-499-343-6252	7-495-669-2400(ext: 4133)
	팩스번호	7-499-343-6252	7-495-669-2415
	이 메 일	rus-sert1@bk.ru	–
기타		■ 시험기관은 이 외에도 현지에 여러 기관 및 기업이 있으며, 이들 중 일부는 해외에 지사를 운영하고 있는 경우도 있음.	

◎ 인증 절차도 (TYPE C)

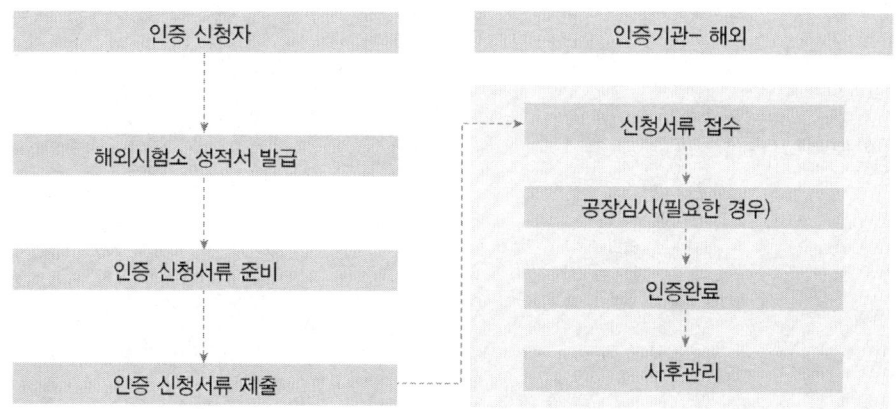

◎ 비용, 소요 기간 등

(단위: 루블)

시험	시험규격 혹은 시험항목	시험비용	소요기간
	관련 규격	인증비용에 포함	3-4 주
인증	초기공장심사(IFA : Initial Factory Audit or Inspection) 비용	인증비용	소요기간
	–	33,000 루블/년	3-4주
인증유효기간	1년		
사후관리비용	–		

(자료원 :«Intersolution» Ltd)

◎ 유의사항

- 인증 취득을 위한 필요서류
  - 신청서
  - 공장심사 성적서
  - 제품시험 성적서
  - 대리위임장(대리인을 통해 신청할 경우)
  - 제품사진
  - 제품설명서(러시아어)

조사 요약표

품목명	접착제 (HS CODE: 350610)		국가명	멕시코
인증마크	**NOM - ANCE**	제도명 (영문)		NOM (Normas Oficiales Mexicanas) NOM-050-SCFI-2004 (제품 라벨링)
인증구분	■ 강제　☐ 임의		인증유형	■ 현행　☐ 신규출현
도입시기	2004년 6월 1일			
근거규정	연방 공공 행정법 34조 연방 계량, 표준화 법 경제부 내부규정			
제도내용	멕시코 영토 내에서 사용되는 모든 품목들은 본 인증 과정을 거쳐, 제품 정보가 담긴 라벨을 부착하여 소비자들에게 올바른 제품 정보를 제공하고, 소비자들을 보호하고자 함.			
품목정의	1) 용도 : 가정용 ②산업용 2) 기능 : 접합하고자 하는 동종 또는 이종의 두 제품 및 재료사이에 결합시키는 기능.			
적용대상품목	접착제			
확대적용품목	용기 제품, 살아있는 동물, 책, 잡지 등의 출판물과 마그네틱 디스크, 컴팩트, 테이프, 소프트웨어, 제품을 고치는데 사용되는 제품들, 기타 분류에 해당하는 품목들의 라벨링			
인증절차	TYPE C : 해외에서 인증획득(인증기관)			
시험기관	라벨링 인증은 시험 없음.			
인증기관	ANCE (국가지정 인증기관)			
유의사항	■ NOM 인증 필수인 품목 중 인증을 받지 않은 경우, 수입 금지, 세관 통과불가, 벌금 등의 제재를 받을 수 있음.			

접착제

■ 인증 획득 절차

◎ 기관정보

		인증기관
기 관 명		ANCE
홈페이지		http://www.ance.org.mx/
연락처	담당부서	Certificación de Productos
	전화번호	52-1-55-5747-4550 Ext. 4622
	팩스번호	52-1-55-5747-4560
	이 메 일	제품 인증 담당자 Ing. Carlos Jiménez Burgos cjimenez@ance.org.mx
	기타	본 인증은 제품 라벨링으로 별도의 시험이 없음.

◎ 비용, 소요 기간 등

시험	시험규격 혹은 시험항목	시험비용	소요기간
	시험 없음.	-	-
인증	초기공장심사(IFA : Initial Factory Audit or Inspection) 비용	인증비용	소요기간
	- IC(d) 사전 심사 (수출용)[1] - IC(c) 원산지에서 라벨부착[2]	4만2천원[3] 4만원[4]	최대 2주
인증유효기간	-		
사후관리비용			

(자료원 : ANCE)

* 인증 비용과 소요 기간은 제품에 따라 차이가 있을 수 있음.

주 1) 공장에 기한을 부여하는 조건. 추후 제품이 정확하게 라벨링 되었는지 공장을 방문하여 심사할
　　　목적 (비용 있음/수입목적/lote 당 보장)

　　2) 원산지에서 라벨링 되어 들어오는 조건, 사후 방문 심사 없고 수입 수량도 관계 없음.

　　3), 4) 모델 당 가격. (IVA미포함, 연회비 미지급한 경우 20만원 추가 지불해야 함) 테스트 모델 선정과
　　　　　관련 추가 문의 요망

◎ 유의사항

• 필요서류(ANCE)

 1) 법적 서류 승인 관련

 − 완벽하게 작성된 증명서비스 제공 계약서 원본 2부 (페이지 당 법적 대표 서명)

 − 사업자등록증 실물 사본 혹은 공증사본(단순 대조용)과 해당 서류의 복사본(회사 및 법적 대표 이름이 확실히 기재되어 있어야 함)

 − 법적 대표 신분증 사본 (전화번호, FAX, 이메일 주소 기입)

 − 위임장 (위임하는 사람과 1인 혹은 복수의 수속 대행인의 서명 모두)

 − 수속 대행인(1인 혹은 복수)의 신분증 사본 (전화번호, FAX, 메일주소 기입) 위임장에 증인이 서명했을 경우 증인의 신분증 사본도 포함

 − 납세등록(RFC) 사본 2부, 상호(법인)의 R1 혹은 R2 서류. 1부는 상품 증명 부서, 나머지 1부는 인보이스 부서 물품명세서를 위해 제출(사전에 제출했을 경우 제출하지 않아도 됨). 두 번째 사본에는 계정상태 및 인보이스 관련 정보 수령할 이메일, 전화번호, FAX 기재)

 2) 증명서 발급을 위한 기술 자료

 − 신청 담당인의 신분증명서

 − 증명 서비스 관련 지불내역

 − 테스트 정보 (테스트 말미에 제출될 내용과 근사한 것)

 − 블록 도식 도표 그래프(Diagramas esquemáticos y de bloques)

 − 제품 기술정보 및 전력 상세정보

 − 사용설명서 혹은 매뉴얼

 − 제품 카달로그, 사진 혹은 이미지 출력물

 − 필요한 경우 설치 상세설명서

 − 그루핑된 모델들의 정의 (여러 모델이 포함된 경우)

• 라벨링 인증의 경우, 제품 테스트를 하지 않으므로 테스트 관련 서류는 제출할 필요가 없지만 기타 인증과 과정이 동일한지 확인해야 할 필요가 있음.

▨ 조사 요약표

품목명	접착제 (HS CODE: 350610)	국가명	미국
인증마크	–	제도명 (영문)	RCRA Permit (Resource Conservation and Recovery Act)
인증구분	■ 강제　☐ 임의	인증유형	■ 현행　☐ 신규출현
도입시기	1976년 10월 21일		
근거규정	40 CFR Parts 260-265 and 266-270		
제도내용	유해물질의 안전한 처리, 보관, 폐기를 보장하기 위한 제도		
품목정의	1) 용도: 가정용 ②산업용 2) 기능: 접합하고자 하는 동종 또는 이종의 두 제품 및 재료사이에 결합시키는 기능		
적용대상품목	접착제		
확대적용품목	■ 아래에 해당하는 모든 품목을 처리, 보관, 폐기하는 모든 시설 – 40 CFR §261.31에서 규정한 D-list (List of Hazardous Wastes) – 40 CFR §261.31에서 규정한 F-list (non-specific source wastes) – 40 CFR §261.32에서 규정한 K-list (source-specific wastes) – 40 CFR §261.33에서 규정한 P-list와 U-list (discarded commercial chemical products) – 유해물질을 보관 없이 운반하거나 유해물질 처리 없이 단기간 보관하는 경우에는 RCRA허가가 필요치 않음.		
인증절차	RCRA 식별번호(RCRA Identification number) 외에, 주/지방자치로부터 라이선스 혹은 등록 허가 등이 요구됨.		
시험기관	–		
인증기관	United States Environmental Protection Agency(EPA)		
유의사항	■ 미국에서 EPA가 규정한 유해물질을 발생시키는 품목을 생산, 처리, 보관, 폐기하는 모든 시설은 RCRA 규정 뿐 아니라 대기오염 방지법, 수질오염 방지법 등 환경규제를 준수해야 함. ■ RCRA 식별번호(RCRA Identification number) 외에, 주/지방자치로부터 라이선스 혹은 등록 허가 등이 요구됨.		

인증 획득 절차

◎ 기관정보

		인증기관
기 관 명		US Environmental Protection Agency (EPA)
홈페이지		http://www.epa.gov/
연 락 처	담당부서	관할주 EPA
	전화번호	http://www.epa.gov/osw/comments.htm
	팩스번호	http://www.epa.gov/osw/comments.htm
	이 메 일	http://www.epa.gov/osw/comments.htm
기타		■ 시험기관 또는 대행기관 없이 United States Environmental Protection Agency (EPA) 혹은 공인된 주(State)로부터 식별번호(Identification number)를 발급받을 수 있음.

◎ 인증 절차도

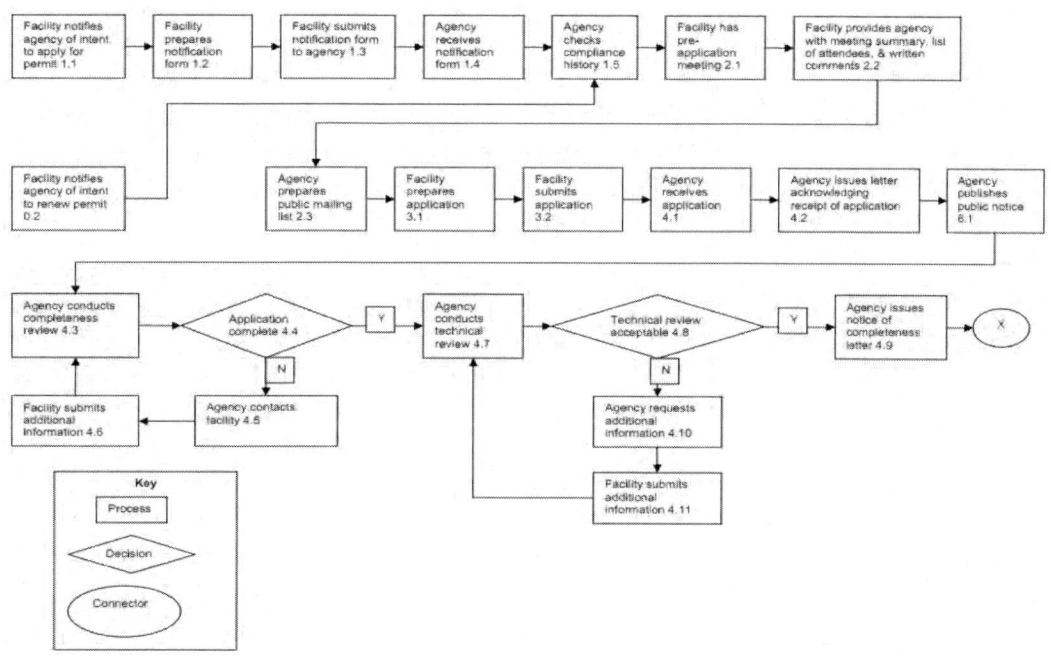

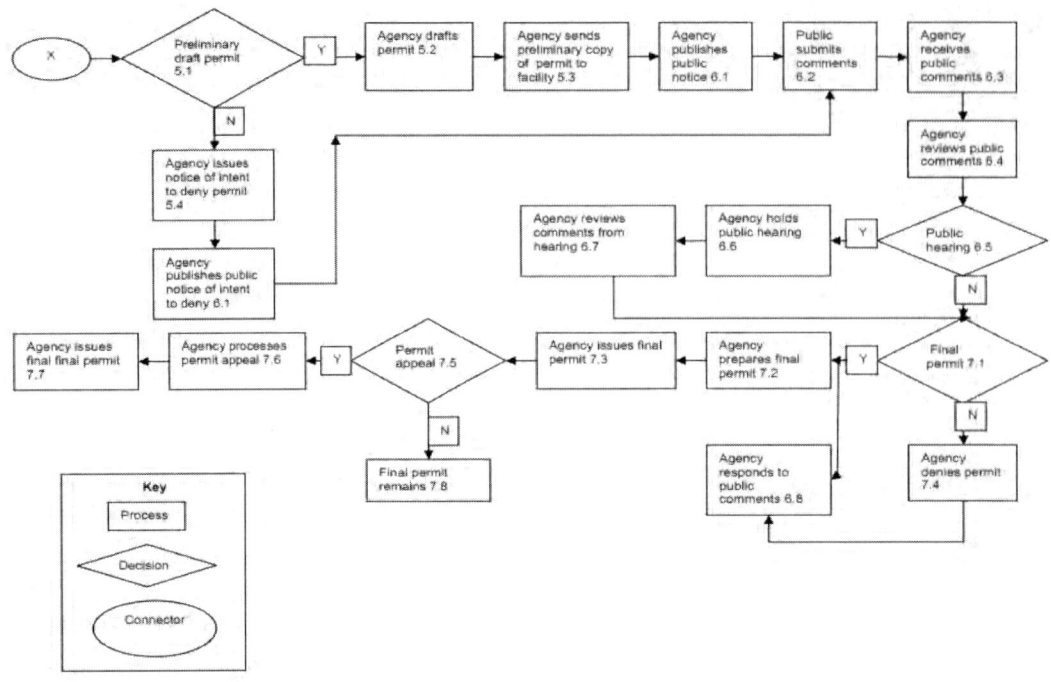

(자료원 : 미국 환경보호국(EPA))

* 항목별 상세설명은 웹페이지 참고 http://www.epa.gov/osw/hazard/tsd/permit/epmt/bps_apb.pdf

◎ 비용, 소요 기간 등

(단위: 원)

	인증비용	소요기간
인증	■ RCRA 식별번호 (Identification number) 생성 비용: 무료 ■ 유해 폐기물 발생 비용 : 시설별 상이 ■ RCRA 허가신청서 검토/작성 비용 : 주별 상이	주별로 상이하나 일반적으로 수일 에서 2주정도 소요
인증유효기간	10 년	
사후관리비용	–	

자료원 : United States Environmental Protection Agency(EPA)

◎ 유의사항

• 필요서류

　- U.S. EPA 또는 주정부 EPA에 지원서(application form)를 작성 및 제출

　- 지원서(application form) 양식은 주별로 다를 수 있으며 아래 웹페이지를 통해 확인 가능 : http://www.epa.gov/osw/comments.htm

접

착

제

kotra

조사 요약표

품목명	접착제 (HS CODE: 350610)	국가명	미국	
인증마크	–	제도명 (영문)	TSCA (Toxic Substance Control Act)	
인증구분	■ 강제　□ 임의	인증유형	■ 현행　□ 신규출현	
도입시기	1976년 10월 11일			
근거규정	15 USC (C. 53) 2601-2692			
제도내용	미국으로 수입되는 화학 물질 혼합물에 함유된 독성물질을 규제하는 제도			
품목정의	1) 용도: 가정용 ②산업용 2) 기능: 접합하고자 하는 동종 또는 이종의 두 제품 및 재료사이에 결합시키는 기능			
적용대상품목	접착제			
확대적용품목	미국으로 수입되는 화학물질(Chemical Substance), 혼합물(mixture), 화학제품(Article)에 적용되며 담배, 의약품, 화장품, 음식물, 살충제, 핵물질은 제외 대상			
인증절차	TYPE C : 해외에서 제품시험(시험기관) ⇒ 해외에서 인증획득(인증기관)			
시험기관	■ EHS Strategies, Inc ■ Intertek ■ Technology Sciences Group Inc. ■ Exponent ■ 그 외에 다수의 검사소가 존재하며 공식 리스트는 존재하지 않음			
인증기관	United States Environmental Protection Agency(EPA)			
유의사항	■ 개인 혹은 회사가 TSCA를 위반할 시, EPA 측에서 민원행정 제기, 민사처벌을 요청할 수 있음. - TSCA 위반 과태료 $27,500(하루기준)			

▰ 인증 획득 절차

◎ 기관정보

		시험기관	인증기관
기 관 명		EHS Strategies, Inc	US Environmental Protection Agency (EPA)
홈페이지		http://ehsstrategies.com/	http://www.epa.gov/
연락처	담당부서	–	관할주 EPA
	전화번호	651-204-3371	http://www.epa.gov/osw/comments.htm
	팩스번호	–	http://www.epa.gov/osw/comments.htm
	이 메 일	gla@ehsstrategies.com	http://www.epa.gov/osw/comments.htm
기타		■ 시험기관이 TSCA 관련 시험을 포함한 인증 전반의 과정을 대행 ■ 다수의 시험/대행기관이 존재하며 수수료 등 비용은 업체에 따라 상이	

◎ 인증 절차도 (TYPE C)

1단계) 수입 형태 판별

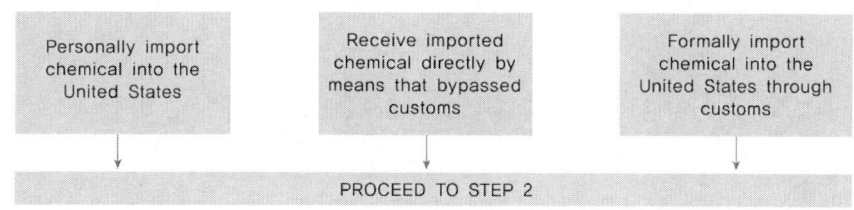

2단계) 수입되는 제품이 TSCA 인증 대상인지 판별

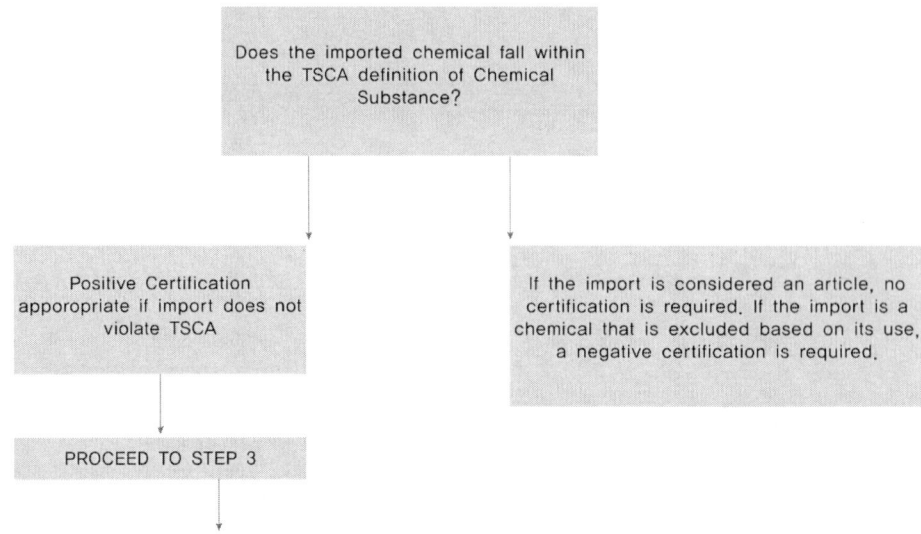

- "Chemical Substance"와 "Article"의 정의는 TSCA의 Section3 참고 : (http://www.epw.senate.gov/tsca.pdf)

3단계) 수입되는 화학물질이 TSCA R&D 면제대상인지 판별

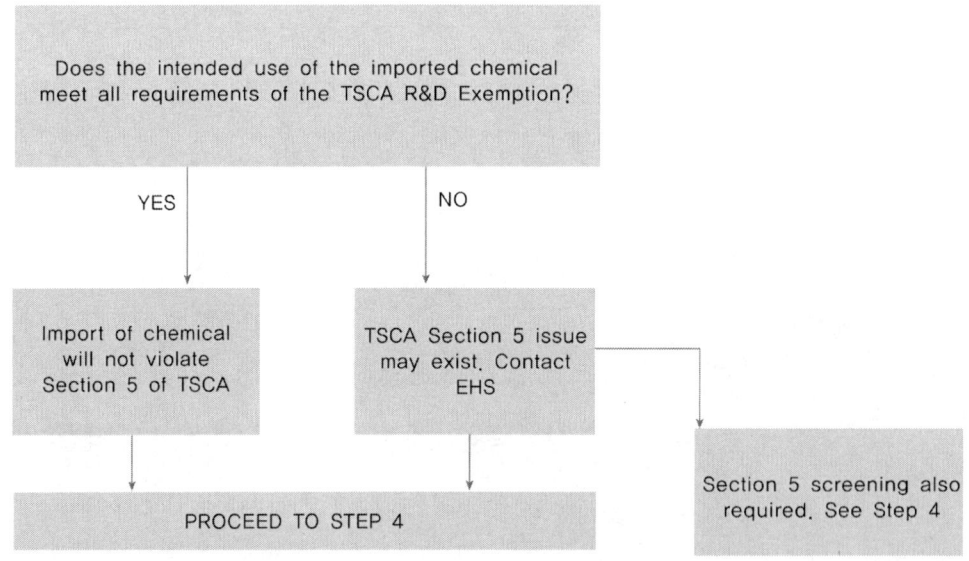

4단계) 수입되는 화학물질이 TSCA Section 6 또는 7의 규제되는지 판별

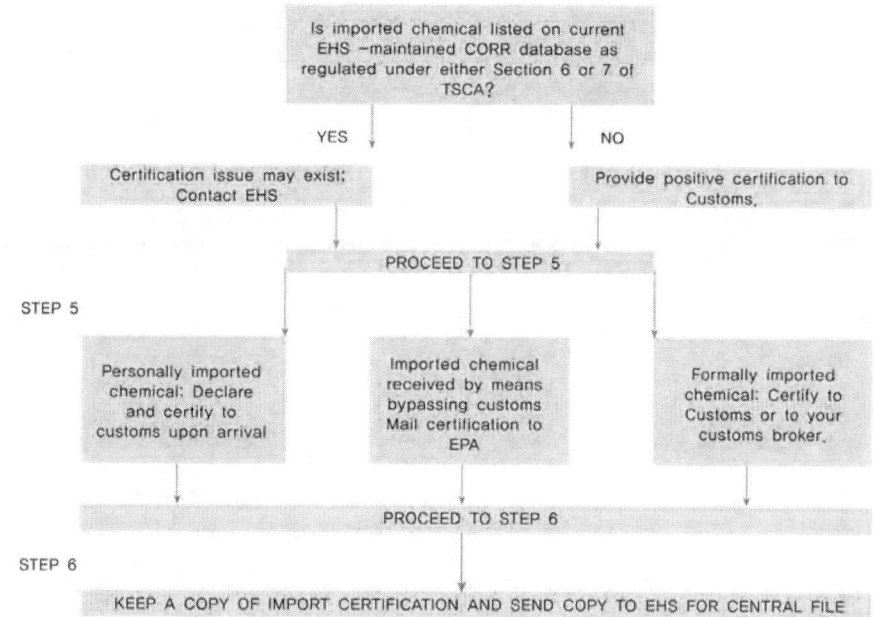

(자료원 : University of Connecticut)

◎ 비용, 소요 기간 등

• TSCA에 속한 화학물질일 경우

(단위: US$)

	시험규격 혹은 시험항목	시험비용	소요기간
시험	▪ 제품의 화학 구성 판별 : ▪ TSCA 적용대상 확인 :	▪ US $200/hour ▪ US $500	▪ 단순혼합물일 경우 : 1주일 ▪ 복잡한 화학물질일 경우 : 1주일 이상 소요
	초기공장심사	인증비용	소요기간
인증	–	–	▪ 별도의 인증절차 없이 수입업자가 "Positive" certification을 미국세관 에 제출해야 함.
인증유효기간	없음		
사후관리비용	▪ EPA 측에서 큰 화학 회사가 아닐 경우, 공장심사를 주기적으로 하지는 않으며 공장심사 전에 먼저 서면통지가 이루어짐 ▪ 공장심사를 하게 될 경우, 대행업체가 심사를 준비할 수 있게 도와주는 비용 : US$ 200/hour		

• 새로운 화학물질일 경우

	시험규격 혹은 시험항목	시험비용	소요기간
시험	■ EPA측에 새로운 화학물질인지 문의 ■ 화학물질 고유번호 (Chemical Abstract Service Registy Number (CAS)) 획득 (필요한 경우) ■ EPA측에 PMN (Premanufacture Notification) 제출 지원 서비스	■ US$ 200/hour ■ US$ 175/ 화학물질 ■ US$ 200/hour (평균 10시간 소요)	3 달
	초기공장심사	인증비용	소요기간
인증	–	■ PMN(Premanufacture Notification)접수수수료: US$ 2,500	최소 3 달
인증유효기간	없음		
사후관리비용	■ EPA 측에서 큰 화학 회사가 아닐 경우, 공장심사를 주기적으로 하지는 않으며 공장심사 전에 먼저 서면통지가 이루어짐 ■ 공장심사를 하게 될 경우, 대행업체가 심사를 준비할 수 있게 도와주는 비용 : US$ 200/hour		

(자료원 : EHS Strategies, Inc)

◎ 유의사항

• TSCA에 속한 화학물질일 경우 Positive Certification 제출
  - Positive Certification은 따로 제출양식은 없으며 아래와 같이 기술하고 하단에 자필 사인을 할 것
  - (예시) "I certify that all chemical substances in this shipment comply with all applicable rules or orders under TSCA and that I am not offering a chemical substance for entry in violation of TSCA or any applicable rule or order under TSCA."
  - 제품이 미국에 수입될 때 미국세관에 제출해야 하고 복사본을 보관 할 것
  - Positive Certification 관련 링크 :
    http://www.epa.gov/oppt/import-export/pubs/sec13.html

조사 요약표

품목명	접착제 (HS CODE: 350610)		국가명	일본
인증마크	JAIA F☆☆☆☆	제도명 (영문)	JAIA 논포름알데히드 등록	
인증구분	☐ 강제　■ 임의		인증유형	■ 현행　☐ 신규출현
도입시기	2003년 (2013년 제7판 개정)			
근거규정	건축기준법 시행령 제20조 5- 화학물질 발산에 관한 위생상 조치에 관한 기술적 기준 일본접착제공업회- 실내공기오염 대책을 위한 자주관리규정			
제도내용	화학물질로 인한 실내공기 오염으로부터 거주자의 건강에 미치는 악영향을 줄이기 위한 포름알데히드 발산 규제에 대응한 안전한 접착제임을 업계 공업회 차원에서 인증/관리하고, 그 내용을 신청자가 제품에 적정 마크를 통해 표시할 수 있게 함.			
품목정의	1) 용도: 가정용 ②산업용 2) 기능: 접합하고자 하는 동종 또는 이종의 두 제품 및 재료사이에 결합시키는 기능			
적용대상품목	규정된 12유형의 접착제(초산비닐계 에멀젼, 비닐공중합수지 에멀젼, 아크릴 수지 에멀젼, 고무 라텍스, 에폭시 변성합성 고무 라텍스, 수성고분자 이소시아네이트, 알파 올레핀 수지, 에폭시 수지, 우레탄 수지, 변성 실리콘 수지, 시릴화 우레탄 수지, 핫 멜트)			
확대적용품목	상기 12유형 이외의 접착제에 대한 신청 시에는 등록심사위원회가 적용 여부를 검토 및 판단함.			
인증절차	자기적합선언			
시험기관	–			
인증기관	일본접착체공업회 – 등록심사위원회			
유의사항	■ 내용물이 같아도 제품명이 다를 경우에는 별도 안건으로 처리함. 동일 제품명의 색상/용량/포장 형태가 다른 경우에는 단일 안건으로 간주. ■ 규정된 12유형 이외의 접작체 심사 시에는, 소형 챔버법에 의한 복수 회사 제품의 포름알데히드 발산 데이터를 필요로 함.			

접
착
제

▨ 인증 획득 절차

◎ 기관정보

		인증기관
기 관 명		일본접착체공업회
홈페이지		http://www.jaia.gr.jp/index.html
연 락 처	담당부서	등록심사위원회
	전화번호	81-3-3251-3360
	팩스번호	81-3-3251-3380
	이 메 일	–
기타		해외 제조업자의 심사 신청에도 대응. 수입업자 또는 OEM 업자의 대행도 가능

◎ 인증 절차도 (TYPE B)

1. 신청자 등록
공업회 비회원사가 논포름알데히드 등록을 신청할 경우에는, 초회 신청 시에 신청자 등록이 필요. 초회 등록
심사결과 통지 후 3주 이내에 등록 비용 지불.

2. 인증신청서 및 첨부서류 제출
논포름알데히드 제품등록 신청서, 등록신청 제품목록, 등록제품 품질관리 체크리스트를 등록심사위원회에 제출

3. 인증신청서 수리
등록심사위원회가 신청서 기재내용 및 첨부서류에 부족한 점이 없는지를 확인.

4. 심사
인증 심사는 신청서류 및 첨부서류의 내용에 기반해 이루어짐.
등록심사위원회는 심사 과정에서의 필요에 따라 해당제품의 카탈로그나 기술자료 또는 이에 준하는 자료,
해당제품의 제품안전 데이터시트(MSDS), 해당제품의 성분표 등을 요구할 수 있음.

5. 판정 및 통보

심사를 통과하면 'JAIA-OOOOOO' 형식의 등록번호가 부여되고, 등록 신청 비용이 청구됨. 비용 입금 확인 후에 등록확인서 및 등록증명서를 신청자에게 서면으로 송부되고, 등록번호/제품명/회사명은 일본접착제공업회 HP에 공지됨.

6. 샘플 검사

등록심사위원회는 시판 중인 등록제품을 정기적으로 입수하여 지정 기관을 통해 소형 챔버법에 의한 방산 테스트를 시행함.

7. 인증 갱신

인증의 유효기간은 3년(등록일로부터 기산하여 3년이 경과된 날이 속한 회계연도 말일(3/31)까지)으로, 인증을 갱신하고자 할 경우에는 유효기간 만료 이전까지 갱신 신청이 필요.

◎ 비용, 소요 기간 등

(단위: 원, 주, 년)

시험	시험규격 혹은 시험항목	시험비용	소요기간
	–	–	–
인증	초기공장심사(IFA : Initial Factory Audit or Inspection) 비용	인증비용	소요기간
	서류 심사로만 진행	50,000원	최대 13주 (3개월마다 심사 실시)
인증유효기간	3년		
사후관리비용	등록 갱신비용: 10,000원		

(자료원 : 일본접착제공업회)

◎ 유의사항

- 신청서 및 첨부서류 작성
  - 등록신청서상의 '연락처' 항목에는 논포름알데히드 제품 등록 신청 건의 실무책임자의 필요사항을 기입해야 함. 여기서 실무 책임자란 등록신청서 제출에서 심사결과 수령 및 등록비용 지불까지의 전 과정의 책임자를 말하며, 등록심사위원회로부터의 메일/전화 문의에 직접 대응할 수 있는 사람인 것이 바람직함.
  - 등록제품 품질 체크리스트 상의 '대표자'는 회사의 대표자 또는 접착제사업의 책임자를 말하며 대표직인을 날인해야 함.

- 갱신 신청시 필요서류 (미갱신 시에는 기간 만료 후에 자동 등록 취소)
  - 등록제품 품질관리 체크리스트
  - 논포름알데히드 제품등록 (갱신) 신청서
  - (갱신용) 제품 목록

- 등록 심사 기일
  - 논포름알데히드 제품등록 심사는 원칙적으로 6월, 9월, 12월, 3월 연 4회 이루어짐. 등록 심사 신청은 심사일 1주 전까지 가능함.

▨ 조사 요약표

품목명	접착제 (HS CODE: 350610)	국가명	중국
인증마크		제도명 (영문)	CQC 환경보호제품인증 (china ecolabelling)
인증구분	☐ 강제　■ 임의	인증유형	■ 현행　☐ 신규출현
도입시기	2009년		
근거규정	CQC51-348401-2009 접착제환경보호인증규칙(粘合剂环保认证规则)		
제도내용	CQC 인증은 자발적 제품 인증 프로그램으로 강제성 인증과는 달리 제품의 품질, 안전, 환경보호, 성능 등이 관련 표준에 부합한다는 것을 스스로 증명		
품목정의	1) 용도: 가정용, 산업용 2) 기능: 접합하고자 하는 동종 또는 이종의 두 제품 및 재료사이에 결합시키는 기능		
적용대상품목	접착제		
확대적용품목	–		
인증절차	TYPE C : 해외에서 제품시험(시험기관) ⇒ 해외에서 인증획득(인증기관)		
시험기관	국가건축재료측험중심 (國家建築材料測試中心) 등		
인증기관	CQC 중국품질센터 (中國質量中心)		
유의사항	■ 접착제는 강제인증인 CCC인증 대상품목이 아님. 강제인증 필요는 없지만 자율인증인 CQC인증을 신청할 수 있음. ■ 접착제는 CQC인증 중 환경보호제품인증에 속함.		

접
착
제

kotra

■ 인증 획득 절차

◎ 기관정보

		시험기관	인증기관
기 관 명		국가화학건축재료테스트중심 国家化学建筑材料测试中心	CQC 중국품질센터 (中國質量中心)
홈페이지		http://www.plastictest.net/	www.cqc.com.cn
연락처	담당부서	도료, 접착제	총괄부서
	전화번호	86-10-59202436	86-10-83886677
	팩스번호	–	86-10-83886282
	이 메 일	–	cqcsc@cqc.com.cn
기타		■ CCIC Korea(중국검험인증그룹유한공사(CCIC) 한국지사) 인증 취득의 가능 www.ccickorea.com/ 02-6393-5800 ■ 그 외의 시험기관(실험실)은 강제성제품인증시험임무실험실(承担强制性产品认证检测任务的实验室及其业务范围) 참고 http://www.cnca.gov.cn/ywzl/rz/qzxcpzl/jcjggljg/images/20080716/5172.htm ■ 인증 비용에 관해서는 http://cccwto.com/3cccfycx.asp 3C 인증 비용 측정 사이트 참고 ■ 국가표준에 관해서는 http://www.csres.com/(工標网) 참고

◎ 인증 절차도 (TYPE C)

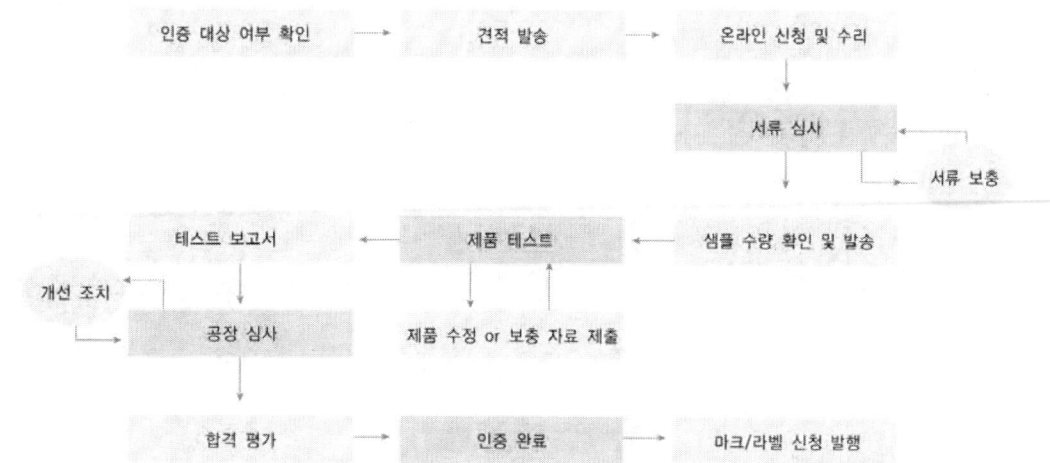

(자료원 : ccickorea.com)

◎ 비용, 소요 기간 등

(단위: 위안)

	시험규격 혹은 시험항목	시험비용	소요기간
시험	CQC51-348401-2009 접착제환경보호인증규칙(粘合剂环保认证规则)	3,000위안	2주
인증	초기공장심사(IFA : Initial Factory Audit or Inspection) 비용	인증비용	소요기간
	3,000위안/인/일	최소 1,600위안	3~4개월
인증유효기간	3년, 매년 공장 심사		
사후관리비용	▪ 매년 1회 이상의 공장심사 및 연회비로 인증을 유지하며, 유효기간은 3년. ▪ 심사주기는 1회/년		

(자료원 : 한국산업인증원, 해외인증정보시스템)

◎ 유의사항

- 필요서류
  - 신청서
  - 사업자 등록증 사본(영문)
  - 일치성 성명서(영문)
  - 공장조사표(조직도, 품질 매뉴얼, 생산설비리스트(영문), 제품검사설비 리스트, 공정도 등)
  - 제품기술자료(제품사용설명서(중문), 제품묘사서(해당시), 회로도, 조립도, 중요안전부품리스트(중문), 제품중문명판 등)

조사 요약표

품목명	접착제 (HS CODE: 350610)	국가명	호주
인증마크		제도명 (영문)	GECA Good Environmental Choice Australia
인증구분	☐ 강제　■ 임의	인증유형	■ 현행　☐ 신규출현
도입시기	2007년 1월 10일 첫 도입		
근거규정	GECA 01-2007: Adhesives standard GECA의 설립 법령인 Corporations ACT 2001 Public Special Purpose Company Limited By Guarantee 에 근거하여 기관 설립 및 규정을 운용하고 있음.		
제도내용	본 제도는 접착제에 대한 친환경적인 기준들을 제시함. 제품에 함유되어 있는 물질들을 검사하고, 환경오염에 어떤 영향을 미치는지 신중히 검사 후 인증 발행함.		
품목정의	1) 용도: 가정용 ②산업용 2) 기능: 접합하고자 하는 동종 또는 이종의 두 제품 및 재료사이에 결합시키는 기능		
적용대상품목	접착제		
확대적용품목	벽지, 바닥재 타일, 사무실, 종이, 및 목재에 쓰이는 접착제		
인증절차	TYPE C : 해외에서 제품시험(시험기관) ⇒ 해외에서 인증획득(인증기관)		
시험기관	GECA에서 제품 따라 NATA 에 가입된 국내 및 해외 시험기관 공유함.		
인증기관	GECA, Standards Australia		
유의사항	■ 제품시험은 23도, 습도는 50%에 실행 ■ 시험 시 접착제는 제조자가 규정한 방식으로 사용됨.		

접착제

◼ 인증 획득 절차

◎ 기관정보

		시험기관	인증기관
기 관 명		NATA	GECA
홈페이지		www.nata.com.au	www.geca.org.au
연락처	담당부서	Accredited Facilities	Building and Interiors
	전화번호	61-2-9736-8222	61-2-9699-2850
	팩스번호	61-2-9743-5311	61-2-6287-3800
	이 메 일	regina.robertson@nata.com.au	marketing@geca.org.au
기타		▪ GECA는 NATA에 소속된 시험기관들을 통해 제품시험 요망.	

* 시험기관은 인증기관에 인증 신청 업무만 대행하며 GECA에서 인증 수여.

◎ 인증 절차도 (TYPE C)

• 접착제는 TYPE C로 인증 취득 가능함.

• TYPE C : 해외에서 제품시험(시험기관) ⇒ 해외에서 인증획득(인증기관)

• GECA에 인증 취득 신청 시, 제품 품목에 따라 공인시험기관(NATA에 가입된)들을 공유하며, 제조자가 시험기관을 결정할 수 있도록 함. 시험은 지침서에 따라 수행되고 관련규격 (Australian Standard)과의 적합성평가가 이루어짐.

◎ 비용, 소요 기간 등

(단위: AUD)

	시험규격 혹은 시험항목	시험비용	소요기간
시험	- 용도에 적합성 - 호주 인증 기준: Australian standard와의 적합성 - 금지된 물질: 5% 이상에 휘발성 유기 화합물이 함유하면 금지 (Phthalates, Alkylphenolethoxylates, Halogenated solvents, Bioaccumulative preservatives 금지)	약 AUD 500-800 * 테스트 내역 및 시험 기관에 따라 비용이 달라질 수 있음. 정확한 시험비용에 관해서는 신청서 검토 후, 인증기관과 협의 시 확정됨.	3-4주
인증	초기공장심사(IFA : Initial Factory Audit or Inspection) 비용	인증비용	소요기간
	-	AUD 700 + GST (신청서 및 상담비)	6-8주
인증유효기간	1 년 단위로 licence fee 지불 매출량에 따라 인증 비용 확정 AUD 0 - AUD 250,000 = AUD 680 AUD 250,001- AUD 1m = AUD 1,520		
사후관리비용	비용은 인증 발행 시 확정 사후관리 검사는 인증 발행 1년에 내에 요구됨. 첫 검사 후 24개월마다 재검사		

(자료원 : GECA)

◎ 유의사항

• 필요서류

- 인증 신청서 (GECA: Quote Requestion Application Form)
- 시험 성적서
- 제품 브로셔

- 제품 사진
- 설계도면
- 시험 성적서

• ISO인증을 소유할 경우 인증 신청할 시에 제출 요구

주방용 플라스틱 생활용품

EU(독일)	LFGB	
UAE	인증불요	–
러시아	CU	EAC
미국	RCRA	–
베트남	수입요구사항 충족여부 통지	–
사우디아라비아	SASO	
싱가포르	인증불요_참고사항	–
인도	인증불요	–
인도네시아	SNI	SNI
일본	MHLW 식품위생법	–
중국	CQC	
필리핀	인증불요	–
호주	Australian Standard	Australian Standard
홍콩	인증불요	–

■ 조사 요약표

품목명	주방용플라스틱생활용품 (HS CODE: 392410)	국가명	EU(독일)
인증마크		제도명 (영문)	**LFGB** (독일 식품·생활용품·사료법, Lebensmittel-Bedarfsgegenstandegesetz und Futtermittelegsetzbuch, German Food commodity and Feed Law)-인증
인증구분	■ 강제 □ 임의	인증유형	■ 현행 □ 신규출현
도입시기	2005년 9월 (LFGB가 식품 및 일용품법인 LMBG(Lebensmittel-, Bedarfsgegenstaende-Gesetz, German Food Law)를 대체)		
근거규정	LFGB(Lebensmittel-, Bedarfsgegenstände- und Futtermittelgesetzbuch) Regulation (EC) No 1935/2004		
제도내용	■ 독일의 LFGB(식품, 소비자제품, 사료 법령집)를 만족하는 적합성평가로 식품과 접촉하는 소재는 LFGB법규 31절(식품으로의 물질 이행)에 있어 EU Regulation 1935/2004를 충족시켜야 함. ■ 음식에 접촉하거나 피부 또는 점막에 접촉하여 독성물질 또는 불순물 전달을 통해 건강에 해롭게 작용하는 제품의 제조, 판매 및 취급을 금지하는 법률로 독일 식품위생관리법률 중 가장 중요한 규정		
품목정의	1) 용도: 가정용 2) 기능: 플라스틱 용기류(식탁용품, 주방용품)		
적용대상품목	주방용 플라스틱 생활용품		
확대적용품목	음식용 기기(토스터, 로스터, 주전자 등), 음식물용기, 조리용기구(냄비, 도마 등), 부엌기기 (그릇, 숟가락, 포크, 칼 등), 직물, 패션소품, 천이나 가죽으로 만들거나 이를 함유하고 있는 장난감, 직물이나 실로 만든 수공예품, 화장품, 담배		
인증절차	TYPE A : 국내에서 제품시험(시험기관) ⇒ 국내에서 인증획득(인증기관), 시험 후 자기적합 선언(DOC) 가능		
시험기관	SGS Korea, TUV 라인란드 코리아		

인증기관	SGS Korea, TUV 라인란드 코리아(TUEV Rheinland LGA Products GmbH), 소비자보호 및 식품안전청(BVL: Bundesamt fuer Verbraucherschutz und Lebensmittelsicherheit)
유의사항	■ 특히 식품과 접촉하는 일용품은 테스트를 통해 해당 법 조항에 부합함을 입증해야 하고 권한 위임을 받은 기관의 LFGB 테스트 보고 증명이 있어 야만 독일 시장 내 판매 가능, 미 취득 시 독일 내 유통 불가 ■ LFGB 규정 위반 시 경중에 따라 20,000~100,000 유로까지 벌금형 내지 1년간의 금고형 부과 가능 ■ LFGB나 1935/2004 모두 제3자 인증을 기반으로 하는 것이 아니라 적합한 사실자료를 가지고 Declaration(자가 선언)하는 형식, 수출자의 Declaration of Conformity(자가 증명)가 필요 ■ 독일 바이어는 이에 추가로 ISO 9001(품질경영시스템 인증) 선호

▨ 인증 획득 절차

◎ 기관정보

		시험기관	인증기관
기 관 명		SGS 코리아	SGS 코리아
홈페이지		www.sgsgroup.kr	www.sgsgroup.kr
연락처	담당부서	E&E Chemicals Team, Laboratory Testing Services / 이윤주(Section Chief), 이재영 대리	E&E Chemicals Team, Laboratory Testing Services / 이윤주(Section Chief), 이재영 대리
	전화번호	+82-31-460-8021	+82-31-460-8021
	팩스번호	+82-31-460-8059	+82-31-460-8059
	이 메 일	june.lee@sgs.com/ Jaeyoung.lee@sgs.com	june.lee@sgs.com/ Jaeyoung.lee@sgs.com
기타		국내에서 시험서비스를 직접하는 곳은 SGS 코리아가 유일하며, 기타 2~3개의 해외 대행 시험실 소재	

◎ 인증 절차도 (TYPE A)

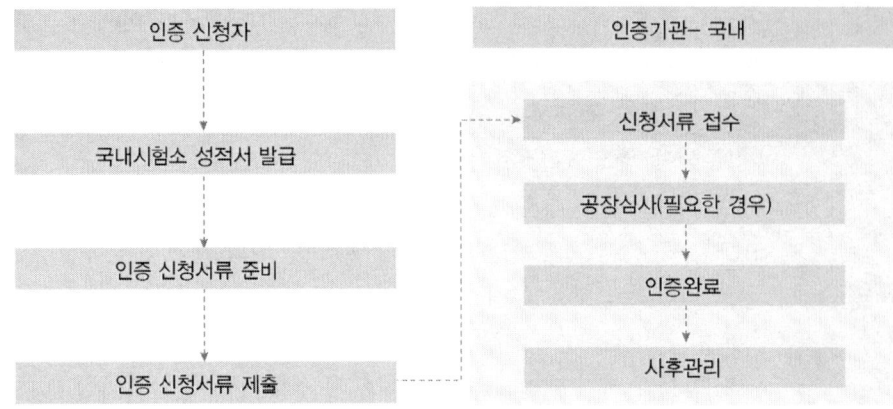

◎ 비용, 소요 기간 등

	시험규격 혹은 시험항목	시험비용	소요기간
시험	■ LFGB 법 조항 - 일반 제조 공정 및 재료 체크/ 감각진단: 맛과 냄새 전달 - 플라스틱: 전체 전이, 국부 전이, 중금속 함량 - 실리콘: 전이, 휘발성 유기 화합물 - 금속: 구성, 추출가능 중금속 - 기타: 특정 요구사항에 대한 기타 재료 또는 응용분야 ■ 시험방법 관련 기준: EN 1186, EN 13130 (Plastics) 등 ■ 재질관련: 플라스틱의 경우 DIN 10955, Regulation 10/2011, EUR 23814 ■ 용도별로 시험에 대한 Approach가 다름	단일소재 기준 약 80만원~ 600만원	소재에 따라 상이하나 빠르면 업무일 8일부터 약 3개월까지도 소요
인증	초기공장심사(IFA : Initial Factory Audit or Inspection) 비용	인증비용	소요기간
	-	-	-
인증유효기간	■ 사후관리는 공식적으로 정해진 바는 없으며, 한번으로 영구 사용할 수 있는 내용이 아니므로 각 시장별로 주기를 협의하여 적용		
사후관리비용	■ 독일 내 동 관리 감시 감독 기관은 각 지방 정부 소속 지자체 감독청 (Ordnungsbehoerde)으로 기업 및 샘플 심사 수행 ■ GMP(Good Manufacturing Practice) 규정이 있어 필요할 수 있으나, 현재까지는 구체적인 기업 인증 수단이 없는 상태		

(자료원 : 소비자보호 및 식품안전청(BVL: Bundesamt fuer Verbraucherschutz und Lebensmittelsicherheit), SGS Korea)

◎ 유의사항

· 기본적으로 시험 조건을 설정하기 위해서는 업체와 상담을 통해 가능

· 필요서류

　－ 인증신청서 (소정 양식)

　－ 제품 샘플

　－ 시험품의 기술자료 (카탈로그, 취급설명서, 주요사양 등)

　－ 주요 소재 목록

　－ 제품 품질 증빙 자료

　　* GMP(Good Manufacturing Practice) 규정에 따른 기업의 품질 경영 증명이 가능할 경우 매우
　　　바람직하나, 실제적으로 대개 이의 대응을 위한 문서나 대체가 될 만한 인증으로 증빙

　－ 신청기업개요 및 기타 참고자료

■ 조사 요약표

품목명	주방용플라스틱생활용품 (HS CODE: 392410)	국가명	러시아	
인증마크	**EAC**	제도명 (영문)	CU인증 (Customs Union)	
인증구분	■ 강제　□ 임의	인증유형	■ 현행　□ 신규출현	
도입시기	2013년 2월 15일			
근거규정	기술에 대한 규제의 필요조건에 대한 확인서 "어린이와 청소년을 위한 상품 안전"(11. 09. 23 DC CU no 797), 유라시아경제위원회(EEC)의 결정 (11. 03. 13 no 28)			
제도내용	FCS RF 2013년 1월 23일 "의무 적용 확인 제품 목록", 연방법 N 184-FZ 2002. 12. 27 기술 규정, TR CU 선언서에 기준, 규칙, 계약 기간에 대한 조항, Customs Union 기술 규제 필요조건에 대한 보증서 있음. 2002. 12. 27 "기술에 대한 규정"에서 연방법에 따르면 서류 확인은 승인된 기관에서 발행			
품목정의	1) 용도: 가정용 2) 기능: 플라스틱 용기류(식탁용품, 주방용품)등			
적용대상품목	플라스틱으로 만들어진 생활 또는 주방용품			
확대적용품목	(육아 이외의) 위생 목적의 제품, 개인위생(어린이의 치료를 위한 제품 제외) 항목 및 저장을 위한 제품, 플라스틱 잡화 제품(아동 및 청소년을 위한 제품 제외)			
인증절차	TYPE C : 해외에서 제품시험(시험기관) ⇒ 해외에서 인증획득(인증기관)			
시험기관	"Business Help"Ltd			
인증기관	Eurasian Economic Commission (EEC)			
유의사항	■ 해당 제품이 인증이 없는 경우 러시아를 포함한 관세동맹 회원국 내 통관이 불가하고 미인증 상태로 판매될 경우, 처벌 대상			

▨ 인증 획득 절차

◎ 기관정보

		시험기관	인증기관
기 관 명		"Business Help" Ltd	Eurasian Economic Commission
홈페이지		–	www.eurasiancommission.org
연락처	담당부서	–	Department of Technical Regulating and Accreditation
	전화번호	7–499–670–3055	7–495–669–2400(ext: 4133)
	팩스번호	7–499–670–3055	7–495–669–2415
	이 메 일	–	–
기타		▪ 시험기관은 이 외에도 현지에 여러 기관 및 기업이 있으며, 이들 중 일부는 해외에 지사를 운영하고 있는 경우도 있음.	

◎ 인증 절차도 (TYPE C)

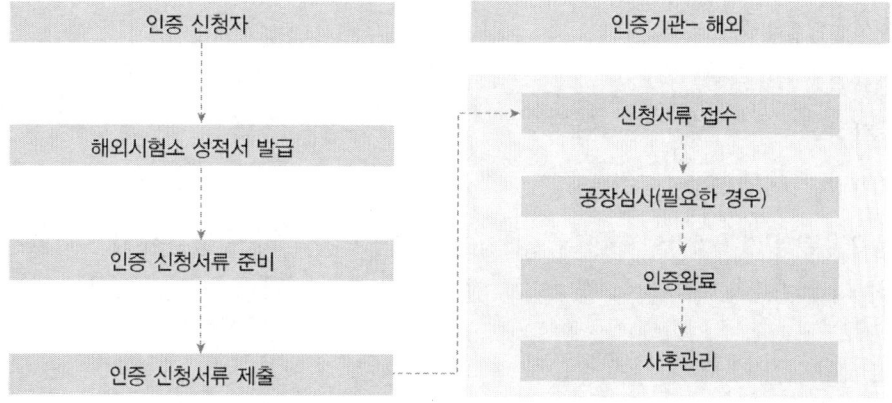

◎ 비용, 소요 기간 등

(단위: 루블)

시험	시험규격 혹은 시험항목	시험비용	소요기간
	관련 규격	4,000 루블/회	1 주
인증	초기공장심사(IFA : Initial Factory Audit or Inspection) 비용	인증비용	소요기간
	–	1/2/3년 2,000/2,500/3,000 루블	1 주
인증유효기간	1/2/3년		
사후관리비용	–		

(자료원 :«Intersolution» Ltd)

◎ 유의사항

• CU인증마크 취득을 위한 필요서류

  – 신청서(CU양식)

  – 공장심사 성적서

  – 제품시험 성적서

  – 대리위임장(CU양식)

  – 제품사진

  – 제품설명서(러시아어)

• 2013년 2월부터 기존 GOST-R에서 CU인증으로 변경됨에 따라 러시아 내에서도 까다로운 인증절차와 비용으로 어려움이 대두되고 있으나, 시간이 지나면서 점차 약화될 것으로 전망

■ 조사 요약표

품목명	주방용플라스틱생활용품 (HS CODE: 392410)	국가명		미국
인증마크	–	제도명 (영문)		RCRA Permit (Resource Conservation and Recovery Act)
인증구분	■ 강제 　□ 임의		인증유형	■ 현행 　□ 신규출현
도입시기	1976년 10월 21일			
근거규정	40 CFR Parts 260-265 and 266-270			
제도내용	유해물질의 안전한 처리, 보관, 폐기를 보장하기 위한 제도			
품목정의	1) 용도: 가정용 2) 기능: 플라스틱 용기류(식탁용품, 주방용품)			
적용대상품목	주방용 플라스틱 생활용품			
확대적용품목	■ 아래에 해당하는 모든 품목을 처리, 보관, 폐기하는 모든 시설 – 40 CFR §261.31에서 규정한 D-list (List of Hazardous Wastes) – 40 CFR §261.31에서 규정한 F-list (non-specific source wastes) – 40 CFR §261.32에서 규정한 K-list (source-specific wastes) – 40 CFR §261.33에서 규정한 P-list와 U-list (discarded commercial chemical products) – 유해물질을 보관 없이 운반하거나 유해물질 처리 없이 단기간 보관하는 경우에는 RCRA허가가 필요치 않음.			
인증절차	RCRA 식별번호(RCRA Identification number) 외에, 주/지방자치로부터 라이선스 혹은 등록 허가 등이 요구됨.			
시험기관	–			
인증기관	United States Environmental Protection Agency(EPA)			
유의사항	■ 미국에서 EPA가 규정한 유해물질을 발생시키는 품목을 생산, 처리, 보관, 폐기하는 모든 시설은 RCRA 규정 뿐 아니라 대기오염 방지법, 수질오염 방지법 등 환경규제를 준수해야 함. ■ RCRA 식별번호(RCRA Identification number) 외에, 주/지방자치로부터 라이선스 혹은 등록 허가 등이 요구됨.			

주방용플라스틱생활용품

kotra

▨ 인증 획득 절차

◎ 기관정보

		인증기관
기 관 명		US Environmental Protection Agency (EPA)
홈페이지		http://www.epa.gov/
연락처	담당부서	관할주 EPA
	전화번호	http://www.epa.gov/osw/comments.htm
	팩스번호	http://www.epa.gov/osw/comments.htm
	이 메 일	http://www.epa.gov/osw/comments.htm
기타		▪ 시험기관 또는 대행기관 없이 United States Environmental Protection Agency (EPA) 혹은 공인된 주(State)로부터 식별번호(Identification number)를 발급받을 수 있음.

◎ 인증 절차도

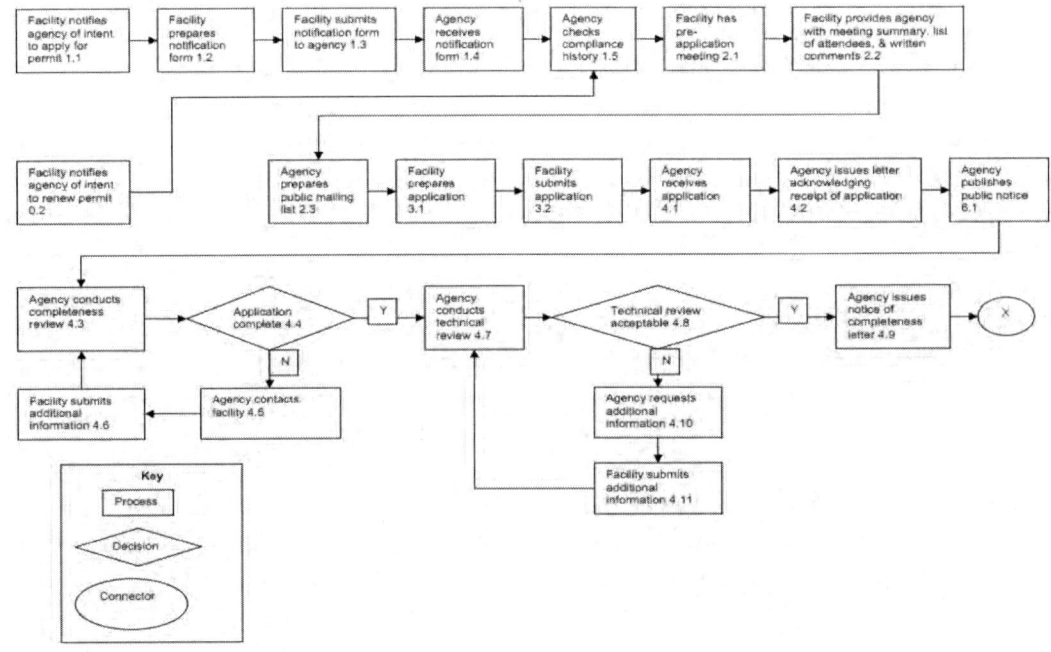

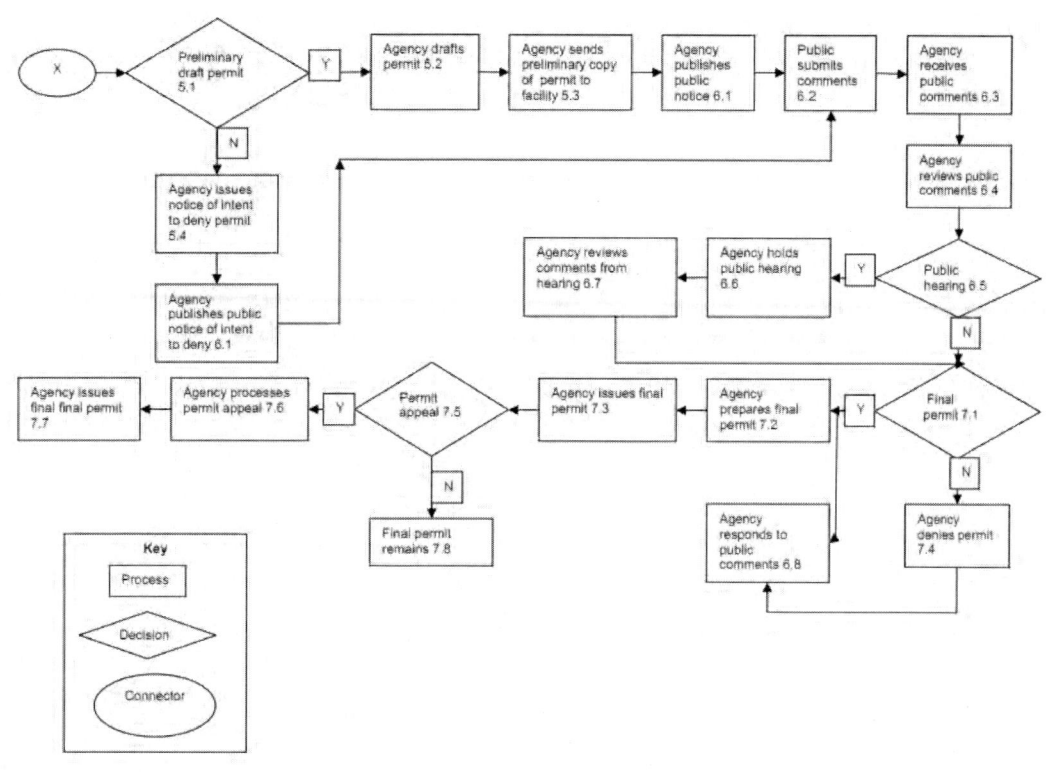

(자료원 : 미국 환경보호국(EPA))

* 항목별 상세설명은 웹페이지 참고 http://www.epa.gov/osw/hazard/tsd/permit/epmt/bps_apb.pdf

◎ 비용, 소요 기간 등

(단위: 원)

	인증비용	소요기간
인증	■ RCRA 식별번호 (Identification number) 생성 비용: 무료 ■ 유해 폐기물 발생 비용 : 시설별 상이 ■ RCRA 허가신청서 검토/작성 비용 : 주별 상이	주별로 상이하나 일반적으로 수일에서 2주정도 소요
인증유효기간	10 년	
사후관리비용	–	

자료원 : United States Environmental Protection Agency(EPA)

◎ 유의사항

• 필요서류

- U.S. EPA 또는 주정부 EPA에 지원서(application form)를 작성 및 제출

- 지원서(application form) 양식은 주별로 다를 수 있으며 아래 웹페이지를 통해 확인 가능
  :

http://www.epa.gov/osw/comments.htm

■ 조사 요약표

품목명	주방용플라스틱생활용품 (HS CODE: 392410)	국가명	베트남
인증마크	–	제도명 (영문)	Notification of foodstuff of satisfaction of import requirements (On a consignment by consignment basis)
인증구분	■ 강제　☐ 임의	인증유형	■ 현행　☐ 신규출현
도입시기	2011년		
근거규정	■ 2011년 7월 1일부터 효력이 있는 2010년 6월 17일자 식품 안전법 No. 55/2010/QH12 ■ 2012년 4월 25일자 Decree No. 38/2012/NĐ-CP '식품 안전법 조항 세부 시행' ■ 2013년 11월 14일자 Decree No. 178/2013/NĐ-CP '식품 안전법 관련 행정 처벌' ■ 2012년 11월 9일자 Circular No. 19/2012/TT-BYT '식품 안전에 관련 규정 준수 공고 및 공지 사항 안내' ■ 보건복지부의 2007년 12월 19일자 Decision No. 46/2007/QĐ-BYT '식품 내 생물학적 및 화학적 오염 최대수치 관련 규정 공포' (Part 4: 식품 포장 물질의 위생 안전 요구사항) '		
제도내용	베트남에 수입되는 플라스틱 식기 및 주방용품이 베트남 식품 안전 및 위생 규정과 부합 여부 확인		
품목정의	1) 용도: 가정용 2) 기능: 플라스틱 용기류(식탁용품, 주방용품)		
적용대상품목	모든 종류의 플라스틱 식기 및 주방용품		
확대적용품목	모든 종류의 음식과의 접촉이 있는 플라스틱 포장재료		
인증절차	TYPE C : 해외에서 제품시험(시험기관) ⇒ 해외에서 인증획득(인증기관)		
시험기관	– Quatest 3(검사 구역)		
인증기관	– Quatest 3(본사)		

유의사항	■ 위반시 2013년 11월 14일자 Decree No. 178/2013/NĐ-CP '식품 안전 관련 행정 위반'이 적용됨. ■ 한국기업 유의사항 - Quatest 3은 아래와 같은 경우만 검사 및 인증을 진행함.: → 수입품의 일부 품목 혹은 품목 전체가 공인 기관인 산업무역부(MoIT)와 보건복지부(MoH) 산하 담당 기관의 관리 하에 있는 경우 - 품질 적합성 발표는 제품이 베트남에 수입되기 전에 이루어져야 함.

■ 인증 획득 절차

◎ 기관정보

		시험기관	인증기관
기 관 명		Quatest 3 (Experiment Zone)	Quatest 3 (Head Quarter)
홈페이지		No 7, Road No 1, Bien Hoa IZ 1, Dong Nai Province www.quatest3.com.vn	No. 49 Pasteur, Dist 1, HCMC www.quatest3.com.vn
연락처	담당부서	Customer Service	Promotion
	전화번호	84-61-3-836-212	84-8-38-294-274
	팩스번호	84-61-3-836-298	84-8-38-293-012
	이 메 일	qt-dichvutn@quatest3.com.vn	info@quatest3.com.vn
기타		■ 관리 정부기관: - 식물검역부 II 지역(Plant Quarantine Department Region II)을 위한 농업농촌 개발부 및 국가 농림수산 품질보증부서 - 과학기술부 품질·측정표준 총국(STAMEQ) 산하 QUATEST 3	

◎ 인증 절차도 (TYPE C)

Inspection Process of Goods Batches(General Process)

IMPLEMENTATION STEPS	QUATEST 3	APPLICANT
Guidance on request reception	Reception Staff: Receiving, review and accept the request	Submit documents/ samples (if any), file the application form (Access to the website)
–Documentation checking –Guidance on supplement	Receiving request	Submit additional documents/samples (if inappropriate)
Assigning inspector(s) to implement / Making plan On-site inspection and sampling	Managers of related technical dept. (NV1–NV6) to contact and confirm the implementation day (in case of on–site inspection)	confirm the suggested inspection/ sampling day (if any)
Sample testing (If required)	Inspector(s)	Locating the goods batch's position for the inspection, signing sampling minutes (if any)
–Result processing and assessment –Draft of inspection certificate	Inspection group leader / Inspector	
Draft review	Inspection group leader / Inspector	
	Managers of related technical dept./ Assigned person	
Print controlling before issuing	Inspection group leader/ Inspector	
Approve	Director/ Deputy Director/ Authorized person	
Certificate sending and Record storing	Director/ Deputy Director/ Authorized person	Receive the certificate and return the "Application for certificate"

Additional check needed

(자료원 : QUATEST 3)

◎ 비용, 소요 기간 등

	시험규격 혹은 시험항목	시험비용 (VND/샘플) 5% VAT 미포함	소요기간
시험	Packaging/containing materials in direct contact with foods from polyethylene terephthalate - PET plastic (30 products/ sample)		7~10일
	Identifying test	250,000	
	Lead/cadmium content	120,000/ element	
	Potassium permanganate consumed in 30 minutes (Leaching solution: distilled water at 60 °C)	150,000	
	Heavy metal (as lead content) (Leaching solution: 4% acid acetic at 60°C in 30 minutes)	100,000	
	Antimony content after 30 minutes (Leaching solution: 4% acetic acid solution at 60°C))	100,000	
	Germani content after 30 minutes (Leaching solution: 4% acetic acid solution at 60°C))	200,000	
	Evaporation residue (Leaching solution: 4% acetic acid solution at 60 °C))	120,000	
	Evaporation residue (Leaching solution: distilled water at 60 °C))	120,000	
	Evaporation residue (Leaching solution: n-heptan at 25 °C)	450,000	
	Evaporation residue (Leaching solution: 20% ethanol solution at 60 °C))	150,000	
	Packaging/containing materials in direct contact with foods from polyethylene plastic - PE, PP (500 g/ sample)		7~10일
	Identifying test	250,000	

시험규격 혹은 시험항목	시험비용 (VND/샘플) 5% VAT 미포함	소요기간
시험		
Lead/cadmium content	120,000/ element	7~10일
Potassium permanganate consumed in 30 minutes (Leaching solution: distilled water at 60 °C)	150,000	
Heavy metal (as lead content) (Leaching solution: 4% acid acetic at 60 °C in 30 minutes)	100,000	
Evaporation residue (Leaching solution: 4% acetic acid solution at 60 °C))	120,000	
Evaporation residue (Leaching solution: distilled water at 60 °C)	120,000	
Evaporation residue (Leaching solution: n-heptan at 25 °C)	450,000	
Evaporation residue (Leaching solution: 20% ethanol solution at 60 °C)	150,000	
Packaging/containing materials in direct contact with foods from phenol plastic (500 g/ sample)		7~10일
Identifying test	250,000	
Lead/cadmium content	120,000/ element	
Potassium permanganate consumed in 30 minutes (Leaching solution: distilled water at 60 °C)	150,000	
Heavy metal (as lead content) (Leaching solution: 4% acid acetic at 60 °C in 30 minutes)	100,000	
Evaporation residue (Leaching solution: 4% acetic acid solution at 60 °C)	120,000	

	시험규격 혹은 시험항목	시험비용 (VND/샘플) 5% VAT 미포함	소요기간
시험	Evaporation residue (Leaching solution: distilled water at 60 °C)	120,000	7~10일
	Evaporation residue (Leaching solution: n-heptane at 25 °C)	450,000	
	Evaporation residue (Leaching solution: 20% ethanol solution at 60 °C)	150,000	
	Phenol test in distilled water at 60 °C in 30 minutes	300,000	
	Formaldehyde test at 60°C in 30 minutes	250,000	
	Packaging/containing materials in direct contact with foods from Polyvinyl clorid – PVC plastic (500 g/ sample)		7~10일
	Identifying test	250,000	
	Lead/cadmium content	120,000/ element	
	Potassium permanganate consumed in 30 minutes (Leaching solution: distilled water at 60 °C)	150,000	
	Heavy metal (as lead content) (Leaching solution: 4% acid acetic at 60°C in 30 minutes)	100,000	
	Evaporation residue (Leaching solution: 4% acetic acid solution at 60 °C)	120,000	
	Evaporation residue (Leaching solution: distilled water at 60 °C)	120,000	
	Evaporation residue (Leaching solution: n-heptane at 25 °C)	450,000	
	Evaporation residue (Leaching solution: 20% ethanol solution at 60 °C)	150,000	
	Vinylchloride test in ethanol 20% solution at 5 °C, after 24 hours	800,000	

시험규격 혹은 시험항목	시험비용 (VND/샘플) 5% VAT 미포함	소요기간
Cresyl phosphate content	500,000	7~10일
Dibutyl tin dilaurate content	1,500,000	
Packaging/containing materials in direct contact with foods from Nylon – PA plastic (500 g/ sample)		
Identifying test	250,000	
Lead/cadmium content	120,000/ element	
Potassium permanganate consumed in 30 minutes (Leaching solution: distilled water at 60 °C)	150,000	
Heavy metal (as lead content) (Leaching solution: 4% acid acetic at 60°C in 30 minutes)	100,000	7~10일
Evaporation residue (Leaching solution: 4% acetic acid solution at 60 °C)	120,000	
Evaporation residue (Leaching solution: distilled water at 60 °C)	120,000	
Evaporation residue (Leaching solution: n-heptane at 25 °C)	450,000	
Evaporation residue (Leaching solution: 20% ethanol solution at 60 °C)	150,000	
Caprolactam in 20% ethanol solution at 60°C), after30minutes	500,000	
Packaging/containing materials in direct contact with foods from rubber (for kids) (at least 10 items/ sample)		
Identifying test	250,000	7~10일
Lead/cadmium content	120,000/ element	
Phenol test in distilled water at 40°C in 24 hours	300,000	

(표 왼쪽 세로 항목: 시험)

	시험규격 혹은 시험항목	시험비용 (VND/샘플) 5% VAT 미포함	소요기간
시험	Formaldehyde test in distilled water at 40°C in 24 hours	250,000	7~10일
	Zinc content in in distilled water at 40°C in 24 hours	100,000	
	Heavy metal (as lead content) (Leaching solution: 4% acid acetic; at 40°C in 24 hours)	100,000	
	Evaporation residue (Leaching solution: distilled water at 40 °C, after 24 hours)	120,000	
	Packaging/containing materials in direct contact with foods from rubber (not for kids) (at least 10 items/ sample)		7~10일
	Identifying test	250,000	
	Lead/cadmium content	120,000/ element	
	2-Mercapto imidazoline testing (*)	–	
	Phenol test in distilled water at 60 °C) in 30 minutes	300,000	
	Formaldehyde test in distilled water at 60 °C) in 30 minutes	250,000	
	Zinc content in in distilled water at 60 °C) in 30 minutes	100,000	
	Heavy metal (as lead content) (Leaching solution: 4% acid acetic at 60 °C in 30 minutes)	100,000	
	Heavy metal (as lead content) (Leaching solution: 4% acid acetic at 60 °C in 30 minutes)	120,000	
	Evaporation residue (Leaching solution: distilled water at 60 °C))	120,000	
	Evaporation residue (Leaching solution: 20% ethanol solution at 60 °C))	150,000	

	인증 내용	인증비용	소요기간
인증	Notification of satisfaction of import requirements	0,1% value of the imported consignment Minimum: 1,000,000 VND/ batch Maximum: 10,000,000 VND/ batch	7~10일
인증유효기간	건 단위로 진행		
사후관리비용	–		

(자료원 : QUATEST 3)

▨ 조사 요약표

품 목 명	주방용플라스틱생활용품 (HS CODE: 392410)		국가명	사우디아라비아
인증마크[1]	SASO Saudi Standards, Metrology and Quality Org.	제도명 (영문)	SASO (Saudi Arabia Standards Organization) Certificate of Conformity(COC)	
인증구분	■ 강제　□ 임의		인증유형	■ 현행　□ 신규출현
도입시기	2006년 5월			
근거규정	Decision of the Minister of Commerce & Industry No. 6386 dated in 21/6/1425H			
제도내용	사우디아라비아 안전규격, 강제 규격으로 모든 수입제품에 대해 수출국 정부가 공식적으로 인정한 기관에서 발행하는 적합성인증서(COC)			
품목정의	1) 용도 : 가정용 2) 기능 : 플라스틱용기류(식탁용품, 주방용품)			
적용대상품목	주방용 플라스틱 생활용품			
확대적용품목	식품 및 농산품, 의약품 및 화장품, 의료기기 및 의료기기 부품, 오일(석유)를 제외한 전품목			
인증절차[2]	TYPE A : 국내에서 제품시험(시험기관) ⇒ 국내에서 인증획득(인증기관)			
시험기관	KTC, KTL, KTR 등 국내 KOLAS 등재 시험기관 http://www.kolas.go.kr/usr/inf/srh/InfoTestInsttSearchList.do			
인증기관	국가기술표준원 지정 기관– KTC, KTL, KTR 및 SASO 지정기관 http://www.saso.gov.sa/en/conformity/Mutual_Recognition/Pages/Agents_Names.aspx			
유의사항	■ 사우디에 수출 하고자 하는 국가에서 지정한 기관이 인증발급 및 시험을 담당 ■ 인증서(COC)는 동일 제품의 경우에도, 매 선적 시마다 발행 받아야 하며, 제품의 수와 관계없이 한 선적 분량에 대해 1건의 인증서 발행			

주) 인증마크의 제품 표기는 의무는 아님.

▰ 인증 획득 절차

◎ 기관정보

• 한국에서 사우디로 수출되는 제품의 경우, 2008년 국가기술표준원(KATS)와 사우디표준청(SASO)간의 상호인정협정에 근거하여 KATS가 지정한 인증기관에서 인증서를 발행함.

• A list of the signed bodies with SASO on the recognition program
  http://www.saso.gov.sa/en/conformity/Mutual_Recognition/Pages/Agents_Names.aspx

기관명	연락처				
	홈페이지	담당부서	전화번호	팩스번호	이메일
한국산업기술시험원 (KTL)	www.ktl.re.kr	글로벌 비즈니스센터	02-860-1330	02-860-1306	jskim @ktl.re.kr
화학융합시험연구원 (KTR)	www.ktr.or.kr	해외인증팀	02-2164-0135	02-2634-0067	hs @ktr.or.kr
한국기계전기전자 시험연구원(KTC)	www.ktc.re.kr	해외인증센터	031-428-7591	–	klatu @ktc.re.kr
한국건설생활환경 시험연구원(KCL)	www.kcl.re.kr	해외사업팀	02-3415-8782	02-3415-8796	holdaq @empal.com
한국뷰로베리타스 Bureau Veritas Korea	www.bureauveritas.com	Government Services & International Trade	02-555-8751	02-553-4083	jaehwan.shim@ kr.bureauveritas.com
한국에스지에스(주) SGS Korea	www.sgs.com	GIS부서	031-460-8078	031-460-8086	jongrok.park @sgs.com
인터넥이티엘셈코(주) Intertek ETL SEMKO Korea	www.intertek.com	GTS	02-775-5255	02-775-5266	info.seoul.gs @intertek.com
TUV-Sud Korea	www.tuvsud.com	ITA팀	02-3215-1190	02-3215-1111	jung-a.ryu @tuvsud.kr
Nemko Korea	www.nemkokorea.co.kr	IA그룹	031-330-1707	031-322-3971	cheonho.kim @nemko.com
TUV-Rheinland Korea	www.kor.tuv.com	영업팀	02-860-9949	02-860-9862	uiro.kim @kor.tuv.com

◎ 인증 절차도 (TYPE A)

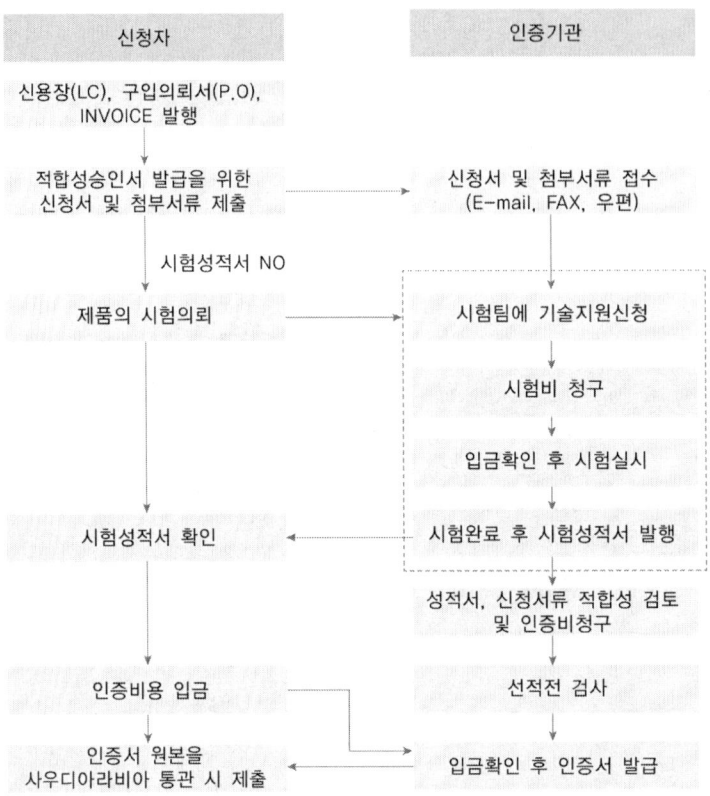

◎ 비용, 소요 기간 등

	시험규격 혹은 시험항목	시험비용	소요기간
시험	CB, CE 성적서 또는 제3자 국제공인시험 기관(해외인증기관, 국내 KOLAS 지정 시험소 등)에서 발급한 성적서 인정)		
	초기공장심사	인증비용	소요기간
인증	강제사항은 아님.	인증서 발행 적합 여부 검토 30만원	7일~10일
인증유효기간	3년		
사후관리비용	–		

(자료원 : KTR)

조사 요약표

품목명	주방용플라스틱생활용품 (HS CODE: 392410)	국가명	싱가포르
인증마크	–	제도명 (영문)	–
품목정의	1) 용도: 가정용 2) 기능: 플라스틱 용기류(식탁용품, 주방용품)		
유의사항	■ 주방용 플라스틱 생활용품 수입에 있어서 별도의 강제 인증 절차는 없지만, 판매를 위해서는 하기 규제를 위반해서는 안됨. - 1ppm 이상의 염화비닐단량체(vinyl chloride monomer) 함유 제품 불가 - 접촉한 내용물에서 0.01 ppm 이상의 염화비닐단량체(vinyl chloride monomer)가 검출 또는 검출 경향이 있거나, 발암성/돌연변이 유발/기형 유발/기타 다른 독성 유발/ 신체에 유해한 화합물이 접촉한 내용물에서 검출될 경우 불가 - 해당 제품을 이용해 식품을 저장, 보관, 조리 시에 납, 안티모니, 비소, 카드뮴을 포함한 어떠한 유독 물질이 식품에 검출되는 제품 불가		

▮ 조사 요약표

품목명	주방용플라스틱생활용품 (HS CODE: 392410)	국가명	인도네시아
인증마크	**SNI**	제도명 (영문)	SNI (Standar Nasional Indonesia)
인증구분	▮ 강제　☐ 임의	인증유형	▮ 현행　☐ 신규출현
도입시기	2008		
근거규정	SNI No. 7322:2008 : 멜라닌 식료품 용기 및 장비관련 규정 1. SNIKementerian Perdagangan -- Ministry of Trade 　Kep.Men. Peridustrian No. 0055/M-IND/PER/5/2009 2. Kementerian Perdagangan -- Ministry of Trade 　Peraturan Menteri Perdagangan No. 22/M-DAG/PER/5/2010		
제도내용	▪ 인도네시아 국가 표준 규격/인증(SNI) 　- 인도네시아국가규격(SNI)은 인도네시아에만 적용되는 국가규격으로 자율규격과 강제규격으로 구분되며, 기술위원회와 국가표준화기구인 BSN (Badan Standardisasi Nasional: National Standardization Agency of Indonesia)에 의해 제도화 되어 있음. 　- 인증취득이 의무화된 제품의 경우, 반드시 적합한 절차를 거쳐 인증서를 득하고 제품에 인증마크를 표시해야함. SNI 인증제도는 공공의 안전 및 제조자, 소비자, 노동자의 건강과 안전을 보장함과 동시에 제품의 품질 향상을 통해 자국의 제품이 세계시장에서 널리 사용될 수 있도록 제품경쟁력을 높이는 데에도 그 목적을 두고 있음. 　- 강제 인증 제도는 중국과의 FTA 체결 이후 중국산 저가제품의 범람에 따른 국내 산업의 피해를 방지하고 자국산 생산제품을 보호함과 동시에 품질 기준이라는 비관세 기술 장벽으로 이용되고 있음.		
품목정의	1) 용도: 가정용 2) 기능: 플라스틱 용기류(식탁용품, 주방용품)		
적용대상품목	주방용 플라스틱 생활용품(식탁, 주방용 식기용품 : HS 3924100000)		
확대적용품목	저장기·탱크·배트 및 이와 유사한 용기(용량 300리터를 초과 한함) : HS 3925100000		

인증절차	TYPE C : 해외에서 제품시험(시험기관) ⇒ 해외에서 인증획득(인증기관)
시험기관	LSpro(인증 심사권을 보유한 인증기관) 지정 시험소
인증기관	LSpro에서 인증 수여 여부를 판단하여 BSN에 인증 발급 요청
유의사항	■ 수입 시 인도네시아어로 된 라벨 부착 의무 Surat Keterangan Label berbahasa Indonesia (인도네시아어로 표기된 라벨이 부착되어 있어야 통관 가능) ■ 인증서를 구비하지 않은 경우 수입업자는 물품을 폐기처리, 재수출 및 제한 조치함. 따라서 물품 선적 전에 반드시 인증서를 받아야함.

▨ 인증 획득 절차

◎ 기관정보

		시험기관	인증기관
기 관 명		Balai Besar Bahan dan Barang Teknik B4T	Balai Sertifikasi Industri
홈페이지		www.b4t.go.id/	lspro.kemenperin.go.id/
연 락 처	담당부서	–	–
	전화번호	62-22-2504088 62-22-2504828	62-21-31925807, 62-21-31925808
	팩스번호	62-22-2502027	62-21-31925806
	이 메 일	info@b4t.go.id	lspro@kemenperin.go.id
기타		SNI 발급 및 관리 기관이 지정한 시험기관과 인증기관은 다수이며, 자카르타를 제외한 지역에도 있음. 이외 다수의 시험기관 및 인증기관은 하기참조	

시험기관			
No	기관명	주소	전화번호 및 팩스
1	Balai Besar Bahan dan Barang Teknik B4T	Jl. Sangkuriang No. 14, Bandung - 40135	022-2502027; 250-4088 ex123,
2	Balai Besar Kimia dan Kemasan	Jl. Balai Kimia No. 1, Pekayon, Pasar Rebo 13069	021-8717438, 8720450, 8720451, 8720452, 87704217,
3	Balai Besar Kulit, Karet dan Plastik	Jl. Sokonandi No. 9, Yogyakarta	0274 512929; 563655; 563939

인증기관			
No	기관명	주소	전화번호 및 팩스
1	Balai Sertifikasi Industri	Gd. Kementerian Perindustrian Lt. 21, Jl. Jend. Gatot Subroto Kav. 52-53, Jakarta.	TEL. 021-5255509, Ext: 2357; 5265285, FAX: 021
2	Jogja Product Assurance (JPA)	Jl. Sokonandi No. 9, Yogyakarta, TEL : 0274-553639; FAX: 0274-553639	0274-553639
3	Baristand Surabaya	Jl. Jagir Wonokromo No. 360 Surabaya,	TEL : 031-8410054, FAX: 031-8410480
4	ChemPack	Jl. Balai Kimia No. 1, Pekayon, Pasar Rebo, Jakarta 13069	TEL. 021-8717438, FAX. 021-8714928

◎ 비용, 소요 기간 등

	시험규격 혹은 시험항목	시험비용	소요기간
시험	관련규격 및 항목은 시험기관 개별문의	1개 규격당 약 510,000원 (USD 500)/통상 제품의 최소 사이즈와 최대 사이즈로 2개의 규격을 시험 진행함.	14주 (시험기관별 소요기간 상이)
인증	초기공장심사(IFA : Initial Factory Audit or Inspection) 비용	인증비용	소요기간
	초기공장심사 및 샘플 채취 비용 (심사단원 체류 비용, 교통비 별도)	약 6,660,000원 (USD 6,500)	3일
	공장 심사를 제외한 기타 부대비용	약 3,070,000원 (USD 3,000)	41일 (공장심사 기간포함)
인증유효기간	4 년		
사후관리비용	인증 발급후 의무 공장 재심사 : USD 6,200(초기공장심사 비용보다 약간 낮음) 1차 재심사 : 초기 공장 심사 후 12개월(약식/샘플 채취) 2차 재심사 : 1차 재심사 후 18개월(약식/샘플 채취) 인증갱신시 : 2차 재심사 후 18개월, 초기 공장심사와 동일하게 진행(샘플 채취)		

(자료원 : 해당 인증 관리 기관 BSN, BSN 공식지정 인증기관 TÜV Rheinland Indonesia)

kotra

◎ 인증 절차도(TYPE C)

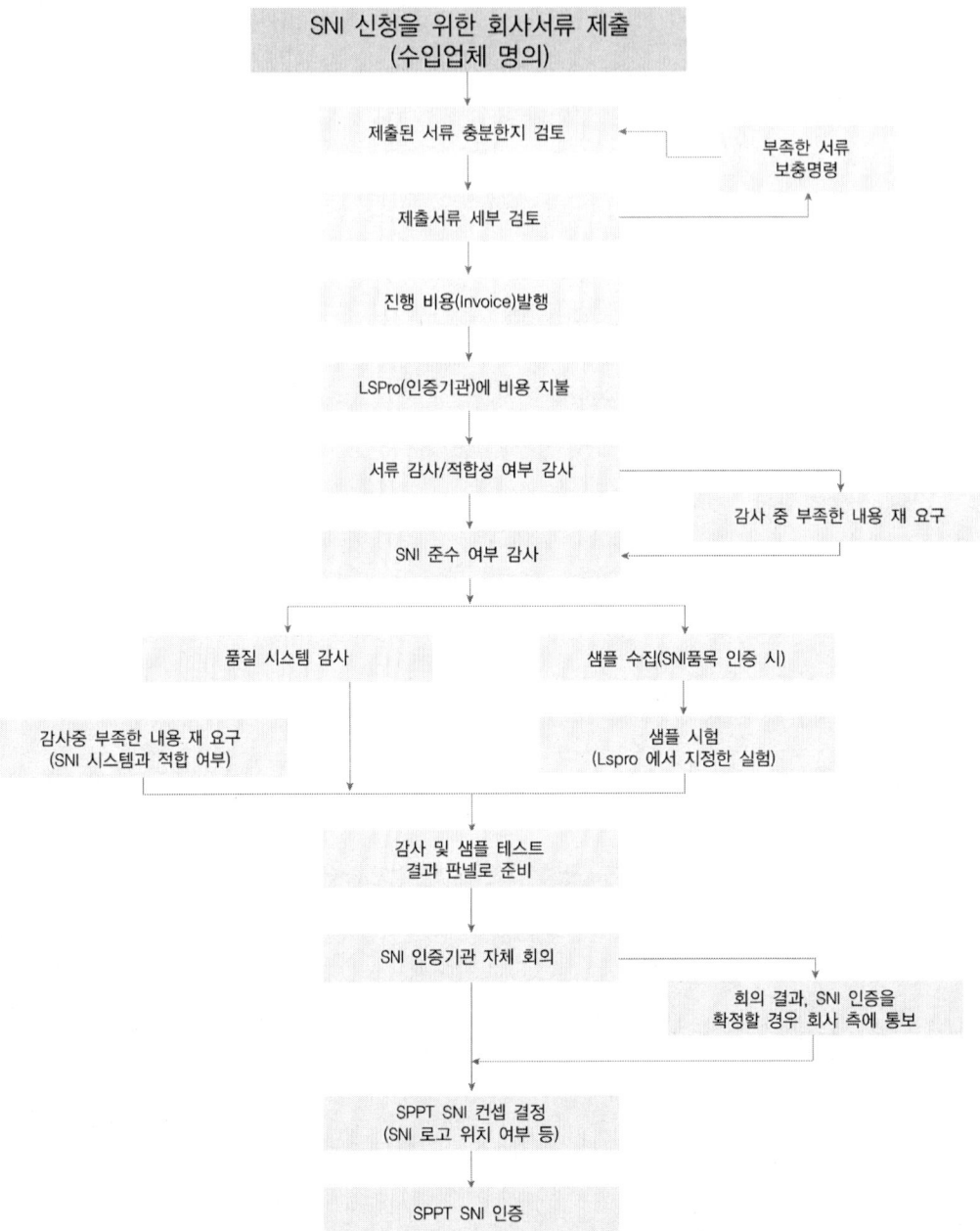

◎ 유의사항

• SNI 신청서류
  - SNI 정식 신청서(신청 기본 양식)
  - 제품 설명 문서(사이즈, 적용범위 등)
  - 제품 모델 및 구조 문서(모델명, 기술적 데이터 등)
  - 검사 및 테스트 확인 문서(수량, 마지막 검사일자 및 방법 등)
  - 생산 용량 확인 문서
  - 제품 원자재 확인 문서(수량, 원자재 공급선, 검사 방법 등)
  - 공장 및 생상과정 확인 문서(업체 기본 프로필, 원부자재 절차, 생산 과정)
  - 해당 업체 SNI 요청 공문(제품명, 제품 타입, 브랜드 네임, 공장위치 등)

주방용품플라스틱생활용품

Kotra

[참고1 : Application Form]

TÜVRheinland® PT TUV Rheinland Indonesia	**APPLICATION FORM**	Form No. : TRID-F-007 Form Title : Application Form Rev. No : 2 Issue Date : 2011.06.01 Page : 1 of 1

Please declare the following:

1.1 **Applicant**	(Certificate Holder)	
Company name: *		
Address: *		
Tax number:	Phone:	
Contact person:	Fax:	
Position:	E-mail:	

MANUFACTURER	☐ same as APPLICANT	
Company name: *		
Address: *		
Contact person:	Position:	
Phone:	Fax:	
E-mail:		

FACTORY	(Please attach a list if there are alternative factories)	☐ same as APPLICANT ☐ same as MANUFACTURER ☐ not yet inspected by TÜV Rheinland
Company name: *		
Address: *		
Contact person:	Position:	
Phone:	Fax:	
E-mail:		

FINANCING	(Invoice to be sent)	☐ same as APPLICANT ☐ same as MANUFACTURER
Company name: *		
Address: *		
Tax number:	Phone:	
Contact person:	Fax:	
Position:	E-mail:	

PRODUCT	(Please attach a list if place is not enough)	
Product name: *		
Type: *		
Trade Mark: *		
Size : *		
SNI standard no :	SNI XX-YYYY-ZZZZ	

* The data marked with an asterisk need to be given in the same form as required on the certificate.

We declare that we will follow the rules and requirements of the applicable certification scheme.

Attached documents:

Place	Date	Signature, stamp

[참고2 : Conformity Declaration]

COMPANY LETTER HEAD

CONFORMITY DECLARATION
Number : (Numbering system from the company)

The undersigned :

Name   : Mr/Mrs…

Title/Position   : …

       Declare herewith under own responsibility that our product, which were produce in the plant location mentioned below has been follow our company's quality product and management system, as well as fulfill the requirements of the quality standard for the production of:

Commodity / Product   : …

Type   : …

Trade Brand   : …

Plant Location   : …

Applicable SNI:

No	SNI Number	SNI Title
1	SNI XX-YYYY-ZZZZ	…
2	…	…
…	…	…

Required document to be submitted as part of declaration of conformity:
1. Application documents
2. contract/ agreement
3. legal entity (copy)
4. business permit (copy)
5. registration of trade mark/brand name (copy)

      This Conformity Declaration is being truthfully submitted.

--------------,-----------------------------

The undersigned of declaration,

Signature and Company Stamp

(Name of Responsible Person)
(Position)

Form No.   : TRID-F-033
Form Title   : Conformity Declaration
Rev. No.   : 2
Issue Date   : 2011.06.01

■ 조사 요약표

품목명	주방용플라스틱생활용품 (HS CODE: 392410)	국가명	일본	
인증마크	–	제도명 (영문)	MHLW 식품위생법 기구 · 용기포장에 대한 규격 기준	
인증구분	■ 강제　□ 임의	인증유형	■ 현행　□ 신규출현	
도입시기	1947년(식품위생법공포)			
근거규정	식품위생법 제 27조			
제도내용	일본 식품위생법 제 27조에서는 "판매용으로 제공하거나 영업상 사용하는 식품, 첨가물, 기구 또는 용기 포장을 수입하고자 하는 자는 후생노동성령에서 정하는 바에 따라 필요시 후생노동대신에 신고해야 한다"고 규정하고 있음. 식품이 접촉하게 되는 모든 "기구"에 대한 규격 기준이 정해져 있으며, 이에 적합하지 않는 것은 조리기구 용도로 수입할 수 없음.			
품목정의	1) 용도: 가정용 2) 기능: 플라스틱 용기류(식탁용품, 주방용품)			
적용대상품목	주방용 밀폐용기, 도시락 용기 등			
확대적용품목	조리기구를 내장하고 있는 상품 등 식품과 직접 접촉하는 부분이 있는 경우 식품위생법 규제 대상(예: 유리 병, 플라스틱 쟁반, 젓가락, 접시, 주걱, 장갑, 컨베이어, 팬, 냄비 등)			
인증절차	TYPE C : 해외에서 제품시험(시험기관) ⇒ 해외에서 인증획득(인증기관)			
시험기관	■ 후생노동성 지정 대한민국 검사기관(하기링크) 　(http://www.mhlw.go.jp/topics/yunyu/5/dl/t2.pdf) ■ 일본 식품위생협회 식품위생연구소			
인증기관	시험 기관에서 결과보고서 등 발급			

유의사항	■ 용기가 식품에 직접 접촉할 가능성이 있는 경우, 용기 재료 등에 유해 물질 포함 유무에 대한 규격 기준 적합 증명 검사 절차가 필요. 후생노동성 지정 검사 기관의 시험 성적서를 취득 후, 수입 통관시 후생노동성 검역소 수입 식품 감시 담당에 '식품 등 수입신고서'에 시험 성적서 등 관련 서류를 첨부하여 신고해야함. ■ 필요 검사 내용에 대해서는 반드시 수입 바이어가 직접 해당 검역소에 확인을 해야 하며, 확인 내용에 따라 후생노동성에서 지정한 외국공적검사기관(후생노동성 지정 대한민국 검사기관)을 통해 국내에서 검사를 진행하는 것도 가능함.

인증 획득 절차

◎ 기관정보

		시험·인증기관
기 관 명		공익사단법인일본식품위생협회식품위생연구소
홈페이지		http://www.n-shokuei.jp/houjin/laboratory/index.html
연 락 처	담당부서	검사사업부
	전화번호	042-789-0211
	팩스번호	042-789-0355
	이 메 일	–
기타		공익사단법인일본식품위생협회식품위생연구소 후생노동성 소관

◎ 인증 절차도

• 시험검사 흐름

① 시험검사 관련 사전 상담 및 신청

② 시험검사(품목) 위탁, 접수

③ 시험검사 실시

④ 시험검사 성적서의 발행, 송부, 제반 비용청구(연구소측)

◎ 비용, 소요 기간 등

(단위 : 엔)

	시험규격 혹은 시험항목	시험비용	소요기간
시험·인증	일반 합성 수지 관련 시험검사의 경우 재질 시험 및 용출 시험	25,000엔*	1개월
인증유효기간	시험성적서 유효기한은 없음.(다만, 법 개정 등이 있을 경우 재 시험 필요)		
사후관리비용	-		

※ 시험검사 항목, 시험방법, 의뢰 건수에 따라 시험검사 수수료 상이, 사전 상담 필요

◎ 유의사항

• 시험 검사의 신청 방법
  - 목적에 따른 시험 검사 내용을 확인해야 하며, 시험 검사의 상담이나 신청은 직접 방문 및 전화, FAX, 홈페이지를 통해 접수
    (http://www.n-shokuei.jp/houjin/laboratory/request/index.html)
  - 공익재단법인 일본식품위생협회 식품위생연구소 홈페이지의 시험 검사 의뢰서 목록 페이지에서 시험 검사 의뢰서, 수입식품 등 검사의뢰서 등의 신청서를 다운로드 받아 작성. 필요사항 기입 후, 조사 대상 시료와 함께 제출
  - 시료는 연구소에 직접 전달, 택배 등으로 배송 필요. 또한 시료의 수량, 배송 방법 등에 대해서는 사전에 상담 필요
  - 주소 및 연락처
    공익사단법인 일본식품위생협회 식품위생연구소 검사사업부 앞
    〒194-0035 도쿄도 마치다시 타다오 2-5-47(東京都町田市忠生2丁目5番47)
    TEL : 81-42-789-0211、FAX : 81-42-789-0355

■ 조사 요약표

품목명	주방용플라스틱생활용품 (HS CODE: 392410)		국가명	중국
인증마크		제도명 (영문)	CQC 환경보호제품인증 (china ecolabelling)	
인증구분	☐ 강제 ■ 임의		인증유형	■ 현행 ☐ 신규출현
도입시기	국가표준 기준 1988년 플라스틱 식품포장용기환경보호인증규칙 CQC51-036419 기준 2009년			
근거규정	■ 국가표준은 제품 재질 마다 상이함 　GB 9681-1988 폴리염화 비닐.PVC(食品包裝用聚氯乙烯成型品衛生標準) 　GB 9687-1988 폴리 에틸렌(食品包裝用聚乙烯成型品衛生標準) 　GB 9688-1988 폴리프로필렌(食品包裝用聚丙烯成型品衛生標準) 　GB 9689-1988 폴리스티렌(食品包裝用聚苯乙烯成型品衛生標準) 　GB9690-2009 멜라민(食品容器、包裝材料用三聚氰胺-甲醛成型品衛生標準) ■ CQC51-036419-2009 플라스틱 식품포장용기환경보호인증규칙 　(塑料食品包裝容器環保認證規則)			
제도내용	CQC 인증은 자발적 제품 인증 프로그램으로 강제성 인증과는 달리 제품의 품질, 안전, 환경보호, 성능 등이 관련 표준에 부합한다는 것을 스스로 증명			
품목정의	1) 용도: 가정용 2) 기능: 플라스틱 용기류(식탁용품, 주방용품)			
적용대상품목	직접 식품 혹은 조미료 등과 접촉하는 플라스틱 재질 용기(폴리염화비닐, 폴리에틸렌, 플리프로필렌, 폴리스티렌, 멜라민 등 각종 플라스틱 소재)			
확대적용품목	-			
인증절차	TYPE C : 해외에서 제품시험(시험기관) ⇒ 해외에서 인증획득(인증기관)			
시험기관	판위출입경검험검역국(番禺出入境檢測檢疫局) (광저우 기준)			
인증기관	중국질량중심CQC (中國質量中心)			
유의사항	■ 주방용품 등은 식품에 직접 접촉하는 제품이므로 법적 위생 검역이 필요 한 제품으로 분류되어 통관시 위생검역 필수 ■ 주방용품은 CQC 인증 중에서도 환경보호(环保)인증규칙에 해당됨. ■ 기타 국가표준에 관해서는 http://www.csres.com/(工標網) 참고			

▨ 인증 획득 절차

◎ 기관정보

	시험기관	인증기관
기 관 명	국가환경보호제품질량감독검험중심 (国家环保产品质量监督检验中心)	중국질량중심CQC (中國質量中心)
홈페이지	http://www.py.gdciq.gov.cn/	www.cqc.com.cn
연락처 · 담당부서	검측부	총괄부서
연락처 · 전화번호	+86-311-76568277 +86-15097363133(휴대폰)	+86-10-83886666
연락처 · 팩스번호	–	+86-10-83886282
연락처 · 이메일	–	cqcsc@cqc.com.cn
기타	▪ 전에는 허베이성식품질량감독검험연구원(河北省食品质量监督检验研究院)이 시험기관이었으나 현재 국가환경보호제품질량감독검험중심(国家环保产品质量监督检验中心)으로 이전함. ▪ CCIC Korea(중국검험인증그룹유한공사(CCIC) 한국지사) 인증 취득 문의 가능 www.ccickorea.com/ 02-6393-5800	

◎ 인증 절차도 (TYPE C)

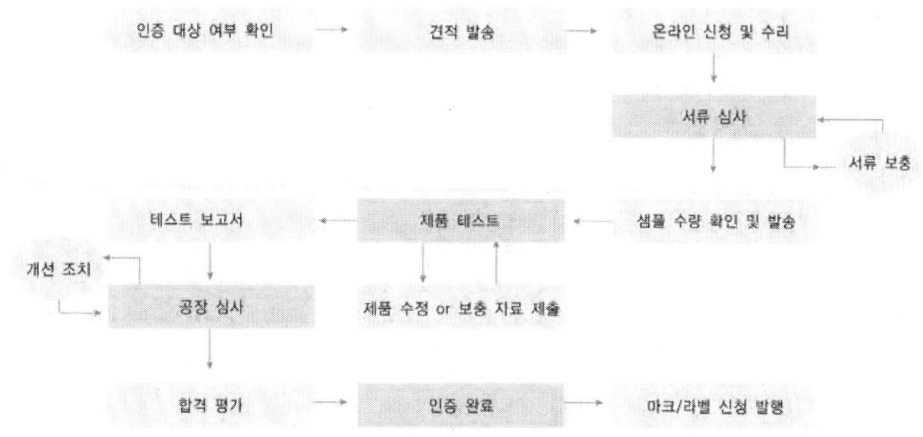

(자료원 : ccickorea.com)

◎ 비용, 소요 기간 등

(단위 : 위안)

	시험규격 혹은 시험항목	시험비용	소요기간
시험	GGB 9681-1988 GB 9687-1988 GB 9688-1988 GB 9689-1988 GB9690-2009	2,100위안	11일
인증	초기공장심사(IFA : Initial Factory Audit or Inspection) 비용	인증비용	소요기간
	3,000위안/인/일	최소 1,600위안	3~4개월
인증유효기간	특별히 명시된 유효기간은 없으며 연회비 지불 및 사후관리로 인증 유지		
사후관리비용	■ 매년 1회 이상의 공장심사 및 연회비로 인증을 유지하며, 유효기간은 3년 ■ 심사주기는 1회/년 　- 제조업자 및 제조공장의 변경 및 이전 여부 　- 인증서에 기재된 제조공장에서 신청제품을 생산하고 있는지의 여부 　- 인증서에 첨부된 안전관리대상 부품목록과 동일한 부품을 사용하고 있는지의 여부 　- 인증을 받은 제품이 중국국가기준에 따라 안전기준 및 안전인증 내용의 준수 생산하는 지의 여부		

(자료원 : 해외인증정보시스템, CQC)

◎ 유의사항

• 인증 필요서류
    – 신청서(신청자정보, 인증 받을 제품의 확인/설명, 제조자 및 공장정보, 적용기술기준(Safety &EMC) 및 CB 인증서 및 성적서 제출 여부)
    – 제품의 기술자료(제품매뉴얼(설명서), 도면, 회로도 등의 제품설명 자료를 첨부하고, 가능한 경우, 신청 제품에 대해 수행한 시험성적서(CB)를 신청서와 함께 제출)

• 공장심사 준비서류
    – 시험검사 업무 규정(수입, 중간, 출하, 자체검사) 및 관련기록
    – 보유 검사설비 관리대장 및 교정성적서
    – 부적합품관리 규정 및 관련기록
    – 고객불만처리 규정 및 관련기록
    – 내부감사 규정 및 관련기록

• 첫 시험 혹은 신제품의 경우 시험 필수, 후에 동일 재질 제품에 한해서 시험 면제 (단, 3개월 간격 이내)

• 인증 신청시, 직접 신청서를 작성하여 인증기관으로 접수하거나 http://www.cqc.com.cn(중국질량중심CQC) 혹은 www.ccic.com(중국검험인증그룹CCIC)에서 사용자 등록/회원가입 후 온라인 접수
    – 수입사업자, 대리인, 제조자 등이 신청할 수 있으며, 신청서는 영어 또는 중국어로 작성되어야 함.
    – 신청자는 인증신청서 및 제품에 대한 자료를 우편 또는 직접 제출함.

■ 조사 요약표

품목명	주방용플라스틱생활용품 (HS CODE: 392410)	국가명	호주
인증마크	Australian Standard	제도명 (영문)	Australian Standard
인증구분	☐ 강제　■ 임의	인증유형	■ 현행　☐ 신규출현
도입시기	1990년 3월 5일 첫 도입		
근거규정	AS 2070-1999 Plastics Materials for food contact use		
제도내용	식품접촉에 사용되는 다양한 플라스틱 제품 제조에 관한 기준을 규정. 식품 접촉을 위한 플라스틱 제품 제조 과정 중에 거쳐야하는 절차를 서술		
품목정의	1) 용도: 가정용 2) 기능: 플라스틱 용기류(식탁용품, 주방용품)		
적용대상품목	주방용 플라스틱 용기		
확대적용품목	플라스틱으로 만든 포장재료, 기구, 및 식품에 사용되는 다른 플라스틱 제품		
인증절차	TYPE C : 해외에서 제품시험(시험기관) ⇒ 해외에서 인증획득(인증기관)		
시험기관	호주 시험기관 협회 (NATA) 가입 시험기관		
인증기관	SAI Global		
유의사항	■ 식품접촉에 관련된 플라스틱 제품을 제도하는 과정에 식품에 적합한 원재료 사용을 중요하게 여김. 시험 시, 원재료에 관한 구체적인 자료 요구함.		

▧ 인증 획득 절차

◎ 기관정보

		시험기관	인증기관
기 관 명		NATA	SAI Global
홈페이지		http://www.nata.com.au	www.saiglobal.com
연락처	담당부서	Accredited Facilities	Assurance Dept.
	전화번호	61-2-9736-8222	61-1300-360-314
	팩스번호	61-2-9743-5311	61-1300-64-49-49
	이 메 일	regina.robertson@nata.com.au	sales@saiglobal.com
기타		<ul><li>SAI Global은 제품에 따라 가능한 시험기관들(ILAC 멤버인 호주 시험기관들)을 추천한 후, 신청자가 시험기관 선택 가능함. NATA 외에 APLAC, JAS-ANZ, ATA를 통해 시험기관 선택 가능</li><li>SAI Global Korea(02-582-1823 korea@saiglobal.com)</li></ul>	

◎ 인증 절차도

* SAI Global에 인증 신청 및 상담 후, 제품에 따라 NATA 호주시험기관협회를 통해 시험기관을 공유함. 신청자는 시험기관을 직접 선택 가능하며, 시험 성적서는 반드시 SAI Global로 제출 되도록 함. NATA 이외에 다른 시험기관 협회를 통해 시험기관과 연결 가능함. (JAS-ANZ, APLAC, ATA)

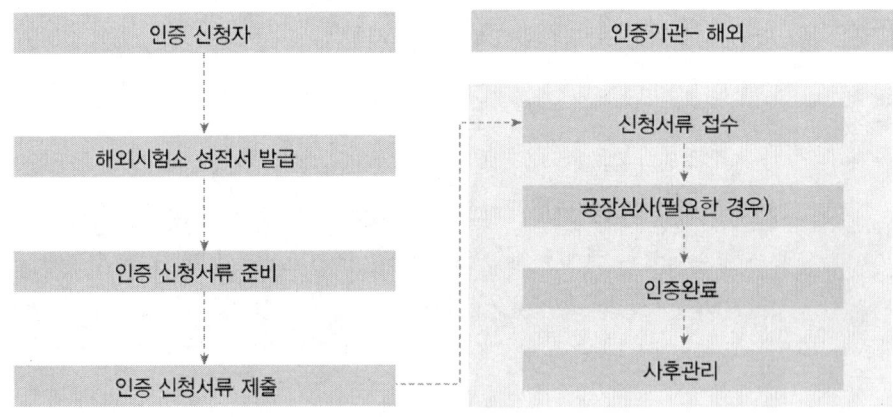

◎ 비용, 소요 기간 등

(단위: AUD)

	시험규격 혹은 시험항목	시험비용*	소요기간
시험	– 첨가제 – 원재료 활용도 – 가공보조제 – 오염방지 – 공장 위생 – 생산 요구 조건	약 AUD 500-800	4주 (시험기간은 제품과 시험기관에 따라 길어지면 2-3개월 소모 할 수 있음)
	인증항목	인증비용*	소요기간
인증	신청서 및 상담비 (Client Manager 및 지원팀 이용, 라이선스 관리, 공장심사 비용)	AUD 3,000-6,000	4-6 주
인증유효기간	5년 (유효기간이 지나기 전에 인증을 갱신해야함.)		
사후관리비용	인증 유지를 위한 연회비는 부과 되지 않음.		

(자료원 : SAI Global)

* 테스트 내역 및 시험기관에 따라 비용이 달라질 수 있음. 정확한 시험비용에 관해서는 신청서 검토 후, 인증기관과 협의 시 확정됨.

플라스틱제 접착필름 및 테이프

EU(독일)	인증불요	–
러시아	Certificate Of State Registration	EAC
말레이시아	SIRIM	MS SIRIM
멕시코	NOM	NOM - ANCE
미국	RCRA	–
베트남	인증불요	–
인도네시아	인증불요	–
일본	JIS	JIS
중국	인증불요	–
필리핀	인증불요	–
호주	Australian Standard	Australian Standard
홍콩	인증불요	–

조사 요약표

품목명	플라스틱제접착필름및테이프 (HS CODE: 391910)	국가명	러시아
인증마크	**EAC**	제도명 (영문)	Certificate Of State Registration
인증구분	■ 강제　□ 임의	인증유형	■ 현행　□ 신규출현
도입시기	2011년 8월 16일		
근거규정	포장 안전 TR CU 005/2011(2012 12월 17일에 수정)에 대한 관세동맹의 기술에 대한 규제		
제도내용	규정번호 N 184-FZ "기술에 대한 규정"을 정의한 러시아 연방 법률에 따라 마련된 인증으로 공인기관에서 발급한 확인서로 증명		
품목정의	1) 용도: 접착용, 공업용, 포장용 2) 기능: 테이프 접착면을 이용해 물체를 접착, 고무용은 전기절연기능 3) 기타: 롤 모양(폭 20센티미터 이하)		
적용대상품목	접시, 시트, 필름, 포장지, 테이프, 줄, 평평한 모양 , 플라스틱, 포장을 위한 결합 도구로 20cm 이하의 길이		
확대적용품목	포장 중합체(조개, 필름, 캔, 플라스크, 항아리, 튜브, 병, 가방, 양말, 상자, 쟁반, 박스, 컵, 펜)로, 다만, 중고품을 제외하고 소매 판매를 목적으로 미리 만들어진 물건에 해당		
인증절차	TYPE C : 해외에서 제품시험(시험기관) ⇒ 해외에서 인증획득(인증기관)		
시험기관	"Remservis" Ltd		
인증기관	Eurasian Economic Commission (EEC)		
유의사항	■ 해당 제품이 인증이 없는 경우 러시아를 포함한 관세동맹 회원국 내 통관이 불가하고 미인증 상태로 판매될 경우, 처벌 대상 ■ 해외 제조사의 3국 내 지정 대리인, 판매자가 기술규정의 요건에 맞지 않는 제품을 생산, 설치, 사용, 보관, 운송, 판매하는 경우 일반인1,000-2,000루블, 공무원 10,000~20,000루블, 법인 등록없이 사업 활동을 한 사업가에게는 100,000~300,000루블의 벌금이 부과		

■ 인증 획득 절차

◎ 기관정보

		시험기관	인증기관
기 관 명		"Remservis" Ltd	Eurasian Economic Commission
홈페이지		www.osp-remservice.ru	www.eurasiancommission.org
연락처	담당부서	–	Department of Technical Regulating and Accreditation
	전화번호	7-495-504-8938	7-495-669-2400(ext: 4133)
	팩스번호	7-495-504-8938	7-495-669-2415
	이 메 일	ospremservice@mail.ru	–
기타		■ 시험기관은 이 외에도 현지에 여러 기관 및 기업이 있으며, 이들 중 일부는 해외에 지사를 운영하고 있는 경우도 있음.	

◎ 인증 절차도 (TYPE C)

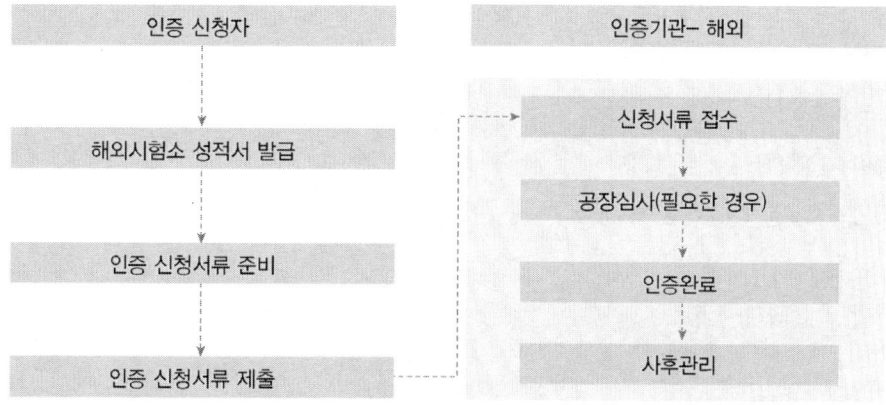

◎ 비용, 소요 기간 등

(단위: 루블)

시험	시험규격 혹은 시험항목	시험비용	소요기간
	관련 규격	4,000 루블/회	1주
인증	초기공장심사(IFA : Initial Factory Audit or Inspection) 비용	인증비용	소요기간
	–	1/2/3/4/5년 5,500/6,000/7,000/ 8,000/8,500 루블	3~4주
인증유효기간	1/2/3/4/5년		
사후관리비용	–		

(자료원 : «Intersolution» Ltd)

◎ 유의사항

- 인증 취득을 위한 필요서류
  - 신청서
  - 공장심사 성적서
  - 제품시험 성적서
  - 대리위임장(대리인을 통해 신청할 경우)
  - 제품사진
  - 제품설명서(러시아어)

■ 조사 요약표

품목명	플라스틱제접착필름및테이프 (HS CODE: 391910)	국가명	말레이시아
인증마크		제도명 (영문)	SIRIM (Standards and Industrial Research Institute of Malaysia)
인증구분	☐ 강제 ■ 임의	인증유형	■ 현행 ☐ 신규출현
도입시기	1984년 1월 1일		
근거규정	〈 MS 876 : 1984 〉		
제도내용	바인딩 및 절연, 은 양호에 대한 압력에 민감한 폴리 염화 비닐 접착 테이프를 지정한 표준		
품목정의	1) 용도: 접착용, 공업용, 포장용 2) 기능: 테이프 접착면을 이용해 물체를 접착, 고무용은 전기절연기능 3) 기타: 롤 모양(폭 20센티미터 이하)		
적용대상품목	플라스틱제 접착 필름 및 테이프		
확대적용품목	폴리 비닐 클로라이드, 접착 테이프, 전기 절연		
인증절차	TYPE C : 해외에서 제품시험(시험기관) ⇒ 해외에서 인증획득(인증기관)		
시험기관	SIRIM QAS International Bhd		
인증기관	SIRIM QAS International Bhd		
유의사항	■ 임의인증으로 현지시장 진출을 위해 강제되지 않음. ■ 말레이시아에서 제품인증은 강제(Mandatory)가 아님. 단 에너지 위원회(Energy Commission), 화재 및 구조청(Fire and Rescue Department Malaysia), 통신 및 멀티미디어 위원회(Malaysian Communication and Multimedia Commission), 국가 물서비스 위원회(National Water Services Commission), 도로교통청(Road Transport Department) 등 국가기관에서 강제 인증을 법제화한 경우만 강제인증을 받아야 함. ■ 표준(Standard)이 있는 제품에 대해서만 제품 인증이 가능함. 국가기관에서 강제하는 인증의 경우는 신청자가 해당 표준을 따라하지만 그 외의 경우는 신청자가 인증받기를 희망하는 규정을 제시해야 함. 표준에 대한 정보는 www.msonline.gov.my에서 볼 수 있음.		

■ 인증 획득 절차

◎ 기관정보

		시험기관	인증기관
기 관 명		SIRIM QAS International Bhd	SIRIM QAS International Bhd
홈페이지		www.sirim-qas.com.my	www.sirim-qas.com.my
연락처	담당부서	Sales, Marketing and Business Development Section	Sales, Marketing and Business Development Section
	전화번호	603-5544-6402	603-5544-6402
	팩스번호	603-5544 6787	603-5544 6787
	이 메 일	qas_marketing@sirim.my	qas_marketing@sirim.my
기타		-	

◎ 비용, 소요 기간 등

(단위 : RM(링깃))

시험	시험규격 혹은 시험항목	시험비용	소요기간
	〈 MS 876 : 1984 〉	견적에 따라 상이	2달 이상
인증	초기공장심사	인증비용	소요기간
	■ 공장실사/현장실사: - RM 1,000 for 1 man-day - RM 125 per additional hour	■ 신청비: RM 500 per application ■ 문서/제품평가 보고서준비: - RM 1000 for 1 man-day - RM 125 per additional hour	2달 이상
인증유효기간	1년		
사후관리비용	■ 공장실사/현장실사: -RM 1,000 for 1 man-day 　　　　　　　　　　　-RM 125 per additional hour ■ 갱신비용(Annual Renewal Fee) : RM 500 ■ 추가 및 변경비용: RM100 + 제품평가비용 @ RM125 per hour		

(자료원 : SIRIM QAS International Bhd)

◎ 인증 절차도 (TYPE C)

단계	세부내용
질의 (Enquiry)	① 신청자가 SIRIM QAS International Bhd에 질의서(Questionnaire) 양식을 작성하여 제출 ② SIRIM QAS International Bhd는 실제로 인증업무를 진행할 수 있는지 타당성을 테스트하고 인증 업무가 진행 가능하다고 판단되면 견적서를 신청자에 송부 ※ 질의서는 PCS/FOR/01-1 양식을 사용해야 함. 또한 SIRIM 인증은 말레이시아 정부에서 강제하는 인증이 아닌 이상 신청자가 표준(Standard)을 특정(Identify)해야함.
신청 (Application)	① 신청자는 견적서를 수취한 후 신청서(Application Form)을 작성하여 제출 ② 신청자는 인증 관련 비용을 납부 ※ 신청서는 양식 PCS/FOR/01-2를 사용해야함. 필요시 SIRIM QAS International Bhd에서 요청하는 부대서류를 같이 제출
서류평가 (Document Evaluation)	① 인증 표준에 맞추어 제출 서류를 평가
공장실사 (Factory Audit)	① 품질관리 계획(Quality Control Plan)의 적정성, 시험 장비(Test Equipment)의 적정성, 측정표준(Calibration) 및 기록시스템(Record-keeping System)의 적정성을 점검
샘플테스트 (Sample Test)	② 공장 실사 중 시험관이 샘플을 선정하여 테스트를 실시 ※ 테스트는 SIRIM QAS International Bhd나 SIRIM QAS International Bhd가 인증하는 시험기관에서 실시
인증서발급 (Approval Process)	① 공장실사와 샘플 테스트에 문제가 없으면 인증 보고서(Certification Report)를 작성하고 인증 발급을 결정 ② 미납 비용을 모두 납부하면 인증서를 발급
감시 (Surveillance)	① 인증 품목이 표준을 준수하는지 확인하기 위해 사전계획에 의한 점검이나 불시 재검사를 실시 할 수도 있음. ※ 보통은 제품에 대한 고발이 있을 시 시장에서 샘플을 수거하여 검사를 실시
갱신 (Renewal)	① 인증 유효기간이 1년인 바 매년 인증 갱신이 필요

▨ 조사 요약표

품목명	플라스틱제접착필름및테이프 (HS CODE: 391910)	국가명	멕시코
인증마크	**NOM-ANCE**	제도명 (영문)	**NOM** (Normas Oficiales Mexicanas) NOM-050-SCFI-2004 (제품 라벨링)
인증구분	■ 강제 □ 임의	인증유형	■ 현행 □ 신규출현
도입시기	2004년 6월 1일		
근거규정	연방 공공 행정법 34조 연방 계량, 표준화 법 경제부 내부규정		
제도내용	멕시코 영토 내에서 사용되는 모든 품목들은 본 인증 과정을 거쳐, 제품 정보가 담긴 라벨을 부착하여 소비자들에게 올바른 제품 정보를 제공하고, 소비자들을 보호하고자 함.		
품목정의	1) 용도: 접착용, 공업용, 포장용 2) 기능: 테이프 접착면을 이용해 물체를 접착, 고무용은 전기절연기능 3) 기타: 롤 모양(폭 20센티미터 이하)		
적용대상품목	플라스틱제 접착필름 및 테이프		
확대적용품목	NOM-050을 요구하는 품목		
인증절차	라벨링		
시험기관	시험 없음.(라벨링)		
인증기관	ANCE (국가지정 인증기관)		
유의사항	▪ NOM 인증 필수인 품목 중 인증을 받지 않은 경우, 수입 금지, 세관 통과 불가, 벌금 등의 제재를 받을 수 있음.		

■ 인증 획득 절차

◎ 기관정보

		인증기관
기 관 명		ANCE
홈페이지		http://www.ance.org.mx/
연락처	담당부서	Certificación de Productos
	전화번호	52-1-55-5747-4550 Ext. 4622
	팩스번호	52-1-55-5747-4560
	이 메 일	제품 인증 담당자 Ing. Carlos Jiménez Burgos cjimenez@ance.org.mx
기타		본 인증은 제품 라벨링으로 별도의 시험이 없음.

◎ 비용, 소요 기간 등

시험	시험규격 혹은 시험항목	시험비용	소요기간
	시험 없음.	–	–
인증	초기공장심사(IFA : Initial Factory Audit or Inspection) 비용	인증비용	소요기간
	– IC(d) 사전 심사 (수출용)[1] – IC(c) 원산지에서 라벨부착[2]	4만2천원[3] 4만원[4]	최대 2주
인증유효기간	–		
사후관리비용	–		

(자료원 : ANCE)

* 인증 비용과 소요 기간은 제품에 따라 차이가 있을 수 있음.

주 1) 공장에 기한을 부여하는 조건. 추후 제품이 정확하게 라벨링 되었는지 공장을 방문하여 심사할 목적 (비용 있음/수입목적/lote 당 보장)

2) 원산지에서 라벨링 되어 들어오는 조건, 사후 방문 심사 없고 수입 수량도 관계 없음.

3), 4) 모델 당 가격. (IVA미포함, 연회비 미지급한 경우 20만원 추가 지불해야 함) 테스트 모델 선정과 관련 추가 문의 요망

◎ 유의사항

• 필요서류(ANCE)

1) 법적 서류 승인 관련

- 완벽하게 작성된 증명서비스 제공 계약서 원본 2부 (페이지 당 법적 대표 서명)

- 사업자등록증 실물 사본 혹은 공증사본(단순 대조용)과 해당 서류의 복사본(회사 및 법적 대표 이름이 확실히 기재되어 있어야 함)

- 법적 대표 신분증 사본 (전화번호, TEL, 이메일 주소 기입)

- 위임장 (위임하는 사람과 1인 혹은 복수의 수속 대행인의 서명 모두)

- 수속 대행인(1인 혹은 복수)의 신분증 사본 (전화번호, FAX, 메일주소 기입)
  위임장에 증인이 서명했을 경우 증인의 신분증 사본도 포함

- 납세등록(RFC) 사본 2부, 상호(법인)의 R1 혹은 R2 서류. 1부는 상품 증명 부서, 나머지 1부는 인보이스 부서 물품명세서를 위해 제출(사전에 제출했을 경우 제출하지 않아도 됨). 두 번째 사본에는 계정상태 및 인보이스 관련 정보 수령할 이메일, 전화번호, FAX 기재)

2) 증명서 발급을 위한 기술 자료

- 신청 담당인의 신분증명서

- 증명 서비스 관련 지불내역

- 테스트 정보 (테스트 말미에 제출될 내용과 근사한 것)

- 블록 도식 도표 그래프(Diagramas esquemáticos y de bloques)

- 제품 기술정보 및 전력 상세정보

- 사용설명서 혹은 매뉴얼

- 제품 카달로그, 사진 혹은 이미지 출력물

- 필요한 경우 설치 상세설명서

- 그루핑된 모델들의 정의 (여러 모델이 포함된 경우)

• 라벨링 인증의 경우, 제품 테스트를 하지 않으므로 테스트 관련 서류는 제출할 필요가 없지만 기타 인증과 과정이 동일한지 확인해야 할 필요가 있음.

■ 조사 요약표

품목명	플라스틱제접착필름및테이프 (HS CODE: 391910)	국가명	미국
인증마크	–	제도명 (영문)	RCRA Permit (Resource Conservation and Recovery Act)
인증구분	■ 강제　□ 임의	인증유형	■ 현행　□ 신규출현
도입시기	1976년 10월 21일		
근거규정	40 CFR Parts 260-265 and 266-270		
제도내용	유해물질의 안전한 처리, 보관, 폐기를 보장하기 위한 제도		
품목정의	1) 용도: 접착용, 공업용, 포장용 2) 기능: 테이프 접착면을 이용해 물체를 접착, 고무용은 전기절연기능 3) 기타: 롤 모양(폭 20센티미터 이하)		
적용대상품목	플라스틱제 접착 필름 및 테이프		
확대적용품목	■ 아래에 해당하는 모든 품목을 처리, 보관, 폐기하는 모든 시설 　- 40 CFR §261.31에서 규정한 D-list (List of Hazardous Wastes) 　- 40 CFR §261.31에서 규정한 F-list (non-specific source wastes) 　- 40 CFR §261.32에서 규정한 K-list (source-specific wastes) 　- 40 CFR §261.33에서 규정한 P-list와 U-list (discarded commercial chemical products) 　- 유해물질을 보관 없이 운반하거나 유해물질 처리 없이 단기간 보관하는 경우에는 RCRA허가가 필요치 않음.		
인증절차	RCRA 식별번호(RCRA Identification number) 외에, 주/지방자치로부터 라이선스 혹은 등록 허가 등이 요구됨.		
시험기관	–		
인증기관	United States Environmental Protection Agency(EPA)		
유의사항	■ 미국에서 EPA가 규정한 유해물질을 발생시키는 품목을 생산, 처리, 보관, 폐기하는 모든 시설은 RCRA 규정 뿐 아니라 대기오염 방지법, 수질오염 방지법 등 환경규제를 준수해야 함. ■ RCRA 식별번호(RCRA Identification number) 외에, 주/지방자치로부터 라이선스 혹은 등록 허가 등이 요구됨.		

플라스틱제접착필름및테이프

■ 인증 획득 절차

◎ 기관정보

		인증기관
기 관 명		US Environmental Protection Agency (EPA)
홈페이지		http://www.epa.gov/
연락처	담당부서	관할주 EPA
	전화번호	http://www.epa.gov/osw/comments.htm
	팩스번호	http://www.epa.gov/osw/comments.htm
	이 메 일	http://www.epa.gov/osw/comments.htm
기타		■ 시험기관 또는 대행기관 없이 United States Environmental Protection Agency (EPA) 혹은 공인된 주(State)로부터 식별번호(Identification number)를 발급받을 수 있음.

◎ 비용, 소요 기간 등

(단위: 원)

	인증비용	소요기간
인증	■ RCRA 식별번호 (Identification number) 생성 비용: 무료 ■ 유해 폐기물 발생 비용 : 시설별 상이 ■ RCRA 허가신청서 검토/작성 비용 : 주별 상이	주별로 상이하나 일반적으로 수일에서 2주정도 소요
인증유효기간	10 년	
사후관리비용	–	

자료원 : United States Environmental Protection Agency(EPA)

◎ 유의사항

• 필요서류

  – U.S. EPA 또는 주정부 EPA에 지원서(application form)를 작성 및 제출

  – 지원서(application form) 양식은 주별로 다를 수 있으며 아래 웹페이지를 통해 확인 가능
    : http://www.epa.gov/osw/comments.htm

◎ 인증 절차도

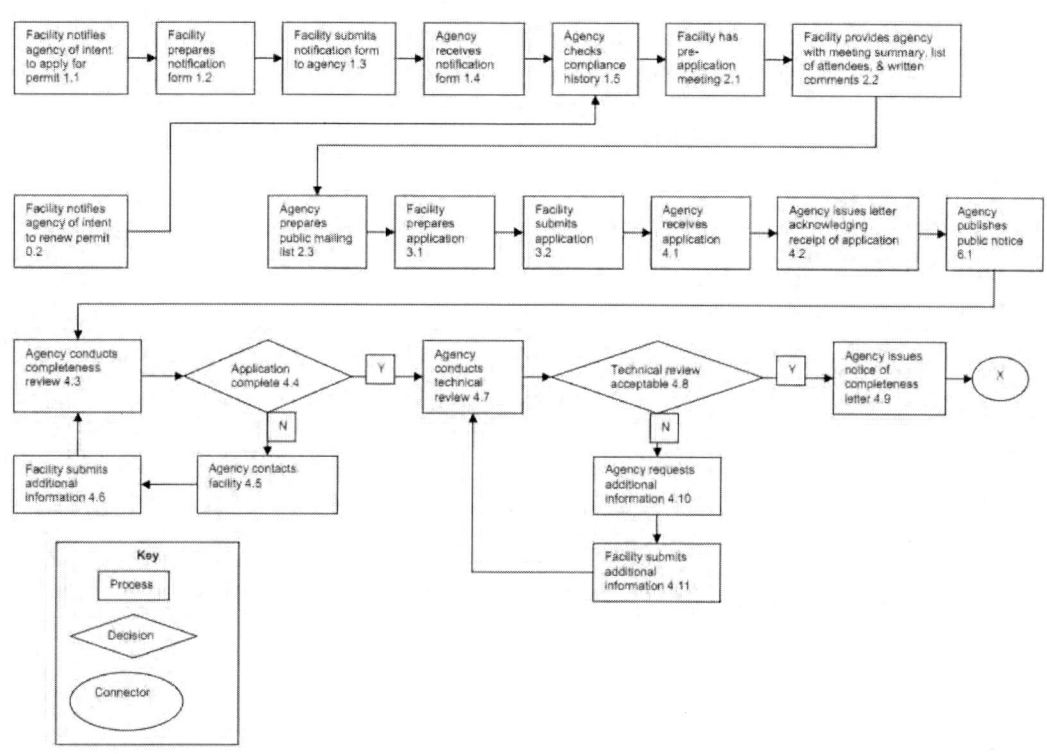

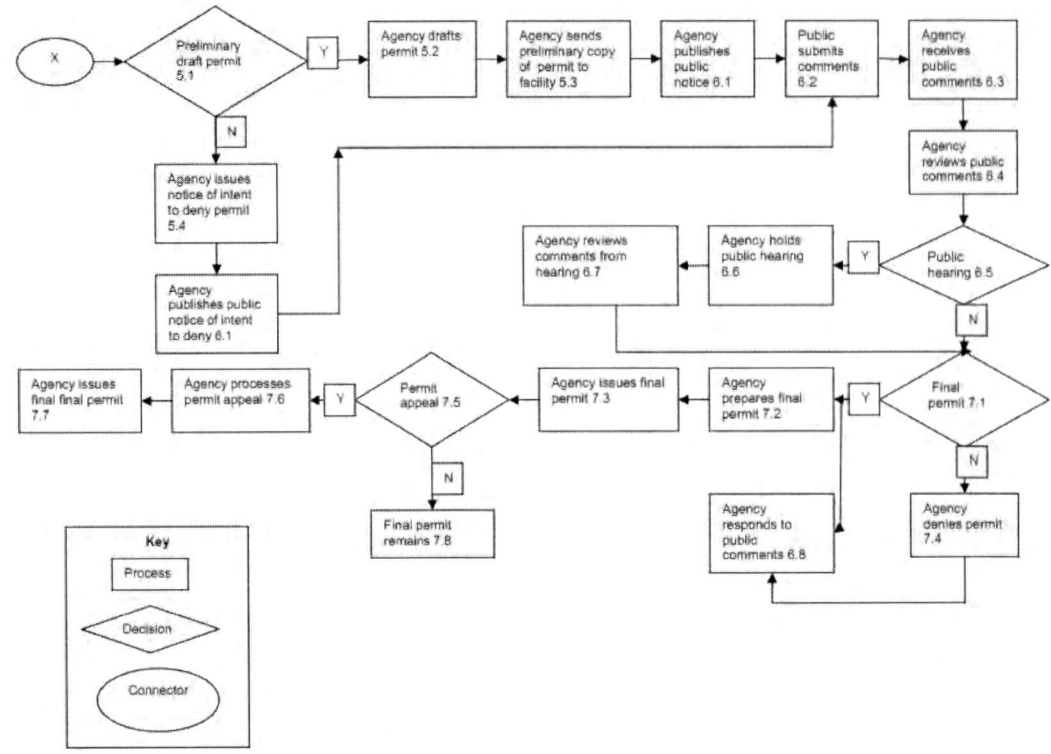

(자료원 : 미국 환경보호국(EPA))

* 항목별 상세설명은 웹페이지 참고 http://www.epa.gov/osw/hazard/tsd/permit/epmt/bps_apb.pdf

▨ 조사 요약표

품목명	플라스틱제접착필름및테이프 (HS CODE: 391910)		국가명	일본
인증마크	**JIS**	제도명 (영문)	JIS (Japanese Industrial Standards : 일본공업규격)	
인증구분	☐ 강제　■ 임의		인증유형	■ 현행　☐ 신규출현
도입시기	1968/12/1			
근거규정	공업표준화법			
제도내용	JIS(일본공업규격)은 일본 공업 표준화 촉진을 목적으로 공업 표준화법(1949 년)에 의거 제정된 국가 규격. JIS는 2014년 3월 말 현재 10,525건이 제정되 어 있음			
품목정의	1) 용도: 접착용, 공업용, 포장용 2) 기능: 테이프 접착면을 이용해 물체를 접착, 고무용은 전기절연기능 3) 기타: 롤 모양(폭 20센티미터 이하)			
적용대상품목	JISZ1522 셀로판 테이프			
확대적용품목	JISZ1528 "양면 접착테이프", JISZ1539 "포장용 폴리프로필렌 점착테이프", JISZ1541 "초강력 양면 접착테이프", JISZ1901 "부식 방지용 폴리 염화 비 닐 테이프", JISZ1702 "포장용 폴리에틸렌 필름", JISZ1709 "수축 포장용 필름" 등			
인증절차	TYPE C : 해외에서 제품시험(시험기관) ⇒ 해외에서 인증획득(인증기관)			
시험기관	일반 재단 법인 일본 품질 보증 기구, 일반 재단 법인 화학 물질 평가 연구 기관			
인증기관	일반 재단 법인 일본 품질 보증 기구, 일반 재단 법인 화학 물질 평가 연구 기관			
유의사항	※ 플라스틱 접착 테이프, 필름에 관한 JIS규격은 복수 존재, 동 JIS 규격 은 JISZ1522 "셀로판 테이프"에 대해 기술 ■ 포장, 개봉관 등에 이용 셀로판테이프의 JIS로, 성능, 치수 등의 품질을 결 정하는 규격. 테이프가 균일하게 말려져 사용상 지장이 없는지 여부를 규 정. 접착력, 인장 강도 및 성장 시험에 적합한지 여부를 규정. 두께는 0.09 mm이하, 폭은 6종류(9~50 mm), 길이 및 각각의 공차 등을 규정한 것임. (원안 작성 단체: 일본 테이프 공업회)			

▨ 인증 획득 절차

◎ 기관정보

		시험기관	인증기관
기 관 명		일반재단법인일본품질보증기구	일반재단법인일본품질보증기구
홈페이지		http://www.jqa.jp/index.html	http://www.jqa.jp/index.html
연락처	담당부서	JIS 인증사업부	JIS 인증사업부
	전화번호	03-4560-5500	03-4560-5500
	팩스번호	03-4560-5501	03-4560-5501
	이 메 일	jis-ninshou@jqa.jp	jis-ninshou@jqa.jp
기타		–	

◎ 인증 절차도 (TYPE C)

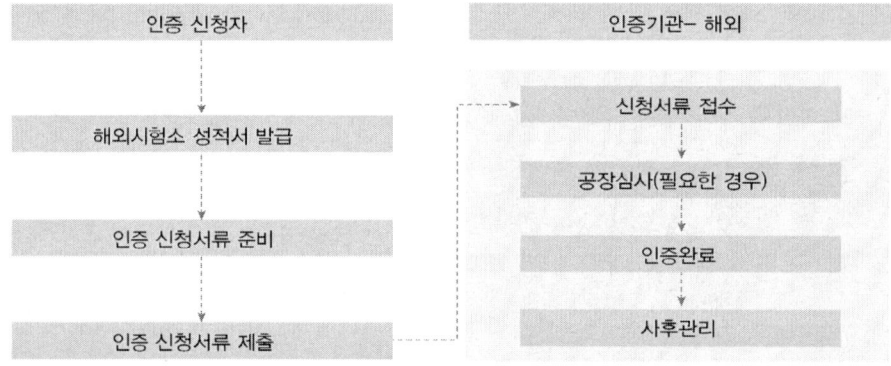

◎ 비용, 소요 기간 등

(단위: 엔)

시험	시험규격 혹은 시험항목	시험비용	소요기간
	서류심사, 공정심사, 적합성 심사 등	약 120만엔 이상	제품별 상이
인증	초기공장심사	인증비용	소요기간
	케이스 별로 상이	–	5개월~6개월
인증유효기간	–		
사후관리비용	제품의 품질 및 품질관리체제가 당해기준에 적합하다는 것을 확인하기 위하여 3년마다 정기적으로 최초의 인증과 같은 공장심사 및 제품시험을 실시		

(자료원 : 일반재단법인일본품질보증기구)

■ 조사 요약표

품목명	플라스틱제접착필름및테이프 (HS CODE: 391910)	국가명	호주
인증마크		제도명 (영문)	Australian Standard
인증구분	■ 강제　□ 임의	인증유형	■ 현행　□ 신규출현
도입시기	1988년 5월 9일에 첫 도입		
근거규정	AS1602-1988 Pressure Sensitive Adhesive Filmic Tapes for General Office Applications		
제도내용	사무실에서 사용하기 적합한 접착 필름 및 테이프의 성능 요건과 시험 요건 기준을 제시. 균일한 기준을 제시하는 것이 목적임 (예: 접착필름 및 테이프의 접합강도, 파괴강도 및 신축성 강도 기준들을 제시)		
품목정의	1) 용도: 접착용, 공업용, 포장용 2) 기능: 테이프 접착면을 이용해 물체를 접착, 고무용은 전기절연기능 3) 기타: 롤 모양 (폭 20센티미터 이하)		
적용대상품목	접착 필름 및 테이프. 폴리에스테르가 들어간 필름 및 테이프 제외		
확대적용품목	–		
인증절차	TYPE C : 해외에서 제품시험(시험기관) ⇒ 해외에서 인증획득(인증기관)		
시험기관	호주 시험기관 협회 (NATA) 가입 시험기관		
인증기관	SAI Global		
유의사항	■ 폴리에스테르 들어간 필름 및 테이프 해당 되지 않음. ■ 연관된 인증제도: AS 1599-1997 Pressure-sensitive adhesive packaging tapes, AS 1635 Methods of testing pressure sensitive adhesive tape, AS 1230-1993 Pressure-sensitive adhesive tape- Glossary of terms.		

플라스틱제접착필름및테이프

kotra

▰ 인증 획득 절차

◎ 기관정보

		시험기관	인증기관
기 관 명		NATA	SAI Global
홈페이지		http://www.nata.com.au	www.saiglobal.com
연락처	담당부서	Accredited Facilities	Assurance Dept.
	전화번호	61-2-9736-8222	61-1300-360-314
	팩스번호	61-2-9743-5311	61-1300-64-49-49
	이 메 일	regina.robertson@nata.com.au	sales@saiglobal.com
기타		■ SAI Global은 제품에 따라 가능한 시험기관들(ILAC 멤버인 호주 시험기관들)을 추천한 후, 신청자가 시험기관 선택 가능함. NATA 외에 APLAC, JAS-ANZ, ATA를 통해 시험기관 선택 가능 ■ SAI Global Korea(02-582-1823 korea@saiglobal.com)	

◎ 인증 절차도

• SAI Global에 인증 신청 및 상담 후, 제품에 따라 NATA 호주시험기관협회를 통해 시험기관을 공유함. 신청자는 시험기관을 직접 선택 가능하며, 시험 성적서는 반드시 SAI Global로 제출 되도록 함. NATA 이외에 다른 시험기관 협회를 통해 시험기관과 연결 가능함. (JAS-ANZ, APLAC, ATA)

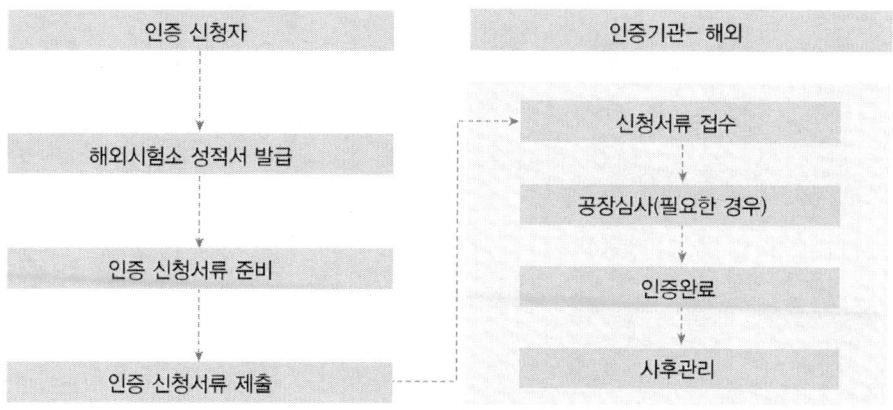

◎ 비용, 소요 기간 등

(단위: AUD)

	시험규격 혹은 시험항목		시험비용*	소요기간
시험	필수: –접착 강도 –파괴 강도 –연장 강도 –감기는 특성 –반사율	–영속성 선택: –길이 –두께 –투명성 –안정성	약 AUD 500-800	4주 (시험기간은 제품과 시험기관에 따라 길어지면 2-3개월 소모 할 수 있음)
인증	인증항목		인증비용*	소요기간
인증	신청서 및 상담비 (Client Manager 및 지원팀 이 용, 라이선스 관리, 공장심사 비용)		AUD 3,000-6,000	4-6 주
인증유효기간	5년 (유효기간이 지나기 전에 인증을 갱신해야함.)			
사후관리비용	인증 유지를 위한 연회비는 부과 되지 않음.			

(자료원 : SAI Global)

* 테스트 내역 및 시험기관에 따라 비용이 달라질 수 있음. 정확한 시험비용에 관해서는 신청서 검토 후, 인증기관과 협의 시 확정됨.

액세서리(귀금속 및 모조)

EU(독일)	인증불요	–
EU(스페인)	인증불요	–
EU(영국)	Hallmarking	
EU(이탈리아)	인증불요	–
EU(프랑스)	인증불요	–
미국	인증불요	–
브라질	인증불요	–
일본	후생노동성	–
중국	인증불요_참고사항	–
태국	인증불요	–
홍콩	인증불요	–

■ 조사 요약표

품목명	액세서리(귀금속 및 모조) (HS CODE: 711719 / 711319)	국가명	EU(영국)
인증마크	(이미지)	제도명 (영문)	Hallmarking Act 1973
인증구분	■ 강제　□ 임의	인증유형	■ 현행　□ 신규출현
도입시기	1973년 7월 25일		
근거규정	The Hallmarking Act 1973 (Exemption) (Amendment No. 2) Order 2007 (2 Pages, in English)		
제도내용	귀금속과 실버웨어의 함량테스트 (Testing) 와 마킹 (Marking)을 통해 귀금속의 순도를 보장하며 또한 소비자를 보호하기 위한 하나의 규제.		
품목정의	1) 용도: 신변장식용품 2) 기능: 비금속이나 귀금속 또는 귀금속을 입힌 금속의 웨이스트와 스크랩으로 몸을 꾸미는 데 사용함		
적용대상품목	귀금속 및 모조의 신변장식용품 : 금, 은, 플래티늄, 팔라듐 (* 금 1.0그램, 은 7.78그램, 플래티늄 0.5그램, 팔라듐 1.0그램 이하는 제외)		
확대적용품목	–		
인증절차	Type C : 해외에서 제품시험(시험기관) ⇒ 해외에서 인증획득(인증기관)		
시험기관	British Hallmarking Council (BHC)		
인증기관	Assay Offices in London, Birmingham, Sheffield and Edinburgh		
유의사항	■ 현재 영국의 홀마크는 1973년에 재정된 '영국 홀마크 제도'를 따라야 하며 1g이하의 금, 7.78g 이하의 은, 0.5g이하의 플래티늄은 홀마크를 부착하지 않아도 됨. ■ 이들 이외의 모든 제품은 법적으로 홀마크를 부착해야 하는데, 최소 단위로 부착해야 하는 마크들은 제작자의 마크(A sponsor's mark), 순도를 나타내는 마크(A millesimal Fineness mark), 어느 에세이 오피스에서 찍었는지를 나타내는 에세이 오피스 마크(An assay office mark) 등임. ■ 영국에서 보편적으로 부착하는 마크의 종류는 위의 이 세 가지 외에 년도와 날짜를 나타내는 마크(A date letter)와 전통적 순도를 나타내는 마크(A traditional fineness mark)가 더해짐. 전통적 순도를 나타내는 마크는 보편적으로 쓰이던 몇 가지의 순도를 묶어 표현하던 옛날 방식의 마크가 있음.		

■ 인증 획득 절차

◎ 기관정보

		시험기관	인증기관
기 관 명		British Hallmarking Council	Birmingham Assay Office
홈페이지		https://www.gov.uk/governm ent/organisations/british-hal lmarking-council	https://theassayoffice.co.uk/
연 락 처	담당부서	British Hallmarking Council Secretariat	
	전화번호	0121 214 0455	0121 236 6951
	팩스번호		
	이 메 일	geraldine.swanton@shma.co.uk	stella.layton@the assayoffice.co.uk
기타		■ 두 기관 모두 영국의 정부 기관 소속임. ■ Assay Office는 Birmingham 지부 뿐만 아니라 세 곳의 브랜 치 오피스가 있음. (London, Sheffield and Edinburgh)	

◎ 인증 절차도

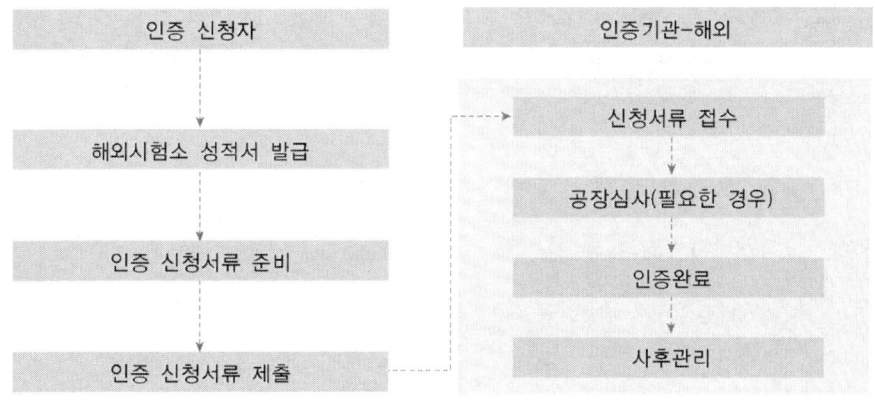

▨ 조사 요약표

품목명	액세서리(귀금속 및 모조) (HS CODE: 711719 / 711319)	국가명	일본	
인증마크	–	제도명 (영문)	후생노동성 심사	
인증구분	■ 강제　☐ 임의		인증유형	■ 현행　☐ 신규출현
도입시기	–			
근거규정	화학물질의 심사 및 제조 등의 규제에 관한 법률			
제도내용	화학물질의 심사 및 제조 등의 규제에 관한 법률에 의한 심사 – 대상품목 : 신규화학물질을 포함하는 물품은 수입 전에 후생노동성 등의 심사를 받아야 하고, 기존 화학물질은 수입 수량을 신고해야 함.			
품목정의	1) 용도: 신변장식용품 2) 기능: 비금속이나 귀금속 또는 귀금속을 입힌 금속의 웨이스트와 스크랩으로 몸을 꾸미는 데 사용함			
적용대상품목	귀금속 및 모조의 신변장식용품			
확대적용품목	팔찌류, 목걸이, 브로치, 귀걸이, 넥체인, 시계 및 기타 장식용 체인, 바지의 시계주머니에 늘어뜨리는 시계줄, 목걸이나 팔찌 따위의 늘어트린 장식, 타이핀, 클립, 커프스링크			
인증절차	–			
시험기관	■ 후생노동성 지정 대한민국 검사기관			
인증기관	시험 기관에서 결과보고서 등 발급			
유의사항	■ 재료 등에 유해 물질 포함 유무에 대한 규격 기준 적합증명 검사 절차가 필요. 후생노동성 지정 검사기관의 시험성적서를 취득 후, 수입 통관 시 후생노동성 검역소 수입 식품 감시 담당에 '식품 등 수입신고서'에 시험 성적서 등 관련 서류를 첨부하여 신고해야 함. ■ 필요 검사 내용에 대해서는 반드시 수입 바이어가 직접 해당 검역소에 확인을 해야 하며, 확인 내용에 따라 후생노동성에서 지정한 외국공적 검사기관(후생노동성 지정 대한민국 검사기관)을 통해 국내에서 검사를 진행하는 것도 가능함.			

■ 인증 획득 절차

◎ 기관정보

		시험 · 인증기관
기 관 명		경제산업성
홈페이지		http://www.meti.go.jp/
연 락 처	담당부서	검사사업부
	전화번호	–
	팩스번호	–
	이 메 일	enechohp@meti.go.jp
기타		–

◎ 인증 절차도

① 시험검사 관련 사전 상담 및 신청

② 시험검사(품목) 위탁, 접수

③ 시험검사 실시

④ 시험검사 성적서의 발행, 송부, 제반 비용청구(연구소 측)

■ 조사 요약표

품목명	액세서리(귀금속 및 모조) (HS CODE: 711719 / 711319)		국가명	중국	
인증마크	–	제도명 (영문)	중국국가표준(GB)		
인증구분	■ 강제　□ 임의		인증유형	■ 현행　□ 신규출현	
도입시기	2012년				
근거규정	GB 28480-2012				
제도내용	중국국가표준(GB)은 일반 소비품목을 대상으로 하는 인증제도로, 중국에서 유통시 해당 인증획득이 요구됨. 섬유, 완구 및 액세서리 산업의 품목의 경우 대부분 일반 소비재를 생산함으로 국가표준(GB)획득이 필요				
품목정의	1) 용도: 신변장식용품 2) 기능: 비금속이나 귀금속 또는 귀금속을 입힌 금속의 웨이스트와 스크랩으로 몸을 꾸미는 데 사용함				
적용대상품목	귀금속 및 모조의 신변장식용품				
확대적용품목	팔찌류, 목걸이, 브로치, 귀걸이, 넥체인, 시계 및 기타 장식용 체인, 바지의 시계주머니에 늘어뜨리는 시계줄, 목걸이나 팔찌 따위의 늘어트린 장식, 타이핀, 클립, 커프스링크				
인증절차	TYPE C : 해외에서 제품시험(시험기관)				
시험기관	General Administration of Quality Supervision, Inspection and Quarantine of P.R.C(AQSIQ, 国家质量监督检验检疫总局)				
인증기관	–				
유의사항	■ 귀금속 및 모조(액세서리 포함) 품목에 대해서는 성인 액세서리와 어린이용(14세미만)에 대해서 각기 다른 기준을 정하고 있음. (* 아래의 유의사항 참조) ■ 중국 유통시 GB 28480(귀금속,악세서리 유해물질)에 대한 성적서를 발급받아야 함. ■ 또한, 시험성적서는 반드시 중국인정기구(CNAB)의 등록되어 있는 시험기관에서 발급을 받아야 함.				

인증 획득 절차

◎ 기관정보

		시험기관
기 관 명		General Administration of Quality Supervision, Inspection and Quarantine of P.R.C (国家质量监督检验检疫总局)
홈페이지		http://www.aqsiq.gov.cn/
연 락 처	담당부서	–
	전화번호	010-58083802
	팩스번호	010-58083806
	이 메 일	info@aqsiq.gov.cn
기타		

◎ 인증 절차도 (TYPE C)

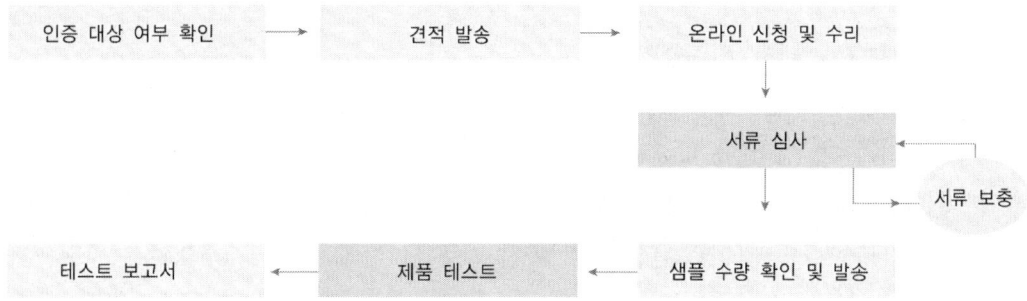

◎ 비용, 소요 기간 등

(단위: 위안)

시험	시험규격 혹은 시험항목	시험비용	소요기간
시험	1. Nickel release(니켈용출) 2. Heavy metals content(중금속함량) 3. Soluble heavy metals (children's jewelries only)(아동용일 경우)	1. 약6,600위안 2. 약11,000위안 3. 약12,000위안	6주
인증	초기공장심사	인증비용	소요기간
인증	- 초기공장 심사 및 인증은 없음 　단, 시험성적서가 필요함.	-	-
인증유효기간	-		
사후관리비용	-		

◎ 유의사항

• 귀금속 및 모조(악세서리 포함)

　- 귀금속 및 모조(악세서리 포함) 품목에 대해서는 성인 악세서리와 어린이용(14세미만)에 대해서 각기 다른 기준을 정하고 있음.

　- Nickel release(니켈용출) ; (성인용 및 아동용)

1) Non-body piercing parts (피어싱이 아닌 제품류): 0.5 $\mu g/cm^2/week$

2) Body piercing parts (피어싱 제품류): 0.2 $\mu g/cm^2/week$

　- Heavy metals content(중금속함량);

1) Arsenic (As)

　• 성인용, 아동용: 1000 mg/kg

2) Hexavalent Chromium (Cr (VI)

　• 성인용,아동용: 1000 mg/kg

3) Mercury (Hg)

　• 성인용,아동용: 1000 mg/kg

4) Lead (Pb)

• 성인용: 1000 mg/kg

• 유아용: 300 mg/kg

5) Cadmium

• 성인용,아동용: 100 mg/kg

※ 아동용 특별 규제사항 : Soluble heavy metals (children's jewelries only)

1) Soluble Antimony (Sb): 60 mg/kg

2) Soluble Arsenic (As): 25 mg/kg

3) Soluble Barium (Ba): 1000 mg/kg

4) Soluble Cadmium (Cd): 75 mg/kg

5) Soluble Chromium (Cr): 60 mg/kg

6) Soluble Lead (Pb): 90 mg/kg

7) Soluble Mercury (Hg): 60 mg/kg

8) Soluble Selenium (Se): 500 mg/kg

기타 플라스틱 생활용품

EU(독일)	LFGB	
EU(슬로바키아)	식품위생법	
대만	인증불요	–
멕시코	인증불요	–
미국	인증불요	–
베트남	VFA	–
브라질	인증불요	–
일본	MHLW	–
중국	CQC	
태국	인증불요	–
필리핀	ICC	
홍콩	인증불요	–

■ 조사 요약표

품목명	기타 플라스틱 생활용품 (HS CODE : 3924 / 3926)	국가명	EU(독일)
인증마크		제도명 (영문)	LFGB (Lebensmittel-Bedarfsgegenstandegesetz und Futtermittelegsetzbuch, German Food commodity and Feed Law)
인증구분	■ 강제　☐ 임의	인증유형	■ 현행　☐ 신규출현
도입시기	2005년 9월 (LFGB가 식품 및 일용품법인 LMBG(Lebensmittel-, Bedarfsgegenstaende-Gesetz, German Food Law)를 대체)		
근거규정	LFGB(Lebensmittel-, Bedarfsgegenstände- und Futtermittelgesetzbuch) Regulation (EC) No 1935/2004		
제도내용	■ 독일의 LFGB(식품, 소비자제품, 사료 법령집)를 만족하는 적합성평가로 식품과 접촉하는 소재는 LFGB법규 31절(식품으로의 물질 이행)에 있어 EU Regulation 1935/2004를 충족시켜야 함. ■ 음식에 접촉하거나 피부 또는 점막에 접촉하여 독성물질 또는 불순물 전달을 통해 건강에 해롭게 작용하는 제품의 제조, 판매 및 취급을 금지하는 법률로 독일 식품위생관리법률 중 가장 중요한 규정		
품목정의	1) 용도: 플라스틱제의 생활용품 2) 기능: 플라스틱제의 식탁용품·주방용품·기타 가정용품 및 위생용품 또는 화장용품		
적용대상품목	플라스틱 생활용품		
확대적용품목	음식용 기기(토스터, 로스터, 주전자 등), 음식물용기, 조리용기구(냄비, 도마 등), 부엌기기 (그릇, 숟가락, 포크, 칼 등), 직물, 패션소품, 천이나 가죽으로 만들거나 이를 함유하고 있는 장난감, 직물이나 실로 만든 수공예품, 화장품, 담배		
인증절차	TYPE A : 국내에서 제품시험(시험기관) ⇒ 국내에서 인증획득(인증기관), 시험 후 자기적합 선언(DOC) 가능		
시험기관	SGS Korea, TUV 라인란드 코리아		

인증기관	SGS Korea, TUV 라인란드 코리아(TUEV Rheinland LGA Products GmbH), 소비자보호 및 식품안전청(BVL: Bundesamt fuer Verbraucherschutz und Lebensmittelsicherheit)
유의사항	■ 특히 식품과 접촉하는 일용품은 테스트를 통해 해당 법 조항에 부합함을 입증해야 하고 권한 위임을 받은 기관의 LFGB 테스트 보고 증명이 있어야만 독일 시장 내 판매 가능, 미 취득 시 독일 내 유통 불가 ■ LFGB 규정 위반 시 경중에 따라 20,000~100,000 유로까지 벌금형 내지 1년간의 금고형 부과 가능 ■ LFGB나 1935/2004 모두 제3자 인증을 기반으로 하는 것이 아니라 적합한 사실자료를 가지고 Declaration(자가 선언)하는 형식, 수출자의 Declaration of Conformity(자가 증명)가 필요 ■ 독일 바이어는 이에 추가로 ISO 9001(품질경영시스템 인증) 선호

■ 인증 획득 절차

◎ 기관정보

		시험기관	인증기관
기 관 명		SGS 코리아	SGS 코리아
홈페이지		www.sgsgroup.kr	www.sgsgroup.kr
연 락 처	담당부서	E&E Chemicals Team, Laboratory Testing Services / 이윤주(Section Chief), 이재영 대리	E&E Chemicals Team, Laboratory Testing Services / 이윤주(Section Chief), 이재영 대리
	전화번호	+82-31-460-8021	+82-31-460-8021
	팩스번호	+82-31-460-8059	+82-31-460-8059
	이 메 일	june.lee@sgs.com/ Jaeyoung.lee@sgs.com	june.lee@sgs.com/ Jaeyoung.lee@sgs.com
기타		국내에서 시험서비스를 직접 수행하는 곳은 SGS 코리아가 유일하며, 기타 2~3개의 해외 대행 시험실이 있음.	

kotra

◎ 인증 절차도 (TYPE A)

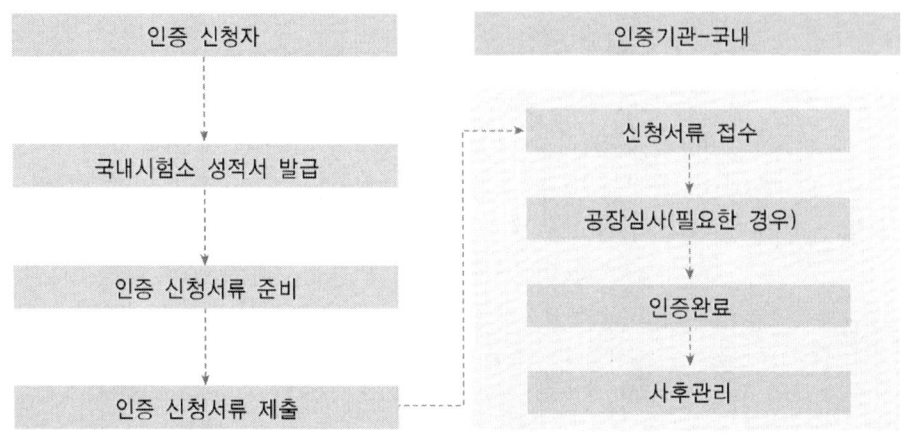

◎ 비용, 소요 기간 등

	시험규격 혹은 시험항목	시험비용	소요기간
시험	■ LFGB 법 조항 – 일반 제조 공정 및 재료 체크/ 감각진단: 맛과 냄새 전달 – 플라스틱: 전체 전이, 국부 전이, 중금속 함량 – 실리콘: 전이, 휘발성 유기 화합물 – 금속: 구성, 추출가능 중금속 – 기타: 특정 요구사항에 대한 기타 재료 또는 응용분야 ■ 시험방법 관련 기준: EN 1186, EN 13130 (Plastics) 등 ■ 재질관련: 플라스틱의 경우 DIN 10955, Regulation 10/2011, EUR 23814 ■ 용도별로 시험에 대한 접근이 다름	단일소재 기준 약 80만원~600만원	소재에 따라 상이하나 빠르면 업무일 8일부터 약 3개월까지도 소요
인증	초기공장심사(IFA : Initial Factory Audit or Inspection) 비용	인증비용	소요기간
	–	–	–
인증유효기간	■ 사후관리는 공식적으로 정해진 바는 없으며, 한번으로 영구 사용할 수 있는 내용이 아니므로 각 시장별로 주기를 협의하여 적용		
사후관리비용	■ 독일 내 동 관리 감시 감독 기관은 각 지방 정부 소속 지자체 감독청 (Ordnungsbehoerde)으로 기업 및 샘플 심사 수행 ■ GMP(Good Manufacturing Practice) 규정이 있어 필요할 수 있으나, 현재까지는 구체적인 기업 인증 수단이 없는 상태		

(자료원 : 소비자보호 및 식품안전청(BVL: Bundesamt fuer Verbraucherschutz und Lebensmittelsicherheit), SGS Korea)

◎ 유의사항

• 기본적으로 시험 조건 설정은 시험.인증 대행업체와 상담을 통해 가능

• 필요서류

   - 인증신청서 (소정 양식)

   - 제품 샘플

   - 시험품의 기술자료 (카탈로그, 취급설명서, 주요사양 등)

   - 주요 소재 목록

   - 제품 품질 증빙 자료

     * GMP(Good Manufacturing Practice) 규정에 따른 기업의 품질 경영 증명이 가장 바람직하나, 실제적으로 대개 이의 대응을 위한 문서나 대체가 될 만한 인증으로 증빙

   - 신청기업개요 및 기타 참고자료

조사 요약표

품목명	기타 플라스틱 생활용품 (HS CODE : 3924 / 3926)	국가명	EU(슬로바키아)
인증마크		제도명 (영문)	식품위생법
인증구분	■ 강제　□ 임의	인증유형	■ 현행　□ 신규출현
도입시기	1988년 12월 21일 최초 재정 2004년 10월 27 Regulation (EC) 1935/2004로 개정		
근거규정	REGULATION (EC) No 1935/2004 OF THE EUROPEAN PARLIAMENT AND OF THE COUNCIL of 27 October 2004 on materials and articles intended to come into contact with food and repealing Directives 80/590/EEC and 89/109/EEC		
제도내용	음식에 접촉하거나 피부 또는 점막에 접촉하여 독성물질 또는 불순물 전달을 통해 건강에 해롭게 작용하는 제품의 제조, 판매 및 취급을 금지하는 법률		
품목정의	1) 용도: 플라스틱제의 생활용품 2) 기능: 플라스틱제의 식탁용품·주방용품·기타 가정용품 및 위생용품 또는 화장용품		
적용대상품목	플라스틱 생활용품		
확대적용품목	–		
인증절차	TYPE A : 국내에서 제품시험(시험기관) ⇒ 국내에서 인증획득(인증기관), 시험 후 자기적합 선언(DOC) 가능		
시험기관	Technicky skusobny ustav Piestany s.p., KTR		
인증기관	자기적합선언(DoC)으로 CE Marking 가능		
유의사항	A. 특히 식품과 접촉하는 일용품은 테스트를 통해 해당 법 조항에 부합함을 입증해야 하고 권한 위임을 받은 기관의 테스트 보고 증명이 있어야만 시장 내 판매 가능, 미 취득 시 유통 불가 B. 규정 위반 시 경중에 따라 20,000~100,000 유로까지 벌금형 내지 1년간의 금고형 부과 가능 C. 1935/2004 모두 제3자 인증을 기반으로 하는 것이 아니라 적합한 사실 자료를 가지고 Declaration(자가 선언)하는 형식, 수출자의 Declaration of Conformity(자가 증명)가 필요 D. 독일 바이어는 이에 추가로 ISO 9001(품질경영시스템 인증) 선호		

▨ 인증 획득 절차

◎ 기관정보

		시험기관 1	인증기관
기 관 명		한국화학시험연구원(KTR)	Technicky skusobny ustav Piestany s.p.
홈페이지		www.ktr.or.kr	www.tsu.sk
연 락 처	담당부서	KTR 해외인증팀(박진재 대리)	Test admistration
	전화번호	+82-(0)2-2164-0028	+421 (33) 7957111
	팩스번호	+82-(0)2-2164-1008	+421 (33) 7723716
	이 메 일	jjpark@ktr.or.kr	www.tsu.sk
기타		–	

국내 진출 유럽인증기관(Notified Body)-CE		
인증기관	연락처	Homepage
Bureau Veritas	02)555-8922	www.bureauveritas.co.kr
ECMKOREA	02)2628-5200	www.ecmkorea.or.kr
DNV	02)723-7593	www.dnv.com
Intertek	02)567-7474	www.korea.intertek-etlsemko.com
NEMKO	031)322-2333	www.nemkokorea
SGS	02)7094-652	www.sgsgrup.com
TUV-Austria	010)3632-8295	www.tuv-austria.kr
TUV-NORD	02)6000-4223	www.tuv-nord.co.kr
TUV-Rheinland	02)860-9951	www.kor.tuv.com
TUV-SUD	02)3215-9251	www.tuv-sud.co.kr

기타 플라스틱 생활용품

◎ 인증 절차도 (TYPE A)

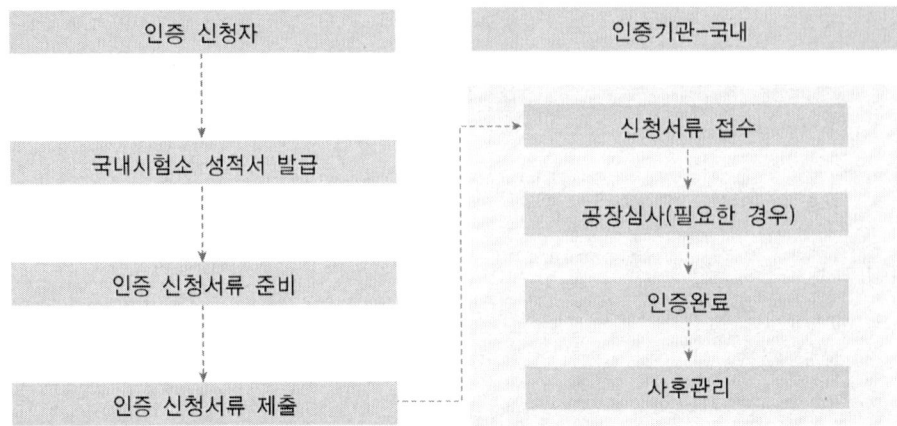

◎ 비용, 소요 기간 등

(단위: 원)

시험	시험규격 혹은 시험항목	시험비용	소요기간
	용출시험 및 잔류물 시험	약 300~400만원	약 2개월
인증	초기공장심사(IFA : Initial Factory Audit or Inspection) 비용	인증비용	소요기간
	–	–	–
인증유효기간	별도 규정 없음, 기본 5년		
사후관리비용	–		

(자료원 : ECMKOREA)

■ 조사 요약표

품목명	기타 플라스틱 생활용품 (HS CODE: 3926)		국가명	베트남
인증마크	–	제도명 (영문)	베트남 식품청(VFA) (Certification of Proclamation of Conformity to National Technical Regulations or to Food Safety Regulations)	
인증구분	■ 강제　□ 임의		인증유형	■ 현행　□ 신규출현
도입시기	2012년			
근거규정	■ 2012년 4월 25일 정부 공포 법령 38/2012/ND-CP내 식품안전법 시행에 관한 세부 규정들 ■ 2012년 11월 9일 보건부 제정 조례 19/2012/TT-BYT내 국가기술규정과 식품안전규정에 관련한 적합성 판정 지침 안내 사항 ■ 2007년 3월 29일 보건부 판결 23/2007/QD-BYT내 수입식품의 품질. 위생.안전 관련 정부조사 규정 ■ 2011년 8월 30일 보건부 제정 조례 34/2011/TT-BYT내 음식과 직접 접촉하는 포장물과 조리도구에 관한 국가기술규정. 특히 국가기술규정 QCVN 12-1:2011/BYT는 음식과 직접 닿는 합성수지(플라스틱) 용기와 포장물에 관한 안전 및 위생에 대해 규정함.			
제도내용	■ 음식과 직접 접촉하는 수입 플라스틱 식기류와 주방용품에 대한 베트남 정부의 관리절차는 다음과 같음. 〈1 단계〉 : 국가기술규정 적합인증 　- 현지의 수입업체 및 유통업체는 해당 플라스틱 제품의 국가기술규정 QCVN 12-1:2011/BYT 관련 적합성 판정 절차를 이행하고, 보건부 산하의 식품청(VFA)에 품질 적합인증 결과를 신고해야 함. 〈2 단계〉 : 수입요건충족 통지서 또는 검역인증서(본 절차는 수입 선적별로, 수입물품 통관 시 진행함) 　- 현지 수입업체 및 유통업체는 수입되는 각 선적에 대해 반드시 식품안전 정부의무조사 절차를 밟아야 함. 특히 현지 수입업체는 지정된 시험기관 혹은 인증기관 중 한곳에서 반드시 식품안전검사 등록을 해야 함. 　- 현지 수입업체가 관할 시험기관 및 인증기관이 발행하는 수입요건충족 통지서(Notification of Satisfaction of Import Requirements) 혹은 서류 확인 통지서(Notification of Dossier Checking) 둘 중 하나를 사전에 반드시 획득해야만 통관이 완료됨. ■ 플라스틱 용기와 포장물의 식품위생 관련 국가기술규정 QCVN12-1:2011/BYT는 플라스틱 제품 성분 중 특히 납(Pb)과 카드뮴(Cd)의 최대 허용치에 대한 기술요건과 기타 플라스틱 성분(페놀, 멜라닌, 요소, 포름알데히드, PVC, PE, PP, PS, PVDC, PET, PMMA, PA, PMP, PC, PLA 등)에 대한 기술요건을 규정하고 있음.			

품목정의	1) 용도: 가정용 2) 기능: 플라스틱 용기 및 PVC 비닐 백
적용대상품목	플라스틱 생활용품
확대적용품목	▪ 플라스틱으로 만든 모든 종류의 식탁용 식기, 주방용품, 조리용품, 기타 가정 용품 (음식에 직접 닿는 것들에 한함) ▪ 화장실용품처럼 음식에 직접 접촉하지 않는 가정용품은 제외
인증절차	TYPE C : 해외에서 제품시험(시험기관) ⇒ 해외에서 인증획득(인증기관)
시험기관	▪ 보건부가 지정한 시험기관 – National Institute for Food Control (NIFC); – Quality Assurance & Testing Center 1 (QUATEST 1); – Quality Assurance & Testing Center 3 (QUATEST 3); – Sac KyHai Dang Science Technology Services JSC (EDC-HD) * 시험기능만 수행하는 기관도 있고, 시험 및 인증기능을 모두 수행하는 기관도 있음.
인증기관	▪ 보건부 산하 식품청(Vietnam Food Administration) : 국가기술규정 혹은 식품안전규정 적합성 인증 ▪ 수입요건충족 통지서 – NIFC (National Institute for Food Control) – IPH (Institute of Public Health of Hochiminh City) – QUATEST 1 (Quality Assurance & Testing Center 1) – QUATEST 3 (Quality Assurance & Testing Center 3) – VINACONTROL HCMC
유의사항	▪ 수입식품과 관련한 식품안전 시험/검사/인증 업무를 보는 현지 업체들은 플라스틱 식탁용 식기류와 주방용품 이외에도 음식에 직접 닿는 수입 포장물과 조리도구도 맡아 처리하고 있음.

■ 인증 획득 절차

◎ 기관정보

		시험기관	시험기관
기 관 명		Quality Assurance & Testing Center 1(QUATEST 1)	Quality Assurance & Testing Center3 (QUATEST 3)
홈페이지		www.quatest1.com.vn	www.quatest3.com.vn
연락처	담당부서	Microbiological Test Lab	Sample Receiving Office
	전화번호	(84.4) 3791 7348	(84.8) 3822 5298 (31, Han Thuyen St., D.1, HCMC)
	팩스번호	(84.4) 3836 1399	(84.8) 3822 5785
	이 메 일	testlab8@quatest1.com.vn testlab4@quatest1.com.vn	qt-nmsg@quatest3.com.vn
기타		■ 베트남과학기술부 표준계량 품질 관리국 산하 ■ 수입식품, 음식과 직접 접촉하는 수입 포장물, 조리도구에 대한 정부조사 담당(검사/시험/수입요건충족 인증서 발급)	

		시험기관	시험기관
기 관 명		NIFC (National Institute for Food Control)	Sac Ky Hai Dang Science Technology Services JSC (EDC-HD)
홈페이지		http://nifc.gov.vn	www.sackyhaidang.com.vn
연락처	담당부서	Dept. of State Inspection of Imported Food	Transaction Office (주소: 79 Truong Dinh, D.1, HCMC)
	전화번호	(84.4) 3933 5737	(84.8) 3823 9643
	팩스번호	(84.4) 3933 5738	(84.8) 3823 9872
	이 메 일	tpnk.nifc@gmail.com ktnn.nifc@gmail.com	info@sackyhaidang.com.vn
기타		■ 보건부 산하 기관 ■ 수입식품 정부조사 담당 (조사/시험/수입요건충족통지서 발행)	

		인증기관	인증기관
기 관 명		VFA (Vietnam Food Administration	CFSA (Center for Food Safety Application)
홈페이지		www.vfa.gov.vn http://conbosanpham.vfa.gov.vn	http://cfsa.vn
연락처	담당부서	Food Management Dept	Certification Dept.
	전화번호	(84.4) 3846 4489	(84.4) 3846 4489
	팩스번호	(84.4) 3846 3739	(84.4) 3846 3739
	이 메 일	vfa@vfa.gov.vn; dotruonggiang@vfa.gov.vn (Mr. Do Truong Giang, 온라인 등록 지원 담당)	chungnhansanpham@cfsa.vn
기타		▪ 베트남 보건부 산하 기관 ▪ 국가기술규정 및 식품안전 규정 적합 판정 인증 담당	

		인증기관	인증기관
기 관 명		IPH (Institute of Public Health of HochiminhCity)	VINACONTROL HCMC
홈페이지		http://iph.org.vn	http://vinacontrol.com.vn
연락처	담당부서	Dept. of State Inspection of Imported Food	Inspection Division IV
	전화번호	(84.8) 3855 9503 / Ext. 237	(84.8) 3931 6185, 3931 7105
	팩스번호	(84.8) 3856 3164	(84.8) 3843 7861, 3931 6961
	이 메 일	vienytcc@iph.org.vn duongthiphuongthao@iph.org.vn	g4@vinacontrol.com.vn bknhut@vinacontrol.com.vn
기타		▪ 보건부 산하 기관 ▪ 수입식품, 음식과 직접 접촉하는 수입 포장물, 조리도구에 대한 정부조사 담당(검사/시험/수입요건충족 인증서 발급)	

◎ 인증 절차도

• 플라스틱 식기류와 주방용품 수입업체들은 아래 두 절차를 반드시 거쳐야 함.

• **1 단계** : 국가기술규정 혹은 식품안전규정 적합성 판정

– 현지 수입업체는 영리목적으로 플라스틱 식탁용 식기류 및 주방용품을 수입할 시 반드시 관련 국가기술규정 적합판정 절차를 밟아야 함.

– 판정 절차는 아래와 같음.

1) 적합성 평가 : 적합성 평가를 위해 현지 수입업체는 반드시 아래의 두 가지 선택사항 중 한 가지를 택해야 함.

• 공인 시험기관의 분석 및 시험결과를 토대로 자체 평가를 실시함.

• 보건부 지정 인증기관에서 국가기술규정 및 식품안전규정 적합성인증을 받음.

2) 보건부 산하 식품청에 적합성 판정 신고 : 현지 수입업체는 이후의 서면 인증서를 위해 하노이에 위치한 식품청에 적합성 판정 서류를 제출해야 함.

※ 적합성 판정 신고를 위한 구비서류

① 판정 신청서 (Proclamation Form)

② 국가기술법 QCVN 12-1:2011/BYT에 근거한 기술기준, 구성요소, 사용 안내서, 라벨, 생산지를 포함한 제품의 상세정보

③ 공인 인증기관에서 발행한 적합인증서(The certificate of conformity)

④ 자체 평가를 실시할 경우, 지정된 현지시험기관 혹은 공인 민간현지기관 혹은 원산지 국가의 민간 시험기관에서 발행한 12개월 이내의 제품시험결과서

⑤ 정기적인 모니터링 계획서

⑥ 원산지 국가의 오리지널 라벨 샘플과 베트남어 라벨 샘플

⑦ 제품샘플

⑧ HACCP, ISO 22000, GMP 등 해외 생산업체에 인가되는 동등한 자격의 인증서 중 하나 (선택사항)

• 2단계 : 수입요건충족 시험결과통지서

– 현지 수입업체들은 각각의 수입 선적에 대해 수입식품과 음식에 직접 접촉하는 포장물 및 조리도구 정부조사 관할기관에 요청해서 시험을 실시하고 수입요건충족 시험결과통지서 (Notification of Foodstuff Test Results Satisfying Import Requirements)를 발급받아야 함.

– 이 통지서는 통관 필수서류로 보건부에서 발행한 국가기술규정 적합성 판정 인증서를 비롯하

　여 일반 통관서류들과 함께 제출해야 함.

－ 수입식품 식품용기의 품질조사 방법은 세 가지가 있음.

　① 정밀검사 와 일반검사 : 시험용 샘플 채취

　② 간소 검사 : 샘플을 채취하지만 시험은 실시하지 않고 단순한 라벨 조사 및 제품 일치 조사 (제품생산 코드, 생산지)

　③ 서류 확인만으로 이뤄지는 간소 검사 : 샘플 채취 및 시험 모두 없음.

◎ 비용, 소요 기간 등

(단위 : VND, 일)

	시험종류/상세내용	비용	소요시간
시험	다양한 시험 기준 및 방법 존재		7~10일 (근무일 기준)
	화학물 오염 시험: Pb (Lead), Cd (Cadmium) / TCVN; AOAC Phenol Formaldehyde Vinylchloride Acid lactic	700,000 875,000 525,000 5,250,000 500,000/성분별	
	시험종류/상세내용	비용	소요시간
인증	국가기술규정 적합 판정 인증서 발행료	150,000/제품별	7일 (근무일 기준)
	식품안전규정 적합 판정 인증서 발행료	150,000/제품별	샘플 채취 후 5일 + 테스트 시간
	국가기술규정 관련 적합성 판정 서류 감정 수수료 (Appraisal fee of dossiers of proclamation of conformity with national technical regulations)	500,000/제품	–
	식품 안전 정부 조사비 (시험비 제외)	수입가의 0.1%, 1회 수입분 당 최소 1,000,000 / 최대 10,000,000	–
유효기간	■ 국가기술법규 혹은 안전법규 적합 판정 인증서 : 3~5년 ■ 식품 수입요건충족 시험결과통지서 : 각 선적별 유효		
사후관리비용	–		

(자료원 :Circular 149/2013/TT-BTC of the Ministry of Finance dated Oct. 29, 2013 / * 환율 : 1VND = 0.05원)

■ 조사 요약표

품목명	기타 플라스틱 생활용품 (HS CODE : 3924 / 3926)	국가명	일본
인증마크	–	제도명 (영문)	MHLW 식품위생법
인증구분	■ 강제　☐ 임의	인증유형	■ 현행　☐ 신규출현
도입시기	1947년(식품위생법공포)		
근거규정	식품위생법 제 27조 : 기구 · 용기포장에 대한 규격 기준		
제도내용	일본 식품위생법 제 27조에서는 "판매용으로 제공하거나 영업상 사용하는 식품, 첨가물, 기구 또는 용기 포장을 수입하고자 하는 자는 필요시 후생노동성령에서 정하는 바에 따라 신고해야 한다."고 규정하고 있음. 식품이 접촉하게 되는 모든 "기구"에 대한 규격 기준이 정해져 있으며, 이에 적합하지 않는 것은 조리기구 용도로 수입할 수 없음.		
품목정의	1) 용도: 플라스틱제의 생활용품 2) 기능: 플라스틱제의 식탁용품 · 주방용품 · 기타 가정용품 및 위생용품 또는 화장용품		
적용대상품목	주방용 밀폐용기, 도시락 용기 등		
확대적용품목	조리기구를 내장하고 있는 상품 등 식품과 직접 접촉하는 부분이 있는 경우 식품위생법 규제 대상(예: 유리 병, 플라스틱 쟁반, 젓가락, 접시, 주걱, 장갑, 컨베이어, 팬, 냄비 등)		
인증절차	TYPE C : 해외에서 제품시험(시험기관) ⇒ 해외에서 인증획득(인증기관)		
시험기관	■ 후생노동성 지정 대한민국 검사기관(하기링크) (http://www.mhlw.go.jp/topics/yunyu/5/dl/t2.pdf) ■ 일본 식품위생협회 식품위생연구소		
인증기관	시험 기관에서 결과보고서 등 발급		
유의사항	■ 용기가 식품에 직접 접촉할 가능성이 있는 경우, 용기 재료 등에 유해물질 포함 유무에 대한 규격 기준 적합 증명 검사 절차가 필요. 후생노동성 지정 검사 기관의 시험성적서 취득 후, 수입 통관시 후생노동성 검역소 수입 식품 감시 담당에 '식품 등 수입신고서'에 시험 성적서 등 관련 서류를 첨부하여 신고해야함. ■ 필요 검사 내용에 대해서는 반드시 수입 바이어가 직접 해당 검역소에 확인을 해야 하며, 확인 내용에 따라 후생노동성에서 지정한 해외공적 검사기관(후생노동성 지정 대한민국 검사기관)을 통해 국내에서 검사를 진행하는 것도 가능함.		

■ 인증 획득 절차

◎ 기관정보

		시험 · 인증기관
기 관 명		공익사단법인일본식품위생협회식품위생연구소
홈페이지		http://www.n-shokuei.jp/houjin/laboratory/index.html
연 락 처	담당부서	검사사업부
	전화번호	042-789-0211
	팩스번호	042-789-0355
	이 메 일	–
기타		공익사단법인일본식품위생협회식품위생연구소 후생노동성 소관

◎ 인증 절차도

① 시험검사 관련 사전 상담 및 신청

② 시험검사(품목) 위탁, 접수

③ 시험검사 실시

④ 시험검사 성적서의 발행, 송부, 제반 비용청구(연구소 측)

◎ 비용, 소요 기간 등

(단위 : 엔)

	시험규격 혹은 시험항목	시험비용	소요기간
시험·인증	일반 합성 수지 관련 시험검사의 경우 재질 시험 및 용출 시험	25,000엔*	1개월
인증유효기간	시험성적서 유효기한은 없음.(다만, 법 개정 등이 있을 경우 재시험 필요)		
사후관리비용	–		

※ 시험검사 항목, 시험방법, 의뢰 건수에 따라 시험검사 수수료 상이, 사전 상담 필요

◎ 유의사항

• 시험 검사의 신청 방법

- 목적에 따른 시험 검사 내용을 확인해야 하며, 시험 검사의 상담이나 신청은 직접 방문 및 전화, FAX, 홈페이지를 통해 접수
  (http://www.n-shokuei.jp/houjin/laboratory/request/index.html)

- 공익재단법인 일본식품위생협회 식품위생연구소 홈페이지의 시험 검사 의뢰서 목록 페이지에서 시험 검사 의뢰서, 수입식품 등 검사의뢰서 등의 신청서를 다운로드 받아 작성. 필요사항 기입 후, 조사 대상 시료와 함께 제출

- 시료는 연구소에 직접 전달, 택배 등으로 배송 필요. 또한 시료의 수량, 배송 방법 등에 대해서는 사전 상담 필요

- 주소 및 연락처
  공익사단법인 일본식품위생협회 식품위생연구소 검사사업부 앞
  〒194-0035 도쿄도 마치다시 타다오 2-5-47(東京都町田市忠生2丁目5番47)
  TEL : 81-42-789-0211、FAX : 81-42-789-0355

■ 조사 요약표

품목명	기타 플라스틱 생활용품 (HS CODE : 3924 / 3926)	국가명	중국
인증마크		제도명 (영문)	CQC 환경보호제품인증 (China Ecolabelling)
인증구분	☐ 강제　■ 임의	인증유형	■ 현행　☐ 신규출현
도입시기	국가표준 기준 1988년 플라스틱 식품포장용기 환경보호인증규칙 CQC51-036419 기준 2009년		
근거규정	■ 국가표준은 제품 재질 마다 상이함 　GB 9681-1988 폴리염화 비닐.PVC(食品包裝用聚氯乙烯成型品衛生標準) 　GB 9687-1988 폴리 에틸렌(食品包裝用聚乙烯成型品衛生標準) 　GB 9688-1988 폴리프로필렌(食品包裝用聚丙烯成型品衛生標準) 　GB 9689-1988 폴리스티렌(食品包裝用聚苯乙烯成型品衛生標準) 　GB9690-2009 멜라민(食品容器、包裝材料用三聚氰胺−甲醛成型品衛生標準)		
제도내용	CQC 인증은 자발적 제품 인증제도로 강제성 인증과는 달리 제품의 품질, 안전, 환경보호, 성능 등이 관련 표준에 부합여부를 필요에 따라 증명하는 제도임.		
품목정의	1) 용도: 플라스틱제의 생활용품 2) 기능: 플라스틱제의 식탁용품·주방용품·기타 가정용품 및 위생용품 　또는 화장용품		
적용대상품목	플라스틱 생활용품		
확대적용품목	–		
인증절차	TYPE C : 해외에서 제품시험(시험기관) ⇒ 해외에서 인증획득(인증기관)		
시험기관	판위출입경검험검역국(番禺出入境檢測檢疫局) (광저우 기준)		
인증기관	중국질량중심CQC (中國質量中心)		
유의사항	■ 주방용품 등은 식품에 직접 접촉하는 제품이므로 필수적으로 법적 위생 검역이 필요한 제품으로 분류되어 통관시 위생검역시행 ■ 주방용품은 CQC 인증 중에서도 환경보호(环保)인증규칙에 해당됨. ■ 기타 국가표준에 관해서는 http://www.csres.com/(工標网) 참고		

■ 인증 획득 절차

◎ 기관정보

		시험기관	인증기관
기 관 명		국가환경보호제품질량감독검험중심 (国家环保产品质量监督检验中心)	중국질량중심CQC (中國質量中心)
홈페이지		http://www.py.gdciq.gov.cn/	www.cqc.com.cn
연 락 처	담당부서	검측부	총괄부서
	전화번호	+86-311-76568277 +86-15097363133(휴대폰)	+86-10-83886666
	팩스번호	–	+86-10-83886282
	이 메 일	–	cqcsc@cqc.com.cn
기타		■ 전에는 허베이성식품질량감독검험연구원(河北省食品质量监督检验研究院)이 시험기관이었으나 현재 국가환경보호제품질량감독검험중심(国家环保产品质量监督检验中心)으로 이전함. ■ CCIC Korea(중국검험인증그룹유한공사(CCIC) 한국지사) 인증 취득 문의 가능 www.ccickorea.com/ 02-6393-5800	

◎ 인증 절차도 (TYPE C)

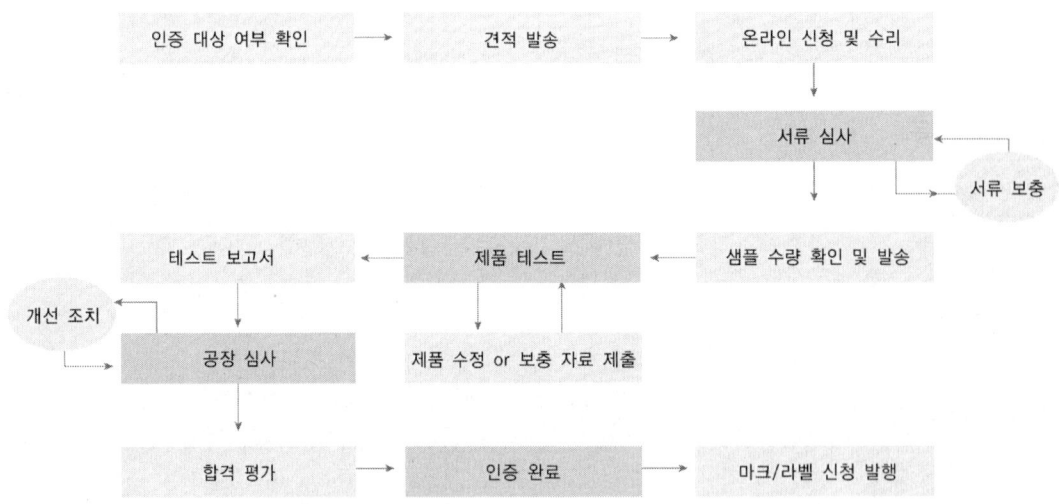

◎ 비용, 소요 기간 등

(단위 : 위안)

	시험규격 혹은 시험항목	시험비용	소요기간
시험	GGB 9681-1988 GB 9687-1988 GB 9688-1988 GB 9689-1988 GB9690-2009	2,400위안	11일
인증	초기공장심사(IFA : Initial Factory Audit or Inspection) 비용	인증비용	소요기간
	3,000위안/인/일	최소 1,600위안	3~4개월
인증유효기간	특별히 명시된 유효기간은 없으며 연회비 지불 및 사후관리로 인증 유지		

사후관리비용	■ 매년 1회 이상의 공장심사 및 연회비로 인증을 유지하며, 유효기간은 3년
	■ 심사주기는 1회/년
	  - 제조업자 및 제조공장의 변경 및 이전 여부
	  - 인증서에 기재된 제조공장에서 신청제품을 생산하고 있는지의 여부
	  - 인증서에 첨부된 안전관리대상 부품 목록과 동일한 부품을 사용하고 있는지의 여부
	  - 인증획득 제품이 중국국가기준에 따라 안전기준 및 안전인증 내용을 준수하여 생산하고 있는지의 여부		

(자료원 : 해외인증정보시스템, CQC)

◎ 유의사항

• 인증 필요서류

- 신청서(신청자정보, 인증 받을 제품의 확인/설명, 제조자 및 공장정보, 적용기술기준(Safety &EMC) 및 CB 인증서 및 성적서 제출 여부)

- 제품 기술자료(제품매뉴얼(설명서)), 도면, 회로도 등의 제품설명 자료를 첨부하고, 가능한 경우, 신청 제품에 대해 수행한 시험성적서(CB)를 신청서와 함께 제출

• 공장심사 준비서류

- 시험검사 업무 규정(수입, 중간, 출하, 자체검사) 및 관련기록

- 보유 검사설비 관리대장 및 교정성적서

- 부적합품관리 규정 및 관련기록

- 고객불만처리 규정 및 관련기록

　　- 내부감사 규정 및 관련기록

• 첫 시험 혹은 신제품의 경우 시험 필수, 후에 동일 재질 제품에 한해서 시험 면제 (단, 3개월 이내)

• 인증 신청시, 직접 신청서를 작성하여 인증기관으로 접수하거나 http://www.cqc.com.cn(중국질량중심CQC) 혹은 www.ccic.com(중국검험인증그룹CCIC)에서 사용자 등록/회원가입 후 온라인 접수

　　- 수입사업자, 대리인, 제조자 등이 신청할 수 있으며, 신청서는 영어 또는 중국어로 작성되어야 함.

　　- 신청자는 인증신청서 및 제품에 대한 자료를 우편 또는 직접 제출함.

조사 요약표

품목명	기타 플라스틱 생활용품 (HS CODE : 3924 / 3926)	국가명	필리핀
인증마크		제도명 (영문)	ICC (Import Commodity Clearance Certificate)
인증구분	■ 강제　□ 임의	인증유형	■ 현행　□ 신규출현
도입시기	1998		
근거규정	■ Republic Act 4109- Standardization Law of the Philippines ■ DAO No 05: 2008 - The New Rules and Regulations on the ICC Certification Scheme ■ DAO 02:1998 Mandatory PNS (플라스틱 의자)		
제도내용	■ 필리핀 국가표준(PNS)에 따른 수입품 인증제도로, 제품표준국(BPS)에서 수입제품의 안전기준 시험, 허가 및 감시 업무를 담당함. ■ 가전제품은 대부분이 규제대상임. ■ 플라스틱의자는 저소득층 생활필수품으로, 제품표준국(BSP)이 1998년부터 특별 관리중이며, 저소득 소비층 보호를 위해 제품 내구성 및 유해물질에 관한 규정을 확립하여 플라스틱 의자 제조, 수입, 도/소매업체에 제품안전인증을 의무화하였음.		
품목정의	1) 용도: 플라스틱제의 생활용품 2) 기능: 플라스틱제의 식탁용품·주방용품·기타 가정용품 및 위생용품 또는 화장용품		
적용대상품목	일체형 플라스틱의자(Monobloc Plastic Chair), 일체형 플라스틱 가구(Monobloc Plastic Furniture), 플라스틱 스툴(Plastic Stool)		
확대적용품목	전기제품, 기계 및 건축자재, 화학, 기타 소비제품		
인증절차	TYPE C : 해외에서 제품시험(시험기관) ⇒ 해외에서 인증획득(인증기관)		

시험기관	필리핀 통상산업부(Department of Trade and Industry, DTI) 산하
인증기관	제품표준국(Bureau of Production Standards, BPS)

유의사항	■ 자격요건 : 현지법인(SEC), 수입면허(ICARE)
	■ 수입상품허가(ICC)시, 제품시험기준은 ISO, IEC 17020에 근거함.
	■ ICC 신청 후, 아래 3가지 중 1개의 결과 예상
	  - 조건부 면제 : 제품군이 규제대상이나 수입하려는 특정제품은 안전상 문제가 없다고 판단하여 면제
	  - 면제 : 제품군이 규제대상에 속해있지 않은 경우
	  - 제품시험 후 합격/불합격 통보 : 합격 시 ICC 인증 발급
	■ 미 이행 시 수입 불가

* SEC(Securities and Exchange Commission) / ICARE(Interim Customs Accreditation Registration Unit)

■ 인증 획득 절차

◎ 기관정보

		시험기관	인증기관
기 관 명		Department of Trade and Industry (필리핀 통상산업부)	
홈페이지		http://www.bps.dti.gov.ph/	
연 락 처	담당부서	Bureau of Product Standards (제품표준국)	
	전화번호	+63-2-751-3127	
	팩스번호	+63-2-751-4706	
	이 메 일	bps@dti.gov.ph	
기타		- 인증신청 시 에이전트 지정이 의무화 되어있지 않음. - 수입상품허가(ICC)는 다른 인증에 비해 절차가 간소하여 수입상이 직접 하거나 포워딩업체에서 대행함.	

◎ 인증 절차도

• 수입상품허가(ICC) 절차

① ICC 신청서 작성 후 제출. 면제, 조건부면제, 제품시험 중 1개 결과 통보.

– 면제 또는 조건부면제 통보를 받을 경우, 제품표준국(BPS)은 Certificate of Exemption 또는 Conditional Release를 발행 (소요기간 : 3일)

② ISO. IEC 17020 기준에 근거하여, 표본추출 〉 감시보고서 발급

③ ISO. IEC 17020 기준에 근거하여, 제품시험 〉 평가서 발급 (소요기간 : 3일)

④ 결과통보(승인, 미승인, 유예, 중단)

⑤ 승인 시, 수입상품허가(ICC) 발행

　* ICC 수속 + 제품시험 = 총 9일

◎ 비용, 소요 기간 등

(단위 : PHP, 일)

	시험규격 혹은 시험항목	시험비용	소요기간
시험	제품시험 Product Sampling/Testing – 상업송장금액 50만 페소 미만 – 상업송장금액 50만~1백만 페소 – 상업송장금액 1백만 페소 이상	5,000 7,500 10,000	3일 (근무일 기준)
	초기공장심사(IFA : Initial Factory Audit or Inspection) 비용	인증비용	소요기간
인증	수입상품허가 증명서 발급 Import Commodity Clearance (ICC) Certificate	300	6일 (근무일 기준)
인증유효기간	제품시험, 수입상품허가 증명서 (매 수입건당)		
사후관리비용	제품시험에 불합격되어 재등록해야 하는 경우 추가비용 발생		

(자료원 : 제품표준국(Bureau of Product Standards) / 환율 : 1PHP = 24.18원)

◎ 유의사항

• 필요서류
  - 공증된 ICC 신청서
  - 포장명세서 (공증사본)
  - 수입허가 (공증사본)
  - 상업송장 (공증사본)
  - 선하증권, (항공의 경우) 항공화물운송장 (공증사본)
  - 사업자등록증, 개인사업체(DTI) 또는 법인(SEC)
  - 제품 일렬번호
  - 이사회 결의안(Board Resolution)
  - 조건부 면제의 경우, 보증증서
  - 시찰보고서
  - 평가서
  - 창고임대 계약서

의류(편물/직물)

EU(독일)	OEKO-TEX	TEXTILES VERTRAUEN Geprüft auf Schadstoffe nach Oeko-Tex® Standard 100 Hohenstein
EU(영국)	OEKO-TEX	TEXTILES VERTRAUEN Geprüft auf Schadstoffe nach Oeko-Tex® Standard 100 Hohenstein
EU(이탈리아)	OEKO-TEX	TEXTILES VERTRAUEN Geprüft auf Schadstoffe nach Oeko-Tex® Standard 100 Hohenstein
대만	인증불요	–
미국	CPSC	–
일본	인증불요	–
중국	CTTC	–
캐나다	인증불요	–
필리핀	인증불요	–
홍콩	인증불요	–

■ 조사 요약표

품목명	의류(편물/직물) (HS CODE : 6114 / 6210)	국가명	EU(독일)
인증마크		제도명 (영문)	OEKO-TEX® Standard 100
인증구분	☐ 강제　■ 임의	인증유형	■ 현행　☐ 신규출현
도입시기	1992년		
근거규정	Oeko-Tex® Standard 100		
제도내용	모든 가공단계에 있는 섬유의 원료, 중간제품 및 최종제품에 대한 전 세계적으로 통일된 실험 및 인증시스템		
품목정의	1) 용도: 의류 2) 기능: 직물류나 메리야스 편물 또는 뜨개질 편물의 의류		
적용대상품목	모직물, 편직물		
확대적용품목	섬유 및 가죽 제품과 섬유나 비섬유를 모두 포함한 액세서리의 전 생산과정, 특히 직업복, 기능성 섬유, 면직물, 가정용 섬유, 의료용 섬유, 스포츠 및 아웃도어 섬유, 자외선 차단(UV)		
인증절차	TYPE A : 국내에서 제품시험(시험기관) ⇒ 국내에서 인증획득(인증기관)		
시험기관	TESTEX Swiss Textile-Testing Ltd		
인증기관	TESTEX Swiss Textile-Testing Ltd		

유의사항	■ Oeko-Tex® 라벨은 마드리드 협정에 의해 법적으로 보호받는 국제등록 상표로서 상표의 표시를 위조하거나 남용한 경우 민법 및 형법에 따라 처벌을 받을 수 있음. ■ 납품받은 물건에 인증서가 없거나 인증서 내용이 다른 경우 Oeko-Tex® 라벨의 위법사용을 의미하며, 법적 조치 뿐 아니라 해당 제품의 이미지 손상을 입힐 수 있음. ■ 인증이 취소되는 경우: – 생산업체가 제출한 진술서가 선별 검사된 제품의 품질과 관련하여 테스트용 샘플과 일치하지 않은 경우 – 생산업체가 인증 받은 제품의 기술적인 상태의 변화를 해당 실험연구소에 제때에 알리지 않은 경우 – 인증을 획득한 섬유제품이 해당 기준에 부합하지 않을 경우 – 마크의 위조와 남용으로 범법행위를 하는 경우 – Oeko-Tex® 연합회에 의해 형법과 민법으로 처벌받게 되는 경우 ■ OEKO-TEX® 레이블은 관심 있는 소비자들에게 피부 친화적인 의류 및 기타 섬유 제품에 대한 검증된 안전성을 제공하므로, 섬유 제품을 구매하는 데 결정적인 요인 및 건강에 무해한 모든 종류의 섬유 제품의 척도로 작용, 이에 따라 동 인증 취득시 유럽 시장 내 유통에 매우 유리 ■ 이 외 ISO 9001(품질경영시스템 인증)이나 ILO(국제노동기구) 협약 기준 준수 등이 바람직

■ 인증 획득 절차

◎ 기관정보

		시험·인증기관
기 관 명		TESTEX Swiss Textile-Testing Ltd
홈페이지		http://www.testex.co.kr/
연 락 처	담당부서	CSO Team
	전화번호	+82-2-563-6388
	팩스번호	+82-2-563-2669
	이 메 일	seoul@testex.com
	기타	섬유 생태학(OEKO-TEX®) 분야 연구 및 검사 국제 연합회 소속된 스위스 Testex의 국내 자회사 TESTEX Swiss Textile-Testing Ltd.에서 시험 후 인증 발급

의류(편물 / 직물)

kotra

◎ 인증 절차도 (TYPE A)

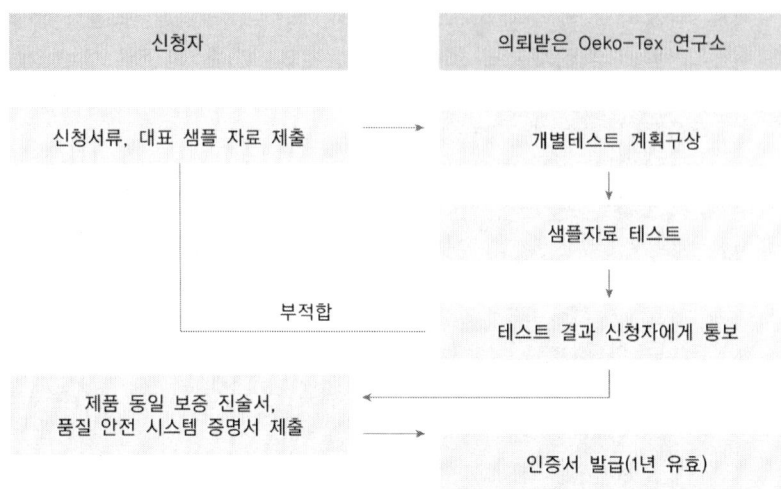

◎ 비용, 소요 기간 등

시험	시험규격 혹은 시험항목	시험비용	소요기간
	OEKO-TEX® Standard 1001)	약 500-1,500만원2)	인증소요기간포함 4-6주 소요
인증	초기공장심사(IFA : Initial Factory Audit or Inspection) 비용	인증비용	소요기간
	170만원	시험비용에 포함	시험포함 총 4-6주 소요
인증유효기간	1년(계속 연장 가능)		
사후관리비용	▪ 정기공장심사(1,500 스위스프랑: 약170만원), 3년에 1회 청구 ▪ 기본적으로 유지비용은 없으며, Oeko-Tex® Standard 100 인증획득에 관한 비용은 시험비(테스트 항목에 따라 상이함)와 특허권 사용료, 위임 연구소의 기업체 방문(3년 순환)에 따른 비용으로 구성되며, 해당 기간이 되면 라이선스 비용과 함께 인증 신청자에게 청구됨. ▪ 유해물질테스트에 대한 정확한 비용은 각 섬유제품에 대한 테스트 비용에 다름.		

(자료원 : TESTEX Swiss Textile-Testing Ltd)
주 1) 'OEKO-TEX® Standard 100 - 실험 방식' 표준 문서, 특히 최근의 법 규정과 연구 상황에 따라

구성된 테스트 카탈로그 기준에 의거
- 법적으로 금지된 물질(예: 암을 유발하는 염료)
- 법적으로 규제된 화학물질(예: 포름알데히드, 연화제, 중금속 또는 펜타클로르페놀)
- 현재로는 건강에 유해하다고 알려져 있으나 아직 법적으로 규제되지 않았거나 금지되지 않은 물질
  예: 농약, 알레르기를 일으키는 염료 또는 주석 유기체 결합)
- 색체 불병성 및 소비자의 건강에 기여하는 피부를 보호하는 PH 수치와 같은 파라미터
- Colorant(염료)에 대한 유해성 시험도 포함
2) 라이선스 비용, 업체 감사를 위임 받은 검사 기관 비용 및 검사 내용에 따른 실험실 비용으로 구성, 실험실 테스트 비용은 새로이 추가되는 제품에 따른 실험 경비에 따라 책정

◎ 유의사항

• 필요서류: 섬유생산업체 및 의류생산업체가 제출하는 신규인증신청서 또는 연장신청서에는 다음의 사항들이 모두 포함되어야 함.
  - 테스트를 받을 제품에 대한 설명
  - 섬유생산을 위해 진행된 처리과정 설명
  - 모든 삽입된 염료 재료와 보조물을 명시한 목록
  - 직물가공 화학약품의 안전 데이터 자료
  - 이미 인증을 획득한 원료의 인증서 사본
  - 신청자의 의무이행 각서
  - Oeko-Tex® 홈페이지의 찾기 메뉴에 포함되기를 원하는지 여부를 명시
  - 인증신청서 및 테스트 샘플 제출

• 심사비와 이증비 등의 고정비와 가장 큰 비중을 차지하는 시험비용은 고정비인증 제품에 사용된 염료, 안료, 화학 보조제 등에 따라 달라짐.

• 12개월간의 인증 유효기간이 경과한 후에 인증서를 받았던 업체가 인증갱신을 신청할 경우 인증은 1년씩 지속적으로 연장 가능
  - 기본적인 인증절차는 신규인증 신청과 비슷하게 진행되나, 새로운 종류의 생산품이 포함되었는지 또는 변경된 기술이 활용되었는지를 살펴보고 해당되지 않을 시 인증서 연장이 가능
  - 인증을 갱신할 경우 인증갱신에 필요한 서류를 작성해야 하며, 테스트도 의무적으로 받아야 함.
  - 인증갱신에서 발생하는 비용도 특허권 사용료와 시험비로 구성됨. 첫 인증을 의뢰한 연구소에 인증연장을 신청하는 것이 합리적이고, 또 이미 필요한 기본정보들이 그 연구소에 보관되어 있기 때문에 시간을 절약할 수 있음.

- 인증 신청자는 책임이행 선언서에 서명함으로써 신청 시 기재된 모든 내용이 사실과 다름 없음을 확인.

  신청자는 인증을 신청한 실험 연구소 또는 해당 인증 부서에 특히 자연원료의 첨가, 가공기술 그리고 화학물 배합에 따른 각종 변동사항을 즉시 알려야 할 의무가 있음.

▨ 조사 요약표

품목명	의류(편물/직물) (HS CODE : 6114 / 6210)	국가명	EU(영국)
인증마크		제도명 (영문)	OEKO-TEX® Standard 100
인증구분	☐ 강제　　■ 임의	인증유형	■ 현행　　☐ 신규출현
도입시기	1992년		
근거규정	Oeko-Tex® Standard 100		
제도내용	모든 가공단계에 있는 섬유의 원료, 중간제품 및 최종제품에 대한 전 세계적으로 통일된 실험 및 인증시스템		
품목정의	1) 용도: 의류 2) 기능: 직물류나 메리야스 편물 또는 뜨개질 편물의 의류		
적용대상품목	모직물, 편직물		
확대적용품목	섬유 및 가죽 제품과 섬유나 비섬유를 모두 포함한 액세서리의 전 생산과정, 특히 직업복, 기능성 섬유, 면직물, 가정용 섬유, 의료용 섬유, 스포츠 및 아웃도어 섬유, 자외선 차단(UV)		
인증절차	TYPE A : 국내에서 제품시험(시험기관) ⇒ 국내에서 인증획득(인증기관)		
시험기관	TESTEX Swiss Textile-Testing Ltd		
인증기관	TESTEX Swiss Textile-Testing Ltd		

의류(편물 / 직물)

유의사항	■ Oeko-Tex® 라벨은 마드리드 협정에 의해 법적으로 보호받는 국제등록 상표로서 상표의 표시를 위조하거나 남용한 경우 민법 및 형법에 따라 처벌을 받을 수 있음. ■ 납품받은 물건에 인증서가 없거나 인증서 내용이 다른 경우 Oeko-Tex® 라벨의 위법사용을 의미하며, 이런 경우는 법적 조치 뿐 아니라 해당 제품의 이미지 손상을 입힐 수 있음. ■ 인증이 취소되는 경우: – 생산업체가 제출한 진술서가 선별 검사된 제품의 품질과 관련하여 테스트용 샘플과 일치하지 않은 경우 – 생산업체가 인증 받은 제품의 기술적인 상태의 변화를 해당 실험연구소에 제때에 알리지 않은 경우 – 인증을 획득한 섬유제품이 해당 기준에 부합하지 않을 경우 – 마크의 위조와 남용으로 범법행위를 하는 경우 – Oeko-Tex® 연합회에 의해 형법과 민법으로 처벌받게 되는 경우 ■ OEKO-TEX® 레이블은 관심 있는 소비자들에게 피부 친화적인 의류 및 기타 섬유 제품에 대한 검증된 안전성을 제공하므로, 섬유 제품을 구매하는 데 결정적인 요인 및 건강에 무해한 모든 종류의 섬유 제품의 척도로 작용, 이에 따라 동 인증 취득시 유럽 시장 내 유통에 매우 유리 ■ 이 외 ISO 9001(품질경영시스템 인증)이나 ILO(국제노동기구) 협약 기준 준수 등이 바람직

■ 인증 획득 절차

◎ 기관정보

		시험·인증기관
기 관 명		TESTEX Swiss Textile-Testing Ltd
홈페이지		http://www.testex.co.kr/
연락처	담당부서	CSO Team
	전화번호	+82-2-563-6388
	팩스번호	+82-2-563-2669
	이 메 일	seoul@testex.com
기타		섬유 생태학(OEKO-TEX®) 분야 연구 및 검사 국제 연합회 소속된 스위스 Testex의 국내 자회사 TESTEX Swiss Textile-Testing Ltd.에서 시험 후 인증 발급

◎ 인증 절차도 (TYPE A)

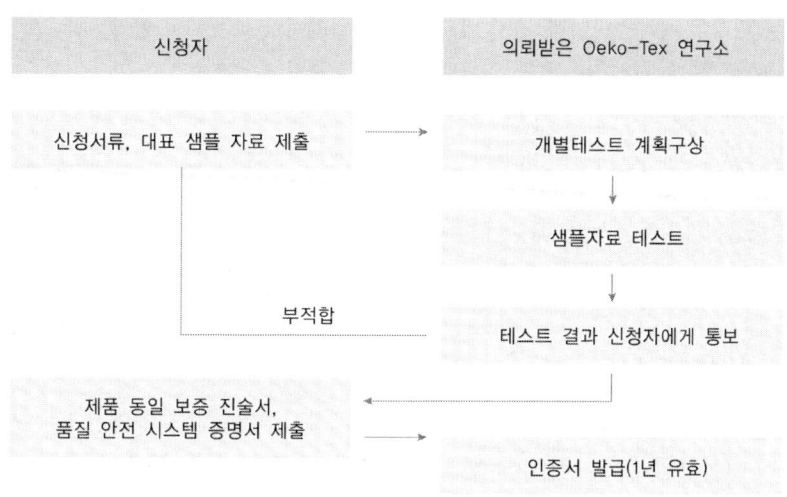

(자료원 : 해외인증정보시스템)

◎ 비용, 소요 기간 등

시험	시험규격 혹은 시험항목	시험비용	소요기간
	OEKO-TEX® Standard 1001)	약 500- 1,500만원2)	인증소요기간포함 4-6주 소요
인증	초기공장심사(IFA : Initial Factory Audit or Inspection) 비용	인증비용	소요기간
	170만원	시험비용에 포함	시험포함 총 4-6주 소요
인증유효기간	1년(계속 연장 가능)		
사후관리비용	■ 정기공장심사(1,500 스위스프랑: 약170만원), 3년에 1회 청구 ■ 기본적으로 유지 비용은 없으며, Oeko-Tex® Standard 100 인증획득에 관한 비용은 시험비(테스트 항목에 따라 상이함)와 특허권 사용료, 위임 연구소의 기업체 방문(3년 순환)에 따른 비용으로 구성되며, 해당 기간이 되면 라이선스 비용과 함께 인증 신청자에게 청구됨. ■ 유해물질테스트에 대한 정확한 비용은 각 섬유제품에 대한 테스트 비용에 다름.		

(자료원 : TESTEX Swiss Textile-Testing Ltd)

주 1) 'OEKO-TEX® Standard 100 - 실험 방식' 표준 문서, 특히 최근의 법 규정과 연구 상황에 따라

구성된 테스트 카탈로그 기준에 의거
- 법적으로 금지된 물질(예: 암을 유발하는 염료)
- 법적으로 규제된 화학물질(예: 포름알데히드, 연화제, 중금속 또는 펜타클로르페놀)
- 현재로는 건강에 유해하다고 알려져 있으나 아직 법적으로 규제되지 않았거나 금지되지 않은 물질
 (예: 농약, 알레르기를 일으키는 염료 또는 주석 유기체 결합)
- 색체 불병성 및 소비자의 건강에 기여하는 피부를 보호하는 PH 수치와 같은 파라미터
- Colorant(염료)에 대한 유해성 시험도 포함
2) 라이선스 비용, 업체 감사를 위임 받은 검사 기관 비용 및 검사 내용에 따른 다양한 실험실 비용으로
 구성, 실험실 테스트 비용은 새로이 추가되는 제품에 따른 실험 경비에 따라 책정

◎ 유의사항

• 필요서류: 섬유생산업체 및 의류생산업체가 제출하는 신규인증신청서 또는 연장신청서에는
 다음의 사항들이 모두 포함되어야 함.
- 테스트를 받을 제품에 대한 설명
- 섬유생산을 위해 진행된 처리과정 설명
- 모든 삽입된 염료 재료와 보조물을 명시한 목록
- 직물가공 화학약품의 안전 데이터 자료
- 이미 인증을 획득한 원료의 인증서 사본
- 신청자의 의무이행 각서
- Oeko-Tex® 홈페이지의 찾기 메뉴에 포함되기를 원하는지 여부를 명시
- 인증신청서 및 테스트 샘플 제출
• 심사비와 이증비 등의 고정비와 가장 큰 비중을 차지하는 시험비용은 고정비인증 제품에
 사용된 염료, 안료, 화학 보조제 등에 따라 달라짐.
• 12개월간의 인증 유효기간이 경과한 후에 인증서를 받았던 업체가 인증갱신을 신청할 경우
 인증은 1년씩 지속적으로 연장 가능
- 기본적인 인증절차는 신규인증 신청과 비슷하게 진행되나, 새로운 종류의 생산품이 포함되었
 는지 또는 변경된 기술이 활용되었는지를 살펴보고 해당되지 않을 시 인증서 연장이 가능
- 인증을 갱신할 경우 인증갱신에 필요한 서류를 작성해야 하며, 테스트도 의무적으로 받아야
 함.
- 인증갱신에서 발생하는 비용도 특허권 사용료와 시험비로 구성됨. 첫 인증을 의뢰한 연구소에
 인증연장을 신청하는 것이 합리적이고, 또 이미 필요한 기본정보들이 그 연구소에 보관되어

있기 때문에 시간을 절약할 수 있음.

- 인증 신청자는 책임이행 선언서에 서명함으로써 신청 시 기재된 모든 내용이 사실과 다름 없음을 확인.

신청자는 인증을 신청한 실험 연구소 또는 해당 인증 부서에 특히 자연원료의 첨가, 가공기술 그리고 화학물 배합에 따른 각종 변동사항을 즉시 알려야 할 의무가 있음.

의류(편물 / 직물)

■ 조사 요약표

품목명	의류(편물/직물) (HS CODE : 6114 / 6210)	국가명	EU(이탈리아)
인증마크	TEXTILES VERTRAUEN Geprüft auf Schadstoffe nach Oeko-Tex® Standard 100 00000000　Hohenstein	제도명 (영문)	OEKO-TEX® Standard 100
인증구분	☐ 강제　■ 임의	인증유형	■ 현행　☐ 신규출현
도입시기	1992년		
근거규정	Oeko-Tex® Standard 100		
제도내용	모든 가공단계에 있는 섬유의 원료, 중간제품 및 최종제품에 대한 전 세계적으로 통일된 실험 및 인증시스템		
품목정의	1) 용도: 의류 2) 기능: 직물류나 메리야스 편물 또는 뜨개질 편물의 의류		
적용대상품목	모직물, 편직물		
확대적용품목	섬유 및 가죽 제품과 섬유나 비섬유를 모두 포함한 액세서리의 전 생산과정, 특히 직업복, 기능성 섬유, 면직물, 가정용 섬유, 의료용 섬유, 스포츠 및 아웃도어 섬유, 자외선 차단(UV)		
인증절차	TYPE A : 국내에서 제품시험(시험기관) ⇒ 국내에서 인증획득(인증기관)		
시험기관	TESTEX Swiss Textile-Testing Ltd		
인증기관	TESTEX Swiss Textile-Testing Ltd		

유의사항	■ Oeko-Tex® 라벨은 마드리드 협정에 의해 법적으로 보호받는 국제등록 상표로서 상표의 표시를 위조하거나 남용한 경우 민법 및 형법에 따라 처벌을 받을 수 있음. ■ 납품받은 물건에 인증서가 없거나 인증서 내용이 다른 경우 Oeko-Tex® 라벨의 위법사용을 의미하며, 법적 조치 뿐 아니라 해당 제품의 이미지 손상을 입힐 수 있음. ■ 인증이 취소되는 경우: 　– 생산업체가 제출한 진술서가 선별 검사된 제품의 품질과 관련하여 테스트용 샘플과 일치하지 않은 경우 　– 생산업체가 인증 받은 제품의 기술적인 상태의 변화를 해당 실험연구소에 제때에 알리지 않은 경우 　– 인증을 획득한 섬유제품이 해당 기준에 부합하지 않을 경우 　– 마크의 위조와 남용으로 범법행위를 하는 경우 　– Oeko-Tex® 연합회에 의해 형법과 민법으로 처벌받게 되는 경우 ■ OEKO-TEX® 레이블은 관심 있는 소비자들에게 피부 친화적인 의류 및 기타 섬유 제품에 대한 검증된 안전성을 제공하므로, 섬유 제품을 구매하는 데 결정적인 요인 및 건강에 무해한 모든 종류의 섬유 제품의 척도로 작용, 이에 따라 동 인증 취득시 유럽 시장 내 유통에 매우 유리 ■ 이 외 ISO 9001(품질경영시스템 인증)이나 ILO(국제노동기구) 협약 기준 준수

■ 인증 획득 절차

◎ 기관정보

		시험·인증기관
기 관 명		TESTEX Swiss Textile-Testing Ltd
홈페이지		http://www.testex.co.kr/
연락처	담당부서	CSO Team
	전화번호	+82-2-563-6388
	팩스번호	+82-2-563-2669
	이 메 일	seoul@testex.com
기타		섬유 생태학(OEKO-TEX®) 분야 연구 및 검사 국제 연합회 소속된 스위스 Testex의 국내 자회사 TESTEX Swiss Textile-Testing Ltd.에서 시험 후 인증 발급

의류(편물 / 직물)

kotra

◎ 인증 절차도 (TYPE A)

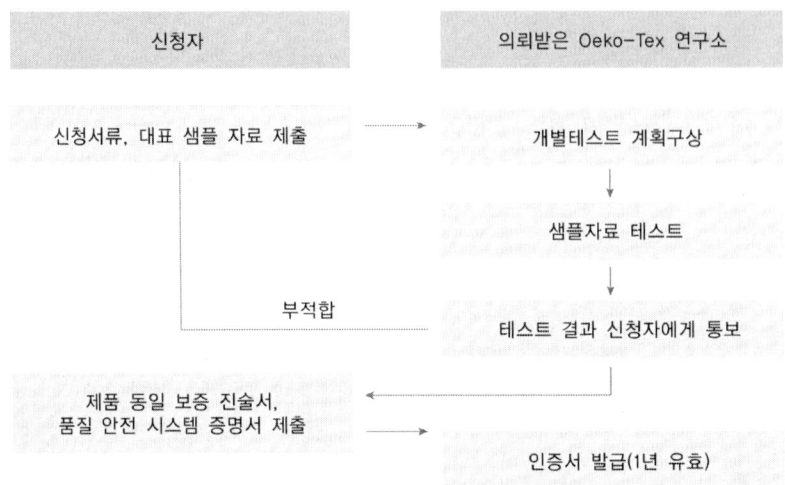

◎ 비용, 소요 기간 등

시험	시험규격 혹은 시험항목	시험비용	소요기간
	OEKO-TEX® Standard 100[1]	약 500-1,500만원[2]	인증소요기간포함 4-6주 소요
인증	초기공장심사(IFA : Initial Factory Audit or Inspection) 비용	인증비용	소요기간
	170만원	시험비용에 포함	시험포함 총 4-6주 소요
인증유효기간	1년(계속 연장 가능)		
사후관리비용	■ 정기공장심사(1,500 스위스프랑: 약170만원), 3년에 1회 청구 ■ 기본적으로 유지 비용은 없으며, Oeko-Tex® Standard 100 인증획득에 관한 비용은 시험비(테스트 항목에 따라 상이함)와 특허권 사용료, 위임 연구소의 기업체 방문(3년 순환)에 따른 비용으로 구성되며, 해당 기간이 되면 라이선스 비용과 함께 인증 신청자에게 청구됨. ■ 유해물질테스트에 대한 정확한 비용은 각 섬유제품에 대한 테스트 비용에 다름.		

(자료원 : TESTEX Swiss Textile-Testing Ltd)

주 1) 'OEKO-TEX® Standard 100 - 실험 방식' 표준 문서, 특히 최근의 법 규정과 연구 상황에 따라 구성된 테스트 카탈로그 기준에 의거

- 법적으로 금지된 물질(예: 암을 유발하는 염료)
- 법적으로 규제된 화학물질(예: 포름알데히드, 연화제, 중금속 또는 펜타클로르페놀)
- 현재로는 건강에 유해하다고 알려져 있으나 아직 법적으로 규제되지 않았거나 금지되지 않은 물질 (예: 농약, 알레르기를 일으키는 염료 또는 주석 유기체 결합)
- 색체 불병성 및 소비자의 건강에 기여하는 피부를 보호하는 pH 수치와 같은 파라미터
- Colorant(염료)에 대한 유해성 시험도 포함

   2) 라이선스 비용, 업체 감사를 위임 받은 검사 기관 비용 및 검사 내용에 따른 실험실 비용으로 구성, 실험실 테스트 비용은 새로이 추가되는 제품에 따른 실험 경비에 따라 책정

◎ 유의사항

- 필요서류: 섬유생산업체 및 의류생산업체가 제출하는 신규인증신청서 또는 연장신청서에는 다음의 사항들이 모두 포함되어야 함.
  - 테스트를 받을 제품에 대한 설명
  - 섬유생산을 위해 진행된 처리과정 설명
  - 모든 삽입된 염료 재료와 보조물을 명시한 목록
  - 직물가공 화학약품의 안전 데이터 자료
  - 이미 인증을 획득한 원료의 인증서 사본
  - 신청자의 의무이행 각서
  - Oeko-Tex® 홈페이지의 찾기 메뉴에 포함되기를 원하는지 여부를 명시
  - 인증신청서 및 테스트 샘플 제출

- 심사비와 이증비 등의 고정비와 가장 큰 비중을 차지하는 시험비용은 고정비인증 제품에 사용된 염료, 안료, 화학 보조제 등에 따라 달라짐.

- 12개월간의 인증 유효기간이 경과한 후에 인증서를 받았던 업체가 인증갱신을 신청할 경우 인증은 1년씩 지속적으로 연장 가능
  - 기본적인 인증절차는 신규인증 신청과 비슷하게 진행되나, 새로운 종류의 생산품이 포함되었는지 또는 변경된 기술이 활용되었는지를 살펴보고 해당되지 않을 시 인증서 연장이 가능
  - 인증을 갱신할 경우 인증갱신에 필요한 서류를 작성해야 하며, 테스트도 의무적으로 받아야 함.
  - 인증갱신에서 발생하는 비용도 특허권 사용료와 시험비로 구성됨. 첫 인증을 의뢰한 연구소에 인증연장을 신청하는 것이 합리적이고, 또 이미 필요한 기본정보들이 그 연구소에 보관되어 있기 때문에 시간을 절약할 수 있음.

- 인증 신청자는 책임이행 선언서에 서명함으로써 신청 시 기재된 모든 내용이 사실과 다름

없음을 확인.

신청자는 인증을 신청한 실험 연구소 또는 해당 인증 부서에 특히 자연원료의 첨가, 가공기술 그리고 화학물 배합에 따른 각종 변동사항을 즉시 알려야 할 의무가 있음.

■ 조사 요약표

품목명	의류(편물/직물) (HS CODE : 6114 / 6210)	국가명	미국		
인증마크		제도명 (영문)	CPSC-의류직물에 대한 가연성 기준 (U.S Consumer Product Safety Commission-Standard for the Flammability of Clothing Textiles)		
인증구분	■ 강제 ☐ 임의		인증유형	■ 현행 ☐ 신규출현	
도입시기	1953년				
근거규정	16 CFR 1610 – STANDARD FOR THE FLAMMABILITY OF CLOTHING TEXTILES				
제도내용	불에 잘 타는(가연성의) 옷들의 제조를 규제하기 위한 법				
품목정의	1) 용도: 의류 2) 기능: 직물류나 메리야스 편물 또는 뜨개질 편물의 의류				
적용대상품목	모직물, 편직물				
확대적용품목	■ 모든 종류의 직물 : 우븐(woven), 니트(knitted), 펠트(felted) ■ 천연섬유/ 합성섬유, 얇은 막(film), 혹은 앞에 언급된 직물들을 사용하여 만든 옷/실내 가구				
인증절차	TYPE B : 국내에서 제품시험(시험기관) ⇒ 해외에서 인증획득(인증기관)				
시험기관	■ Intertek Testing Services Korea Ltd ■ List of CPSC-Accepted Testing Laboratories(하기 링크) http://www.cpsc.gov/cgi-bin/LabSearch/Default.aspx				
인증기관	CPSC(U.S Consumer Product Safety Commission)				
유의사항	■ 가연성 기준은 미국 제품안전 요구사항(U.S. Product Safety Requirements)에 따라 테스트를 통과해야 하며 기준에 미치지 못할 경우 소비자보호위원회(CPSC)의 제재를 받을 수 있음. ■ CPSC는 기본적으로 소비자에게 위험이 될 수 있는 중대한 제품위험이 있을 경우 제품판매 제한 조치와 위법/위험 제품에 대한 시장철수명령과 처벌을 내릴 수 있음.				

의류〈편물 / 직물〉

■ 인증 획득 절차

◎ 기관정보

		시험기관	인증기관
기 관 명		Intertek Testing Services Korea Ltd	소비자보호위원회 (U.S Consumer Product Safety Commission)
홈페이지		www.intertek.com	https://www.cpsc.gov/
연락처	담당부서	Flammability Test 담당부서	N/A
	전화번호	02-6090-9520 02-6090-9626	(301)504-7923
	팩스번호	02-3409-0505	(301)504-0124
	이 메 일	william.jung@intertek.com samuel.kim@intertek.com	https://www.cpsc.gov/About-CPSC/Contact-Information/Contact-Specific-Offices-and-Public-Information/Information-Center/
기타		■ CPSC에서 공식 지정한 테스트 실험실은 다수가 존재하며 아래 링크를 통해 확인가능 - http://www.cpsc.gov/cgi-bin/LabSearch/Default.aspx ■ 제품 인증은 제품 제조사가 직접 그 제품에 대한 안전규격을 만족하고 있음을 인증하는 것으로 시험기관에서 그 제품에 대한 안정성을 인증할 수는 없음. ■ 따라서, 제3자 시험소(Third Party Lab)에서는 의뢰한 제품에 대한 '인증시험'만을 진행하게 되며 해당 테스트 결과를 CPSC에 반드시 보고해야 함.	

◎ 인증 절차도

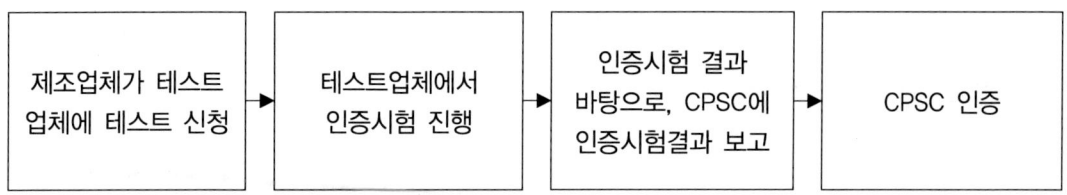

| 제조업체가 테스트 업체에 테스트 신청 | → | 테스트업체에서 인증시험 진행 | → | 인증시험 결과 바탕으로, CPSC에 인증시험결과 보고 | → | CPSC 인증 |

◎ 비용, 소요 기간 등

(단위: US$)

	시험규격 혹은 시험항목	시험비용	소요기간
시험	■ Flammability Test - Plain Surface Fabrics 또는 Raised Surface Fabrics	■ 제품의 원단, 중량 등에 따라 가연성 시험이 면제되는 경우가 있을 수 있음. - 면제되는 경우 : $ 26 - 면제되지 않았을 경우: $ 41 (한개당)	■ 각 서비스 타입 별 시험 소요기간 및 비용 - 기본 서비스: 4일 소요 - Express/Rush 서비스 (40% 추가요금) : 3일 - Shuttle 서비스 (100%추가요금) : 24시간 - Same Day 서비스 (150%추가요금) : 8시간 소요
	초기공장심사	인증비용	소요기간
인증	초기공장심사 요구되지 않음.	-	-
인증유효기간	■ 연1회 재시험이 요구됨. ■ O17025의 인증을 받은 내부시험소를 운영하여 관리할 경우, 3년에 1회 재시험이 요구됨.		
사후관리비용	-		

(자료원 : Intertek Testing Services Korea Ltd , 미국 소비자제품안전위원회(CPSC))

의 류〈편 물 / 직 물 〉

kotra

◎ 유의사항

• 요서류

  – 기본적으로 테스트 의뢰를 위해 TRF(Test Requisition Form)가 필요, 해당 TRF는 시험업체
    마다 다른 양식으로 이루어져 있음.

  – 일반적으로 신청서를 작성하여 시료와 함께 시험기관에 제출하면 됨.

▮ 조사 요약표

품목명	의류(편물/직물) (HS CODE : 6114 / 6210)		국가명	중국
인증마크	CTTC 로고	제도명 (영문)	CTTC (Chinatesta Textile Testing & Cetification)	
인증구분	☐ 강제 ▮ 임의		인증유형	▮ 현행 ☐ 신규출현
도입시기	1956년 (2010년 수정)			
근거규정	GB 18401-2010 국가방직제품기본안전기술규범(國家紡織産品基本安全技術規範)			
제도내용	유통 및 판매 전, 방직제품 검사 표준에 따른 감독, 품질 분석, 시험, 제품 평가			
품목정의	1) 용도: 의류 2) 기능: 직물류나 메리야스 편물 또는 뜨개질 편물의 의류			
적용대상품목	모직물, 편직물			
확대적용품목	각종 섬유, 실, 의류 및 기타 방직제품, 의류용, 가정용, 산업용 방직상품과 피혁 상품			
인증절차	TYPE C : 해외에서 제품시험(시험기관) ⇒ 해외에서 인증획득(인증기관)			
시험기관	국가방직제품질량감독검험중심(國家紡織産品質量監督檢驗中心)			
인증기관	국가방직제품질량감독검험중심(國家紡織産品質量監督檢驗中心)			
유의사항	▪ CTTC에서 직물 시험과 인증업무를 진행함. ▪ 직물 시험은 강제성으로 미 통과 시 국내 유통 및 판매 불가 ▪ 본 인증은 강제성이 아닌 자율성 인증임. ▪ 시험기관과 인증기관이 동일			

의류(편물 / 직물)

kotra

▨ 인증 획득 절차

◎ 기관정보

		시험기관	인증기관
기 관 명		국가 방직제품질량검험중심(CTTC) 国家纺织制品质量监督检验中心	국가 방직제품질량검험중심(CTTC) 国家纺织制品质量监督检验中心
홈페이지		http://www.cttc.net.cn/	http://www.cttc.net.cn/
연락처	담당부서	시장조사부서/고객상담부서	제품인증부서
	전화번호	+86-10-65987456/65987212	+86-10-65987476
	팩스번호	+86-10-65987460/65076599	+86-10-65987460
	이 메 일	service@cttc.net.cn	-
기타		▪ CTTC 질량검측(실험)이 강제성 인증절차/시험절차와 비슷한 개념. ▪ CTTC 내의 인증절차는 임의 인증절차로, CQC(22-026780) 자원성 인증도 가능 ▪ 국가표준에 관해서는 http://www.csres.com/(工標网) 참고	

◎ 인증 절차도 (TYPE C)

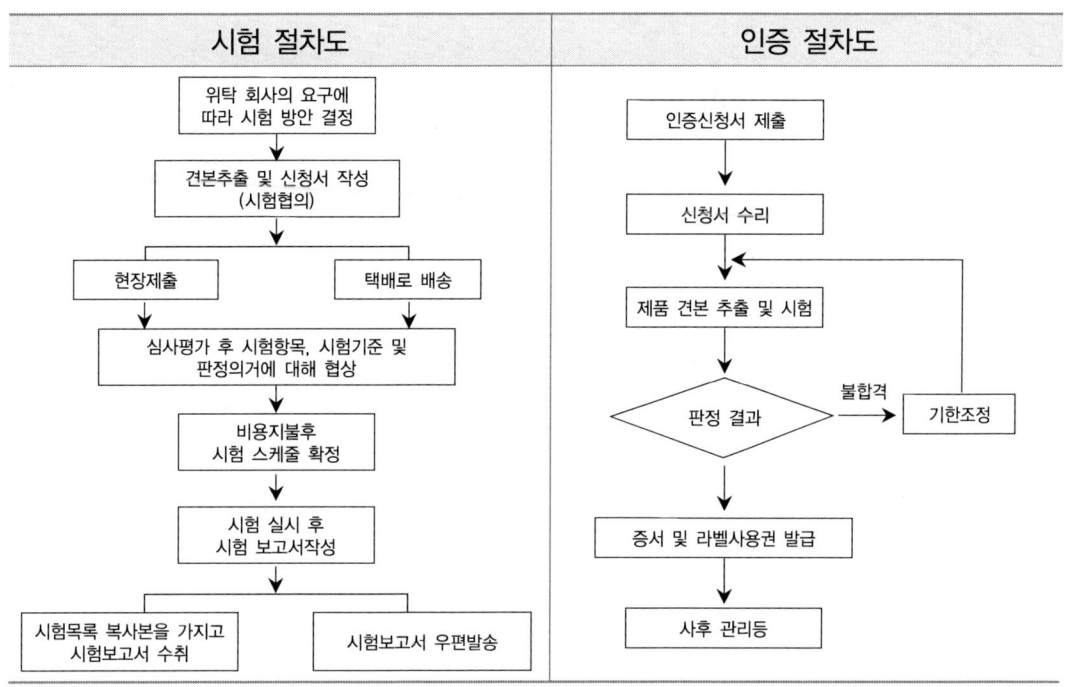

시험 절차도	인증 절차도
위탁 회사의 요구에 따라 시험 방안 결정 → 견본추출 및 신청서 작성 (시험협의) → 현장제출 / 택배로 배송 → 심사평가 후 시험항목, 시험기준 및 판정의거에 대해 협상 → 비용지불후 시험 스케줄 확정 → 시험 실시 후 시험 보고서작성 → 시험목록 복사본을 가지고 시험보고서 수취 / 시험보고서 우편발송	인증신청서 제출 → 신청서 수리 → 제품 견본 추출 및 시험 → 판정 결과 (불합격 → 기한조정) → 증서 및 라벨사용권 발급 → 사후 관리등

◎ 비용, 소요 기간 등

(단위: 위안)

	시험규격 혹은 시험항목	시험비용	소요기간
시험	GB 18401-2010 국가방직제품기본안전 기술규범	1,000위안	5일 (업무일 기준)
	초기공장심사(IFA : Initial Factory Audit or Inspection) 비용	인증비용	소요기간
인증	1년(국내외 제품) 3년(중국 내 공장 있을 경우)	1,500위안 5,000~5,500위안	5-7일
인증유효기간	1년(국내외 제품) 3년(중국 내 공장이 있을 경우)		
사후관리비용	-		

(자료원 : CTTC)

의류(편물 / 직물)

kotra

◎ 유의사항

• 필요서류
  - 시험 신청시 〈위탁검험신청서〉를 서류형식으로 제출
  - 최초 신청시에 사업자 등록증 복사본 동봉
  - 제품 견본과 동봉
  - 직접 혹은 우편 배송 형식으로 제출

벽지

말레이시아	인증불요	–
미국	RCRA	–
베트남	수입요구사항 충족여부 통지	–
인도네시아	SNI	SNI
중국	CQC	CQC
태국	인증불요	–

■ 조사 요약표

품목명	벽지 (HS CODE: 481420/481490)		국가명	미국	
인증마크	–	제도명 (영문)	RCRA Permit (Resource Conservation and Recovery Act)		
인증구분	■ 강제　□ 임의		인증유형	■ 현행　□ 신규출현	
도입시기	1976년 10월 21일				
근거규정	40 CFR Parts 260-265 and 266-270				
제도내용	유해물질의 안전한 처리, 보관, 폐기를 보장하기 위한 제도				
품목정의	1) 용도: 벽지 2) 기능: 도배, 인테리어의 목적으로 벽이나 창에 부착함				
적용대상품목	벽지(Wall paper)				
확대적용품목	■ 아래에 해당하는 모든 품목을 처리, 보관, 폐기하는 모든 시설 　- 40 CFR §261.31에서 규정한 D-list (List of Hazardous Wastes) 　- 40 CFR §261.31에서 규정한 F-list (non-specific source wastes) 　- 40 CFR §261.32에서 규정한 K-list (source-specific wastes) 　- 40 CFR §261.33에서 규정한 P-list와 U-list (discarded commercial chemical products) 　- 유해물질을 보관 없이 운반하거나 유해물질 처리 없이 단기간 보관하는 경우에는 RCRA허가가 필요치 않음.				
인증절차	RCRA 식별번호(RCRA Identification number) 외에, 주/지방자치로부터 라이선스 혹은 등록 허가 등이 요구됨.				
시험기관	–				
인증기관	United States Environmental Protection Agency(EPA)				
유의사항	■ 미국에서 EPA가 규정한 유해물질을 발생시키는 품목을 생산, 처리, 보관, 폐기하는 모든 시설은 RCRA 규정 뿐 아니라 대기오염 방지법, 수질오염 방지법 등 환경규제를 준수해야 함. ■ RCRA 식별번호(RCRA Identification number) 외에, 주/지방자치로부터 라이선스 혹은 등록 허가 등이 요구됨.				

▨ 인증 획득 절차

◎ 기관정보

		인증기관
기 관 명		US Environmental Protection Agency (EPA)
홈페이지		http://www.epa.gov/
연락처	담당부서	관할주 EPA
	전화번호	http://www.epa.gov/osw/comments.htm
	팩스번호	http://www.epa.gov/osw/comments.htm
	이 메 일	http://www.epa.gov/osw/comments.htm
기타		▪ 시험기관 또는 대행기관 없이 United States Environmental Protection Agency (EPA) 혹은 공인된 주(State)로부터 식별번호(Identification number)를 발급받을 수 있음.

◎ 비용, 소요 기간 등

(단위: 원)

	인증비용	소요기간
인증	▪ RCRA 식별번호(Identification number) 생성 비용 : 무료 ▪ 유해 폐기물 발생 비용 : 시설별 상이 ▪ RCRA 허가신청서 검토/작성 비용 : 주별 상이	주별로 상이하나 일반적으로 수일에서 2주정도 소요
인증유효기간	10 년	
사후관리비용	–	

(자료원 : United States Environmental Protection Agency(EPA))

◎ 유의사항

• 필요서류
 - U.S. EPA 또는 주정부 EPA에 지원서(Application Form)를 작성 및 제출
 - 지원서(Application Form) 양식은 주별로 다를 수 있으며 아래 웹페이지를 통해 확인 가능
  http://www.epa.gov/osw/comments.htm

◎ 인증 절차도

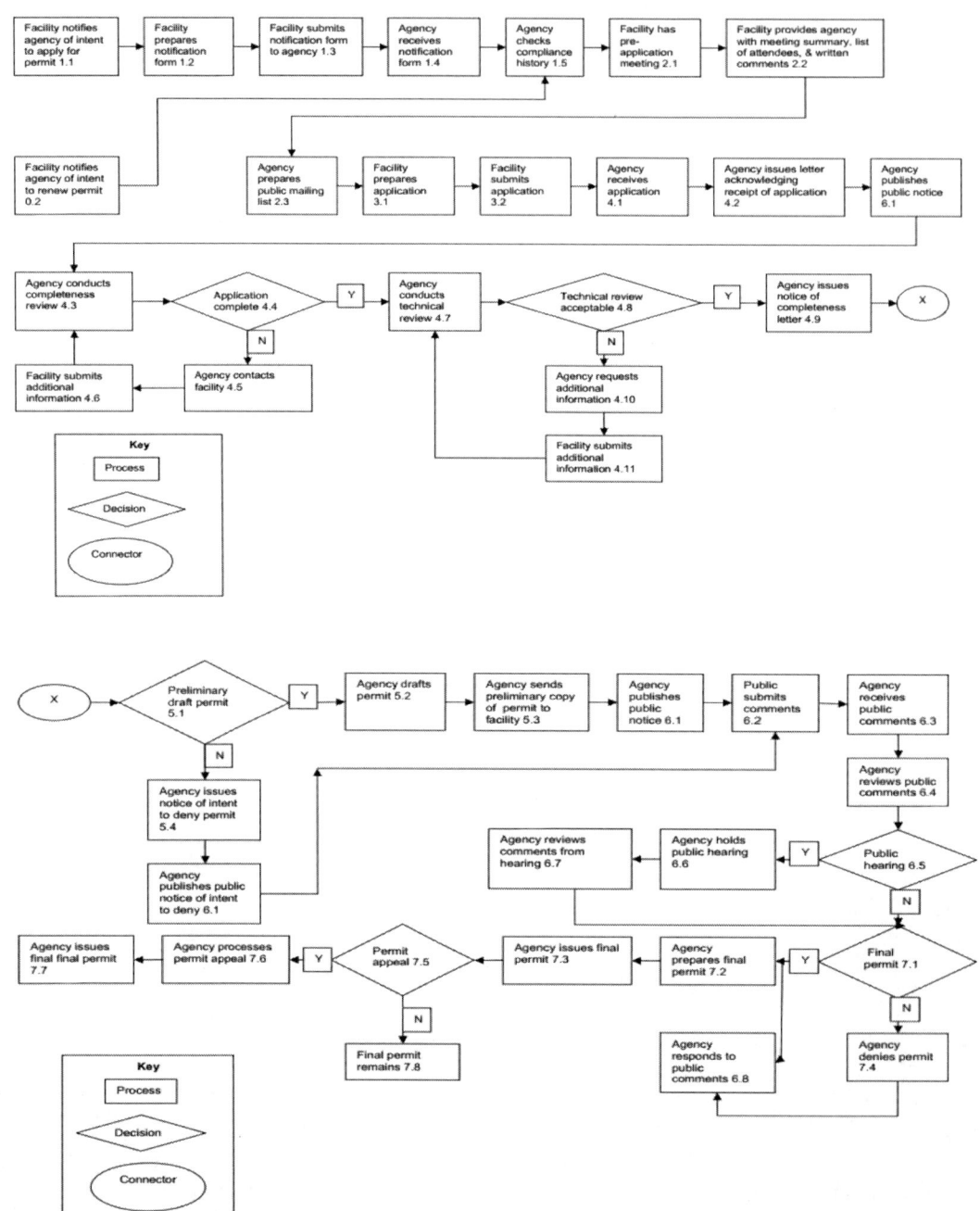

(자료원 : 미국 환경보호국(EPA))

* 항목별 상세설명은 웹페이지 참고 http://www.epa.gov/osw/hazard/tsd/permit/epmt/bps_apb.pdf

■ 조사 요약표

품목명	벽지 (HS CODE: 481420/481490)	국가명		베트남
인증마크	-	제도명 (영문)		Notification of Satisfaction of Import Requirements (On a batch by batch basis)
인증구분	■ 강제 □ 임의	인증유형		■ 현행 □ 신규출현
도입시기	2005년			
근거규정	- 2012년 12월 12일자 Circular No. 28/2012/TT '표준, 기술 규격 및 규정 충족을 위한 규정' - 2014년 5월 30일자 Joint Circular No. 44/2013/TTLT-BCT-BKHCN의 실험배치에 관한 Dispatch No. 4719/BCT-KHCN - 2012년 12월 12일자 Circular No. 27/2012/TT-BKHCN '과학기술부의 수입품 품질 검사'			
제도내용	베트남으로 수입되는 건축자재에 대한 수입관리 규정 부합 보증			
품목정의	1) 용도: 벽지 2) 기능: 도배, 인테리어의 목적으로 벽이나 창에 부착함			
적용대상품목	벽지(Wall paper)			
확대적용품목	- 건설자재			
인증절차	TYPE C : 해외에서 제품시험(시험기관) ⇒ 해외에서 인증획득(인증기관)			
시험기관	■ Quatest 1 ■ Quatest 2 ■ Quatest 3 ■ Vinacomin ■ Vinacontrol			

인증기관	▪ Quatest 1 ▪ Quatest 2 ▪ Quatest 3 ▪ Vinacomin ▪ Vinacontrol
유의사항	▪ 수입 건설자재의 품질 보증을 위한 조건: Joint Circular No. 44/2013/TTLT-BCT-BKHCN에 따라, 기업들은 수입 계약 내 제품에 대한 품질 표준을 표시해야 함. (내부 표준, 베트남 국가 표준, 국내 표준, 국제 표준에 의한 공지) ▪ 시험 지수는 기업의 품질 표준 공지에 기반 하여 정해짐.

■ 인증 획득 절차

◎ 기관정보

		시험기관	인증기관
기 관 명		Quatest 3	Quatest 3
주소		49 Pasteur Str., Dist. 1, HCMC	49 Pasteur Str., Dist. 1, HCMC
홈페이지		www.quatest3.com.vn	www.quatest3.com.vn
연락처	담당부서	본사	본사
	전화번호	(84-8) 38 294 274	(84-8) 38 294 274
	팩스번호	(84-8) 38 293 012	(84-8) 38 293 012
	이 메 일	info@quatest3.com.vn	info@quatest3.com.vn
기타		▪ 관리 정부 기관: – 과학기술부 품질·측정표준 총국(STAMEQ) 산하 QUATEST 3	

◎ 인증 절차도 (TYPE C)

Inspection Process of Goods Batches(General Process)

IMPLEMENTATION STEPS	QUATEST 3	APPLICANT
Guidance on request reception	Reception Staff: Receiving, review and accept the request	Submit documents/samples (if any), file the application form (Access to the website)
−Documentation checking −Guidance on supplement	Receiving request	Submit additional documents/samples (if inappropriate)
Assigning inspector(s) to implement / Making plan	Managers of related technical dept. (NV1−NV6) to contact and confirm the implementation day (in case of on−site inspection)	confirm the suggested inspection/ sampling day (if any)
On-site inspection and sampling		
Sample testing (If required)	Inspector(s)	Locating the goods batch's position for the inspection, signing sampling minutes (if any)
−Result processing and assessment −Draft of inspection certificate		
Draft review — Additional check needed	Inspection group leader / Inspector	
	Inspection group leader / Inspector	
	Managers of related technical dept./ Assigned person	
Print controlling before issuing	Inspection group leader/ Inspector	
Approve — Additional check needed	Director/ Deputy Director/ Authorized person	
Certificate sending and Record storing	Director/ Deputy Director/ Authorized person	Receive the certificate and return the "Application for certificate"

(자료원 : QUATEST 3)

벽

지

◎ 비용, 소요 기간 등

(단위 : VND)

시험	시험규격 혹은 시험항목	시험비용 (VND/샘플) VAT 5% 미포함	소요기간
	화학적 성분 분석 및 용출검사 ▪ 1~7개 ▪ 7~10개	400,000 500,000	테스트 기간: 7~10일
인증	초기공장심사(IFA : Initial Factory Audit or Inspection) 비용	인증비용	소요기간
	수입 요구사항 충족 여부 통지	수입 항목 가치의 0.1% (수입건당 최소 1백만 ~ 최대 10백만 VND)	7 ~ 10일
인증유효기간	매 수입 건 단위로 진행		
사후관리비용	–		

주 : 1USD=21,100VND
(자료원 : QUATEST 3)

■ 조사 요약표

품목명	벽지 (HS CODE: 481420/481490)	국가명	인도네시아
인증마크	**SNI**	제도명 (영문)	SNI (Standar Nasional Indonesia)
인증구분	☐ 강제 ■ 임의	인증유형	■ 현행 ☐ 신규출현
도입시기	2008		
근거규정	■ 수입관련 규정 :No. 97/M-DAG/PER/12/2014, No. 97/M-DAG/PER/12/ 2014 ■ 인증 관련 : SNI ISO 3035:2010		
제도내용	■ 인도네시아 국가 표준 규격/인증(SNI) - 인도네시아국가규격(SNI)은 인도네시아에만 적용되는 국가규격으로 자율규격과 강제규격으로 구분되며, 기술위원회와 국가표준화기구인 BSN(Badan Standardisasi Nasional: National Standardization Agency of Indonesia)에 의해 제도화 되어 있음. - 인증취득이 의무화된 제품의 경우, 반드시 적합한 절차를 거쳐 인증서를 득하고 제품에 인증마크를 표시해야함. SNI 인증제도는 공공의 안전 및 제조자, 소비자, 노동자의 건강과 안전을 보장함과 동시에 제품의 품질 향상을 통해 자국의 제품이 세계시장에서 널리 사용될 수 있도록 제품경쟁력을 높이는 데에도 그 목적을 두고 있음. - 강제 인증 제도는 중국과의 FTA 체결 이후 중국산 저가제품의 범람에 따른 국내 산업의 피해를 방지하고 자국산 생산제품을 보호함과 동시에 품질 기준이라는 비관세 기술 장벽으로 이용되고 있음.		
품목정의	1) 용도: 벽지 2) 기능: 도배, 인테리어의 목적으로 벽이나 창에 부착함		
적용대상품목	벽지 HS 481420/ 481490 (* 벽지는 SNI 강제인증품목 아님)		
확대적용품목	–		
인증절차	TYPE A : 국내에서 제품시험(시험기관) ⇒ 국내에서 인증획득(인증기관)		
시험기관	인도네시아 내 벽지 시험기관 없으므로, (필요시) 한국 시험기관에서 시험 요망		

벽
지

인증기관	인도네시아 내 벽지 인증기관 없으므로, (필요시) 한국 인증기관에서 인증 요망
유의사항	벽지 수입에 관한 규정 없음.

▨ 인증 획득 절차

◎ 기관정보

		시험기관	인증기관
기 관 명		없음	없음
홈페이지		–	–
연락처	담당부서	–	–
	전화번호	–	–
	팩스번호	–	–
	이 메 일	–	–
기타		* 벽지수입에 대해 강제로 요구되는 인증 없음. * 인도네시아 현지에 벽지 시험 및 인증 기관이 없음.	

◎ 인증 절차도 (Type A)

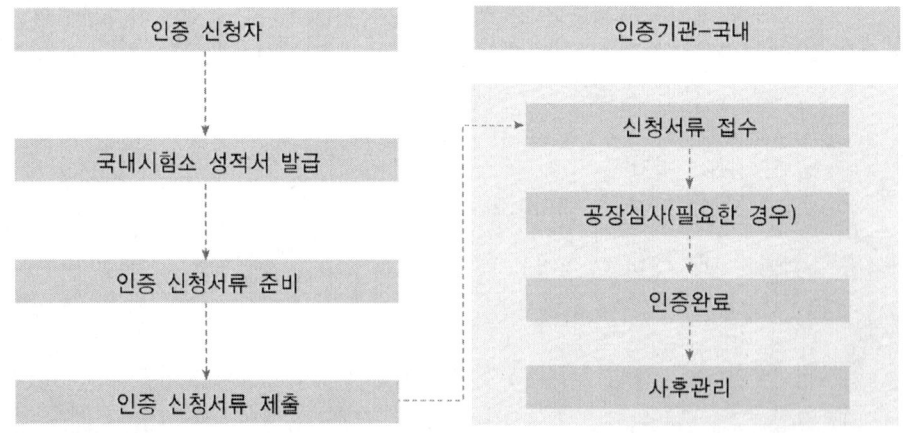

◎ 유의사항

• 필요서류 (수입 시)
  – 회사 등록증
  – 사업 허가증
  – 외국인 납세자 등록증 (NPWP)
  – HS code 신청서
  – 수입허가증(Angka Pengenal Impor(API) / Angka Pengenal Impor Umum (APIU) 등록번호
  – 대표 이사 혹은 책임자의 서명이 담긴 신청서
  – 책임자 신분증 혹은 서류

■ 조사 요약표

품목명	벽지 (HS CODE: 481420/481490)	국가명	중국
인증마크	**CQC**	제도명 (영문)	CQC (China Quality Certification)
인증구분	☐ 강제 ■ 임의	인증유형	■ 현행 ☐ 신규출현
도입시기	2002년		
근거규정	자율성 제품품질인증체계 보장능력실시규칙(自愿性产品认证质量体系)		
제도내용	CQC인증은 중국 품질인증센터에서 시행한 자율성 제품인증제도 중 하나로 CQC마크에는 해당 제품의 품질, 안전성, 성질, 전자기기 호환성 등의 항목이 포함되어 있음. 인증 허용범위는 기계설비, 전력설비, 가전제품, 전자제품, 방직제품, 건축재료 등을 포함한 500여종의 제품을 포함함.		
품목정의	1) 용도: 벽지 2) 기능: 도배, 인테리어의 목적으로 벽이나 창에 부착함		
적용대상품목	벽지(Wall paper)		
확대적용품목	–		
인증절차	TYPE C : 해외에서 제품시험(시험기관) ⇒ 해외에서 인증획득(인증기관)		
시험기관	베이징 출입국검사검역국 전자기기실험실 (北京出入境检验检疫局机电实验室)		
인증기관	중국품질인증센터(中国质量认证中心)		
유의사항	■ CQC인증으로 공장심사를 받은 경우에도 추후 동일 제품으로 CCC 인증을 취득하고자 하는 경우, 다시 CCC 공장심사를 받아야 함. ■ CCC 인증을 동시에 취득하고자 하는 경우, CQC와 CCC를 동시에 신청하는 것이 공장심사를 한번만 받을 수 있는 방법임.		

█ 인증 획득 절차

◎ 기관정보

		시험기관	인증기관
기 관 명		江苏省产品质量监督检验研究院 (저장성품질검사연구소)	中国质量认证中心 (중국품질인증센터)
홈페이지		www.cqc-ts.com	www.cqc.com.cn
연락처	**담당부서**	시험부	제품인증 2부
	전화번호	86-10-67869254	86-10-83886321
	팩스번호	86-10-58648919	86-10-83886282
	이 메 일	cqc_testingly@126.com	yuanyaqing@cqc.com.cn
기타			■ 중국품질인증센터는 중국 해당부문 비준을 통과하여 설립된 전문인증기구로서, 중국의 품질인증업무 기관 중 가장 오래되고, 권위있는 인증기구임. ■ CCIC Korea(중국검험인증그룹유한공사(CCIC) 한국지사) 인증 취득 문의 가능 www.ccickorea.com/ 02-6393-5800

◎ 인증 절차도 (TYPE C)

(자료원 : ccickorea.com)

◎ 비용, 소요 기간 등

(단위: RMB)

시험	시험규격 혹은 시험항목	시험비용	소요기간
	1. 난연시험 2. 용출시험	1. RMB 4,000 2. RMB 3,000	10-15일
인증	초기공장심사비용	인증비용	소요기간
	공장심사 관련하여 발생하는 교통비, 숙박비 등 비용은 신청기업에서 부담함. RMB 3,000/일/인*4명*4일임.	신청비: RMB 600 증서발급: RMB1,000	공장심사: 4일 증서발급: 3일
인증유효기간	유효기간 없으며 매년에 공장심사를 해야 함.		
사후관리비용	- 1년에 1번 정기적인 공장 심사를 해야 함. 공장심사 관련하여 발생하는 교통비, 숙박비 등 비용은 신청기업에서 부담함. - 3000원/일/인*4명*4일 - 발급증서 관리비 100RMB/년		

(자료원 : 중국 칭다오 무역관)

◎ 유의사항

• 필요서류

1. 인증신청서(신청기업의 직인이 찍혀있어야 하고, 인증 연락 담당자가 서명해야함)

2. 신청인, 제조업체와 생산 공장의 영업허가증, 조직기구 대마증(組織機構代碼證)

3. 대리권한부여 통지서(대리회사를 통해서 인증절차 진행시)

4. 상표등록증명(상표가 있는 경우) 혹은 상표사용위임장 (상표를 신청기업이 소지하고 있지 않은 경우)

5. 공장 점검 조사표 (최초 신청 및 기업이 이미 증서를 확보한 상품이외의 기타상품의 인증을 신청할 때) 혹은 최근의 유효한 〈공장검사보고〉

6. 라벨

7. 설명서

8. 부품리스트(word형식)

9. 부품증서

가방

EU(네덜란드)	인증불요	–
EU(독일)	인증불요	–
EU(오스트리아)	인증불요	–
EU(이탈리아)	인증불요	–
EU(프랑스)	인증불요	–
대만	인증불요	–
미국	인증불요	–
일본	Eco-mark	
중국	인증불요_참고사항	–
캐나다	인증불요	–
홍콩	인증불요	–

■ 조사 요약표

품목명	가방 (HS CODE: 4202)		국가명	일본	
인증마크	(로고)	제도명 (영문)	Eco mark		
인증구분	☐ 강제　■ 임의		인증유형	■ 현행　☐ 신규출현	
도입시기	–				
근거규정	The Green Purchasing law				
제도내용	Eco Mark는 환경 보전에 도움이 되는 상품에 대한 인증으로 지속가능한 사회 형성을 유도하기 위한 목적으로 제정된 임의 인증 제도임. Eco Mark 위원회에서 수행하는 품질시험 통과 후 제품에 대한 Eco Mark 획득이 가능하며, 인증발행 후 Eco Mark사용계약(Eco Mark Contract of Utilization)을 별도로 체결해야만 제품에 Eco Mark를 부착할 수 있음.				
품목정의	1) 용도: 신변장식용 2) 기능: 가방/모피/ 섬유				
적용대상품목	가방, 인쇄잉크, 의류 등 JEA에서 지정한 Eco Mark 대상품목				
확대적용품목	환경 보전에 공헌 가능한 제품				
인증절차	TYPE C : 해외에서 제품시험(시험기관) ⇒ 해외에서 인증획득(인증기관)				
시험기관	ISO/IEC17052 시험기관				
인증기관	JEA(일본 환경 협회)				
유의사항	■ 제조업자는 ISO 9001인증서를 획득해야함.				

■ 인증 획득 절차

◎ 기관정보

		인증기관
기 관 명		JEA
홈페이지		http://www.ecomark.jp/english/
연 락 처	담당부서	제품인증위원회
	전화번호	+81-3-5643-6255
	팩스번호	+81-3-5643-6257
	이 메 일	info@ecomark.jp
기타		–

◎ 인증 절차도

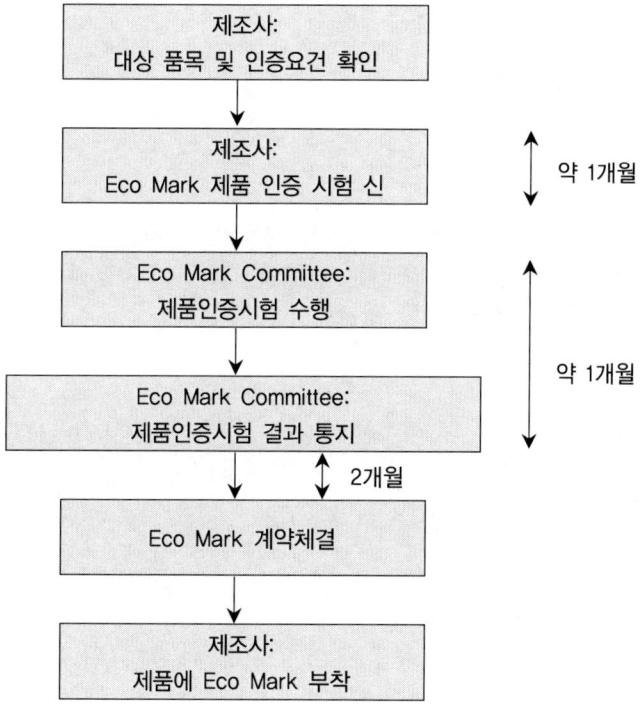

■ 조사 요약표

품목명	가방 (HS CODE: 4202)	국가명	중국	
인증마크	–	제도명 (영문)	중국국가표준(GB)	
인증구분	■ 강제　□ 임의	인증유형	■ 현행　□ 신규출현	
도입시기	2001년 3월 2일			
근거규정	GB 18401 _ 국가 섬유제품 기본 안전 규범 GB 9683 _ 복합 적층 Foodpackaging 가방에 대한 위생 GB 20400 _ 가죽/모피 유해물질 규정 GB 5296.4 _ 섬유제품과 의류의 사용에 대한 설명			
제도내용	중국국가표준(GB)은 일반 소비품목을 대상으로 하는 인증제도로, 중국에서 유통시 해당 인증획득이 요구됨. 섬유, 완구 및 액세서리 산업의 품목의 경우 대부분 일반 소비재를 생산함으로 국가표준(GB)획득이 필요			
품목정의	1) 용도: 신변장식용 2) 기능: 가방/모피/섬유			
적용대상품목	귀금속 및 모조			
확대적용품목	팔찌류, 목걸이, 브로치, 귀걸이, 넥체인, 시계 및 기타 장식용 체인, 바지의 시계주머니에 늘어뜨리는 시계줄, 목걸이나 팔찌 따위의 늘어트린 장식, 타이핀, 클립, 커프스링크			
인증절차	TYPE C : 해외에서 제품시험(시험기관)			
시험기관	General Administration of Quality Supervision, Inspection and Quarantine of P.R.C(国家质量监督检验检疫总局)			
인증기관	–			
유의사항	– 모든 가죽제품에 대해서는 아래와 같이 포름알데히드 및 아르민염료에 대해서 제한 사항이 있음. – 중국 유통시 GB 20400 가죽/모피 유해물질 규정의 포름알데히드 및 아르민 염료에 대한 성적서를 발급을 받아야 함. – 또한, 시험성적서는 반드시 중국인정기구(CNAB)의 등록되어 있는 시험기관에서 발급을 받아야 함.			

■ 인증 획득 절차

◎ 기관정보

		시험 기관
기 관 명		General Administration of Quality Supervision, Inspection and Quarantine of P.R.C (国家质量监督检验检疫总局)
홈페이지		http://www.aqsiq.gov.cn/
연 락 처	담당부서	–
	전화번호	010-58083802
	팩스번호	010-58083806
	이 메 일	info@aqsiq.gov.cn
기타		

◎ 인증 절차도 (TYPE C)

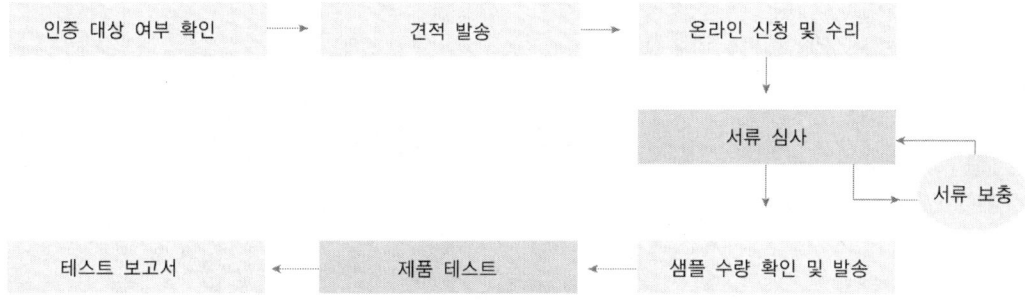

가

방

◎ 비용, 소요 기간 등

(단위: 원)

시험	시험규격 혹은 시험항목		시험비용	소요기간
시험	1. Decomposable aromatic armine dyestuff (mg/kg) 2. Free formaldehyde (mg/kg)		1. 약4,000위안 2. 약4,000위안	4주
인증	초기공장심사		인증비용	소요기간
인증	– 초기공장 심사 및 인증은 없음 단, 시험성적서가 필요함.		–	–
인증유효기간	–			
사후관리비용	–			

◎ 유의사항

– 모든 가죽제품에 대해서는 아래와 같이 포름알데히드 및 아르민염료에 대해서 제한 사항이 있음.

1. GB 20400 카테고리는 아래 와 같음

– Category A: Products for babies

– Category B: Products with direct skin contact

– Category C: Products without direct skin contact

2. GB 20400(기술요구사항)

ITEM	TEST METHOD	LIMIT		
		A	B	C
Decomposable aromatic armine dyestuff (mg/kg)	GB/T 19942	≤ 30		
Free formaldehyde (mg/kg)	GB/T 19941	≤ 20	≤ 75	≤ 300

신발

EU(노르웨이)	CE	CE
EU(독일)	CE	CE
EU(스웨덴)	CE	CE
EU(영국)	CE	CE
EU(이탈리아)	CE	CE
대만	인증불요	–
미국	인증불요	–
일본	JIS	JIS
중국	인증불요	–
홍콩	인증불요	–

■ 조사 요약표

품목명	신발 (HS CODE: 6403)		국가명	EU(노르웨이)
인증마크	CE	제도명 (영문)		CE (Communauté Européenne)
인증구분	■ 강제　□ 임의		인증유형	■ 현행　□ 신규출현
도입시기	유럽연합이사회 결의(93/465/EEC) 2008년 7월 9일 Regulation (EC) No. 765/2008 [accreditation and market surveillance relating to the marketing of products] 확대 적용			
세부규정	■ 89/686/EEC(personal protective equipment)_ 개인보호장구 지침			
제도내용	1993년 유럽연합(EU) 시장이 단일화 되면서 역내 기술 장벽을 제거하기 위해 만들어진 인증제도로 1993년 EU 지침 Directive 93/68/EEC를 통해 시행, 이후 수차례 개정, 현재 유효한 지침은 2008년 7월 9일 발효된 REGULATION (EC) No 765/2008에 따름.			
품목정의	1) 용도: 산업용 2) 기능: 화학적, 물리적 위험 환경으로부터 발을 보호 목적으로 설계된 신발			
적용대상품목	안전화			
확대적용품목	–			
인증절차	TYPE A : 국내에서 제품시험(시험기관) ⇒ 국내에서 인증획득(인증기관)			
시험기관	■ 국내 한국인정기구(KOLAS) 등재 시험기관(ISO 17025) 　http://www.kolas.go.kr/usr/inf/srh/InfoTestInsttSearchList.do ■ Notified Body(ECM, TUV ,SGS ,Intertek 등) 지정시험기관			
인증기관	■ 국내진출 유럽인증기관(Notified Body)			

유의사항	■ 해당 제품에 대해 특정 지침을 요구하는 경우를 제외하고 시장 출하 전 판매 제품에 반드시 인증마크를 부착해야함. ■ 회원국은 샘플 검사 결과, 해당제품이 소비자의 안전과 건강 또는 환경을 위협하는 요인을 갖고 있다고 판단될 경우 위반의 경중에 따라 제품의 위험요인을 제거토록 지시하거나 해당제품에 대한 시장철수 및 판매금지 명령을 내릴 수 있음. ■ 회원국의 CE 마크 주관기관 및 이해관계자의 신고 또는 이 밖에 유통과정에서 문제점이 발견될 경우 시중 유통제품에 대한 서류검사 및 안전검사를 시행 ■ CE 인증이 없는 제품은 유럽시장에서 반입 및 판매를 할 수 없으며, 기준에 적합하지 않은 제품을 수입, 판매할 경우 개선명령, 표시금지명령, 제품회수명령 등을 내릴 수 있음. ■ 중대하지 않은 위반의 경우(적합성 선언서가 즉시 제출되지 않거나, 지침에 따른 첨부 문서 누락, 정보 제공 미준수, 잘못된 CE 마크 부착, 인증기관 식별번호 누락 등) 제조업자에게 제품 규정 준수 및 위반 시 정 조치를 내림. ■ 중대한 위반의 경우(필수요구사항에 대한 불일치) 제품의 출시를 제한 또는 금지	

■ 인증 획득 절차

◎ 기관정보

		시험기관 1	인증기관
기 관 명		한국화학시험연구원(KTR)	DNV GL Business Assurance Norway AS
홈페이지		www.ktr.or.kr	www.dnvgl.com
연락처	담당부서	KTR 해외인증팀(박진재 대리)	–
	전화번호	+82-(0)2-2164-0028	+47 67 57 99 00
	팩스번호	+82-(0)2-2164-1008	–
	이 메 일	jjpark@ktr.or.kr	dnv.certification.norway@dnvgl.com
기타		■ EU 회원국 내에서 제품의 CE인증 적합성을 보증할 수 있는 유럽 내 공인 대리인을 지정해야 함. ■ 유럽 내 공인 대리인 (Authorized Representative) : 관련 EU 지침	

국내 진출 유럽인증기관(Notified Body)-CE		
인증기관	연락처	Homepage
Bureau Veritas	02)555-8922	www.bureauveritas.co.kr
ECMKOREA	02)2628-5200	www.ecmkorea.or.kr
DNV	02)723-7593	www.dnv.com
Intertek	02)567-7474	www.korea.intertek-etlsemko.com
NEMKO	031)322-2333	www.nemkokorea
SGS	02)7094-652	www.sgsgrup.com
TUV-Austria	010)3632-8295	www.tuv-austria.kr
TUV-NORD	02)6000-4223	www.tuv-nord.co.kr
TUV-Rheinland	02)860-9951	www.kor.tuv.com
TUV-SUD	02)3215-9251	www.tuv-sud.co.kr

◎ 인증 절차도 (TYPE A)

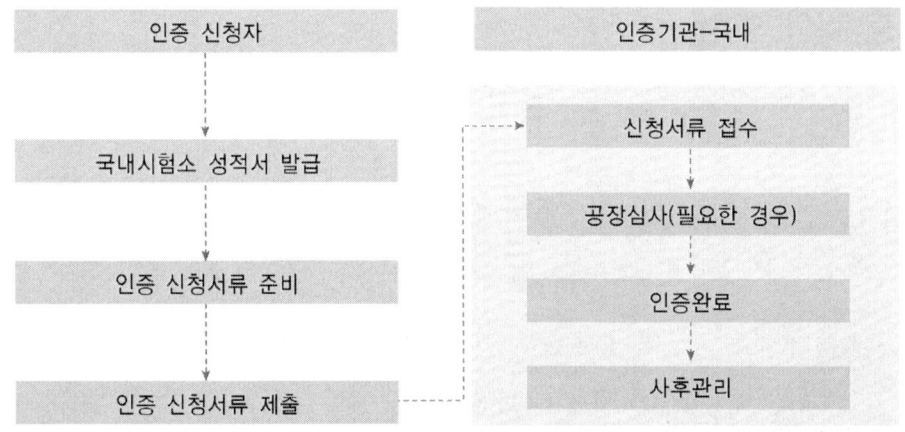

◎ 비용, 소요 기간 등

(단위: 원)

시험	시험규격 혹은 시험항목	시험비용	소요기간
	EN ISO 13287:2012 EN 20346:2014	약 800~1000만원	약 3~4개월
인증	초기공장심사(IFA : Initial Factory Audit or Inspection) 비용	인증비용	소요기간
	–	약 500만원	2개월
인증유효기간	별도 규정 없음, 기본 5년		
사후관리비용	–		

(자료원 : ECMKOREA)

◎ 유의사항

• 필요서류
  – 기본적으로 기술문서의 작성이 요구되며, 지침에 따라 요구되는 자료가 다르므로 지침을 참고해야 함.
  – 해당 전기기기의 개요
  – 개념 설계, 제조 도면, 부품도, 부속 조립부품 조립도, 회로도
  – 도면의 이해 또는 전기기기 조작에 필요한 기술에 대한 설명
  – 적용된 규격 리스트, 규격이 적용되지 않은 경우 지침의 안전 사항을 충족하기 위해 채택된 대안책 서술
  – 시험성적서

• 기술문서(TF: Technical Construction File) 구성
  – 제품에 대한 설명 (General Description)
  – 적용규격 리스트
  – 필수요구사항 체크 리스트
  – 시험/형식검사/품질시스템 보고서
  – 위험분석
  – 부품리스트

 - 사용자설명서

 - 주요 부품에 대한 CE 마크 인증서 및 Spec Sheet 등

• CE 인증 문서로 사용되는 DOC(Declaration of Conformity, 자기적합성 선언) 또는 COC(Certificate of Conformity, 제3자 적합성 선언)와 TCF(Technical Files)는 사후관리와 제조품 관련 책임을 위해 10년간 보관 의무

■ 조사 요약표

품목명	신발 (HS CODE: 6403)		국가명	EU(독일)
인증마크	CE	제도명 (영문)	CE (Communauté Européenne)	
인증구분	■ 강제　□ 임의		인증유형	■ 현행　□ 신규출현

도입시기	유럽연합이사회 결의(93/465/EEC) 2008년 7월 9일 Regulation (EC) No. 765/2008 [accreditation and market surveillance relating to the marketing of products] 확대 적용
세부규정	■ 89/686/EEC(personal protective equipment)_ 개인보호장구 지침
제도내용	1993년 유럽연합(EU) 시장이 단일화 되면서 역내 기술 장벽을 제거하기 위해 만들어진 인증제도로 1993년 EU 지침 Directive 93/68/EEC를 통해 시행, 이후 수차례 개정, 현재 유효한 지침은 2008년 7월 9일 발효된 REGULATION (EC) No 765/2008에 따름.
품목정의	1) 용도: 산업용 2) 기능: 화학적, 물리적 위험 환경으로부터 발을 보호 목적으로 설계된 신발
적용대상품목	안전화
확대적용품목	–
인증절차	TYPE A : 국내에서 제품시험(시험기관) ⇒ 국내에서 인증획득(인증기관)
시험기관	■ 국내 한국인정기구(KOLAS) 등재 시험기관(ISO 17025) http://www.kolas.go.kr/usr/inf/srh/InfoTestInsttSearchList.do ■ Notified Body(ECM, TUV ,SGS ,Intertek 등) 지정시험기관
인증기관	■ 국내진출 유럽인증기관(Notified Body)

신발

kotra

유의사항	■ 해당 제품에 대해 특정 지침을 요구하는 경우를 제외하고 시장 출하 전 판매 제품에 반드시 인증마크를 부착해야함. ■ 회원국은 샘플 검사 결과, 해당제품이 소비자의 안전과 건강 또는 환경을 위협하는 요인을 갖고 있다고 판단될 경우 위반의 경중에 따라 제품의 위험요인을 제거토록 지시하거나 해당제품에 대한 시장철수 및 판매금지 명령을 내릴 수 있음. ■ 회원국의 CE 마크 주관기관 및 이해관계자의 신고 또는 이 밖에 유통과정에서 문제점이 발견될 경우 시중 유통제품에 대한 서류검사 및 안전검사를 시행 ■ CE 인증이 없는 제품은 유럽시장에서 반입 및 판매를 할 수 없으며, 기준에 적합하지 않은 제품을 수입, 판매할 경우 개선명령, 표시금지명령, 제품회수명령 등을 내릴 수 있음. ■ 중대하지 않은 위반의 경우(적합성 선언서가 즉시 제출되지 않거나, 지침에 따른 첨부 문서 누락, 정보 제공 미준수, 잘못된 CE 마크 부착, 인증기관 식별번호 누락 등) 제조업자에게 제품 규정 준수 및 위반 시 시정 조치를 내림. ■ 중대한 위반의 경우(필수요구사항에 대한 불일치) 제품의 출시를 제한 또는 금지

■ 인증 획득 절차

◎ 기관정보

		시험기관 1	인증기관
기 관 명		한국화학시험연구원(KTR)	TUV SUD Korea
홈페이지		www.ktr.or.kr	www.tuv-sud.kr
연락처	담당부서	KTR 해외인증팀(박진재 대리)	–
	전화번호	+82-(0)2-2164-0028	+82-(0)2-3215-1141
	팩스번호	+82-(0)2-2164-1008	+82-(0)2-3215-1111
	이 메 일	jjpark@ktr.or.kr	nfo@tuv-sud.kr
기타		■ EU 회원국 내에서 제품의 CE인증 적합성을 보증할 수 있는 유럽 내 공인 대리인을 지정해야 함. ■ 유럽 내 공인 대리인 (Authorized Representative) : 관련 EU지침	

국내 진출 유럽인증기관(Notified Body)-CE		
인증기관	연락처	Homepage
Bureau Veritas	02)555-8922	www.bureauveritas.co.kr
ECMKOREA	02)2628-5200	www.ecmkorea.or.kr
DNV	02)723-7593	www.dnv.com
Intertek	02)567-7474	www.korea.intertek-etlsemko.com
NEMKO	031)322-2333	www.nemkokorea
SGS	02)7094-652	www.sgsgrup.com
TUV-Austria	010)3632-8295	www.tuv-austria.kr
TUV-NORD	02)6000-4223	www.tuv-nord.co.kr
TUV-Rheinland	02)860-9951	www.kor.tuv.com
TUV-SUD	02)3215-9251	www.tuv-sud.co.kr

◎ 인증 절차도 (TYPE A)

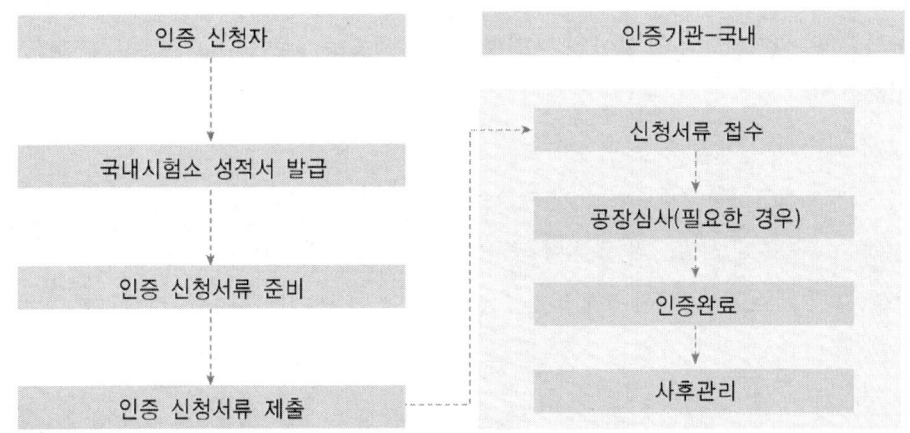

◎ 비용, 소요 기간 등

(단위: 원)

시험	시험규격 혹은 시험항목	시험비용	소요기간
시험	EN ISO 13287:2012 EN 20346:2014	약 800~1000만원	약 3~4개월
인증	초기공장심사(IFA : Initial Factory Audit or Inspection) 비용	인증비용	소요기간
	-	약 500만원	2개월
인증유효기간	별도 규정 없음, 기본 5년		
사후관리비용	-		

(자료원 : ECMKOREA)

◎ 유의사항

• 필요서류
  - 기본적으로 기술문서의 작성이 요구되며, 지침에 따라 요구되는 자료가 다르므로 지침을 참고해야 함.
  - 해당 전기기기의 개요
  - 개념 설계, 제조 도면, 부품도, 부속 조립부품 조립도, 회로도
  - 도면의 이해 또는 전기기기 조작에 필요한 기술에 대한 설명
  - 적용된 규격 리스트, 규격이 적용되지 않은 경우 지침의 안전 사항을 충족하기 위해 채택된 대안책 서술
  - 시험성적서

• 기술문서(TF: Technical Construction File) 구성
  - 제품에 대한 설명 (General Description)
  - 적용규격 리스트
  - 필수요구사항 체크 리스트
  - 시험/형식검사/품질시스템 보고서
  - 위험분석
  - 부품리스트

　　－ 사용자설명서

　　－ 주요 부품에 대한 CE 마크 인증서 및 Spec Sheet 등

- CE 인증 문서로 사용되는 DOC(Declaration of Conformity, 자기적합성 선언) 또는 COC(Certificate of Conformity, 제3자 적합성 선언)와 TCF(Technical Files)는 사후관리와 제조품 관련 책임을 위해 10년간 보관 의무

▓ 조사 요약표

품목명	신발 (HS CODE: 6403)	국가명	EU(스웨덴)
인증마크	**CE**	제도명 (영문)	CE (Communauté Européenne)
인증구분	■ 강제　□ 임의	인증유형	■ 현행　□ 신규출현
도입시기	유럽연합이사회 결의(93/465/EEC) 2008년 7월 9일 Regulation (EC) No. 765/2008 [accreditation and market surveillance relating to the marketing of products] 확대 적용		
세부규정	■ 89/686/EEC(personal protective equipment)_ 개인보호장구 지침		
제도내용	1993년 유럽연합(EU) 시장이 단일화 되면서 역내 기술 장벽을 제거하기 위해 만들어진 인증제도로 1993년 EU 지침 Directive 93/68/EEC를 통해 시행, 이후 수차례 개정, 현재 유효한 지침은 2008년 7월 9일 발효된 REGULATION (EC) No 765/2008에 따름.		
품목정의	1) 용도: 산업용 2) 기능: 화학적, 물리적 위험 환경으로부터 발을 보호 목적으로 설계된 신발		
적용대상품목	안전화		
확대적용품목	–		
인증절차	TYPE A : 국내에서 제품시험(시험기관) ⇒ 국내에서 인증획득(인증기관)		
시험기관	■ 국내 한국인정기구(KOLAS) 등재 시험기관(ISO 17025) 　http://www.kolas.go.kr/usr/inf/srh/InfoTestInsttSearchList.do ■ Notified Body(ECM, TUV ,SGS ,Intertek 등) 지정시험기관		
인증기관	■ 국내진출 유럽인증기관(Notified Body)		

유의사항	■ 해당 제품에 대해 특정 지침을 요구하는 경우를 제외하고 시장 출하 전 판매 제품에 반드시 인증마크를 부착해야함. ■ 회원국은 샘플 검사 결과, 해당제품이 소비자의 안전과 건강 또는 환경을 위협하는 요인을 갖고 있다고 판단될 경우 위반의 경중에 따라 제품의 위험요인을 제거토록 지시하거나 해당제품에 대한 시장철수 및 판매 금지 명령을 내릴 수 있음. ■ 회원국의 CE 마크 주관기관 및 이해관계자의 신고 또는 이 밖에 유통과정에서 문제점이 발견될 경우 시중 유통제품에 대한 서류검사 및 안전 검사를 시행 ■ CE 인증이 없는 제품은 유럽시장에서 반입 및 판매를 할 수 없으며, 기준에 적합하지 않은 제품을 수입, 판매할 경우 개선명령, 표시금지명령, 제품회수명령 등을 내릴 수 있음. ■ 중대하지 않은 위반의 경우(적합성 선언서가 즉시 제출되지 않거나, 지침에 따른 첨부 문서 누락, 정보 제공의 미준수, 잘못된 CE 마크 부착, 인증기관 식별번호 누락 등) 제조업자에게 제품 규정 준수 및 위반 시 정 조치를 내림. ■ 중대한 위반의 경우(필수요구사항에 대한 불일치) 제품의 출시를 제한 또는 금지

■ 인증 획득 절차

◎ 기관정보

		시험기관1	인증기관
기 관 명		한국화학시험연구원(KTR)	SMP – SVENSK MASKINPROVNING AB
홈페이지		www.ktr.or.kr	www.smp.nu
연락처	담당부서	KTR 해외인증팀(박진재 대리)	–
	전화번호	+82-(0)2-2164-0028	+46 10 516 6400
	팩스번호	+82-(0)2-2164-1008	+46 18 12 7244
	이 메 일	jjpark@ktr.or.kr	nfo@tuv-sud.kr
기타		■ EU 회원국 내에서 제품의 CE인증 적합성을 보증할 수 있는 유럽 내 공인 대리인을 지정해야 함. ■ 유럽 내 공인 대리인 (Authorized Representative) : 관련 EU지침	

국내 진출 유럽인증기관(Notified Body)-CE		
인증기관	연락처	Homepage
Bureau Veritas	02)555-8922	www.bureauveritas.co.kr
ECMKOREA	02)2628-5200	www.ecmkorea.or.kr
DNV	02)723-7593	www.dnv.com
Intertek	02)567-7474	www.korea.intertek-etlsemko.com
NEMKO	031)322-2333	www.nemkokorea
SGS	02)7094-652	www.sgsgrup.com
TUV-Austria	010)3632-8295	www.tuv-austria.kr
TUV-NORD	02)6000-4223	www.tuv-nord.co.kr
TUV-Rheinland	02)860-9951	www.kor.tuv.com
TUV-SUD	02)3215-9251	www.tuv-sud.co.kr

◎ 인증 절차도 (TYPE A)

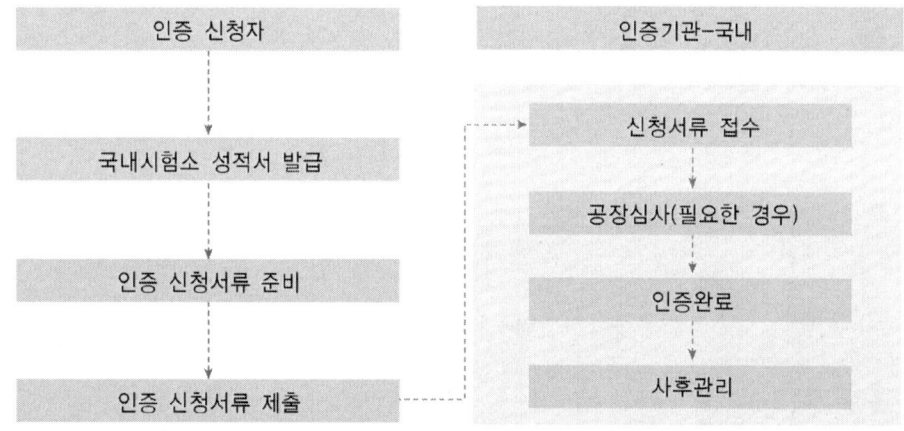

◎ 비용, 소요 기간 등

(단위: 원)

시험	시험규격 혹은 시험항목	시험비용	소요기간
시험	EN ISO 13287:2012 EN 20346:2014	약 800~1000만원	약 3~4개월
인증	초기공장심사(IFA : Initial Factory Audit or Inspection) 비용	인증비용	소요기간
	–	약 500만원	2개월
인증유효기간	별도 규정 없음, 기본 5년		
사후관리비용	–		

(자료원 : ECMKOREA)

◎ 유의사항

• 필요서류
  – 기본적으로 기술문서의 작성이 요구되며, 지침에 따라 요구되는 자료가 다르므로 지침을 참고해야 함.
  – 해당 전기기기의 개요
  – 개념 설계, 제조 도면, 부품도, 부속 조립부품 조립도, 회로도
  – 도면의 이해 또는 전기기기 조작에 필요한 기술에 대한 설명
  – 적용된 규격 리스트, 규격이 적용되지 않은 경우 지침의 안전 사항을 충족하기 위해 채택된 대안책 서술
  – 시험성적서

• 기술문서(TF: Technical Construction File) 구성
  – 제품에 대한 설명 (General Description)
  – 적용규격 리스트
  – 필수요구사항 체크 리스트
  – 시험/형식검사/품질시스템 보고서
  – 위험분석
  – 부품리스트

- 사용자설명서

- 주요 부품에 대한 CE 마크 인증서 및 Spec Sheet 등

• CE 인증 문서로 사용되는 DOC(Declaration of Conformity, 자기적합성 선언) 또는 COC(Certificate of Conformity, 제3자 적합성 선언)와 TCF(Technical Files)는 사후관리와 제조품 관련 책임을 위해 10년간 보관 의무

■ 조사 요약표

품목명	신발 (HS CODE: 6403)	국가명	EU(영국)
인증마크	CE	제도명 (영문)	CE (Communauté Européenne)
인증구분	■ 강제　☐ 임의	인증유형	■ 현행　☐ 신규출현
도입시기	유럽연합이사회 결의(93/465/EEC) 2008년 7월 9일 Regulation (EC) No. 765/2008 [accreditation and market surveillance relating to the marketing of products] 확대 적용		
세부규정	■ 89/686/EEC(personal protective equipment)_ 개인보호장구 지침		
제도내용	1993년 유럽연합(EU) 시장이 단일화 되면서 역내 기술 장벽을 제거하기 위해 만들어진 인증제도로 1993년 EU 지침 Directive 93/68/EEC를 통해 시행, 이후 수차례 개정, 현재 유효한 지침은 2008년 7월 9일 발효된 REGULATION (EC) No 765/2008에 따름.		
품목정의	1) 용도: 산업용 2) 기능: 화학적, 물리적 위험 환경으로부터 발을 보호 목적으로 설계된 신발		
적용대상품목	안전화		
확대적용품목	–		
인증절차	TYPE A : 국내에서 제품시험(시험기관) ⇒ 국내에서 인증획득(인증기관)		
시험기관	■ 국내 한국인정기구(KOLAS) 등재 시험기관(ISO 17025) http://www.kolas.go.kr/usr/inf/srh/InfoTestInsttSearchList.do ■ Notified Body(ECM, TUV, SGS, Intertek 등) 지정시험기관		
인증기관	■ 국내진출 유럽인증기관(Notified Body)		

유의사항	■ 해당 제품에 대해 특정 지침을 요구하는 경우를 제외하고 시장 출하 전 판매 제품에 반드시 인증마크를 부착해야함. ■ 회원국은 샘플 검사 결과, 해당제품이 소비자의 안전과 건강 또는 환경을 위협하는 요인을 갖고 있다고 판단될 경우 위반의 경중에 따라 제품의 위험요인을 제거토록 지시하거나 해당제품에 대한 시장철수 및 판매금지 명령을 내릴 수 있음. ■ 회원국의 CE 마크 주관기관 및 이해관계자의 신고 또는 이 밖에 유통과정에서 문제점이 발견될 경우 시중 유통제품에 대한 서류검사 및 안전검사를 시행 ■ CE 인증이 없는 제품은 유럽시장에서 반입 및 판매를 할 수 없으며, 기준에 적합하지 않은 제품을 수입, 판매할 경우 개선명령, 표시금지명령, 제품회수명령 등을 내릴 수 있음. ■ 중대하지 않은 위반의 경우(적합성 선언서가 즉시 제출되지 않거나, 지침에 따른 첨부 문서 또는 정보 제공 미준수, 잘못된 CE 마크 부착, 인증기관 식별번호 누락 등) 제조업자에게 제품 규정 준수 및 위반 시정 조치를 내림. ■ 중대한 위반의 경우(필수요구사항에 대한 불일치) 제품의 출시를 제한 또는 금지

■ 인증 획득 절차

◎ 기관정보

		시험기관 1	인증기관
기 관 명		한국화학시험연구원(KTR)	SATRA
홈페이지		www.ktr.or.kr	www.satra.co.uk
연락처	담당부서	KTR 해외인증팀(박진재 대리)	–
	전화번호	+82-(0)2-2164-0028	+44 (0)1536 410000
	팩스번호	+82-(0)2-2164-1008	+44 (0)1536 410626
	이 메 일	jjpark@ktr.or.kr	info@satra.co.uk
기타		■ EU 회원국 내에서 제품의 CE인증 적합성을 보증할 수 있는 유럽 내 공인 대리인을 지정해야 함. ■ 유럽 내 공인 대리인 (Authorized Representative) : 관련 EU지침	

국내 진출 유럽인증기관(Notified Body)-CE		
인증기관	연락처	Homepage
Bureau Veritas	02)555-8922	www.bureauveritas.co.kr
ECMKOREA	02)2628-5200	www.ecmkorea.or.kr
DNV	02)723-7593	www.dnv.com
Intertek	02)567-7474	www.korea.intertek-etlsemko.com
NEMKO	031)322-2333	www.nemkokorea
SGS	02)7094-652	www.sgsgrup.com
TUV-Austria	010)3632-8295	www.tuv-austria.kr
TUV-NORD	02)6000-4223	www.tuv-nord.co.kr
TUV-Rheinland	02)860-9951	www.kor.tuv.com
TUV-SUD	02)3215-9251	www.tuv-sud.co.kr

◎ 인증 절차도 (TYPE A)

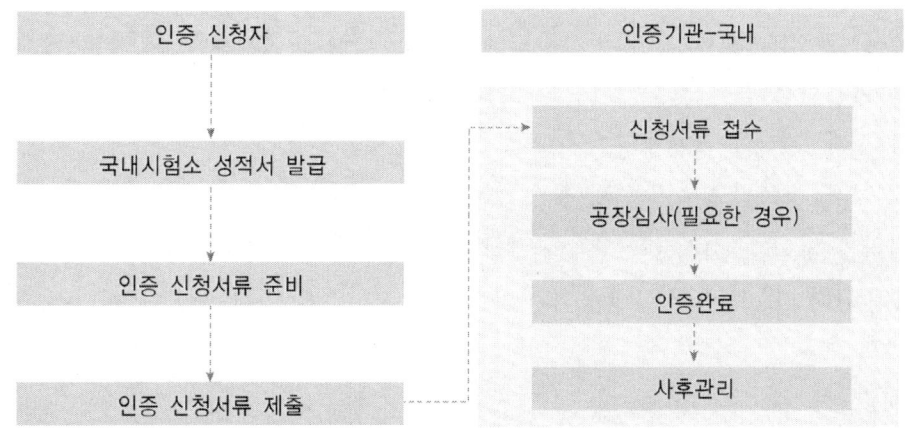

◎ 비용, 소요 기간 등

(단위: 원)

시험	시험규격 혹은 시험항목	시험비용	소요기간
	EN ISO 13287:2012 EN 20346:2014	약 800~1000만원	약 3~4개월
인증	초기공장심사(IFA : Initial Factory Audit or Inspection) 비용	인증비용	소요기간
	–	약 500만원	2개월
인증유효기간	별도 규정 없음, 기본 5년		
사후관리비용	–		

(자료원 : ECMKOREA)

◎ 유의사항

• 필요서류
  – 기본적으로 기술문서의 작성이 요구되며, 지침에 따라 요구되는 자료가 다르므로 지침을 참고해야 함.
  – 해당 전기기기의 개요
  – 개념 설계, 제조 도면, 부품도, 부속 조립부품 조립도, 회로도
  – 도면의 이해 또는 전기기기 조작에 필요한 기술에 대한 설명
  – 적용된 규격 리스트, 규격이 적용되지 않은 경우 지침의 안전 사항을 충족하기 위해 채택된 대안책 서술
  – 시험성적서

• 기술문서(TF: Technical Construction File) 구성
  – 제품에 대한 설명 (General Description)
  – 적용규격 리스트
  – 필수요구사항 체크 리스트
  – 시험/형식검사/품질시스템 보고서
  – 위험분석
  – 부품리스트

- 사용자설명서

- 주요 부품에 대한 CE 마크 인증서 및 Spec Sheet 등

• CE 인증 문서로 사용되는 DOC(Declaration of Conformity, 자기적합성 선언) 또는 COC(Certificate of Conformity, 제3자 적합성 선언)와 TCF(Technical Files)는 사후관리와 제조품 관련 책임을 위해 10년간 보관 의무

신

발

Kotra

▰ 조사 요약표

품목명	신발 (HS CODE: 6403)	국가명	EU(이탈리아)
인증마크	C E	제도명 (영문)	CE (Communauté Européenne)
인증구분	■ 강제　□ 임의	인증유형	■ 현행　□ 신규출현
도입시기	\multicolumn{3}{l}{유럽연합이사회 결의(93/465/EEC) 2008년 7월 9일 Regulation (EC) No. 765/2008 [accreditation and market surveillance relating to the marketing of products] 확대 적용}
세부규정	\multicolumn{3}{l}{■ 89/686/EEC(personal protective equipment)_ 개인보호장구 지침}
제도내용	\multicolumn{3}{l}{1993년 유럽연합(EU) 시장이 단일화 되면서 역내 기술 장벽을 제거하기 위해 만들어진 인증제도로 1993년 EU 지침 Directive 93/68/EEC를 통해 시행, 이후 수차례 개정, 현재 유효한 지침은 2008년 7월 9일 발효된 REGULATION (EC) No 765/2008에 따름.}
품목정의	\multicolumn{3}{l}{1) 용도: 산업용 2) 기능: 화학적, 물리적 위험 환경으로부터 발을 보호 목적으로 설계된 신발}
적용대상품목	\multicolumn{3}{l}{안전화}
확대적용품목	\multicolumn{3}{l}{–}
인증절차	\multicolumn{3}{l}{TYPE A : 국내에서 제품시험(시험기관) ⇒ 국내에서 인증획득(인증기관)}
시험기관	\multicolumn{3}{l}{■ 국내 한국인정기구(KOLAS) 등재 시험기관(ISO 17025) http://www.kolas.go.kr/usr/inf/srh/InfoTestInsttSearchList.do ■ Notified Body(ECM, TUV ,SGS ,Intertek 등) 지정시험기관}
인증기관	\multicolumn{3}{l}{■ 국내진출 유럽인증기관(Notified Body)}

유의사항	■ 해당 제품에 대해 특정 지침을 요구하는 경우를 제외하고 시장 출하 전 판매 제품에 반드시 인증마크를 부착해야함. ■ 회원국은 샘플 검사 결과, 해당제품이 소비자의 안전과 건강 또는 환경을 위협하는 요인을 갖고 있다고 판단될 경우 위반의 경중에 따라 제품의 위험요인을 제거토록 지시하거나 해당제품에 대한 시장철수 및 판매 금지 명령을 내릴 수 있음. ■ 회원국의 CE 마크 주관기관 및 이해관계자의 신고 또는 이 밖에 유통과정에서 문제점이 발견될 경우 시중 유통제품에 대한 서류검사 및 안전검사를 시행 ■ CE 인증이 없는 제품은 유럽시장에서 반입 및 판매를 할 수 없으며, 기준에 적합하지 않은 제품을 수입, 판매할 경우 개선명령, 표시금지명령, 제품회수명령 등을 내릴 수 있음. ■ 중대하지 않은 위반의 경우(적합성 선언서가 즉시 제출되지 않거나, 지침에 따른 첨부 문서 누락, 정보 제공 미준수, 잘못된 CE 마크 부착, 인증기관 식별번호 누락 등) 제조업자에게 제품 규정 준수 및 위반 시 정 조치를 내림. ■ 중대한 위반의 경우(필수요구사항에 대한 불일치) 제품의 출시를 제한 또는 금지

■ 인증 획득 절차

◎ 기관정보

		시험기관 1	인증기관
기 관 명		한국화학시험연구원(KTR)	ANCCP Certification Agency Srl
홈페이지		www.ktr.or.kr	www.anccp.com
연 락 처	담당부서	KTR 해외인증팀(박진재 대리)	–
	전화번호	+82-(0)2-2164-0028	+39 0586 209006
	팩스번호	+82-(0)2-2164-1008	+39 0586 278450
	이 메 일	jjpark@ktr.or.kr	anccp@anccp.it
기타		■ EU 회원국 내에서 제품의 CE인증 적합성을 보증할 수 있는 유럽 내 공인 대리인을 지정해야 함. ■ 유럽 내 공인 대리인 (Authorized Representative) : 관련 EU지침	

국내 진출 유럽인증기관(Notified Body)-CE		
인증기관	연락처	Homepage
Bureau Veritas	02)555-8922	www.bureauveritas.co.kr
ECMKOREA	02)2628-5200	www.ecmkorea.or.kr
DNV	02)723-7593	www.dnv.com
Intertek	02)567-7474	www.korea.intertek-etlsemko.com
NEMKO	031)322-2333	www.nemkokorea
SGS	02)7094-652	www.sgsgrup.com
TUV-Austria	010)3632-8295	www.tuv-austria.kr
TUV-NORD	02)6000-4223	www.tuv-nord.co.kr
TUV-Rheinland	02)860-9951	www.kor.tuv.com
TUV-SUD	02)3215-9251	www.tuv-sud.co.kr

◎ 인증 절차도 (TYPE A)

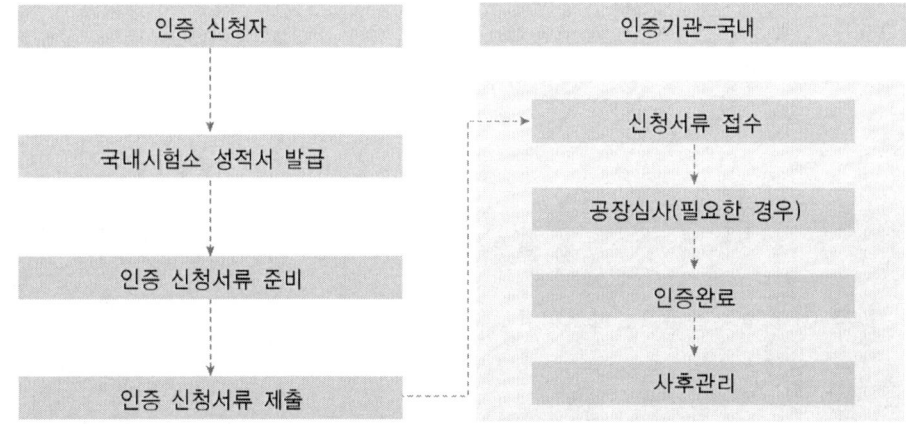

◎ 비용, 소요 기간 등

(단위: 원)

시험	시험규격 혹은 시험항목	시험비용	소요기간
시험	EN ISO 13287:2012 EN 20346:2014	약 800~1000만원	약 3~4개월
인증	초기공장심사(IFA : Initial Factory Audit or Inspection) 비용	인증비용	소요기간
	–	약 500만원	2개월
인증유효기간	별도 규정 없음, 기본 5년		
사후관리비용	–		

(자료원 : ECMKOREA)

◎ 유의사항

• 필요서류
  – 기본적으로 기술문서의 작성이 요구되며, 지침에 따라 요구되는 자료가 다르므로 지침을 참고해야 함.
  – 해당 전기기기의 개요
  – 개념 설계, 제조 도면, 부품도, 부속 조립부품 조립도, 회로도
  – 도면의 이해 또는 전기기기 조작에 필요한 기술에 대한 설명
  – 적용된 규격 리스트, 규격이 적용되지 않은 경우 지침의 안전 사항을 충족하기 위해 채택된 대안책 서술
  – 시험성적서

• 기술문서(TF: Technical Construction File) 구성
  – 제품에 대한 설명 (General Description)
  – 적용규격 리스트
  – 필수요구사항 체크 리스트
  – 시험/형식검사/품질시스템 보고서
  – 위험분석
  – 부품리스트

- 사용자설명서

- 주요 부품에 대한 CE 마크 인증서 및 Spec Sheet 등

• CE 인증 문서로 사용되는 DOC(Declaration of Conformity, 자기적합성 선언) 또는 COC(Certificate of Conformity, 제3자 적합성 선언)와 TCF(Technical Files)는 사후관리와 제조품 관련 책임을 위해 10년간 보관 의무

■ 조사 요약표

품목명	신발 (HS CODE: 6403)	국가명	일본
인증마크	(JIS)	제도명 (영문)	JIS (Japanese Industrial Standards : 일본공업규격) JIS S1037
인증구분	☐ 강제　■ 임의	인증유형	■ 현행　☐ 신규출현
도입시기	1966년 (2013년 개정)		
근거규정	공업표준화법		
제도내용	안전화 품목에 대한 일본공업규격. 강도, 흡수성, 물리적강도, 방수성 등의 범위를 상세히 규정		
품목정의	1) 용도: 산업용 2) 기능: 화학적, 물리적 위험 환경으로부터 발을 보호 목적으로 설계된 신발		
적용대상품목	안전화		
확대적용품목	–		
인증절차	TYPE A : 국내에서 제품시험(시험기관) ⇒ 국내에서 인증획득(인증기관)		
시험기관	■ 한국표준협회 지정시험기관 ■ (국내) KOLAS 등재 시험기관(ISO 17025) http://www.kolas.go.kr/usr/inf/srh/InfoTestInsttSearchList.do		
인증기관	한국표준협회 (Korean Standards Association)		
유의사항	■ 한국표준협회에서 인증 가능한 JIS 규격으로 국내에서 인증취득 가능		

신

발

kotra

▨ 인증 획득 절차

◎ 기관정보

		인증기관
기 관 명		한국표준협회
홈페이지		http://www.ksa.or.kr/
연 락 처	담당부서	국제인증심사팀
	전화번호	82-2-6009-4674
	팩스번호	82-2-6009-4689
	이 메 일	
기타		▪ (국내) KOLAS 등재 시험기관(ISO 17025) http://www.kolas.go.kr/usr/inf/srh/InfoTestInsttSearchList.do ▪ 한국표준협회는 새로운 JIS마크 표시제도의 제품 인증 및 인증 유지 검사를 실시하는 등록인증기관으로서 일본 경제산업부로부터 해외인증기관으로 지정 받음.

◎ 인증 절차도 (TYPE A)

1. 인증신청서 및 첨부서류 제출
   한국표준협회 국제인증심사팀에 인증 신청서 및 품질검사 보고서를 포함한 각종 첨부서류를 제출
   ↓

2. 인증신청서 수리
   신청서 기재내용 및 첨부서류가 부족한 점이 없는지를 확인 뒤, 심사팀을 구성하고 심사일정을 수립. 심사일정은 신청자와 조율 가능
   ↓

3. 서류 심사
   현장심사에 앞서 심사원은 신청서류가 해당 JIS 규격 심사기준에 부합되는지 등을 판단하고 현장심사 프로그램을 수립하기 위한 정보수집을 위해 서류 심사를 실시. 부적합 사항 발견 시에는 신청자에게 통지하며, 신청자는 1개월 이내에 시정 조치를 취해야 함.
   시정조치 내용은 현장심사 시에 확인. 심사 완료 후에는 부적합사항을 포함한 심사보고서를

신청자에게 발급. 신청자는 만약 심사결과에 이의가 있는 경우에는 서면으로 이의 제기 가능

↓

4. 확인 심사

신청업체가 제출한 개선완료 보고서를 평가하기 위해 확인심사를 실시. 확인심사는 개선완료 보고서에 대한 문서검토 또는 현장 확인으로 구성되며 부적합사항의 내용이 문서로 확인 가능한 경우에는 현장 확인은 생략 가능

↓

5. 인증 결정 및 인증서 발행

확인심사가 종료되면 심사 수행의 적절성 판단을 위해 심사 과정 전체를 검증하고, 문제가 없을 경우에 심사위원회를 개최하여 인증여부를 결정

↓

6. 인증유지 심사

인증 취득 이후 3년에 1회 이상의 빈도로 정기 인증유지 심사를 계획/실시

◎ 비용, 소요 기간 등

(단위: 원)

시험	시험규격 혹은 시험항목	시험비용	소요기간
시험	– 보호등급에 따라서 시험비용이 상이함. 기본적인 시험항목 1) 물리적강도 2) 방수성 3) 미끄럼 방지력 4) 투수성	제품사양에 따라 차이 있음.	3~5개월

인증	초기공장심사	인증비용	소요기간
인증	900,000만원/ manday +출장비	신청비 500,000 등록비 300,000 (최초인증시)	문서심사1manday 현장심사4manday
인증유효기간	3년		
사후관리비용	인증 취득 이후 3년에 1회 이상의 빈도로 정기 인증유지 심사를 필요로 함. 비용은 서류심사 900,000원, 현장심사 2,700,000원		

(자료원: KTR)

◎ 유의사항

- 필요서류

  - JIS 마크 표시 제품 인증 신청서

  - 신청업체현황

  A: 전사적 품질관리(TQC)에 근거한 품질관리체제의 경우

  ① 공장연혁

  ② 공장배치도

  ③ 종업원수

  ④ 조직도

  ⑤ 최근 6개월간 월별 생산실적

  ⑥ 사내규격 일람표

  ⑦ 인증신청자의 JIS 광공업품(가공기술)의 공정 개요도

  ⑧ 인증신청자의 JIS 광공업품(가공기술)의 품질특성 개요

  ⑨ 인증신청자의 JIS 광공업품(가공기술)의 주요 자재

  ⑩ 인증신청자의 JIS 광공업품(가공기술)의 품질관리현황의 개요

  ⑪ 인증신청자의 JIS 광공업품(가공기술)의 주요 제조설비의 개요

  ⑫ 인증신청자의 JIS 광공업품(가공기술)의 주요 시험, 검사설비 개요

  ⑬ 인증신청자의 JIS 광공업품(가공기술)의 외주관리 개요

  ⑭ 인증신청자의 JIS 광공업품(가공기술)의 고충처리 개요

  ⑮ 인증신청자의 JIS 광공업품(가공기술)의 JIS 마크 표시

  ⑯ 인증신청자의 JIS 광공업품(가공기술)의 품질관리추진책임자

  B : ISO 9001에 근거한 품질관리체제의 경우

  ①~⑧ 및 ⑬~⑯ 는 상기 서류와 동일

  ⑨ 인증신청자의 JIS 광공업품(가공기술)의 ISO 9001 구매정보(ISO 9001 7.4.2)

  ⑩ 인증신청자의 JIS 광공업품(가공기술)의 ISO 9001 생산 및 서비스 제공의 관리(ISO 9001 7.5.1)

  ⑪ 인증신청자의 JIS 광공업품(가공기술)의 ISO 9001 생산 및 서비스 제공의 관리(ISO 9001 7.5.1 C)

  ⑫ 인증신청자의 JIS 광공업품(가공기술)의 ISO 9001 모니터링장치 및 측정장치의 관리(ISO 9001 7.6)

중소기업 80대 수출유망품목 해외인증제도

제6권 : 생활소비재

초판 인쇄 2016년 03월 30일
초판 발행 2016년 04월 05일
저자 KOTRA
발행인 김갑용
발행처 진한엠앤비
주소 서울시 서대문구 독립문로 14길 66 205호
　　　(냉천동 260, 동부센트레빌아파트상가동)
전화 02) 364 - 8491(대) / 팩스 02) 319 - 3537
홈페이지주소 http://www.jinhanbook.co.kr
등록번호 제25100-2016-000019호 (등록일자 : 1993년 05월 25일)
ⓒ2016 jinhan M&B INC, Printed in Korea

ISBN　979-11-7009-435-7 (93320)　　[정 가 : 48,000원]